공급사슬 보안경영시스템

ISO28000 도입을 위한 가이드라인 | 전략물자관리원 |

博英社

| 발 간 사 |

2001년 9월 11일, 우리는 물류의 수단으로만 알고 있던 여객기가 세계무역센터를 무너뜨리는 테러무기로 악용되는 것을 보았습니다. 9·11테러가 전 세계에 안겨준 커다란 충격과 함께, 물류보안에 대한 관심은 국경을 초월하여 무역의 패러다임을 변화시키기 시작했습니다. 바야흐로 국제 무역에 있어 '안전과 보안'이라는 가치가 기존의 '자유화와 원활화'와 함께 추구해야 할 또 하나의 중요한 가치로 자리매김하고 있는 것입니다.

현재 활발하게 운용되고 있는 미국의 대테러 민관협력제도(C-TPAT), 세계관세기구(WCO)의 무역안전 및 원활화에 관한 표준(SAFE Framework)에 기반을 둔 각국의 AEO제도(우리나라의 경우 '종합인증우수업체제도'라는 명칭으로 시행 중) 등 각종 물류보안 인증제도는 무역 흐름을 원활하게 하면서 동시에 물류 공급사슬(supply chain) 내의 보안을 확보하는 수단으로 활용되고 있습니다. 이러한 제도에 따라 각국은 보안과 관련된 법적 요구사항을 준수하는 인증 기업에게는 신속통관 혜택을 주는 한편, 미인증 기업의 화물에 대해서는 검색을 강화해 불법화물 적발 가능성을 높이는 등 효율적으로 물류보안을 운용하고 있습니다.

그러나 물류보안 인증제도가 정비되지 않은 국가의 기업은 이러한 혜택을 누릴 수 없으며, 국가별로 상이한 인증기준은 다양한 국가에서 사업을 영위하는 글로벌 기업에게 혼란과 부담으로 작용할 수 있어, 2007년 9월 국제표준화기구(ISO)에서 국적, 규모, 업종을 불문하고 적용할 수 있는 ISO28000(물류보안경영시스템) 표준 규격을 제정하였습니다.

우리나라는 2007년 12월부터 이를 도입, 시행하고 있으나, 현재까지 물류보안에 대한 개념 및 이를 경영시스템에 반영하기 위한 방법을 총정리한 서적이 없었습니다. 전략물자관리원은 지식경제부 기술표준원이 발주한 ISO28000 표준이행확산사업을 진행하면서, 기업의 ISO28000 도입에 도움을 줄 수 있도록 가이던스와 표준 보안매뉴얼을 제작하였으며, 이를 정리하여 본서를 발간하게 되었습니다.

본서는 기업이 ISO28000을 접하고 도입을 검토하는 단계부터 인증을 신청하기까지의 전 과정에 걸쳐 실무적으로 활용할 수 있는 방법론을 제시하고 있습니다. 또한, 기업의 이해와 활용을 최대한 돕고자 ISO28000 운영을 위해 필요한 문서인 보안매뉴얼과 절차서를 범용적인 형태로 제작하여 수록하였습니다.

ISO28000 등 물류보안 인증제도의 특징은 해당 기업과 관련된 제조, 운송, 보관, 통관 등의 물류 공급사슬 내 관련 기업들도 인증 기업으로 구성토록 권장하고 있는 것입니다. 따라서 국내 업계가 발빠르게 대응하지 않으면, 자신도 모르는 사이에 수입자, 구매자로부터 거래대상에서 제외될 수 있습니다.

아무쪼록 본서를 통해 기업 관계자 및 물류보안에 관심이 있는 연구자들이 무역 환경의 변화를 인지하고, ISO28000의 필요성에 공감하며, 물류보안에 시기적절하게 대응하는 데 도움이 되기를 기대합니다.

끝으로 본서의 출판을 위해 기획부터 퇴고단계까지 직접 집필에 참여하시고, 세심히 검토해주신 본원의 심성근 前원장님께 감사의 말씀드리며, 본서의 집필에 참여한 집필자 및 교정·발간 등 제반업무를 수행한 관계자 모두의 노고를 치하드립니다.

2010년 8월

전략물자관리원장 **조 성 균**

차 례

제 1 장 공급사슬 보안경영시스템(ISO28000) 개요 | 1

제 1 절 ISO28000의 배경 ········· 1
1. 테러를 차단하기 위한 공급사슬보안 ········· 1
2. 공급사슬보안(Supply Chain Security)과 물류보안(Logistics Security) ········· 2
3. 보안 중시로의 통관행정 변화 ········· 3
4. ISO28000의 제정 ········· 4

제 2 절 ISO28000이란 무엇인가 ········· 6
1. 정의 및 구성 ········· 6
2. 다른 표준 및 물류보안인증제도와의 비교분석 ········· 7
3. 국내 도입 현황 ········· 8

제 3 절 ISO28000과 우리기업의 관련성 ········· 9

제 4 절 ISO28000의 효과 및 구축방안 ········· 11

제 2 장 ISO28000 시스템 수립 개요 | 13

제 3 장 ISO28000 시스템 구축 절차 | 17

제 1 절 ISO28000 도입 검토 ········· 17
1. 제도의 인지 및 조사 ········· 17
2. 대상 여부 확인 ········· 18
3. 예상비용 분석 ········· 28
4. 예상효과 분석 ········· 31
5. 검토결과 보고 및 최고경영자 승인 ········· 32

제 2 절 ISO28000 추진팀 구성 ········· 33

1. 개 요 ······ 33
2. 추진팀 구성과 임무 부여 ······ 34
3. 사내 부서별 담당자 지정 ······ 37
4. 팀 활동개시(Kick-Off) 워크숍 ······ 39
5. 추진일정 수립 ······ 40

제 3 절 ISO28000 요구사항 교육 ······ 42
1. 개 요 ······ 42
2. 수요 진단과 전략적 교육계획 수립 ······ 43
3. 교육 대상의 선발 ······ 45
4. 진행과정 ······ 46
5. 외부 교육 기관 및 교육 프로그램 ······ 48

제 4 절 상위(相違, Gap) 분석 ······ 50
1. 상위 분석 및 활용대상 ······ 50
2. 문서화 수준 확인 ······ 50
3. 현장 실태조사 ······ 54
4. 상위 분석 체크리스트 작성 ······ 54
5. 상위 사항 파악 ······ 55

제 5 절 ISO28000 문서화(4.4.4) ······ 56
1. 문서화의 범위 ······ 56
2. 목적과 가치(문서화 필요성) ······ 59
3. 문서의 종류와 단계별 활용 ······ 60
4. 보안경영매뉴얼 ······ 64
5. 보안절차서 ······ 70
6. 보안지침서 ······ 73
7. 문서수립 절차 ······ 74

제 6 절 리스크 평가(4.3.1) ······ 78
1. 보안경영시스템은 보안리스크로부터 시작 ······ 78
2. 요구사항 해설 ······ 81
3. 보안리스크 평가 절차 ······ 88
4. 보안리스크 평가의 단계별 시행 ······ 100
5. 동 활동의 산출물 ······ 101

제 7 절 보안경영 방침 수립 ······ 103
1. 보안경영 방침(Security Management Policy)이란? ······ 103

2. 요구사항 해설 ··· 104
3. 수립 절차 및 방법 ··· 108
4. 수립 사례 ··· 111

제 8 절 보안기획(4.3) ··· 114
1. 개 요 ··· 114
2. 법률, 강제 요구사항 및 그 밖의 보안규정 요구사항(4.3.2) ··· 115
3. 보안경영 목표(4.3.3), 세부목표(4.3.4) 및 프로그램(4.3.5) 수립 ··· 120
4. 보안기획 예시 ··· 129

제 9 절 실행 및 운영(4.4) ··· 132
1. 개 요 ··· 132
2. 보안경영의 구조, 권한 및 책임(4.4.1) ··· 133
3. 적격성, 교육 훈련 및 인식(4.4.2) ··· 141
4. 의사소통(4.4.3) ··· 145
5. 문서화(4.4.4) ··· 148
6. 문서 및 데이터 관리(4.4.5) ··· 148
7. 운영 관리(4.4.6) ··· 152
8. 비상시 대비, 대응 및 보안 복구(4.4.7) ··· 159

제10절 점검 및 시정조치(4.5) ··· 163
1. 점검 및 시정조치란 ··· 163
2. 보안성과 측정 및 모니터링(4.5.1) ··· 164
3. 시스템 평가(4.5.2) ··· 171
4. 보안관련 실패, 사건, 부적합사항 그리고 시정조치 및 예방조치(4.5.3) ··· 173
5. 기록관리(4.5.4) ··· 179
6. 심사(4.5.5) ··· 181

제11절 경영검토 및 지속적 개선 ··· 186
1. 경영검토 및 지속적 개선에 대한 추구 ··· 186
2. 검토 대상 ··· 188
3. 검토 진행 ··· 189
4. 동 활동의 산출물 ··· 191

[부록] 보안매뉴얼 ··· 193
상위 사항 분석 체크리스트 ··· 341

제 1 장

공급사슬 보안경영시스템(ISO28000) 개요

제 1 절 ISO28000의 배경

1. 테러를 차단하기 위한 공급사슬보안
2. 공급사슬보안(Supply Chain Security)과 물류보안(Logistics Security)
3. 보안 중시로의 통관행정 변화
4. ISO28000의 제정

1. 테러를 차단하기 위한 공급사슬보안

9·11 테러 이후 유사한 테러를 실질적으로 막기 위해, 테러를 일으키려는 사람과 테러에 이용되는 물품이 테러를 일으키려는 장소로 이전되지 않도록 차단하려는 대응조치가 국제사회에서 나타났다. 한 예로, 2004년 4월 28일 UN안보리 결의 제1540호는 비정부행위자에 의한 핵, 미사일과 그 운반수단에 대한 연구 개발, 생산 제조, 이전, 사용을 차단하도록 UN회원국에게 명령하였다. 그리고 이행사항을 UN안보리 결의 1540위원회에 보고하도록 하고, 필요시 추가조치를 취할 수 있도록 결의하였다.

그리고 2005년부터는 국제표준화기구 기술분과위원회에 물류전문가들이 참여하여 공급사슬보안 경영시스템(ISO28000)의 초안을 만들었으며, 우리나라는 2008년 4월에 이를 KS V ISO28000으로 채택하였다. 그 외에도 공급사슬보안을 확보하기 위한 대상과 방법론의 다양한 형태로 2001년 국제해사기구(IMO)의 국제선박 및 항만시설 보안규칙(ISPS code), 2002년 미국 국토안보부의 반테러 민-관 파트너십(C-TPAT), 2005년 4월 EU의 공인경제운영자(AEO)제도, 2005년 6월 국제관세기구(WCO)의 AEO제도가 제정되었다. 미국과 EU 외에 캐나다, 일본, 뉴질랜드, 싱가포르, 우리나라도 AEO제도와 유사한 공급사슬보안을 위한 제도를 도입하고 있다.

2. 공급사슬보안(Supply Chain Security)과 물류보안(Logistics Security)

공급사슬보안은 세 가지 경로로 우리나라에 도입되었으나 도입과정에 약간의 혼선이 있었다. 첫째로, 국제해사기구(IMO)의 해운분야 전문가는 ISPS Code에서 화물과 선박의 안전에 초점을 맞추어 공급사슬보안을 다루었다. 둘째로, UN안보리 결의 제1540호에서는 테러에 이용될 수 있는 물자의 개발에서 최종사용자 단계까지를 관리대상으로 하고 있어 공급사슬(Supply Chain)로 해석될 수 있지만 공급사슬이라는 용어를 사용하지 않았다. 셋째로, ISO28000에서는 공급사슬보안이라는 용어를 사용하고 있으며 관련 기술위원회에 물류(Logistics) 전문가들이 참석하였기 때문에 우리나라에서는 공급사슬보안(Supply Chain Security)을 물류보안으로 이해 · 번역하여 사용하고 있다.

구분하기 어려울 수도 있으나, 물류보안과 공급사슬보안은 구별되는 개념이다. 물류보안이란, 경제활동에서 화물을 공간적으로 이동시키거나 보관하는 화주 · 수하인이 효율성 · 편의성 · 경제성 및 안전성을 추구하는 과정에서 재산상 피해를 최소화하려는 체계적인 관리행위를 말한다. 한편 공급사슬보안이란, 화물이 생산되고 운송 · 하역 · 보관 · 수출입 · 주선 등의 과정을 거쳐 최종 소비단계에 이르기까지 형성되는 긴 공급사슬 안에서, 그 자체가 테러 위협의 대상이 되거나, 위협용도의 물품 · 기술이 불법적으로 조달되는 것을 차단하려는 체계적인 관리행위이다. 즉, ① 테러의 대상이 될 수 있는 다중이용시설, ② 경제적으로 심각한 혼란을 야기 시킬 수 있는 공항 · 항만 · 터미널 · 화물기지 · 보세창고 등 공급사슬 내의 시설 및 장소, ③ 종업원과 이용자에 대한 보호와 공급사슬을 통해 공급되는 화물에 의해 야기되는 테러 · 환경파괴 · 불법행위와 같은 위협을 관리하는 것을 말한다. 이는 경제활동이 국제화되면서 화물의 종류와 물량이 크게 증가함에 따라, 그리고 각 화물 및 기업마다 복잡하게 공급사슬이 전개됨에 따라 더욱 중요해지고 있다.

또한 물류보안은 종래부터 무역이나 기업 활동에서 화물의 운송·보관 과정 중의 분실이나 손상을 예방하고자 하는 친숙한 개념이지만, 공급사슬보안은 최근 국제사회에 등장한 테러, 마약, 환경파괴, 불법거래를 근절시키고 차단하려는 새로운 개념이라는 점에서 차이를 보인다(※ 본서에서는 이를 혼용하고 있음).

3. 보안 중시로의 통관행정 변화

국제무역에서는 경제가 발전하면서 저비용으로 상품을 생산하여 선진시장으로 공급하는 분업체제가 확대되어왔고 그 물동량은 엄청나게 증가하고 있다. 지금까지는 무역을 촉진시키기 위하여 극히 낮은 비율의 화물만을 타겟팅 기법을 통해 검색·확인하는 방법으로 불법화물을 감시·차단해왔다. 그러나 정상거래를 위장하는 거래방식·허위서류 기재·속임수를 구사하는 불법거래를 탐지하는 데 한계가 있고, 테러·마약·환경파괴 등의 불법행위가 이러한 불법적 조달행위를 통해 이루어져 왔다. 따라서 미국·EU 등 국제 사회에서 무역 활성화와 국가 보안을 병행하여 달성해야 한다는 공감대가 형성되고 있으며, 이러한 새로운 흐름에 따라 공급사슬보안제도가 무역·국제 비즈니스에 등장하고 있다.

불법화물을 완벽하게 탐지·적발하여 법에 따라 처리하기 위해서는 불법화물에 대한 완벽한 정보를 확보할 수 있어야 하고, 또 확인하여 적발할 수 있는 훈련된 직원과 시설을 갖춰 체계적으로 대응할 수 있어야 한다. 그러나 불법화물을 완벽하게 탐지할 수 있을 정도로 세관원을 충분히 늘리거나 첨단 탐지 장비를 설치하는 것은 정부재정 형편상 어려울 뿐 아니라 불법화물에 대한 정보를 완벽하게 확보하는 것은 현실적으로 불가능하다. 따라서 통관 단계에서의 타겟팅은 감춰진 불법거래를 적발하는데 한계가 있을 수밖에 없고, 이러한 연유로 국경이나 해안선을 통한 밀수·국경통과·불법적 이전도 차단하지 못하고 있다. 또한 통관 단계에서 모든 화물을 개봉·검색하거나 국경을 철저히 감시하기 위해서는 엄청난 예산과 인력이 필요할 뿐 아니라 통관 지체로 물류대란을 야기하여 경제활동에 엄청난 혼란을 야기할 수 있다.

이러한 현실적 딜레마를 해결하기 위하여, 수출국·수입국에서 요구하는 법규적 의무를 준수하는 기업에 대하여 정부가 인증하고, 인증기업의 수출입화물에 대하여 보안검색을 경감해주는 제도가 생겨났다. 생산자·육상 운반업자·창고업자·관세사·항만 터미널·선적해운사·하역업자·보세창고운영업자·수입업자 등 공급사슬 내의 모든 기업이 신뢰할 수 있는 인증기업인 경우, 해당 기업의 화물은 신속통관 혜택을 누리게 함으로써 비용절감·납기단축 효과를 얻을 수 있도록 하는 제도가 생겼다. 세관 당국의 입장에서는 보안검색 대상이 줄어드는 만큼 세관원의 업무량이 경감되기 때문에 별도의 인력 추가 없이 미인증기업의 화물을 집중적으로 타겟팅하여 컨테이너를 개방·검색할 수 있게 된다. 그리하여 불법화물 적발확률을 높이고, 불법거래를 차단시킬 수 있게 된다. 이와 같이 무역거래 파트너와 세관이 협력하여 상호 win-win 할 수 있는 인증제도의 구체적 사례로는 C-TPAT, AEO 등이 있다.

4. ISO28000의 제정

그러나 C-TPAT, AEO 등의 인증제도는 각 국가의 상이한 규정 및 운영으로 인해 기업에서 적용하기에 혼란스러운 부분이 많아, 표준화된 규격에 대한 요구가 증가하였다. 이에 따라, 국제표준화기구에서는 물류보안에 관한 국제규격의 제정 작업에 착수하였다. 2005년 3월부터 관련 국제기구와 선진국에서 모인 전문가들이 8개월에 걸쳐 표준 규격을 만들기 위한 협의를 거듭하여, 2005년 11월 ISO28000의 '공개 활용 규격(PAS: Publicly Available Specification)'이 완성 출간되었다. 그리고 약 22개월의 시험 운영 후 2007년 9월에 정식 표준으로 승격되었다.[1] 공개 활용 규격(PAS)은 다음 표와 같은 일반적인 ISO 표준의 제정 과정(5년 이내 종결 원칙)에 비해 긴급한 개발이 필요한 경우 이용되는 규칙이며, ISO/TC8의 의장인 Charles Piersall은 공공(公共)의 시급한 요구를 반영하여 적절한 시기에 표준으로 활용할 수 있도록 하기 위해 PAS를 통한 제정을 실행하였다고 언급하였다.[2]

ISO28000의 제정을 위해 총 10개의 국제기구[3]와 14개국에서 물류보안 전

1) The ISO 28000 series of standards on supply chain security management systems, which have just been upgraded from their status of Publicly Available Specifications to that of full-fledged International Standards.-http://www.iso.org/iso/pressrelease.htm?refid=Ref1086

2) http://www.iso.org/iso/pressrelease.htm?refid=Ref981

3) http://www.iso.org/iso/pressrelease.htm?refid=Ref981

[※참고] ISO 규격의 일반적인 제정 절차

단 계	내 용
1. 제안단계(NP)	• NP 등록 → NP 승인 • 기술위원회나 분과위원회의 회의를 통해 채택
2. 준비단계(WD)	• 작업초안(WD) 검토개시 기점에서 6개월 내 NP를 업무 계획에 등록 → WD 승인(분과위원회안(CD) 등록용) • 작업초안(WD)의 작성
3. 위원회 단계(CD)	• CD 등록기점에서 18개월 이내 • CD 등록 → CD 승인(DIS 등록용) • 국가대표단체에서 의견을 취하여 올림 • CD에서 국제규격안(DIS) 작성
4. 질의단계(DIS)	• DIS 등록 → DIS 승인 • 국가대표단체에서 의견을 취하여 올림 • DIS에서 최종국제규격안(FDIS) 작성
5. 승인단계(FDIS)	• FDIS 등록기점에서 36개월 이내 • FDIS 등록 → FDIS 승인(발행용) • 국가대표단체에서 “FDIS” 승인
6. 발행단계(ISO)	• ISO 발행기점에서 43개월 이내 • 국제규격의 인쇄 · 배포 • 국제규격(ISO)

문가들이 참여하였다. 여러 이해관계자와 전문가들이 제정과정에 참여한 만큼 ISO28000은 그 전문성과 신뢰성이 보장되며, 세계적으로 적용 가능한 보편성도 지니고 있다. ISO28000의 제정은 각 국가가 지닌 물류보안인증제도의 공통요소를 국제적인 차원으로 표준화했다는 점과, WCO, IMO 등과 같은 국제기구의 참여를 통해 AEO, ISPS Code와의 연계를 강화할 수 있게 되었다는 점을 그 의의로 들 수 있다.

[※참고] ISO28000의 제정에 참여한 국제기구

- International Maritime Organization(국제해사기구)
- International Association of Ports and Harbours(국제항만협회)
- International Chamber of Shipping(국제해운회의소)
- World Customs Organization(세계관세기구)
- Baltic and International Maritime Council(발틱국제해운동맹)
- International Association of Classification Societies(국제선급협회조합)
- International Innovative Trade Network(국제혁신교역네트워크)
- World Shipping Council(세계선박협의회)
- Strategic Council on Security Technology(보안기술에 관한 전략그룹)
- US-Israel Science and Technology Foundation(미-이스라엘 과학기술재단)

제 2 절 ISO28000이란 무엇인가

1. 정의 및 구성
2. 다른 표준 및 물류보안인증제도와의 비교분석
3. 국내 도입 현황

1. 정의 및 구성

변화하고 있는 국제 무역 환경 속에서 기업의 올바른 대응을 지원코자 만들어진 ISO28000은 공급사슬의 보안 개선을 목적으로 하는, 공급사슬에 관여한 모든 조직이 보안경영시스템을 수립하기 위해 사용할 수 있는 규격으로 정의된다. 즉, 규모, 업종을 불문하고 관련 공급사슬의 보안 개선을 원하는 모든 기업에 적용 가능한 범용적인 틀이며, 다른 물류보안인증제도의 적용에도 도움을 줄 수 있는 규격이다.

ISO28000은 규격 안내를 위한 ISO28001, ISO28003, ISO28004와 보완관계를 이루고 있다. ISO28001은 공급사슬의 보안, 평가 및 계획의 실행을 위한 모범관행이며, ISO28003은 공급사슬보안 경영시스템 심사 및 인증을 제공하는 기관에 대한 요구사항으로 인증심사를 위한 인증기준을 제시하고 있다. ISO28004는 ISO28000의 실행 지침으로 인증제도 이행을 위한 세부지침을 규정하고 있다.

2. 다른 표준 및 물류보안인증제도와의 비교분석

공급사슬의 보안 개선을 위한 ISO28000에 대해, 국내 업체들의 인지도 및 이해도는 매우 낮은 편이다. 인지도는 강화되고 있는 국제 동향을 국내 업계가 파악함으로써 점차 향상되리라 생각되며, 본서에서는 ISO28000에 대한 이해도를 높일 수 있도록, 이를 다른 경영시스템에 관한 표준 및 다른 물류보안인증제도와 비교해보고자 한다. 우선, ISO에서 제정한 대표적인 국제 표준으로 ISO9001(품질경영시스템), ISO14001(환경경영시스템)을 들 수 있다. ISO9001은 품질 보증에 관한 위원회인 TC-176에서 1987년 발행되었으며, 국제공인 품질시스템 구축을 통해 제품과 서비스의 경쟁력을 강화하기 위한 표준이다. 기업 경쟁력 확보, 브랜드가치 향상, 생산성 향상, 책임의 명확화, 기록 관리를 통한 기술 축적 등의 효과를 얻을 수 있어 국내 많은 업체가 해당 인증을 받고, 갱신해오고 있다. ISO14001은 환경경영시스템으로, 환경경영 기술위원회인 TC-207에서 1996년 제정하였다. 환경보호를 지향하는 ISO14001은 인증 기업에게 환경위험 관리경영을 통해 경쟁에 있어 비교 우위를 확보하게 해주며, 경영 전반에 걸쳐 비용을 절감할 수 있는 효과도 있다. 또한 정부, 공공기관, 지역 주민을 비롯한 이해관계자와의 친밀한 관계를 기반으로 금융자본 유치가 용이해진다는 장점도 있다. 이들 표준과 비슷하게 ISO28000 역시 경영시스템의 하나이며, 핵심 요소가 품질, 환경이 아닌 공급사슬보안이라는 것이 다를 뿐이다. 이들 표준은 상호 양립할 수 있도록 유사한 체계를 갖고 있기 때문에 ISO9001, ISO14001의 인증을 취득한 기업이라면 손쉽게 ISO28000을 적용할 수 있다.[4)]

이들 ISO 표준은 프로세스 접근방법을 통한 주기적이고 지속적으로 운영되는 경영시스템이라는 공통점을 가지고 있다. 입력(Input)이 출력(Output)으로 변환되도록 자원을 활용하고 관리하는 활동을 프로세스(Process)라고 하며, 프로세스의 파악과 상호작용, 그에 대한 관리를 포함하여 조직 내에서 프로세스

4) ISO9001, ISO14001, ISO28000의 요구사항을 상호비교할 수 있도록 정리된 표는 ISO 28000 부록에서 확인할 수 있으니 필요시 참조토록 한다.

로 구성된 시스템을 적용하는 것을 '프로세스 접근방법'이라 할 수 있다. 이는 잘 알려진 P-D-C-A cycle이라는 방법론에 적용되어, P(Plan) 단계에서 고객의 요구사항 및 조직의 방침에 따라 결과를 도출하는 데 필요한 목표 및 프로세스를 수립하고, D(Do) 단계에서 프로세스를 실행하고, C(Check) 단계에서 방침, 목표 및 요구사항의 운영 결과 모니터링, 측정 및 결과를 정리하고, A(Action) 단계에서 프로세스 성과의 지속적인 개선을 위한 활동을 수행할 수 있도록 적용된다. 이를 위해 프로세스의 명확한 이해가 필요하며, ISO9001, ISO14001을 도입한 기업이라면 프로세스에 대해 정확하게 이해하고 있을 것이기에 ISO28000을 도입하기 유리한 것이다.

AEO, C-TPAT 등 다른 물류보안인증제도와 ISO28000은 제정 목적이 비슷한 만큼, 누릴 수 있는 효과도 크게 다르지 않다. 보안 관련 리스크의 감소로 테러 방지, 화물의 분실 및 손상 방지 등의 효과를 얻을 수 있으며, 인증을 통해 대외 신뢰도를 확보할 수 있다는 장점이 있다. 그러나 다른 제도가 개별 국가 혹은 지역 차원의 인증인 반면, ISO28000은 세계 공통 표준이기 때문에 전 세계의 어떠한 기업에도 적용 가능하다는 점, P-D-C-A cycle을 통한 지속적인 개선이 가능한 시스템으로 꾸준한 관리가 가능하여, 최고경영자, 혹은 담당자의 변경에도 신속히 대응할 수 있다는 점을 장점으로 들 수 있다.

3. 국내 도입 현황

전술한 바와 같이 미국 9·11 테러 이후 국제 테러 위협의 증가로 항공기, 선박 등의 화물에 대한 보안검색이 강화되면서 물류보안은 강력한 무역장애요인으로 대두되었다. 이처럼 물류보안이 세계적으로 강화되면서 우리나라도 '물류보안의 민간 경쟁력 강화' 측면에서 조속한 ISO28000 국내 인증제도 추진의 필요성이 대두되었으나, 아직 국내 무역업계나 물류업계는 물류보안시스템 구축이 미흡하고, 다양한 국내·외 물류보안제도에 대한 대처 능력도 전무한 실정이어서 제도 시행까지 상당한 시간이 소요되었다.

지식경제부 기술표준원에서는 2008년 4월, 국가별로 상이한 물류보안 규정의 준수와 화물의 안전 확보에 어려움을 겪고 있는 기업의 물류보안체제 구축을 지원하기 위해 ISO28000을 국가표준(KS)화(化) 하였고, 인증기관으로 사단법인 한국선급을 선정했다. 한국선급으로부터 ISO28000 인증을 취득한 항만이나 기업은 국제 표준에 적합한 보안체계를 갖췄다는 것을 국제적으로 공인받을 수 있게 되는 것이다.

2008년도의 표준화사업을 통해 동년 4월 국내에서는 최초로 부산신항만주식회사가 한국선급으로부터 ISO28000 인증을 취득하였으며, 2008년 12월부터 전략물자관리원을 통해 "물류보안경영시스템 표준 이행·확산"사업이 실시 중이다. 본 사업을 통해 포스코가 ISO28000 인증을 취득하였으며, 이는 추후 국내 여타 기업들이 ISO28000을 도입하는 데 모범사례로 활용될 수 있을 것이다.

국내 기업에게는 아직 공급사슬보안이라는 개념이 생소하고 도입의 효과 역시 실증된 자료가 많지 않기 때문에 현재 국내 도입 사례는 많지 않은 상황이다. 그러나 앞으로도 국제 무역에 있어 보안은 계속 강화될 것이고 이에 대비하지 않은 기업은 도태될 수밖에 없다. 따라서 적절한 대응 없이는 기업 경영을 지속하기 어려우며, 하루 빨리 관련된 모든 기업이 이를 인지하고 대응할 수 있도록 정부와 학계에서 노력해야 한다.

제 3 절 ISO28000과 우리기업의 관련성

기업들이 공급사슬보안을 통하여 관련 법규를 준수하고 보안을 확보해야만 개별국가·역내(Region)·지구촌에서 테러를 차단하고, 국제평화와 안보의 확보가 가능하다. 그러나 개별국가의 법규준수기업에 대한 인증제도는 국가별 관심대상에 따라 그 요구사항과 기준이 다양하여 차이가 날 수밖에 없고, 기업들도 자신의 업종·품목 특성에 따라 법규준수 사항에 근거해 지켜야할 사항과 방법·체계가 달라질 수밖에 없다. 이와 같이 화물이동 관련 공급사슬에 연계된 기업들이 지켜야할 경영체계의 표준화가 필요해짐에 따라, 공급사슬에 속한 기업들이 국제적으로 추구하는 보안수준을 확보하기 위하여 지켜야할 최소한의 요건으로 국제표준·물류·수송·보안 전문가들이 채택한 기준이 ISO28000인 것이다.

어느 기업이든 취급하는 화물이나 서비스마다 공급사슬이 형성되기 때문에 기업은 무수한 공급사슬과 연계된다. 다시 말하면, 모든 기업은 자사가 취급하는 화물이나 서비스에 관하여 보안차원에서 ISO28000의 내용에 따라 경영에 반영해야 할 적합한 체계가 있다고 간주할 수 있다.

개별 기업은 자사가 보유한 시설이나 장소, 또는 공급하는 화물이나 서비스, 활동을 통해 발생할 수 있는 위협(Threat)을 식별하여 그 위험요소(Risk)의 유형이나 종류·발생 빈도·위험의 심각성·사건발생시의 피해 규모를 예상하여 위협이 발생하거나 발생할 가능성이 있을 때 피해로 발전되지 않도록 자발적으로 통제·관리하여야 한다. 또한 수립된 대책이 통제 범위를 벗어나는 사고가 발생했을 때를 대비해 조기 수습·피해 경감을 위한 비상대책을 수립해두고 효율적으로 대응할 수 있는 종합적인 체계를 갖추어야 하며, 점검·평가를 통해 지속적으로 보완·개선해나감으로써 보안수준을 지속적으로 발전시켜야 한다. 즉, 기업은 국가적·지역적·국제적으로 발생할 수 있는 위험요소를 관리하여, 해당 위험요소가 실현되지 않도록 관리하는 경영체제인 공급사슬보안 경영시스템을 도입하여 경영에 반영해야 한다.

기업은 ISO28000을 도입하기에 앞서, 공급사슬보안경영이 자사에 과연 필요한지, 회사의 운영에 얼마나 도움이 되는지를 파악할 필요가 있다. 전술한 바와 같이, 다양한 공급사슬보안인증제도가 시행중이거나 시행 예정이기 때문에, 짧게는 위반으로 인한 제재를 피하기 위해서, 길게는 경쟁업체가 인증을 획득하여 신속통관 혜택을 누림으로써 발생하는 상대적인 불리함을 제거하기 위해서, 어떻게 대처해야 하는지 검토해야 한다. 또한 자사와 연계된 수입자 또는 거래처에서 공급사슬보안인증을 요구하거나 확인해오는 사례에 대한 대비차원에서도 검토해야 한다. 실제 국제거래나 무역과 관련된 제조·보관·운송 등의 모든 분야 기업들이 종사하는 업무가 공급사슬의 한 부분이고 최근 공급사슬보안이 지속적으로 강화되고 있기 때문에, 검토를 한다고 하기보다는 국내 대부분의 업체가 인지하고 준비해야하는 분야라고 할 수 있다.

해당 기업에의 관련성은 ISO28000, AEO, C-TPAT 등의 특성과 차이점을 알아봄으로써 파악할 수 있으며, 국제 교역이 많은 업체의 경우에는 거래상대방으로부터 공급사슬보안 준수나 인증에 대한 질문을 받고 대응하면서 인지할 수도 있다. 인지 결과 ISO28000의 도입이 필요하다는 결론에 도달하면, ISO28000의 인증을 받도록 준비해야 한다.

제 4 절 ISO28000의 효과 및 구축방안

그렇다면 기업이 ISO28000을 통해 얻을 수 있는 구체적인 효과는 무엇일까? ISO에서는 2007년 10월 해당 규격을 공포하면서 다음과 같이 발표하였다. "ISO28000은 국경을 넘는 상품의 교역과 운송을 촉진시킬 것이며, 이는 공급사슬 내에서 조직이 전략, 운영 수준, 예방조치 계획 등 보안 취약점을 보완하는 메카니즘을 효과적으로 구현하는 능력을 증대시켜 줄 것이다. 조직은 사업이익을 보호하기 위해 지속적으로 보안에 대하여 측정하는 과정을 통해 국제적인 표준 요구사항을 준수할 역량을 보유하게 되며, 공급사슬 내의 다양한 행위자에 의해 이행됨으로써 국가는 정부 자원의 사용을 극대화하고 최적의 보안수준을 유지할 수 있다. ISO28000은 정부와 세계관세기구(WCO)의 국제 교역의 안전과 간소화를 위한 국제기준(WCO FoS), 유럽연합(EU)의 AEO, 미국의 C-TPAT, 국제해사기구(IMO)의 국제선박 및 항만시설 보안규칙(ISPS Code)을 포함하는 각종 물류보안인증제도를 보완하는 역할을 수행한다."[5]

또한, 기술표준원은 2007년 세미나 발표자료[6]를 통해, ISO28000을 도입하게 되면 물류 전반에 걸쳐 통관 검사(Customs Inspection) 48% 감소, 수입품 자동화 처리(Automated Handling) 43% 증가, 운송 시간(Transit Time) 29% 감소 및 문제인식 소요시간 21% 단축, 공급사슬에서 자산의 가시성(Asset Visibility) 50% 향상, 정시 선적(On-time Shipping) 30% 향상 및 과잉 재고(Excess Inventory) 14% 감소, 재고 관리에서의 도난(Theft) 사고 38% 감소 및 고객과의 마찰(Customer Attrition) 26% 감소와 같은 효과를 예상할 수 있다고 발표하였다.

정리하면, 기업이 ISO28000을 도입하는 경우, 대내적으로는 공급사슬 내 각 조직의 사업을 안정적으로 운영할 수 있으며, 물류 단계에서의 테러 예방, 화물 도난 및 손상 방지 등의 효과를 누릴 수 있다. 대외적으로는 물류보안에 대해 국제 신뢰성을 확보하여 기업 브랜드 가치를 높일 수 있으며, 경쟁사에의 비교우위를 이용해 판로 확대, 신규 고객 확보 등이 가능해진다. 그리고 다른

5) http://www.iso.org/iso/pressrelease.htm?refid=Ref1086

6) 2007 국제물류보안 동향 및 대응전략 세미나, 물류보안 국제표준 동향 및 표준화 추진전략(2007. 10. 23, 산업자원부 기술표준원)

물류보안인증제도의 손쉬운 적용이 가능하므로, 다른 물류보안인증제도의 적용을 통해 신속 통관 등의 혜택을 누릴 수 있다.

위와 같은 효과를 얻기 위해서는 ISO28000의 인증을 취득해야 한다. 기업에서는 국제 물류보안 동향을 파악하고, 해당 효과를 얻기 위해 어느 정도의 비용이 필요할지 분석한 뒤, 최고경영자의 승인을 통해 도입 여부를 결정해야 한다. ISO28000을 도입하기로 하였다면, ISO28000에서 요구하는 보안리스크 평가, 문서화 등의 작업을 통해 시스템을 구축, 운영, 필요 부분의 수정, 보완이라는 일련의 작업을 통해 인증을 신청할 수 있으며, 심사가 무사히 완료되면 기업은 인증을 취득할 수 있다.

ISO28000의 도입을 위해서는 최고경영자 이하 실무진의 보안에 대한 인식이 중요하며, 보안 인식이 뒷받침되지 않는다면 ISO28000을 도입할 때 요구되는 재정적, 인적 자원을 감당할 수 없어 많은 어려움을 겪게 된다. 기타 담당자들의 기본적인 역량은 사내·외 교육, 훈련 및 컨설팅 등으로 키울 수 있으며, 기본적인 역량이 쌓이면 보안리스크 식별, 방침, 목표 수립, 문서화 작업 등 ISO28000에서 요구하는 작업들을 수행하면서, 자사의 틀에 맞는 보안경영시스템을 구축할 수 있게 된다. 본 가이던스를 활용한다면, 기업이 ISO28000을 도입하면서 겪을 수 있는 어려움들을 해소하는 데 도움이 될 것이다.

제 2 장

ISO28000 시스템 수립 개요

물류보안 강화로 유발되는 물류 지체를 완화하고 무역을 활성화시키기 위해 다양한 물류보안인증제도가 시행되고 있으나, 국가별로 주요 관심대상과 제도가 다르고 자국의 이해관계가 얽혀 있어, 기업이 대응하는 데 많은 혼란을 겪고 있다.

국제적인 무역장벽이 될 수 있는 이런 문제점을 해결하고 공급사슬의 보안에 관한 신뢰성을 확보할 수 있는 공인된 제도의 도입 필요성에 따라 국제표준화기구(ISO, International Organization for Standardization)에서는 2007년에 ISO28000(공급사슬보안경영시스템) 규격을 제정하였으며, 2008년 4월 기술표준원은 해당 규격을 국내에 도입하였다. 이와 같은 공급사슬보안 경영시스템의 이행·확산이 국가적으로 중요하며 시급함에도 불구하고 공급사슬보안(Supply Chain Security)이라는 개념이 국내 기업들에게는 생소할 뿐만 아니라, 기업 실무자가 읽고 이해할 수 있는 수준의 설명서가 없어 걸림돌이 되고 있다.

본서는 기술표준원이 발주한 이행·확산 사업의 일환으로 진행된 ISO 28000 시범사업을 통해 획득한 지도 경험과 시범사업 실무자들의 피드백을 토대로 기업이 공급사슬보안 경영시스템을 전반적으로 이해할 수 있도록 하며, 시스템 구축을 위한 단계별 가이던스를 제공함을 목적으로 하고 있다. 이와 같은 목적 下에 본서는 기업의 보안경영시스템 구축 절차를 시계열로 구성하여 각 단계별로 기업이 이행해야 할 요소들의 행동요령과 ISO28000의 주요 요구사항을 해설하는 방법으로 작성되었다.

NO.	단 계	주요 활동	세부 내용
1	ISO28000 도입 검토	사전 검토	
		최고경영자 승인	
2	ISO28000 추진팀 구성	추진실무팀 구성	1) 추진실무팀 구성, 인원선발, 검토, 확정
		팀 활동개시	1) 팀 활동개시 워크숍 실시
		추진일정 수립	1) Master Plan Guide 수립(보안), 확정
3	ISO28000 요구사항 교육	ISO28000 요구사항 해설 과정 및 문서화 교육 참가	
4	상위 분석	상위 분석 실시	1) ISO28000 요구사항을 기준으로 한 사업현장 실태점검
5	문 서 화	보안경영시스템 설계	1) 회사내 다른 경영시스템 관련 자료 수집 2) 보안경영 방침 파악 3) 공급망 부서, 업무별 책임/권한 파악 4) 공급망 기능 분류 5) 주요 기능별 프로세스 식별 6) 프로세스별 보안위협 요인 식별 7) 위협요인별 보안평가 및 계획 사항 8) 보안리스크 관리 방법 식별 9) 보안경영시스템 체계 수립 10) 보안매뉴얼, 보안절차서 기준 수립 11) 보안경영시스템 설계 안 검토 및 결정
		보안매뉴얼 및 보안절차서 작성, 검토, 수정, 승인	1) 보안매뉴얼 초안 작성, 검토, 수정 2) 보안절차서 초안 작성, 검토, 수정 3) 보안매뉴얼 승인, 발행, 배포 4) 보안절차서 승인, 발행, 배포
		보안지침서 작성, 검토, 수정, 승인	1) 보안 지침서 작성, 검토, 수정, 승인, 발행 2) 회사 사내 업무 표준체계 연계 3) 회사 표준관리 및 양식대장 작성
6	리스크 평가	보안리스크 평가 및 기획	1) 보안리스크 평가 방법 사전 조사 2) 보안리스크 평가 방법 결정 3) 보안리스크 평가 실시 및 대응 방법 수립
7	보안방침 설정	보안경영 방침 설정	1) 보안경영 방침 제정을 위한 관련자료 수집 • 회사 사업 관련 방침, 목표 • 보안 Profile 보안성과 • 이해관계자 및 개선 요구사항

			• 보안 관련 자원 • 보안경영 목표, 세부목표 및 프로그램 • 조직 보안 위협 및 리스크 관리 사항 • 보안관련 법규 요구사항 2) 보안경영 방침 검토 및 승인 • 위협 식별, 보안리스크 성격 및 크기 평가 및 리스크 관리 적절성 검토 • 조직의 성과 및 보안경영시스템의 효과적, 효율적 개선 검토 • 보안경영 방침의 문서화, 개정 또는 변경 검토 • 내·외부 의사소통 검토, 보안 경영방침 승인
8	보안기획	보안 법률, 강제 요구사항 규정	1) 보안 법률, 강제 요구사항 및 그 밖의 보안 규정 요구사항 등 자료 수집 2) 법규 등록부 등록, 관리
		보안경영 목표 (Objectives) 수립	1) 보안경영 방침과 연계 2) 법률, 법적, 그 밖의 요구사항 고려 3) 보안위협 및 리스크 고려 4) 기술적, 선택 사항 고려 5) 재정적, 운영적 및 사업상 요구사항 고려 6) 이해관계자 견해 고려 7) 계량화(실행 가능한 경우) 8) 임직원(종업원, 계약자, 제 3 자) 의사소통 9) 주기적 보안경영 목표 수정
		보안경영 세부목표 (Target) 수립	1) 적절히 상세하게 SMART 원칙에 따라 설정 2) 임직원(종업원, 계약자, 제 3 자) 의사소통 3) 주기적 보안경영 세부목표 수정
		보안경영 프로그램 (Programmes) 수립	1) 적절한 보안경영 프로그램 수립 2) 효율적, 효과적으로 수행하도록 수립 3) 책임과 권한, 수단, 일정 설정 4) 주기적 보안경영 프로그램 수정
9	실행 및 운영		
10	점검 및 시정조치	내부심사, 시정조치 실시, 보안경영시스템 개선	1) 내부보안심사 실시 계획 수립, 승인 2) 내부보안심사원 선정, 배정 3) 내부보안경영시스템 심사 실시

<table>
<tr><td></td><td></td><td></td><td>4) 내부보안심사 후 시정조치 실시
5) 내부보안심사 후 결과보고
6) 보안경영시스템 개선 조치
7) 보안매뉴얼, 절차서, 지침서 개정</td></tr>
<tr><td>11</td><td>경영검토 및
지속적 개선</td><td>보안경영시스템에
대한 경영검토 실시</td><td>1) 보안경영검토 보고 자료 수집
2) 보안경영검토 보고서 작성
3) 보안경영검토 회의 소집
4) 보안경영검토 실시 및 시정조치</td></tr>
</table>

제 3 장

ISO28000 시스템 구축 절차

제 1 절 ISO28000 도입 검토

1. 제도의 인지 및 조사	4. 예상효과 분석
2. 대상 여부 확인	5. 검토결과 보고 및 최고경영자 승인
3. 예상비용 분석	

본 절에서는, 한 기업이 다양한 경로를 통해 물류보안인증제도를 인지하고, 그 도입 필요성을 검토하여 최고경영자의 승인을 얻기까지의 과정을 위의 순서로 풀어서 설명토록 하겠다.

1. 제도의 인지 및 조사

한 기업의 임직원 또는 최고경영자가 ISO28000의 도입을 검토하는 것은 국제 무역에 있어 물류보안의 중요성을 인지하는 것으로부터 시작하며, 기업 내 누군가가 ISO28000의 동향이나 내용에 대하여 관심을 갖게 되는 것을 인지 단계로 볼 수 있다. ISO28000에 대한 국내 언론 및 경영인들의 관심이나 인지도는 낮지만, 엄청난 양의 관련 정보가 쏟아지고 있는 만큼, 기업이 물류보안에 대한 국제동향에 관심만 갖는다면 이를 인지하는 것은 어렵지 않다. 따라서 국제무역과 깊은 연관성을 지닌 무역 관련부서, 혹은 보안 관련부서의 임직원이 이를 인지할 수 있으며, 다른 부서 직원이 먼저 인지하여 해당 부서에 알려주거나, 최고경영자가 외부로부터 듣고 구체적으로 검토하도록 지시하는 경우도 있을 수 있다. 이미 물류보안의 중요성을 알고 있거나 관련 인증을 받은 기업의 경우에는, 거래 전 물류보안 준수상태를 확인하도록 명문화한 규정을 통해 북미나 유럽 업체로부터 질문을 받거나 계약서에 물류보안에 대한 새로운 문구가 들어간 것을 발견하고 인지할 수도 있다. 일례로 C-TPAT의 경우, 외국 제조업체에 대해, C-TPAT 인증자격이 있는 사업파트너에게는 인증을 받았는지 여부를, 그렇지 않은 사업파트너에게는 C-TPAT의 보안기준을 만족하는지 여부를 서면 혹은 컴퓨터를 통해 확인하도록 요구하고 있으며, 미국 CBP(Customs and Border Protection)의 홈페이지에서 각 업종별로 보안기준을 확인할 수 있다.[1] 따라서 거래처로부터 질문을 받았거나, 계약서에 보안(Security), 공급사슬(Supply Chain), C-TPAT, AEO와 같은 단어가 들어있는 경우, 세심한 관심을 통해 이를 인지해야 한다.

ISO28000, AEO, C-TPAT, PSI, CSI, 미국의 9·11테러대책위원회 권고이행법률(Implementing the 9/11 Commission Recommendation Act of 2007) 등 관련 법규, 대미 수출화물 100%에 대한 수출항구에서의 사전검색 규정 등에 대해 조사해본다면, 지금까지 화물을 보낼 때 화주나 수하인 차원에서 저렴한 비용으로 신속·정확하게 그 화물을 손상 없이 목적지에 도착시키는 것을 고려하던 물류(Logistics) 개념에서, 그러한 물류뿐 아니라 공급사슬에 속한 장비·선박·시설에 대한 보안, 더 나아가 그 화물과 공급사슬에 의한 테러 위협 등에 대한 보안을 종합적으로 관리하는 공급사슬보안(Supply Chain Security)으로 바뀌고 있는 보안강화 동향을 보다 깊이, 그리고 폭 넓게 인지할 수 있다. 조사를 통해 파악한 정보를 바탕으로 국제무역환경이 변화하고 있다는 동향을 인지했다면, 자사의 업무 영역과 활동에 관련성을 검토하는 다음 단계로 진행하게 된다.

2. 대상 여부 확인

기업에서는 우선, 자사의 사업 영역이 ISO28000에서 정의한 대상에 포함되는지 여부를 파악해야 한다. ISO28000의 정식 명칭은 공급사슬보안 경영시스템 규격(Specification for Security Management Systems for Supply Chain)으로,

---

1) 해당 내용은 미 세관국경보호국(CBP) 홈페이지에서 공개하는 해외제조업체에 대한 Minimum Security Criteria이며, 상세는 각 업종별로 http://www.cbp.gov/xp/cgov/trade/cargo_security/ctpat/security_criteria/에서 확인할 수 있다.

공급사슬의 보안을 개선하는 것을 목적으로 한다. ISO28000은 "① 보안경영시스템을 수립·실행·유지 및 개선하고, ② 조직이 선언한 보안경영방침과의 적합성을 보증하고, ③ 외부에 그러한 적합성을 실증하고, ④ 공인된 제 3 자 인증기관에 의한 보안경영시스템의 인증/등록을 추진하고, ⑤ 본 규격에 대한 적합성을 자체적으로 결정하고 선언하기를 희망하는「생산이나 공급사슬의 모든 단계에서의 제조, 서비스, 보관 또는 운송에 관계된, 규모가 작은 조직에서부터 다국적 기구에 이르는 모든 규모의 조직」"을 대상으로 하고 있다.[2)]

위의 사항을 기본으로, 다음 사항을 고려하도록 한다. 물류보안에 대한 인식·이해가 부족하여 오판할 가능성이 높기 때문에 관심을 갖고 제대로 검토해야 한다.

첫째, 대부분의 기업이 "생산이나 공급사슬의 모든 단계"에 어떤 형태로든지 관계가 있다는 사실을 지나치기 쉽다. 제조, 서비스, 보관, 운송에는 제조업자는 물론 수출입업자, 관세사, 보세구역운영인, 운송주선업자, 하역업자, 보세운송업자, 복합운송주선인, 선사, 항공사 등이 ISO28000에서 규정하는 대상범위에 해당된다고 볼 수 있다.

둘째, 기업의 업무 범위에 개선이 필요한 보안경영 위협요인이 있는지를 식별해야 한다. 한 기업의 업무 범위에는 화물, 상품, 정보 또는 서비스의 생산, 운송, 보관, 적재, 환적 등의 진행과정 및 시설, 장비, 컨테이너, 운송수단, 물류정보시스템, 기록물 같은 자산의 운용, 항만, 공항, 터미널, 공장, 창고 등의 장소를 관리하는 것이 포함되며, 이러한 요소에 잠재해있는 리스크를 찾아내고 관리 방안을 마련하는 것이 ISO28000의 근간이다.

따라서 해당 기업 임직원은 리스크를 식별하는 안목을 필수적으로 갖추어야한다. 리스크의 식별을 위해서는 상당한 전문지식이 요구되기 때문에 자사의 업무 성격과 절차를 잘 아는 직원이 리스크 식별훈련을 받거나, 자체 판단 역량이 없을 경우에는 물류보안전문가에게 리스크 식별에 대한 컨설팅을 맡기는 것이 필요하다.

리스크 식별 절차를 거쳐, 리스크가 있고 관리가 필요하다면 ISO28000을 도입해야 한다. 리스크를 식별하는 방법, 시나리오에 대한 상세한 정보는 제 6

2) 공급사슬 보안경영시스템 규격(KS V ISO28000:2007) 중 1. 범위

절 리스크평가를 참조하면 도움이 될 것이다. 도입단계이므로 [표-1] 보안 위협시나리오 예시와 [표-2] 자가 점검 체크리스트 예시를 참고하여 간단하게 점검할 수 있다. 참고로, 이 체크리스트는 보안위협요소를 파악하기 어려운 기업

[표-1] 보안위협 시나리오 예시

보안위협 시나리오 예시
1) 화물/제품/상품의 운송, 보관, 생산, 적재, 환적 등 진행과정(Process)에서의 무단 반출
2) 화물 운송 및 장비 등 차량 탈취
3) 보관창고 등 시설에의 침입
4) 출입 통제용 잠금/인식 장치의 파괴 및 보안장치 해제(손상, 파괴)
5) 출입 통제용 잠금장치(열쇠)의 무단접근 및 절취
6) 내부 주요 시설의 무단 접근
7) 화물, 컨테이너 등의 봉인 훼손
8) 밀수, 밀입국, 불법무기 반출·입
9) 테러를 목적으로 한 무허가화물 조작
10) 사보타주,[3] 절도, 승용차 및 트럭에 폭발물 설치로 인한 폭발 손상, 오염/훼손
11) 인질/인명, 상해/살상 및 납치
12) 화물 운송수단을 공격 무기로 사용
13) 무기를 사용하여 원거리 공격으로 파괴
14) 물류정보시스템 중단/훼손을 위한 시스템 정보 조작
15) 화물 분실, 손실 및 좀도둑
16) 계수정보와 물품과의 불일치 조작
17) 기록, 보관 정보의 고의적인 파손/손실
18) 수출입 세관활동 위협
① 수출입관련 법규(대외무역법, 관세법, 외국환관리법 및 수출입관계법령 등) 준수 위반
② 과세가격 부정확 가격산정, 품목분류 부정확, 관세감면 세율 코드 부정확
③ 관세환급 과다 소요량 산정, 원산지특혜관세 남용, 외환거래 부정확, 통관상 세관장 확인 사항 부정확
19) 내부통제체계 실패
20) 보안위협 유발 직원 고용
21) 수출입공급사슬 다운스트림의 관리 실패
22) 자연재해 발생(홍수, 지진, 태풍, 화재 등)
23) 전략물자, 군용물자 등에 대한 수출통제 활동에 대한 위협
24) 기　　타

3) 사보타주(Sabotage): 고의적인 사유재산 파괴나 태업 등을 통한 노동자의 쟁의행위를 말

을 위해 제공하는 예시일 뿐이며, AEO, C-TPAT 등 다른 물류보안인증제도에서 요구하는 사항들과는 다름을 밝혀둔다.

[표-2] 자가 점검 체크리스트 예시

No	보안 구분	확인 장소	이행여부 (Y/N/NA)	보안 대책
협력업체 보안				
No	협력업체 보안	확인 장소	이행여부	보안 대책
A1	운송, 통관 등 다운스트림 협력업체의 보안업무 관련 작업 지침서와 보안체크리스트가 마련되어, 배포되고 실행되는지 확인하는 절차가 있는가?	-구매/총무/인사 부서 -협력업체 관리 지침서 -보안 체크리스트 -협력업체 현장		
A2	보안관련 주요 업무(경비, IT관리, 창고 관리 운송 등)를 외주/용역을 통해 진행하고 있다면 파견 직원에 대한 보안 교육 등을 요구하는 절차와 이를 확인하고 기록 관리하는 절차가 있는가?	-구매/총무/인사 부서		
A3	고객 혹은 최종 사용자가 불법거래자(테러리스트)가 아님을 확인하는 절차가 있는가?	-영업/보안 부서		
물리적 보안 및 출입통제				
No	사원	확인 장소	이행여부	보안 대책
B1	직원의 신원파악 및 출입통제 목적을 위한 사원 신원파악 체계를 마련하였는가?	-사업장 Gate 및 경비실 -시설물(창고, 사무실 등) Gate		
B2	사원의 보안이 요구되는 장소에 대한 출입은 직무 수행상 필요한 경우에만 허용하도록 절차를 마련하였는가?	-시설물(창고, 사무실 등) Gate -주요시설(서버운영실, CCTV 녹화실, 기계실 등) Gate		

함. 파업과는 달리 형식상으로는 취업태세를 취하면서 몰래 작업능률을 저하시키는 것. 쟁의 중에 기계나 원료를 고의적으로 파손하는 행위도 포함함.

No	항목	확인 장소	이행여부	보안 대책
B3	회사 관리자나 보안 담당자가 사원, 방문자 및 납품업체의 신분증 배지에 대해 발급과 취소를 충분히 통제할 수 있도록 절차가 마련되었는가?	-경비실 -인사/총무/보안 부서 담당자		
B4	출입통제장치(예: 열쇠, 키카드 등)의 발급, 제거 및 변경에 대한 절차가 문서화되어 있는가?	-경비실 -인사/총무/보안 부서 담당자		
B5	회사 건물 내에서 직원들이 항시 직원 카드를 패용하도록 요구하는가?	-사업장 전체 -주요작업 장소(창고, 제조시설, 사무실 등)		
No	방문자/납품업자	확인 장소	이행여부	보안 대책
B6	방문객에게 도착 즉시 문서화할 수 있도록 사진이 부착된 신분증을 제시하도록 하고 임시신분증을 발급하여 착용하도록 하는가?	-경비실 -인사/총무/보안 부서 담당자 -사업장 전체		
B7	방문객의 성명, 방문 목적, 소속, 방문자 등의 자료를 방문일지 및 컴퓨터 자료로 유지하는가?	-경비실 -인사/총무/보안 부서 담당자 -전산 담당자		
B8	방문객의 보안상 허가되지 않은 휴대품에 대한 관리 절차가 마련되어 있는가?	-경비실 -인사/총무/보안 부서 담당자		
B9	모든 방문자의 출입시 담당 직원의 에스코트를 받도록 하며, 방문 목적 외의 구역에 대한 출입을 통제하는가?	-경비실 -인사/총무/보안 부서 담당자		
No	보안인원	확인 장소	이행여부	보안 대책
B10	출입게이트를 지키는 경비가 있으며, 민감한 지역과 화물을 취급하고 보관하는 지역을 감시하는 순회 순찰을 하고 있는가?	-사업장 Gate 및 경비실		
No	우편물/특송물품	확인 장소	이행여부	보안 대책
B11	모든 배달업자에게 사내 출입시 도착 즉시 사진이 부착된 신분증을 제시	-경비실 -총무 부서 담당자		

	하도록 하고 방문증을 발급하여 패용하도록 하는가?			
B12	도착된 소포 및 우편물은 검사를 거친 후 배포되도록 하는가?	-경비실 -총무 부서 담당자		

No	출입구	확인 장소	이행여부	보안 대책
B13	사람과 차량이 출입하는 출입구에는 인력을 배치하여 감시하고 있는가?	-사업장 Gate		
B14	출입구 숫자는 출입과 안전에 필요한 최소한으로 유지하고 있는가?	-사업장 Gate		

No	CCTV 녹화	확인 장소	이행여부	보안 대책
B15	사업장 Gate(정문)에서 방문자, 차량번호, 운전자 얼굴 및 컨테이너 번호를 식별하고 기록할 수 있는 CCTV가 장치되고 관리되고 있는가?	-사업장 Gate 및 경비실		
B16	화물 취급공간 및 창고 내에 사각지역이 없도록 CCTV 녹화 장치가 마련되어 있는가?	-화물 취급 공간 및 창고 -시설문 출입 Gate		

No	건물외곽	확인 장소	이행여부	보안 대책
B17	건물은 불법 출입을 막을 수 있는 자재를 사용하여 건축하였는가?	-시설물 내외부 건물 자제		
B18	건물의 무결성 유지를 위하여 주기적으로 검사하고 수리하는가?	-장비 관리 절차서		

No	울타리	확인 장소	이행여부	보안 대책
B19	사업장 외곽의 울타리는 무단 침입을 막을 수 있는 적절한 대책을 지니고 있는가? 1) 높이 2.4m 이상, 외부로 45도 경사 2) 주요 지역에 대해서는 CCTV 녹화 적외선 감지 장치 구축	-사업장 외곽 울타리		
B20	사업장 외곽 울타리에 주요 지역에 접근 통제를 알리는 안내판이 존재하는가?	-사업장 외곽 울타리		

No	잠금장치 및 열쇠통제	확인 장소	이행여부	보안 대책
B21	모든 외부 및 내부의 창문, 게이트 및 울타리는 잠금 장치로 보안을 유지하고 있으며, 관리 및 보안 인원은 모든 자물쇠와 열쇠의 발급을 통제하고 있는가?	–사업장 Gate 등 –열쇠관리 절차서 –보안/총무 담당자		
No	주차	확인 장소	이행여부	보안 대책
B22	개인 차량이 화물 취급 및 보관 장소의 내부나 주위에 주차되는 것을 금지하고 있는가?	–사업장 레이아웃 –화물취급 공간		
No	조명	확인 장소	이행여부	보안 대책
B23	출입구, 화물 취급 및 보관지역, 울타리 선, 주차지역 등 시설 내외에 충분한 조명을 제공하고 있는가?	–출입구, 화물취급 및 보관지역, 울타리 선, 주차지역 –CCTV 설치 지역에 가시성 확보		
	인적 보안			
No	채용 예정자	확인 장소	이행여부	보안 대책
C1	신규채용자의 신원확인을 위한 절차가 마련되어 있으며, 이에 대한 기록이 관리되고 있는가?	–인사부서		
No	경력자	확인 장소	이행여부	보안 대책
C2	보안과 관련이 높은 직원을 분류하여 관리하고 있으며, 이들에 대한 신원확인이 진행되고 기록이 관리되고 있는가?	–인사부서		
C3	이미 채용된 직원에 대한 배경 점검 및 조사가 주기적으로 이루어지고 있으며 기록이 보관되고 있는가?	–인사부서		

No	외주용역 직원	확인 장소	이행여부	보안 대책
C4	외주용역 직원(창고, IT, 제조, 운송, 경비 등)의 신원확인이 주기적으로 진행되며, 이들의 퇴사 등 인적 변동사항에 대한 정보공유가 즉각적으로 이루어지고 있는가?	–인사부서		
C5	운전자(Driver)에 대한 보안교육 절차가 마련되어 있으며, 기록이 보관되고 있는가?	–인사부서		
No	해고절차	확인 장소	이행여부	보안 대책
C6	회사에서 해고된 사원에 대한 신분증, 시설 및 시스템의 접근을 취소시키는 절차가 마련되어 실시되고 있는가?	–인사부서		
	화물취급 절차 보안			
No	컨테이너 취급 절차	확인 장소	이행여부	보안 대책
D1	컨테이너 개방을 위한 절차가 마련되어 있으며, 실행되고, 기록이 관리되고 있는가? 1) 컨테이너 외관 검사 2) 봉인 번호 검사 3) 봉인 상태 검사	–화물관리 담당자 –창고 내 컨테이너 취급 공간		
D2	컨테이너 정보 불일치 등의 문제 발생시 행동 절차가 마련되어 있으며, 담당자에 대한 교육이 실행되고 기록이 유지되고 있는가?	–화물관리 담당자 –창고		
D3	빈 컨테이너는 외부침입으로부터 보호되며, 불순한 목적의 조작으로부터 보호되어 있는가?	–화물관리 담당자 –창고		
D4	컨테이너에 화물 적입 전에 컨테이너의 무결성을 확인하기 위한 검사가 시행되고, 이에 대한 기록이 관리되고 있는가?	–화물관리 담당자 –창고 내 컨테이너 취급 공간		

	–정면 벽, 왼쪽 측면, 오른쪽 측면, 바닥 –천정/지붕, 옥내·외 도어, 외부/차대			
D5	빈 컨테이너에 화물 적입 중 컨테이너 조작 등의 보안문제 발견시 대처 절차가 마련되어 있는가?	–화물관리 담당자 –창고 내 컨테이너 취급 공간		
No	**봉인장치 관리**	**확인 장소**	**이행여부**	**보안 대책**
D6	미국행 컨테이너에 PAS/ISO17712 표준에 부합 또는 초과하는 봉인장치를 부착하도록 하는 절차가 마련되고 이에 대한 기록이 관리되고 있는가?	–화물관리 담당자 –창고 내 컨테이너 취급 공간		
D7	봉인장치의 보관·배급·설치 등은 정보 불일치 등의 보안 사고를 예방할 수 있도록 절차화되어 실시되고 있으며 이에 대한 기록이 관리되고 있는가?	–화물관리 담당자 –창고 내 컨테이너 취급 공간 –봉인장치 보관장소 –전산부서		
No	**컨테이너 보관**	**확인 장소**	**이행여부**	**보안 대책**
D8	관리하는 시설 내에 있는 컨테이너는 무단출입 및 조작을 방지하기 위하여 보안이 확보된 장소에 보관되어 있는가?	–화물관리 담당자 –창고 내 컨테이너 취급 공간		
D9	컨테이너와 컨테이너 보관장소의 무단출입을 보고하고 제압하는 절차가 마련되어 있는가?	–화물관리 담당자 –창고 내 컨테이너 취급 공간		
D10	정기적으로 재고조사를 실시하고 화물 불일치에 대한 적절한 통보 및 조치를 위한 절차가 마련되어 있는가?	–화물관리 담당자 –창고 내 컨테이너 취급 공간 –전산부서		
No	**화물정보 관리**	**확인 장소**	**이행여부**	**보안 대책**
D11	출발 혹은 도착한 화물이 적하목록에 있는 정보와 대조하여 확인하는 절차가 마련되어 있으며, 실시되고,	–화물관리 담당자 –창고 내 컨테이너 취급 공간		

	불일치 발생시 이에 대한 대비 절차가 마련되어 있는가?	- 화물 출입 Gate 내 운영실 - 전산부서		
No	**화물 불일치 관리**	**확인 장소**	**이행여부**	**보안 대책**
D12	모든 부족, 노후 및 기타 상당한 불일치 또는 이상한 내용에 대한 해결 및 조사 절차가 마련되어 있는가?	- 화물관리 담당자 - 창고 내 컨테이너 취급 공간 - 전산부서		
D13	이상한 내용, 불법 또는 의심이 가는 활동이 검출되면, 필요에 따라 세관 및 기타 적절한 경찰 기관에 통지하는 절차가 마련되어 있는가?	- 화물관리 담당자 - 창고 내 컨테이너 취급 공간 - 전산부서		
정보기술 보안				
No	**컴퓨터 패스워드 관리**	**확인 장소**	**이행여부**	**보안 대책**
E1	전산시스템은 특정 개인 또는 업체에 고정으로 할당된 계정으로 사용되며, 패스워드는 주기적으로 갱신하도록 하는가?	- 전산 담당자		
No	**정보 조작 등의 보호**	**확인 장소**	**이행여부**	**보안 대책**
E2	주요 기록물들은 비인가자의 접근을 대비하여 캐비닛 내에 보관되며 지정된 자만이 접근토록 하는가?	- 총무부서 - 기록물 관리 캐비닛		
E3	정보기술보안 정책, 절차 및 표준을 마련하고 교육을 통하여 사원에게 제공하도록 하는가?	- 전산 담당자 - 인사/교육 담당자		
E4	부적절한 접근, 부정조작 또는 데이터 변조 등 정보기술 남용을 확인하는 시스템을 마련하였는가?	- 전산담당자		
No	**백업파일 관리**	**확인 장소**	**이행여부**	**보안 대책**
E5	사내 데이터 백업은 주기적으로 이루어지고 있으며 백업서버는 화재 등의 사고로 인한 유실을 막기 위해	- 전산담당자		

	사외에 보관되고 있는가?			
인식 및 교육훈련				
No	ISO28000 문서교육	확인 장소	이행여부	보안 대책
F1	보안 담당자들에 대한 ISO28000 요구사항 및 문서교육이 이루어지고 있으며, 해당 기록은 관리되고 있는가?	–인사/교육 담당자		
No	보안교육 및 위협인식교육	확인 장소	이행여부	보안 대책
F2	보안책임자는 물류공급사슬의 각 부분에서 테러범과 밀수범의 위협을 인식하고 그 인식도를 높이는 위협 인식프로그램을 구축하고 유지하고 있는가?	–인사/교육 담당자		
F3	사원들은 발생 상황별 보고방법을 알고 있는가?	–인사/교육 담당자		
F4	선적이나 인수, 우편물 접수 및 개봉을 담당하는 사원에게 보안 관련 교육을 실시하고 있는가?	–인사/교육 담당자		
F5	화물 무결성 유지, 내부공모 인식, 출입통제 보호에 관한 교육을 사원에게 실시하고 있는가?	–인사/교육 담당자		

3. 예상비용 분석

자사의 사업 범위 안에 관리해야 할 리스크가 있다는 것을 인지하였을 때, 기업은 그 리스크를 관리하기 위해 소요되는 비용을 견적하게 된다. 예상비용은 현재 그 기업에서의 관리 실태와 리스크의 종류, 관리시스템의 방법, 적용 범위, 담당조직과 인원, 도입 기간 등에 따라 규모가 크게 달라질 수 있다. 비용 분석은 ① 도입검토 단계에서는 최고경영자에게 보고하여 그 기업에서 관리해야 할 리스크 내역과 관리방안에 대한 예상비용 견적이며, ② 도입추진 단계에서는 추진 T/F(Task Force)를 구성하여 보다 구체적인 추진방안을 수립하게 되며, ③ 실제 추진하는 과정에서 집행하는 비용은 추진계획(안)과 수정되거나 변경하여 집행되면 실제 비용으로 나타난다. ④ 추진결과에 대한 점

[표-3] 예상비용 추산시 반영해야 하는 항목

구 분	상 세
리스크를 식별하여 목록을 파악하는데 소요되는 비용	-담당직원 교육비, 컨설팅이나 진단을 외부에 의뢰할 경우 그 비용, 자료조사비, 현장점검 비용
보유·관리하는 시설에 예상되는 위협에 대한 보안조치 시설 설치비용	-CCTV, 잠금장치, 검색장비, 차량 통제장치 등의 설치비(공장, 창고, 출입문, 터미널, 공항 등)
조직 개편비용	-추진 T/F, 시행중 물류보안을 담당할 부서 신설, 관련 부서에 증원
관리방안 설계 및 시행 비용	-리스크별 발생가능성과 그 위험으로 발생할 수 있는 영향평가, 관리방안을 시스템으로 구축, 업무 진행과정(Process), 특히 중요거래 위험성 관리시스템 설계, 위험 통제를 위한 문서설계, 시행과정의 기록관리, 세부사업(Program)의 위험 감소평가, 보안목표 달성 효과성 평가, 결함이나 개선사항 도출
중대한 결함에 대한 시정이나 보완 비용	-예상비용에 포함시킬 수 없음
ISO28000 인증비용	-인증 심사원의 수행 비용

검 단계에서 개선사항, 보완점이 발견되면 추가비용이 소요될 수 있다. 예상비용에 반영해야 할 항목들은 위와 같다.

위와 같은 항목을 산출하여 소요비용을 견적하기는 쉬운 일이 아니다. 그리하여 대부분의 경우, 동업종의 비슷한 규모의 기업이 물류보안에 소요된 비용을 참고하거나 컨설팅 기관의 의견을 듣고 개략적으로 올리는 경우가 있을 것이다. 그러나 그렇게 하더라도 다음과 같은 사유로 커다란 격차가 발생할 수 있기 때문에 주의해야 한다.

- 공장, 사업소 등이 여러 곳에 분산된 경우와 한 곳에 밀집해 있는 경우
- 과거 ISO9001이나 ISO14001의 인증을 받은 경험의 유무
- 국제동향이나 물류보안, 관련 준법대상의 제도에 대한 지식이나 경험 유무
- 보안관련 시설(CCTV, 출입통제, 업무의 전산화)의 정도
- 확인된 리스크의 종류, 그 대응책, 도입 계획에 의한 소요기간

또한 물류보안이나 ISO28000을 도입하는 모든 비용 외에 인증심사비용에

대하여 견적할 경우, 그 비용은 인증신청 전에 미리 컨설팅을 받는지 여부와 인증기관의 방침(Policy)에 따라 달라진다. 현재 ISO28000의 인증을 수행할 수 있는 기관은 TÜV,[4] LRQA,[5] 한국선급[6] 등이 있다. 국내의 경우는 추후 기술표준원에서 추가 지정할 수 있으나, 현재로서는 한국선급이 유일한 ISO28000 인증기관이다.

인증 심사의 경우, 기업의 선택에 따라 많은 변수가 생길 수 있어 일률적으로 가이드라인을 제시할 수는 없으나 대상 사업장에 대한 "인 · 일(man · day: 심사원 수×심사일 수)×단가(비용/man · day)"에 따라 심사비를 예상할 수 있다. 다음의 사단법인 한국선급에서 제공한 인증 심사시의 비용 상세내역([표-4] 심사일 수 계산 및 [표-5] 심사비용 계산)을 참조하여, 견적 추산시 참고하기 바란다. 그러나 전술한 바와 같이 절대적인 기준이 될 수 없으므로, 비용 문의는 신청하고자 하는 인증기관에 직접 연락하여 산출하기를 권장한다. 일반적으로 회사가 감당할 정도의 재원 범위 내에서 지출할 수 있는 예상비용으로 도입을 추진해야하므로 점진적 도입이 바람직하다.

[표-4] 심사일 수 계산 — 한국선급 자료 참조

	Case 1	Case 2		
사업장	주사업장	주사업장	기타장소	기타장소
종업원 수	120	90	15	15
심사일 수(M.D)	8	6	1.5	1.5
총 심사일 수(M.D)	8	9		

4) TÜV Rheinland: 독일계 인증기관으로, 1872년 설립. TNT(Singapore), CWT Chemicals(Singapore), DP World(Melbourne, Australia), DP World(Brisbane, Australia) 등의 기업에 대해 ISO28000 인증 발급 경험 보유. TÜV 한국지사는 2010년 4월 현재 ISO28000의 인증자격 미보유.

5) Lloyd's Register Qualification Assurance: 영국계 인증기관으로, 1760년 설립. ISO28000 제정 단계에 기술위원회 회원으로 참여. NYK line(UK), DP World(Dubai&Djibouti, UAE), DP World(Vancouver, Canada), DP World(Caucedo, Dominica), DP World (Antwerp, Belgium) 등의 기업에 대해 ISO28000 인증 발급 경험 보유. LRQA 한국지사는 2010년 4월 현재 ISO28000의 인증자격 미보유.

6) 사단법인 한국선급: 1960년 설립된 기관으로, 현재 유일하게 국내에서 ISO28000의 인증을 발급할 수 있는 기관으로, 2008년 부산신항만주식회사 인증 발급 경험 보유.

[표-5] 심사비용 계산-한국선급 자료 참조

	비 용	산정 단위	비 고
신청비	₩1,050,000	정액	최초계약시/매 갱신계약시
초기심사(최초심사)비	₩800,000	1인 1일(M.D.)	
사후관리심사비	₩800,000	상동	추가심사 및 특별심사 포함
확인심사비	₩800,000	상동	재방문시
갱신심사비	₩800,000	상동	
예비심사비	₩800,000	상동	선택
인증서 발급수수료	₩10,000	건당	추가 발급시
	₩30,000	건당	기재사항 변경, 분실 또는 훼손
숙박비	실비		고객이 직접 지불 및 예약 제공
심사경비	거리에 따라 차등		

4. 예상효과 분석

물류보안을 경영에 반영하는 것이 국제적 동향이라 해도, 해당 기업은 ISO28000을 도입했을 때 예상되는 효과를 자사의 실정에 맞게 분석한 뒤 결정해야 한다. ISO28000의 도입은, 내부적으로는 자사의 보안경영시스템을 정비할 수 있으며, 외부적으로는 제3자 인증기관의 인증을 획득함으로써 국제적으로 신뢰성을 획득하여 자사 브랜드(Brand) 가치를 높일 수 있는 수단이 된다. 예상효과는 아래와 같이 크게 두 가지 방법으로 분석할 수 있다.

첫째, ISO28000 인증을 확보하고 사업 범위에 포함된 대상 리스크를 잘 관리하여 무결성(無缺性)에 도달했을 때 어떤 효과가 있느냐를 분석하는 것이다. 일반적으로 기업은 ① 물류보안제도의 근원적 목표인 국제평화와 안보에 기여하는 기업, 수입국에서 요구하는 준법사항을 준수하는 기업이라는 국제 공인을 받음으로써 기업 이미지, 다시 말하면 기업 브랜드를 제고하는 효과를 누리게 된다. ② 인증에 따른 통관 혜택으로, 수입통관시 신속히 통관되어 화물이 최종 소비자에게 도착하는 배송시간이 단축되며, 개봉검사 대상에서 제외되거나 검사 비율이 낮아지는 혜택을 누리게 된다. 이에 따라 수출자, 수입자 모두 보관료 등을 포함한 경비 절감 혜택을 누릴 수 있다. ③ 물류보안을 준수하지 않거나 미인증기업으로 수입국의 준법사항을 위반했을 때 발생할 수 있는 화물 반송, 통관 지체, 형사처벌이나 벌금 부과로 발생하는 손해, 신용도 저하 등의 피해를 예방할 수 있다. ④ 국제무역질서의 재편에 따라 인증기업들은 자사 공급사슬에 연계된 제조업체, 수출입업체, 운송업체, 기타 거래자로 물류보안인증업체나 물류보안을 준수하는 업체를 선호하게 되고, 이로 인해 미인증기업들이 자동적으로 시장에서 배제되므로 그 수요를 대체하는 거래처로 선택되어 시장 확대가 상대적으로 용이해진다.

둘째로 ISO28000 인증을 획득하는 데 투자한 비용과 그로 인해 예상되는 효과를 대비하여 분석하는 것이다. 예상되는 편익이나 수익을 산출하여 ISO28000의 도입 여부를 결정하려고 하는 기업이 많을 것이다. ISO28000 인증은 개별국가 주도의 물류보안인증(C-TPAT, AEO 등)을 위한 내부통제(Internal Compliance)시스템으로 활용할 수 있으며, AEO 등 인증 심사시 요구되는 신뢰가능한 심사 자료를 인증기관에 제공할 수 있다는 장점이 있다. 또한 ISO28000 인증을 획득했을 때 실제로 신속통관, 컨테이너 개봉검사 면제, 판로 확대, 화물 분실 방지 등의 효과를 이끌어낼 수 있기 때문에 이를 통해 비용 효과를 산출할 수는 있다. 그러나 물류보안을 준수하지 않아 위법행위가 적발되거나 무역금지, 벌금 등 처벌을 받는 치명적인 경영 위험이나 엄청난 피해를 예방하는 데 목적을 두고 그 효과를 분석하기를 권고한다.

5. 검토결과 보고 및 최고경영자 승인

상기 단계를 거치고 나면, 투입되는 비용과 예상되는 효과를 정리하여 최고경영자에게 보고하여 ISO28000 도입여부를 결정해야 한다. 자사의 업무 범위에 어떤 위험요소들이 있고, 해당 위험요소들이 현실화되었을 때 야기되는 피해는 어느 정도인가, 이를 막기 위해 어떠한 보완조치가 필요하며, 비용은 어느 정도 필요한가, ISO28000을 도입할 경우 어떤 위험요소가 관리 가능하며, 기업 경영에 미치는 긍정적인 효과는 어느 정도인가 등의 검토 결과를 토대로, ISO28000 시스템 도입 필요성이 높다고 판단되면 보안경영시스템의 원활한 구축 및 지속적인 운영을 위해 최고경영자의 승인을 받도록 한다.

일반적인 기업의 경우, 잠재적인 리스크를 방치했을 때의 피해 내용과 그 규모는 일정한 조건으로 산출할 수 있으며, 리스크가 낮다고 하여도 무역 금지, 벌금, 형사처벌, 화물 반송 등의 행정 처분을 고려한다면, 기업 경영에 있어 리스크 관리의 중요성을 절대 무시할 수 없다. 따라서 최고경영자의 의지를 바탕으로 ISO28000을 도입하여 효과적으로 운영하도록 해야 한다. 단, 기업의 규모, 경영 방식 등으로 인해 최고경영자의 승인을 받기 어려운 경우, 최고경영자의 권한을 위임받은 자의 승인을 얻거나, ISO28000을 도입하고 운영하게 될 범위(Scope)를 담당하는 특정 임원의 승인을 얻는 것도 무방하다. ISO28000이 기획·시행·확인·보완되는데 필요한 인력과 재원을 투자하도록 하고, 영업이나 수익 증대를 위한 다른 경영방침과 충돌되었을 때에도 존중되고 이행되기 위하여 반드시 최고경영자, 혹은 권한을 위임받은 자의 승인을 받아 조직 내 관련된 모든 임직원에 의하여 준수될 수 있도록 한다.

해당 절차를 거쳐 ISO28000의 도입을 위한 승인을 최고경영자로부터 받게 되면, 다음 단계로 진행하도록 한다.

제 2 절 ISO28000 추진팀 구성

1. 개　　요
2. 추진팀 구성과 임무 부여
3. 사내 부서별 담당자 지정
4. 팀 활동개시(Kick-Off) 워크숍
5. 추진일정 수립

1. 개　　요

최고경영자의 ISO28000 도입 결정에 따라 취해야 할 첫 번째 조치는 추진팀을 구성하여 도입 업무를 진행시키는 것이다. 최고경영자가 ISO28000 도입을 결정하기 전에 충분한 검토가 이루어지고 바로 추진할 수 있는 상세한 계획이 마련된 경우도 있을 수 있으나, 즉시 추진하기에 불충분한 상태에서 도입이 결정되었을 경우가 많다. 충분히 검토되었다 하더라도 자사 실정에 따라 기획 단계부터 업무 범위의 리스크를 재확인하고 적절한 관리 방안을 마련하여 ISO28000에 부합하도록 경영 전반을 재설정하고 실행하는 임무를 부여할 필요가 있다. 이를 위한 구체적 조치로 우선 ISO28000 도입 추진팀(T/F: Task

Force)을 구성해야 한다. 본 절에서는 팀의 구성부터 팀 활동개시(Kick-Off) 워크숍과 추진일정 수립까지만 설명하고 구성된 팀이 추진하게 될 주요 활동은 분리해서 제 3 절 이후에서 다루도록 하겠다.

ISO28000을 도입하는 경우, 업종 · 업체의 업무 범위, 공장 · 사업소의 분산 정도, 기존 ISO9001이나 ISO14001 등 다른 ISO인증의 경험 유무에 따라 준비할 사항이 달라진다. 이미 다른 ISO 인증 경험이 있고 물류보안 관련 요소가 경영에 반영되어 있는 경우라고 해도 기획 · 실행 · 점검 · 보완의 과정을 거쳐서 인증을 신청해야 하기 때문에 최소 5개월 정도의 활동이 필요하며, 물류보안에 대한 인식이 전혀 없는 경우라면 최고경영자의 관심과 지원이 있더라도 ISO28000 도입에 많은 시간이 소요될 수 있다.

2. 추진팀 구성과 임무 부여

기업이 ISO28000 도입을 위한 추진주체로서 팀을 구성할 때, 기존부서 중 하나를 지정하여 추가임무를 부여할 수 있다. 가령 보안을 담당해온 부서, 또는 물류, 표준이나 인증을 담당해온 부서에 ISO28000 도입을 추진하도록 추가 임무를 부여할 수 있다. 그러나 공급사슬보안이 기존 업무와 상관관계가 없는 새로운 개념이라 기존 부서에 추진을 맡기기 어렵다고 생각되면 새로운 추진팀(T/F)을 신설하여 구성할 것을 권장한다.

해당 기업은 ISO28000을 전사적 차원에서 도입하려는 의지를 사내에 공표하고, 활동기간과 임무가 주어진 새로운 T/F에는 인사발령을 통해 팀원을 배치하고 팀을 구성해야 한다. T/F는 사내 직제에 반영되기 전에 운영하기 때문에 ISO28000의 도입 및 인증을 목표로 하는 임시 조직의 성격을 지니게 되며, 시간과 비용의 낭비 없이 도입할 수 있도록 적합한 실무능력과 조직 운영이 가능한 인원들로 구성되어야 한다. 그러나 임시 조직의 경우, 팀원들이 고유의 업무 범위 밖의 활동을 담당하게 되면 책임감도 떨어지고 몰입할 수 없어 높은 수준의 보안경영시스템 구축이 어려워지고, 추진기간도 지체될 우려가 높다. 그러므로 직제 외 T/F라 할지라도 전담조직으로서 상시(Full time) 근무조직으로 운영할 것을 권장한다. ISO28000 도입은 국제무역 업계에서 추구하고 있는 경영혁신차원의 시급한 과제라는 바탕 위에서 T/F를 구성하도록 하는 것이 중요하다.

T/F의 임무는 ISO28000 인증을 획득할 때까지 전반적인 업무를 담당하게 하는 방안과 교육에서 세부목표 및 프로그램을 수립하는 단계까지 등의 특정 사항을 담당하게 하는 방안이 있을 수 있다. 전자는 ISO28000 인증을 획득한 후에는 그 사후관리와 지속적 공급사슬보안을 점검하고 개선해나가는 조직으로 전환하려는 전략과 연결되며, 후자는 ISO28000의 요구사항(Elements)을 반영한 세부 프로그램이 수립되면 기존 조직을 통해 실행하려는 전략으로 기존 조직이 ISO28000 요구사항을 능동적으로 시행 · 개선해나가려는 전략에 유리하다. 이미 ISO28000을 도입한 다른 회사의 사례를 참고할 수도 있으나 자사의 업무 범위와 실정에 맞도록 T/F의 임무 범위를 정하여 책임과 권한, 필요한 자원, 인원, 활동기간을 구체화하는 단계가 필요하며, 이것이 파악되지 않는 경우에는 나중에라도 T/F에서 필요한 자원, 활동기간 등을 검토하여 이를 효율적으로 수행할 수 있는 현실적인 계획을 세우도록 한다.

ISO28000 도입을 위해 기업이 갖추어야 하는 조직은 프로젝트 수행의 전담 조직인 T/F와 필요에 따라 업무 협조를 제공할 사내 부서별 담당자로 구분할 수 있다. T/F는 일반적으로 [그림-1]과 같이 보안총괄책임자, 사업장별 보안관리자, 보안담당자로 구성할 수 있다.

T/F 구성원은 어떤 점을 고려하여 선정해야 하며, 요구되는 역량은 무엇인가? 팀원은 회사 업무 범위에 식견을 갖춘 직원으로서, ISO 인증에 참여했던 경험이나 물류(Logistics) 또는 보안(Security)에 전문성이 있으면 유리하다. T/F는 프로젝트 관리를 효율적으로 할 수 있으며 인증 취득 후에도 지속적으로 공급사슬보안 업무에 참여할 수 있는 인원들로 구성하도록 하고, 인증 획득 후에도 공급사슬보안 경영시스템을 운영하고 관리할 수 있어야 한다.

보안총괄책임자는 ISO28000 시스템 구축과 관련한 총책임자로서, 대표이사 혹은 해당 부문의 최고경영층의 임명을 통해 지정되어야 하며, 보안 업무와 관련하여 최고경영층의 업무를 대리하는 지위를 부여받게 된다. 보안경영시스템의 원활한 도입을 위해 공급사슬, 인증 대상 사업 부문 및 경영시스템 인증에 대한 경험과 지식을 갖추고 있는 자를 보안총괄책임자로 지정하여 T/F를 구성, 부서 간 협조를 이끌어낼 수 있도록 권한을 부여한다.

일반적으로 기업의 부사장급 경영진이나 기획업무를 담당하는 임원, 혹은

[그림-1] ISO28000 추진팀 구성안

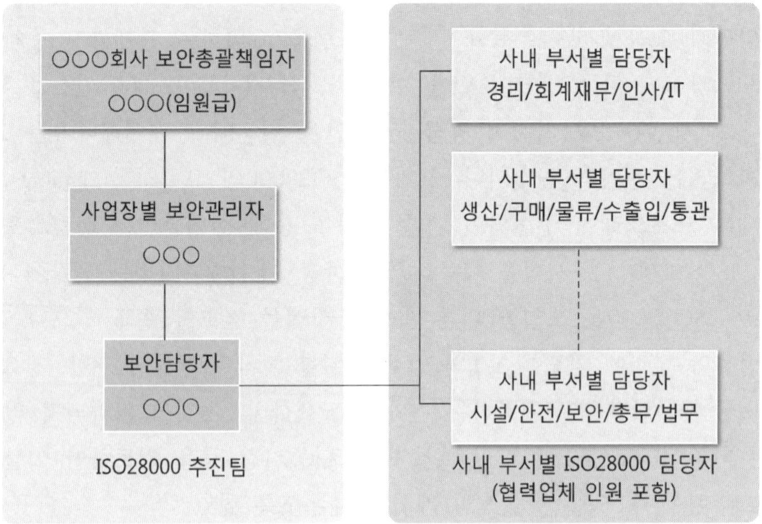

인증 대상이 되는 주요 사업 부문(생산본부장, 물류본부장 등)의 임원 등이 보안총괄책임자 후보로 적합하며, 기업 내에 보안업무를 담당하는 임원이 별도로 존재하거나, ISO9001, ISO14001 등 표준 인증을 통합적으로 담당하는 임원이 있다면 이들 역시 보안총괄책임자가 될 수 있다.

사업장별 보안관리자는 ISO28000 인증 범위에 해당되는 사업장의 시스템 구축 및 운영 관련 제반 업무를 담당하게 된다. 기업의 실정에 따라 보안관리자는 ISO28000 시스템 구축의 실무를 총괄할 수도 있고, 운영 관리 업무를 담당할 수도 있다. 복수의 사업장이 대상 사업장에 포함된다면 복수의 보안관리자를 지정하여 운영할 수도 있다. 대상 사업장의 성격이 유사하거나 보안관리자 한 명만으로 전반적인 작업이 수행 가능한 소규모 조직이라면, 복수의 사업장이 범위에 포함된다 하더라도 한 명만 지정할 수 있다.

보안관리자는 기업 전반의 업무 진행과정에 대해 높은 이해도를 가지고 있어야 하며, 부서별 담당자들의 업무를 조율하고, 총괄적인 프로젝트 관리를 할 수 있는 리더십이 있어야 한다. 뿐만 아니라, ISO28000 인증 획득 후에도 보안관리자의 부서가 공급사슬보안 경영시스템을 운영하고 관리하게 될 것이므로 공급사슬보안과 연관성이 높은 부서의 담당자로 지정하는 것이 좋다. 사업장의 담당 임원, 기획관리 부서장, 인증 대상이 되는 주요 사업 부문(출하 관리, 생산 관리, 포워딩 관리 등)의 부서장이 보안관리자로 지정될 수 있으며, 기업 내에 보안담당 부서가 독립적으로 있거나, ISO9001, ISO14001 등 표준 인증을 통합적으로 관리하는 부서가 있다면 해당 부서의 장 역시 보안관리자로 적합하다.

보안담당자는 사업장의 규모와 업무의 복잡성을 고려하여 사업장별로 1~3명 정도의 인원을 지정하여 운영하게 된다. 보안담당자는 ISO28000 인증 대상 사업장의 전반적인 업무에 대한 실무 경험을 바탕으로 업무 프로세스를 ISO28000 시스템에 반영할 수 있는 인원들이어야 한다. 만약 기업이 제 1 공장, 제 2 공장, 본사를 인증 대상 범위로 결정하였다면, 각 사업장별 제조 · 물류관리 · 수출입과 관련된 부서에서 보안담당자를 지정하여 구성해야 한다.

제 1 공장과 제 2 공장의 사업특성이 유사하더라도, 추후의 원활한 운영 및 사내 확산을 위해서는 인증 대상범위 내의 전 사업장에 담당자를 지정하고, 업무 협조를 꾀하도록 한다. 또한, 추진팀의 규모가 방대하다면, 필요에 따라 보안담당자 중에 해당 프로젝트의 총괄 역할을 할 인원을 지정하여 프로젝트 관리 및 운영의 원활화를 꾀할 수도 있다.

3. 사내 부서별 담당자 지정

ISO28000의 도입 및 인증 획득을 위한 전담 조직의 구성이 마무리되면, 기업은 업무 협조를 위해 사내 부서별 담당자를 지정해야 한다. ISO28000은 기업의 공급사슬보안을 개선하기 위해 전 부서가 함께 대응해야 하는 경영시스템으로 보안 리스크 평가, 문서화 작업 등을 위해 사내 부서 간 협조가 필수적이다. 원활한 업무 협조를 위해 관련성 있는 부서마다 보안담당자를 지정하여, ISO28000 도입을 위한 프로그램에 참여토록 하며, 경영시스템 구축을 위한 자료 제공, 업무 진행사항(Process)의 공유에 협조가 이루어지게 해야 한다.

[그림-2] 추진팀 조직도 구성 사례 1

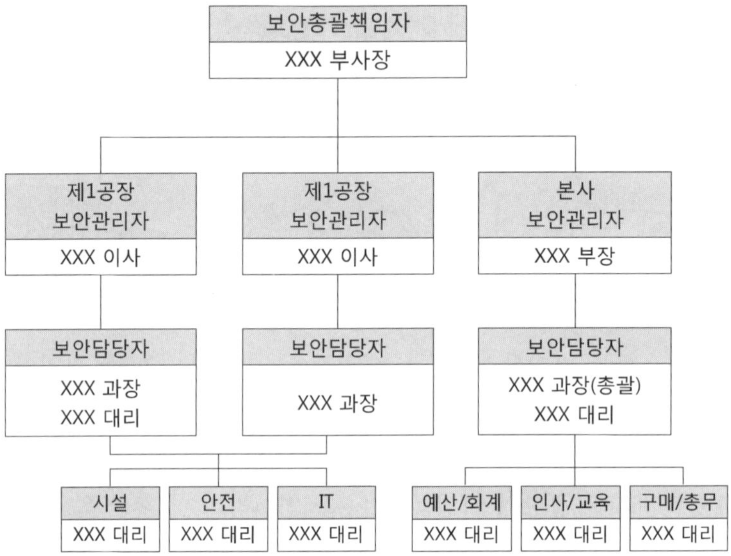

[그림-3] 추진팀 조직도 구성 사례 2

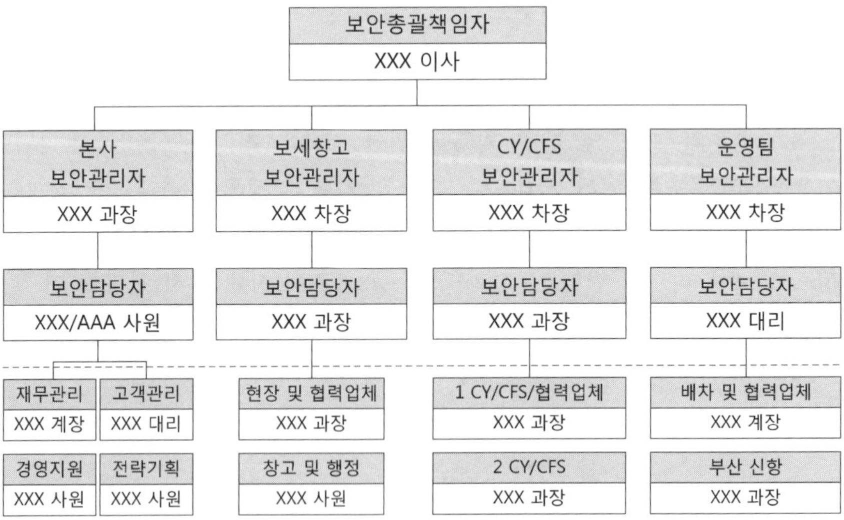

일반적으로 생산·물류·수출입·통관·시설·안전·보안·총무·법무·경리·회계·재무·IT 등 관련성이 있는 모든 부서에 부서별 담당자를 지정해야 ISO28000 도입에 요구되는 업무를 효율적으로 수행할 수 있다. 앞의 [그림-2], [그림-3]은 1차년도 사업 수행시 시범사업체가 구성한 T/F의 보안조직도이다. 그 중 두 기업의 보안조직도를 예시로 제공하니 구성 범위를 판단하기 위한 참고자료로 활용하기 바란다.

4. 팀 활동개시(Kick-Off) 워크숍

T/F의 조직 구성이 완료되면 업무에 대하여 공감대를 형성해야 운영 방안, 역할 분배, 운영 계획 등이 정해지고 효과적으로 업무를 수행할 수 있게 된다. 따라서 팀 활동개시(Kick-Off) 워크숍을 통해 우선 공급사슬보안에 관한 전문가 또는 ISO28000을 성공적으로 도입한 기업의 사례를 소개할 전문가의 강의를 듣고 시작하는 게 좋다. T/F 구성원 외에 최고경영자, 임원, 각 사업소 또는 부서의 책임자들이 워크숍에 참석한다면, 중요성에 대한 공감대가 넓어져 업무를 수월하게 추진할 수 있을 것이다.

이어서 T/F 구성원이 모여서 업무처리 방식 등에 대해 의견을 교환하고, 합리적인 운영 방안을 도출하도록 한다. 워크숍을 통해 도출해야 하는 과제는 아래와 같다.

① 추진팀의 업무에 대한 공감대 및 일체감 조성

② 추진팀 운영 방안 합의

③ 담당자별 업무, 책임과 권한 분배

④ 인증취득 목표시점 및 추진일정 수립

⑤ 진행과정에서 추진사항, 차후 과제 공유를 위한 정기회의 개최 주기 및 의사소통 방식

⑥ 교육, 상위사항 분석, 방침, 리스크 평가, 문서화/시스템 수립 등 인증획득까지의 과정에서 T/F팀의 역할과 추진방향 수립 등

팀 활동개시(Kick-Off) 워크숍은 T/F가 ISO28000 도입을 위해 기업이 구체적으로 추진하는 하나의 예시이며, 기업의 현실을 반영하여 다양한 형태로

상기 사항을 결정하고 추진해나갈 수 있다. 예를 들면 공급사슬보안 전문가(컨설턴트)를 계약직으로 채용하여, 제시하는 계획에 따라 기업에서 필요한 자원을 지원하고 각 부서에서는 협조하는 방식도 가능하다.

T/F팀을 전임(Full time) 직원으로 구성하지 않고, 기존 부서의 보안관리자, 보안담당자로 T/F팀을 구성했거나 각 부서담당자에게 기존의 업무와 병행하여 추가 임무를 수행하게 하는 경우, 추가되는 ISO28000 임무와 기존 임무의 부담으로 인해 기존 업무도 소홀해지고 ISO28000에 필수적인 시스템 구축 회의, 문서화 작업 등도 부실해질 수 있다. 따라서 기존 부서에 ISO28000과 관련하여 추진할 임무나 역할을 맡길 때에는 추가 인력을 배치하거나 부서 내 직원 간 업무를 재분장하여 효율적으로 추진될 수 있도록 관심을 갖고 최고경영자가 지원하여야 한다.

5. 추진일정 수립

ISO28000 도입을 위한 T/F 활동은 인증을 신청하여 획득할 때까지로 볼 수 있다. 본 절에서는 ISO28000 도입을 위한 추진일정 수립까지만 기술하고, 각 단계별 추진사항은 제 3 절 이하에서 설명하도록 하겠다.

T/F는 팀 활동개시(Kick-Off) 워크숍을 통해, 혹은 추가적인 회의를 통해 가능한 한 빠른 시일내 그 기업이 ISO28000을 사업범위 전반에 반영할 수 있는 추진일정을 수립해야 한다. 규모에 따라 다르겠으나 1~2개월 내 추진일정을 제시하고 계획 수립 · 시행에 들어가는 것이 적절하다고 본다.

T/F는 ISO28000 인증획득 목표 시점을 정하고, 기한 내에 해당 단위 업무를 수행하기 위한 실제 업무흐름을 파악할 수 있으며, 혹은 각각의 단계에서 요구되는 시간을 계산하여 진행단계에 맞추어 인증 시점을 택할 수도 있다.

어떠한 방법을 선택하더라도, 일의 진행 순서, 예상소요시간을 산정하여 가능하면 실제 그대로 진행될 수 있는 추진일정을 수립하도록 한다. 또한 ISO28000 시스템 구축을 위해 필요한 단위 업무에 대해 정의하고 그 업무를 수행하기 위해 필요한 인력과 추진 기간을 예측해야 한다. 추진팀 구성 단계에서 언급한 바와 같이 ISO9001 혹은 ISO14001의 인증을 위해 업무를 추진해 본 경험이 있는 자가 구성되어 있는 경우, 보다 수월하게 추진일정을 세울 수

[표-6] 추진일정 수립 양식

번호	업무 구분	담당자		추진 기간
		총 괄	부서별	
1	ISO28000 요구사항 및 문서화 교육 훈련			
2	상위 분석 실시			
3	문서화			
4	보안경영 방침 수립			
5	보안리스크 평가 실시			
6	보안기획(보안경영 목표, 세부목표, 프로그램 수립)			
7	실행 및 운영			
8	점검 및 시정 조치			
9	내부심사자 교육 훈련			
10	보안경영검토 실시			
11	인증신청 및 인증 진행			

있다. 위의 업무 구분은 편의상 제공하는 간편한 예시이며 세부적으로 분화된 목표, 프로그램, 대상, 수량, 설치, 시스템 개발 등 자사의 실정에 맞추어 상세화하여 업무추진에 필요한 자원도 명시하는 게 좋다. 추진기간에는 구체적인 연월일과 소요기간을 동시에 기재하면 실제 업무를 추진하면서 상황변경에 대응하기 수월할 것이다.

제 3 절 ISO28000 요구사항 교육

1. 개 요
2. 수요 진단과 전략적 교육계획 수립
3. 교육대상의 선발
4. 진행과정
5. 외부 교육 기관 및 교육 프로그램

1. 개 요

한 기업이 ISO28000을 구축하고 인증을 획득하기 위해서는, 참여하고 있는 임직원이 ISO28000의 요구사항(Elements)을 이해하는 것이 필수적이기에 이를 위한 교육에 대해 다루고자 한다.

ISO28000 규격(Specification)의 "4. 보안경영시스템"의 요구사항(Elements)은 4.1. 일반요구사항(General Requirements), 4.2. 보안경영 방침(Security Management Policy), 4.3. 보안위험 평가와 기획(Security Risk Assessment and Planning), 4.4. 실행 및 운영(Implementation and Operation), 4.5. 점검 및 시정조치(Checking and Corrective Action), 4.6. 경영검토 및 지속적 개선(Management Review and Continual Improvement)으로 구성되어 있다.

ISO28000의 시스템 구축에 참여할 임직원들이 ISO28000에 대하여 충분히 이해하지 못하고 있는 경우 단계에 따라 교육을 받아야 할 대상이 발생하며, 실행 및 운영 단계에는 상세한 실무 교육을 통하여 맡은 임무를 수행, 판단할 수 있는 역량을 갖추어나가야 한다. 교육을 받아야 하는 대상은 단계별로 다음과 같다.

① 도입검토 단계: 검토자와 최고경영자
② 도입추진팀 구성 단계: T/F팀이나 관련부서 담당자
③ 보안위험 평가와 기획 단계: 참여자
④ 실행 및 운영에 관련된 부서 직원
⑤ 운영사항에 대한 점검자, 내부 심사자
⑥ 점검결과에 따라 시정조치, 경영 반영을 검토하는 자

여기서 언급하는 교육은, ISO28000에 대한 이해(Understanding), 숙지(Awareness)를 위한 교육(Education)과 배움(Learning), 구체적 지식을 체화(體化)하는 훈련(Training)을 포함한다. 교육에 대하여 기술하고 있는 ISO28000의 "4.4.2. 적격성, 교육훈련 및 인식(Competence, Training and Awareness)"에 따르면 ISO28000을 도입하는 조직(기업을 포함하는 개념)은 보안 장비와 업무 진행절차(Process)의 설계, 운영 및 관리를 책임지는 직원이 교육, 훈련 및/또는 경험 조건에 적절한 자격이 있음을 보장하여야 한다. 조직은 직원들이 조직을 위하여 일하게 하는 절차(Procedures)를 설립하고 유지하도록 하거나, 조직을 대표하여 아래 사항을 알도록 절차를 설립하고 유지하여야 한다.

a) 보안경영 방침과 절차를 준수하는 것과 그 준수가 보안경영시스템의 요구사항(Requirements)에 도달하는 것의 중요성
b) 보안경영 방침과 절차, 그리고 보안경영시스템의 필수사항(비상시 대비와 필수적 대응사항을 포함)을 준수할 이들의 역할과 책임성
c) 명시된 운영절차를 지키지 않음으로써 조직의 안보에 일어날 수 있는 결과

위와 관련하여, 그 적격성을 갖춘 자에 대한 훈련 기록은 유지되어야 한다.

2. 수요 진단과 전략적 교육계획 수립

ISO28000 도입을 담당할 직원들이 각 단계별로 임무를 적절히 수행하기 위해서는 위의 개요 단계에서 각 단계별 교육대상이 누구인지, 몇 명인지 그 수요를 파악해야 한다.

파악한 수요에 따라 그들이 수행하는 업무에 지장을 주지 않도록 하면서, 언제, 어디서, 어떤 내용으로, 어떤 강사를 통해 어떤 효과를 얻을 것인지에 대한 교육계획을 수립해야 한다. 현재 국내 기업의 경우 "ISO28000 도입시 요구되는 임무를 수행할 지식 및 역량을 갖춘 인력"이 확보되어 있지 않기 때문에, 교육을 통해 ISO28000이 요구하는 적격성 및 전문가로서 ISO28000의 단계별 임무를 담당할 역량을 갖춘 인력을 확보해야 한다.

ISO28000을 도입하는 것은 자사의 경영 전반에 ISO28000 요구사항을 반영하는 것으로서, 교육 대상에는 자사의 전체 임직원 뿐 아니라 공급사슬보안

을 이해하고, 공급사슬로 연계된 거래업체까지도 포함되어야 한다. 따라서 전체 임직원이 교육을 통해 ISO28000을 숙지하고 담당 업무에 착안·반영해야 하므로 전략적인 판단이 반영된 교육계획이 수립되어야 한다.

전략적 판단을 위한 요소로는 ① 새로운 인식을 심어줄 수 있는 충격성(Impact), ② 교육 참가로 인한 업무 손실 및 교육 비용을 상쇄할 수 있는 효율성, ③ 경영시스템 변화에 대한 저항·비협조를 최소화하고 교육 참가 동기를 유발할 수 있는 업무성과로의 연계 등을 들 수 있다.

이러한 전략적 판단 없이는 ISO28000 요구사항에 한정된 교육은 지극히 실무적인 훈련에 그칠 수 있다. 따라서 공급사슬보안 경영시스템을 왜 채택해야하는지, 우리기업이 공급사슬보안에 대한 국제동향을 파악하고 지속성장해 나가기 위해 경영스타일이나 실제 시스템을 어떻게 바꿔야 하는지에 대하여 전체 임직원이 공감할 수 있는 특강, 워크숍, 최고경영자 사내방송 메시지 등을 전체적으로 공유할 수 있도록 고려하도록 한다.

교육은 기업의 실정과 교육 대상의 성격을 감안하여 실시되어야 한다. 수요 진단시 관련부서 근무자를 산술적 계산으로 수요 대상에 포함시키면, 실제 해당 부서의 업무 지장으로 불참하거나 마찰을 야기할 수 있다. 따라서 업무형편, 근무조, 출장 등 기타 사유를 반영하여 교육 시간을 취사선택할 수 있도록 계획을 마련하여야 한다. 기업의 규모가 큰 경우, 교대 근무제를 실시하고 있는 경우, 공장이나 사업소가 산재해 있는 경우 등은 한번에 전 직원을 교육시키는 것이 어려울 수 있다. 회사 사정에 따라 핵심요원을 교육하여 이들을 교관으로 하여 전달교육을 실시하거나, 연수원 같은 곳에서 교육대상 모두에 대하여 순차적으로 실시하거나, 순회강의 팀을 구성하여 일하는 현장을 돌아가며 교육시키는 계획이 실정에 맞을 수도 있으며 이러한 모든 요소를 고려하여 실정에 맞춘 교육을 하는 것이 중요하다. 예를 들면, 보안장비의 운용담당자를 교육시킬 경우, 보안장비 회사의 교육을 받거나, 교육장에서 순차 교육을 하거나, 관련부서 순회 교육을 하는 것이 현실적이고 업무손실을 줄일 수 있는 방법일 수 있다.

ISO28000에 대한 상세한 요구사항(Requirements), 필수적으로 실행해야 할 항목에 대해서는 의미와 방법론, 중요성을 객관적으로 이해하고 실제로 임무를 수행할 수 있도록 교육은 외부 기관이나 전문가를 이용할 것을 권장한다. 모든 교육은 실시한 일시, 장소, 내용, 강사 등을 기록으로 유지하도록 하고, 실무과정의 교육일 경우에는 수료자에게 수료증을 수여하고 교육수료자를 자원으로 관리하도록 한다.

3. 교육 대상의 선발

교육 계획에 따라 추진팀과 관련 담당자들에게 ISO28000 요구사항을 교육시키기 위하여 교육 대상을 선발해야 한다. 추진팀을 전임(Full time)으로 구성한 경우에는 추진팀원 모두 교육 대상이다. 그러나 관련부서 담당자, 향후 실행과 운영을 담당할 직원은, 별도의 임무를 담당하고 있는 상태이므로 되도록 업무에 지장을 주지 않는 방법으로 교육 대상을 선발하거나 교육 일정을 제시하고, 희망하는 일정에 따라 선택하게 하는 것이 좋다. 강제차출방식 보다는 자율적 참여, 부서 형편을 고려한 교육대상 선발을 권장한다. 또는 ISO28000 추진일정과 관련부서 또는 담당자가 임무를 수행할 역량을 기르도록 지원하는 교육일정, 교육내용을 공개하여 전 임직원이 참가신청해서 교육을 받도록 하는 선발방법도 있다. 그런 경우는 교육일정과 교육내용, 교육대상자 신청, 선발방법을 공개적으로 사내에 알리도록 한다.

기업의 실정을 고려하여 우선순위에 의한 순차적 교육을 진행한다면, 보안담당자 및 사내 부서별 보안 담당자들이 가장 우선시되어야 한다. 이들은 ISO28000에 대한 전반적인 이해·판단·실무처리 능력을 갖추어야 하므로 ISO 28000의 요구사항을 충분히 숙지하는 수준까지 교육을 받도록 한다. 교육 대상

[표-7] 교육계획 예시

교육일정	교육내용	교육대상자
	공급사슬보안 국제동향	전직원
	ISO28000 개요	전직원
	리스크 식별	추진팀, 관련부서 보안담당
	문서화	추진팀, 실행부서
	보안기획	추진팀, 관련부서 협력자
	실행 및 운영	추진팀, 실행부서
	점검 및 시정	추진팀, 실행부서
	경영검토 및 지속적 개선	추진팀

중, 본 교육과정에 참가하지 못한 담당자가 발생한다면, 내부 전파교육, 연구회 등을 통하여 교육 내용을 공유하여 업무 협조를 꾀하는 등의 보완책도 마련토록 한다.

또한, ISO28000의 "4.4. 실행 및 운영" 단계에서 실행을 위한 고려사항을 다음과 같이 제시하였으므로, 이를 참조하기 바란다.

① 역할 및 책임을 명확하게 전달
② 업무분장서: 실행해야 할 상세한 보안 업무와 이용할 수 있는 매뉴얼과 절차서, 달성해야 할 목표 수준, 그리고 보고할 대상과 주기 등을 전달
③ 종업원이 수행한 성과 평가 기준
④ 보안리스크 식별, 리스크 평가 및 리스크 통제 결과
⑤ 절차 및 운영지침
⑥ 보안경영 방침 및 목표
⑦ 보안프로그램(Program)

4. 진행과정

보안경영시스템을 효과적으로 기획하고 실행해 나가기 위해서는 보안 인식과 역량이 요구된다.

교육 계획을 수립하여 진행할 때 다음 요소들을 고려해야 한다.

① 조직 내의 각 수준 및 기능에서 요구되는 보안 인식 및 담당할 임직원이 적격성을 갖추었는지 체계적으로 파악
② 각 개인이 현재 갖고 있는 수준과 요구되는 보안 인식 및 적격성 사이의 부족함을 보완하기 위해 조치할 사항
③ 필요한 것으로 식별된 모든 교육훈련을 시기적절하고 체계적인 방법으로 제공
④ 각 개인이 요구되는 지식 및 적격성을 습득하였고 유지하고 있다는 것을 보장하기 위한 각 개인의 평가
⑤ 각 개인의 교육훈련 및 적격성에 대해 적절한 기록의 유지

보안교육훈련을 통하여 키우고 체화(體化)해야 할 역량은 다음과 같다.

① 보안리스크 및 위협에 대한 현재의 인식

② 조직의 보안대책과 개인의 구체적 역할 및 책임에 대한 이해

③ 지역의 보안대책 및 보안리스크, 취할 예방조치와 준수해야 하는 절차

④ 보안리스크 식별, 리스크 평가 및 리스크 관리의 실행(4.3.1.d 참조)

⑤ 종업원, 보안책임자들을 포함하여 보안 시스템에 특정 역할을 가진 종업원들에게 요구될 수 있는 특정의 조직 내부 또는 외부의 구체적인 이행매뉴얼

⑥ 종업원, 계약자 및 기타 인원(예를 들어 임시직원)을 관리하는 모든 개인에 대한 그들의 보안책임(이는 그들 및 그들의 통제 하에 있는 사람들이 운영상 보안 위협 및 리스크가 어디에서 발생하든지 간에 그들이 책임지는 운영상 보안 위협 및 리스크에 대하여 이해하고 있음을 보장해야 한다. 이는 차후 준비되는 보안 절차에 의하여 사람들이 안전하게 활동하는데 필요한 적격성을 갖고 있다는 것을 보장하는 것이다)

⑦ 보안경영시스템이 리스크를 통제하고, 조직에서의 질병, 손상 및 기타 손실을 최소화하도록 작용한다는 것을 보장하기 위한 최고경영자의 역할 및 책임(회사 및 개인의 법적 책임을 포함)

⑧ 계약자, 임시 직원 및 방문객들에게 그들이 노출되어 있는 리스크 수준에 따른 인식, 대처능력 및 적절한 조치

교육훈련 및 인식 프로그램의 효과성은 평가되어야 한다. 이는 적격성과 충분한 인식이 확보되었는지를 입증하기 위하여 또는 제공된 교육훈련의 장기적인 영향을 모니터링하기 위하여 교육훈련 연습 및/또는 적절한 현장 점검의 일부로서의 평가를 포함할 수 있다.

교육의 진행을 통해 얻게 되는 결과물은 아래와 같다.

① 각 개인 역할에 대한 적격성 요구사항의 충족여부

② 교육훈련 필요성의 분석 결과

③ 교육훈련/프로그램 계획

④ 조직 내에서 사용하기 위하여 입수할 수 있는 교육훈련 과정/제품에 대한 정보, 노하우, 경험

⑤ 교육훈련 기록, 그리고 효과성 및 교육훈련의 평가 기록
⑥ 보안 인식 프로그램, 특히 어떤 교육이 보안 인식 제고에 효과적인지 파악한 결과
⑦ 보안 인식에 대한 평가를 교육 성과 측정과 연결 가능

5. 외부 교육 기관 및 교육 프로그램

한편, 외부 교육프로그램을 활용하기 위해서 어떤 교육기관을 선택할 것인가를 결정해야 한다. 외부 교육기관을 선택할 때 고려해야 할 주요 사항은 다음과 같다.

첫째, 전반적인 공급사슬보안을 이해하고 있는지 고려해야 한다. ISO28000은 공급사슬 전반에 걸친 보안 강화를 추진하는 시스템이기 때문에 기업이 수행하고 있는 각종 업무 분야의 현실을 파악하고 있으면서 대응책에 대한 전문성이 있어야 한다. 즉, ISO28000에서 요구하는 요구사항(Elements)들을 올바르게 이해하고 전달할 수 있는 능력이 있어야 한다.

둘째, 업종별로 특성화된 환경을 이해하고 시스템을 구축할 때 현장에 적용 가능한 교육을 제공할 능력이 있어야 한다. 공급사슬은 업종이 다양하며 같은 업종이라 해도 취급하는 상품이나 서비스가 다양하다. 해운, 항만, 항공, 육운, 택배, 창고가 동일한 물류업이라고 해도, 그 서비스가 다르고 보안관리 방법도 다르다. 또한 제조업도 상품별로, 또는 같은 상품이라 해도 전략물자 해당 여부와 같이 중요한 사항이 달라지면 보안관리 방법이 전혀 달라진다. 관세사, 포워딩, 중개, 택배 등 서비스도 보안관리 형태가 달라진다. 그러므로 자사와 동일한 업종과 환경에 익숙한 교육기관을 선정하는 게 유리하다.

셋째, 현실적으로 외부 교육기관이 부족하여 현재 선택의 폭이 좁다는 점도 고려해야 한다. ISO28000이 채택된 것은 2007년이나 아직 국내·외로 활성화되어있지 않아서, 다른 ISO 표준에 비해 국내에 개설된 교육과정이 많지 않다. ISO28000에 대한 교육기관으로 한국선급, 로이드 등이 있으나 아직은 공급사슬보안에 대하여 ISO28000 교육이나 인증 경험이 풍부하다고 하기 어렵다. 앞으로 공급사슬보안에 대한 교육 수요가 증가하게 되면, 새로운 교육 프로그램의 개설, 기존 교육프로그램의 다양화, 새로운 교육기관의 출현 등을 기

대할 수 있을 것이다. 선택의 폭이 넓어진다면, ISO9001, ISO14001과 같은 ISO 표준 관련 교육이나 TAPA, ISPS Code 등과 같은 공급사슬보안과 관련성이 높은 교육을 기존에 실시해왔는지를 확인함으로서 ISO28000에 인접한 인증이나 교육을 경험한 기관을 파악하여 선택할 수 있도록 한다.

넷째, 지도(컨설팅) 및 인증의 경험 유무이다. ISO9001, ISO14001과 같은 ISO표준이나 TAPA, ISPS Code 등과 같은 공급사슬보안과 관련된 표준의 지도(컨설팅) 및 인증 등에 대한 경험이 있는 기관을 선택하는 것이 인증에 들어가는 시간과 노력을 최소화할 수 있다. ISO28000과 관련하여 컨설팅이나 인증 심사를 해본 경험도 없는 기관에서 실시하는 교육을 받는 경우, 실제 시스템 구축을 하면서 발생하는 다양한 업무 및 인증 준비 중 시행착오가 나타날 수 있고 ISO28000 규격에서 말하는 요구사항을 해석하는 수준에 그칠 수 있다.

현재 국내 상황을 살펴보면, 외부 교육기관의 프로그램이 개념적이거나 해설에 그치고 있는 경향이 있다. 외국 인증 또는 컨설팅 기관의 국내영업망/영업사무소가 아닌 국내의 ISO28000 인증기관으로는 현재 사단법인 한국선급이 유일하다. 한국선급의 ISO28000 요구사항 해설과정 일정은 [표-8]과 같다. 지금은 요구사항의 해설에 그치고 있으나, 국내기업에게 공급사슬 보안경영이

[표-8] 요구사항 해설과정 일정—한국선급협회

일 시			교육내용	강사
1st DAY	09 : 30~10 : 20	1H	• 제 1 부: 물류보안 인증제도의 필요성	A
	10 : 30~11 : 20	1H	• 제 2 부: 기본사항(1)	A
	11 : 30~12 : 30	1H	• 제 2 부: 기본사항(2)	A
	13 : 30~16 : 00	2.5H	• 제 3 부: ISO28000 요구사항(4.1/4.2/4.3)	B
	16 : 10~17 : 30	1.5H	• WORKSHOP 1(보안리스크 평가)	B
2nd DAY	09 : 00~10 : 30	1.5H	• WORKSHOP 2(목표/세부목표/프로그램)	B
	10 : 40~12 : 30	2H	• 제 3 부: ISO28000 요구사항(4.4)	B
	13 : 30~16 : 00	2.5H	• 제 3 부: ISO28000 요구사항(4.5/4.6)	B
	16 : 10~17 : 00	1H	• WORKSHOP 3(부적합사항 식별 및 해설)	A
	17 : 00~17 : 30	0.5H	• 종합정리 및 해설	A
	17 : 30~17 : 40		• 수료	A/B

라는 개념이 생소한 만큼 ISO28000 요구사항 가운데 핵심요소인 리스크평가, 문서화 중 절차서나 지침서에 관한 교육의 경우, 취지, 주요 구성요소, 착안점, 담당부서 조건을 설정해서 실제로 작성할 수 있도록, 실제상황에 준하는 연습이 포함된다면 앞으로 더욱 효과적인 교육이 진행될 수 있을 것으로 사료된다.

제 4 절 상위(相違, Gap) 분석

1. 상위 분석 및 활용대상
2. 문서화 수준 확인
3. 현장 실태 조사
4. 상위 분석 체크리스트 작성
5. 상위 사항 파악

1. 상위 분석 및 활용대상

상위(相違) 분석이란 ISO28000 요구사항을 근거로 자사의 보안 상태를 점검하는 작업을 말한다. 공급사슬보안경영시스템은 문서와 현장 이행으로 이루어진다. 따라서 Gap 분석의 대상은 ① 문서화된 시스템과 ② 현장 이행 상태로 구분할 수 있다. ISO28000의 인증을 위해 필요한 문서와 현재 기업의 문서화 상태를 비교 검토하여 추가, 혹은 보완해야 하는 문서의 종류 및 범위를 확인하고, 현장 실태 조사를 통해 추가·보완해야하는 업무 프로세스를 파악하게 된다. 분석 결과를 토대로 ISO28000의 도입에 활용 가능한 사항과 추가적으로 보완해야 하는 사항들이 도출되며, 이들 대상(Objectives)을 ISO28000의 요구사항을 충족시킬 수 있는 수준 이상으로 끌어올리기 위한 보안 기획에 활용할 수 있게 된다.

2. 문서화 수준 확인

ISO28000은 ISO9001 및 ISO14001과 관련성이 높은 표준이다. 그러므로 ISO9001이나 ISO14001인증을 이미 취득한 기업이라면 ISO28000 문서화 작업 전에 이들 문서 중 활용 가능한 것을 식별하여 작업의 효율을 높일 수 있다. 그리고 TAPA, ISO27000 등 보안과 밀접한 연관이 있는 기타 인증을 보유 중이라면 이와 관련된 문서, 사내 표준문서, 기타 보안관련 문서들 역시 활용 가능하다. 본 절은 ISO9001, ISO14001, 혹은 TAPA 등의 보안관련 인증을 취득한 기업을 대상으로 한 설명이며, 해당 인증에 대한 경험이 없는 경우라면 활용할 수 있는 문서 및 프로세스가 없으니 다음 단계로 넘어가도록 한다.

기존 문서의 활용 여부를 검토하는 작업은 다양한 방법으로 수행할 수 있으나, 본 서에서는 ISO28000의 방대한 분량의 요구사항을 누락 없이 검토할 수 있는 체크리스트 활용법을 추천한다. 문서 식별작업을 수행할 때 추진팀은 ISO28000이 제공하는 「KS V ISO 28000:2007, KS A ISO 14001:2007 및 KS A ISO 9001:2007 대비표」를 활용할 수 있다.

[표-9] 상위 분석 대상 문서

구 분	상 세
ISO 경영시스템	ISO9001(품질), ISO14001(환경) 등
보안관련 인증	TAPA, ISO27000(정보보안), 자율준수무역거래자 등
기 타	사내표준(구매, 인사, 외주관리 등)

[표-10] 『KS V ISO 28000:2007, KS A ISO 14001:2007 및 KS A ISO 9001:2007의 대비표』

KS V ISO 28000:2007		KS A ISO 14001:2004		KS A ISO 9001:2007	
공급사슬보안 경영시스템 요구사항(제목만)	4.	환경경영시스템 요구사항(제목만)	4.	품질경영시스템 요구사항(제목만)	4.
일반 요구사항	4.1.	일반 요구사항	4.1.	일반 요구사항	4.1.
보안경영 방침	4.2.	환경 방침	4.2.	경영 의지 품질 방침 지속적 개선	5.1. 5.3. 8.5.1.
보안리스크 평가 및 기획(제목만)	4.3.	기획(제목만)	4.3.	기획(제목만)	5.4.
보안리스크 평가	4.3.1.	환경측면	4.3.1.	고객중심 제품과 관련된 요구사항 결정 제품과 관련된 요구사항 검토	5.2. 7.2.1. 7.2.2.

법률, 강제 요구사항 및 그 밖의 보안규정 요구사항	4.3.2.	법규 및 그 밖의 요구사항	4.3.2.	고객중심 제품과 관련된 요구사항 결정	5.2. 7.2.1.
보안경영 목표	4.3.3.	목표, 세부목표 및 추진계획	4.3.3.	품질목표 품질경영시스템 기획 지속적 개선	5.4.1. 5.4.2. 8.5.1.
보안경영 세부목표	4.3.4.	목표, 세부목표 및 추진계획	4.3.3.	품질목표 품질경영시스템 기획 지속적 개선	5.4.1. 5.4.2. 8.5.1.
보안경영 프로그램	4.3.5.	목표, 세부목표 및 추진계획	4.3.3.	품질목표 품질경영시스템 기획 지속적 개선	5.4.1. 5.4.2. 8.5.1.
실행 및 운영(제목만)	4.4.	실행 및 운영(제목만)	4.4.	제품실현(제목만)	7.
보안경영의 구조, 권한 및 책임	4.4.1.	자원, 역할, 책임 및 권한	4.4.1.	경영의지 책임 및 권한 경영대리인 자원확보 기반구조	5.1. 5.5.1. 5.5.2. 6.1. 6.3.
적격성, 교육훈련 및 인식	4.4.2.	적격성, 교육훈련 및 인식	4.4.2.	(인적자원) 일반 사항 적격성, 교육훈련 및 인식	6.2.1. 6.2.2.
의사소통	4.4.3.	의사소통	4.4.3.	내부 의사소통 고객과의 의사소통	5.5.3. 7.2.3.
문서화	4.4.4.	문서화	4.4.4.	(문서화 요구사항) 일반 사항	4.2.1.
문서 및 데이터 관리	4.4.5.	문서 관리	4.4.5.	문서 관리	4.2.3.
운영 관리	4.4.6.	운영 관리	4.4.6.	제품실현의 기획 제품과 관련된 요구사항의 결정 제품과 관련된 요구사항의 검토 설계 및 개발 기획 설계 및 개발 입력 설계 및 개발 출력 설계 및 개발 검토 설계 및 개발 검증	7.1. 7.2.1. 7.2.2. 7.3.1. 7.3.2. 7.3.3. 7.3.4. 7.3.5.

				설계 및 개발 타당성 확인 설계 및 개발 변경 관리 구매프로세스 구매정보 구매한 제품의 검증 생산 및 서비스 제공의 관리 생산 및 서비스 제공에 대한 프로세스의 타당성 확인 제품의 보존	7.3.6. 7.3.7. 7.4.1. 7.4.2. 7.4.3. 7.5.1. 7.5.2. 7.5.5.
비상시 대비, 대응 및 보안 복구	4.4 7.	비상사태 대비 및 대응	4.4.7.	부적합제품의 관리	8.3.
점검 및 시정조치 (제목만)	4.5.	점검(제목만)	4.5.	측정, 분석 및 개선 (제목만)	8.
보안 성과 측정 및 모니터링	4.5.1.	모니터링 및 측정	4.5.1.	모니터링장치 및 측정장치의 관리 일반 사항(측정, 분석 및 개선) 프로세스의 모니터링 및 측정 제품의 모니터링 및 측정 데이터의 분석	7.6. 8.1. 8.2.3. 8.2.4. 8.4.
시스템 평가	4.5.2.	준수평가	4.5.2.	프로세스의 모니터링 및 측정 제품의 모니터링 및 측정	8.2.3. 8.2.4.
보안관련 실패, 사건, 부적합 사항, 그리고, 시정조치 및 예방조치	4.5.3.	부적합, 시정조치 및 예방조치	4.5.3.	부적합 제품의 관리 데이터의 분석 시정조치 예방조치	8.3. 8.4. 8.5.2. 8.5.3.
기록관리	4.5.4.	기록관리	4.5.4.	기록관리	4.2.4.
심사	4.5.5.	내부심사	4.5.5.	내부심사	8.2.2.
경영검토 및 지속적	4.6.	경영검토	4.6.	경영의지	5.1.

개선				경영검토(제목만)	5.6.
				일반사항	5.6.1.
				검토입력	5.6.2.
				검토출력	5.6.3.
				지속적 개선	8.5.1.

3. 현장 실태조사

상위 분석을 위한 사업현장 실태조사는 ISO28000에서 요구하는 요건들과 기업 현장을 비교분석하여 현재 기업의 보안실태를 점검하는 방식으로 이루어진다. 사업현장 실태조사는 ISO28000 요구사항에 관련된 전 부서, 사업현장을 비교분석하는 것으로 ISO28000이 요구하는 사항을 빠짐없이 기업이 구축할 수 있도록 현재 기업의 이행 정도를 확인하는 작업이다.

사업현장 실태조사는 문서를 식별하는 작업과 마찬가지로 체크리스트 활용을 권장한다. 전술한 바와 같이 체크리스트 활용법은 방대한 ISO28000 요구사항을 누락 없이 확인할 수 있는 방법이기 때문이다. 체크리스트를 활용한 사업현장 실태조사는 추진팀에 의해 관련 부서 담당자들을 인터뷰하는 형식으로 실시하도록 한다. 추진팀은 보안관련 담당 조직도 및 기타 업무분장표를 사전 검토하여, 추가 대상자가 있다면 이들을 미리 포함시켜 조사 및 분석을 실시한다.

현장 실태조사 결과 ISO28000 요구사항을 충족하는 수준으로 실행 및 운영이 이루어지고 있을 때에는, 해당 부서 또는 사업현장에서 충족하고 있는 항목에 한해서 보안기획 수립시 세부목표에서 생략할 수 있으며, 점검 및 시정조치 단계부터 대상으로 반영하면 된다.

4. 상위 분석 체크리스트 작성

위에서 언급한 바와 같이 체크리스트를 통해 상위 분석을 수행하기를 권장하며, 체크리스트 작성은 요구사항 해설 교육 훈련을 통해 ISO28000에 대한 이해도가 일정 수준 이상에 도달한 자가 자사의 특성을 고려하여 작성해야 하기 때문에, 다음의 예시를 활용하여 추진팀에서 자체적으로 작성하도록 한다.

[예시 : 상위 사항 분석 체크리스트][7)]

피진단 부서명	부(팀)	KS V ISO 28000:2007 공급사슬 보안경영시스템 상위 사항 분석 체크리스트	진단자
피진단자	(서명)		(서명)
일자	200 . .		

○평가범례 :

- NA: Not Applicable(적용불가)
- Evaluation(평가): 1. Conformed(적합)
  2. Improvement Possible Acceptable(개선/적용 가능)
  3. Not Conformed(부적합)

Req. No.	KS V ISO 28000:2007 요구사항	실행지침 (Guideline)	문서화 수준	평가	적용 수준	평가
	4.4.3. 의사소통	※ 시스템 수립과 관련한 평가자의 의견 및 개선사항을 중심으로 기록	※ 사내에 보유하고 있는 유사 문서번호를 기록		※ 사업현장 이행 실태를 기록	
4.4.3.	조직은 관련 보안경영 정보가 관련된 종업원, 계약자 및 그 밖의 이해관계자와 의사소통 되는 것을 보장하기 위한 절차를 가지고 있어야 한다. 특정한 보안 관련 정보는 민감한 특성이 있으므로 배포 전에 정보의 민감성을 고려하여야 한다.	• 보안경영방침 등 관련정보에 대한 의사소통 종업원과의 의사소통 －기타 이해관계자와의 의사소통	※ -1. 보안 의사소통 절차서	C	이해관계자와의 의사소통을 위한 정보의 홈페이지 게재가 안되고 있음	NC

※ 상기 내용은 적용을 위한 예시로, 모든 요구사항에 대해 상기와 같이 자사의 현황을 기재하여 상위사항을 파악하도록 한다.

5. 상위 사항 파악

상위 분석을 통해 ISO28000 요구사항에 관련된 세부 항목에 대하여 이행 누락사항, 현행 경영방침과의 충돌, 다른 ISO9001이나 14001에서 작성된 문서나 실행중인 사항이 ISO28000에 부적합할 경우, 모든 상위 사항을 파악하여

7) 이 표의 완전한 형식은 뒤의 부록에 있음.

최고경영자에게 보고하여 시정 또는 보완 사항으로 정리하여야 한다. 상위 사항의 유형은 다양하나, 간략히 다음과 같이 정리해 볼 수 있다.

① 문서 내용 불합치: 경영방침 구체내용, 매뉴얼, 절차서, 지침서, 기타 각종 문서

② 규정 미비: 준법사항 이행절차서 등

③ 시설 미비: 출입자 통제, CCTV 등

④ 업무절차 통제 미비: 전략물자관리 등

⑤ 정보, 자료 통제 미비: 보호할 가치 있는 전산 자료, 설계도, 산업기술, 인터넷 이용, 휴대폰 카메라, USB

⑥ 인적보안 미비: 퇴직자 보안조치, 채용자 신원 보안

제 5 절 ISO28000 문서화(4.4.4)

1. 문서화의 범위	5. 보안절차서
2. 목적과 가치(문서화 필요성)	6. 보안지침서
3. 문서의 종류와 단계별 활용	7. 문서수립 절차
4. 보안경영매뉴얼	

1. 문서화의 범위

상위 분석을 통해 경영에 추가적으로 반영해야 할 대상(Objectives)을 파악하고 나면, 기업은 보안경영의 기획·실행 및 운영 등을 추진할 수 있도록 문서를 체계적으로 작성해야 한다. ISO28000에서는 "4.4. 실행 및 운영(Implementation and Operation)" 내의 "4.4.4. 문서화(Documentation)"와 "4.4.5. 문서 및 데이터 관리(Document and Data Control)"에서 이를 요구하고 있다.

문서화의 범위는, 좁은 의미로는 ISO28000을 실행 및 운영하는 한 절차로서, 다음과 같은 문서체계를 수립하고 유지하는 것이다.

① 보안경영 방침(Security Management Policy), 목표(Objective) 및 세부목표(Target), 이행 프로그램

② 보안경영시스템 범위에 대한 명시
③ 보안경영시스템의 주요 요소와 그들 요소간의 상호작용, 그리고 관련 서류의 참조에 대한 명시
④ 해당 국제규격에서 요구하는, 기록을 포함한 문서들
⑤ 기록을 포함하여 중요한 보안위협 및 리스크와 관련된 프로세스를 효과적으로 계획·운영 및 관리하는 것을 보장하기 위하여 필요하다고 기업이 결정한 문서

그리고 넓은 의미로는, ISO28000을 도입하기 위한 과정의 문서와 기록에서부터 기획·실행 및 운영, 점검 및 시정조치, 경영검토 및 지속적 개선으로 순환하는 과정에서 필수적으로 만들어야 하거나, 그에 따라 행동한 증거로 생성되는 문서를 유지·관리하는 것까지를 포함해야 한다. 즉 전체 운영과정을 통해 다음의 기록 역시, 보존되고 관리되어야 하는 문서화의 범위에 포함시킬 수 있다.

① 준법사항(Legal, Statutory and Other Security Regulatory Requirements) 검토, 위험 식별, 상위 분석 결과
② ISO28000 요구사항을 기반으로 자사에서 발굴한 위험을 관리할 수 있는 보안경영매뉴얼, 각종 절차서 및 각종 지침서
③ 실제로 각 부서에서 ISO28000을 도입·실행 및 운영한 사실이 기록된 최고경영자 승인사항, 추진팀 구성, 기획안, 교육훈련 실시 내역, 시설·장비 설치 및 운영 기록, 위험 발생 및 대응 계획·연습·실제 조치사실 기록, 출입문 통제기록
④ 점검 기록, 체크리스트, 시정조치 사항, 부적합 사항에 대한 보완조치

4.4.4. 문서화	4.4.4. Documentation
조직은 다음 사항을 포함하는 보안 경영 문서화 시스템을 수립하고 유지해야 한다. 그러나 반드시 다음 사항에 국한되지는 않는다. a) 보안 방침, 목표 및 세부목표	The organization shall establish and maintain a security management documentation system that includes, but is not limited to the following: a) the security policy, objectives and targets,

b) 보안경영시스템 범위에 대한 기술

c) 보안경영시스템의 주요 요소 및 그의 상호작용과 관련 문서와의 관계에 대한 기술

d) 기록을 포함하여 이 규격에서 요구하는 문서

e) 기록을 포함하여, 중요한 보안 위협 및 리스크와 관련된 프로세스를 효과적으로 계획, 운영 및 관리하는 것을 보장하기 위하여 필요하다고 조직이 결정한 문서

조직은 정보의 보안 민감도를 결정하고 비인가자의 접근을 방지할 수 있는 조치를 취해야 한다.

b) description of the scope of the security management system,

c) description of the main elements of the security management system and their interaction, and reference to related documents,

d) documents, including records, required by this International Standard, and

e) documents, including records determined by the organization to be necessary to ensure the effective planning, operation and control of processes that relate to its significant security threats and risks.

The organization shall determine the security sensitivity of information and shall take steps to prevent unauthorized access.

4.4.5. 문서 및 데이터 관리

4.4.5. Document and Data Control

조직은 다음 사항을 보장하기 위하여 이 규격의 4항에서 요구하는 모든 문서, 데이터 및 정보를 관리하기 위한 절차를 수립하고 유지하여야 한다.

a) 이러한 문서, 데이터 및 정보는 적절한 장소에 비치되고 권한을 가진 자 만이 접근

b) 이러한 문서, 데이터 및 정보는 주기적으로 검토하고, 필요에 따라 개정하며, 권한을 가진 자가 그 적절성을 승인

c) 보안경영시스템의 효과적인 기능 발휘에 필수적인 업무를 수행하는 모든 장소에서 관련 문서, 데이터 및 정보의

The organization shall establish and maintain procedures for controlling all documents, data and information required by Clause 4 of this International Standard to ensure that:

a) these documents, data and information can be located and accessed only by authorized individuals;

b) these documents, data and information are periodically reviewed, revised as necessary, and approved for adequacy by authorized personnel;

c) current versions of relevant documents, data and information are available at all locations where

최신판을 이용할 수 있어야 함.	operations essential to the effective functioning of the security management system are performed;
d) 효력이 상실된 문서, 데이터 및 정보는 모든 발행 장소 및 사용 장소에서 신속히 제거되거나 달리 사용되지 않음을 보장하여야 함.	d) obsolete documents, data and information are promptly removed from all points of issue and points of use, or otherwise assured against unintended use;
e) 법률에 의하여 또는 지식 보전의 목적으로 보유하고 있는 문서, 데이터 및 정보는 적절하게 식별되어야 함.	e) archival documents, data and information retained for legal or knowledge preservation purposes or both are suitably identified;
f) 이러한 문서, 데이터 및 정보는 안전하게 보관하여야 하며, 전자화된 형태인 경우 적절하게 백업하고 복구할 수 있어야 함.	f) these documents, data and infor-mation are secure, and if in elec-tronic form are adequately backed up and can be recovered.

2. 목적과 가치(문서화 필요성)

ISO28000 문서는, 기업에서 위협요소를 발굴하여 관리해 나가는 모든 과정, 즉, 기획, 실행, 점검, 개선 단계에서 ISO28000의 요구사항의 충족을 위해 그 의도 및 지침에 맞게 일관성 있게 보안경영을 실행·유지 및 관리하고 있다는 증거자료로서의 가치를 지닌다. ISO28000 인증 획득을 위한 증거자료가 될 뿐 아니라, ISO28000을 도입·실행·지속 개선하는 과정에서 다음과 같은 역할을 한다.

① ISO28000의 요구사항과 자사와의 관련사항을 도출하여 ISO28000 인증 요건을 만족시킬 수 있는 보안관리 범위를 도출하고, 이에 대하여 자사가 관리해야 할 보안목표, 관리방안, 조직 및 인원, 세부 행동을 명시적으로 스스로 작성하여 사내에서 누구나 지켜야 할 규범(규정) 설정, 전 종업원에게 공표, 관련부서간의 의사소통·공유하는 수단으로서의 역할

② ISO28000 도입을 위한 추진팀, 관련부서 담당자, 거래 기업, 공급사슬 내 관련자에게 세부 목표, 임무에 대한 적용사항과 요건, 행동지침, 위험 발생시 조치 및 보고, 기록 작성 등의 구체적인 정보를 전달하는

역할을 하며, 따라서 모든 관련 부서에 관련 문서(또는 전산을 통해 이용할 수 있는 자료)를 비치하고 업무 수행 중 참조하여 일관성 있게 처리하게 하는 시스템, 혹은 방법론을 제공하는 역할

③ ISO28000의 요구사항을 충족할 수 있는 다양한 방법 가운데 자사의 현실에 맞는 관리 범위의 명시, 관리 방법을 선택하는 의사결정 기능, 권한과 책임의 배분, 효율적인 이행체계를 결정하는 역할

④ 기업의 보안목표 달성을 위한 도구, 최종적으로 ISO28000 요구사항에 대하여 적합성을 달성하여 인증을 가능하게 하는 도구 및 보안 수준을 지속적으로 끌어올리는 도구로서의 역할

⑤ 사건 발생 또는 점검 과정을 통해 부적합 사항 또는 개선 필요 사항의 원인을 발견하고, 도출된 문제점을 시스템상에서 개선할 수 있도록 하는 도구의 역할

⑥ 직원 채용, 인사 이동, 기존 직원의 퇴사 등으로 인해 교육 수요 발생 시 적절한 교육훈련 자료로서의 역할 또는 보안 조치의 증거

⑦ ISO28000 요구사항을 충족하도록 실행한 사실에 대한 객관적 증거 제공, 부적합 사항이나 보안상 결함에 대한 추적 및 보안경영시스템 전반에 걸친 효과 측정을 지원하는 역할

3. 문서의 종류와 단계별 활용

ISO28000 요구사항 중 자사와 관련된 보안 관리대상을 파악한 경우, 자사의 실정을 반영하여 문서화에 착수하게 된다. 따라서 세부적으로 동일한 명칭

[그림-4] 공급사슬 보안경영시스템 문서 관계도

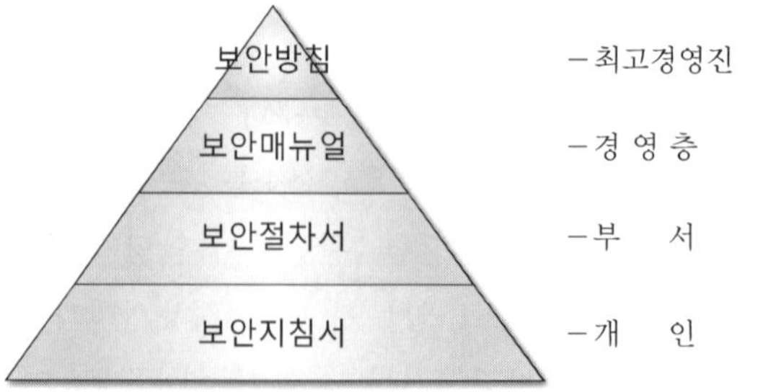

[표-11] 각 문서의 내용 및 특성

	기술내용	특 성
보안경영매뉴얼	종합적 범위와 원칙	명시 규정, 회사전체 효력
보안절차서	단위업무의 전반적 절차	임무수행 방법, 간결
보안지침서	세부업무 수행 프로세스 방법	상세 Know-how(관련 특정부서)
기 록	이행사실, 객관적 증거	지속적 기록, 진행 파악(상시)

[그림-5] 보안경영시스템 구조

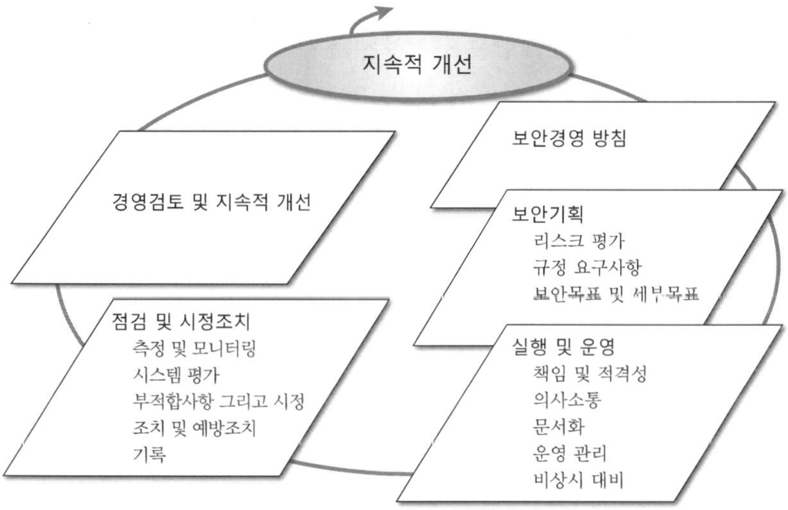

의 문서화라 할지라도 기업마다 형식과 분량이 달라지고 세부 보안절차서나 보안지침서, 관리기록 등도 자사에 해당사항이 없을 경우에는 생략할 수 있다. 보안방침, 매뉴얼, 절차서, 지침서는 다음과 같이 계층구조를 이루며 ISO28000을 도입하는 초기에 문서화되어야 한다.

매뉴얼, 절차서, 지침서는 다음과 같이 기술한 내용과 특성을 구분할 수 있다.

공급사슬보안 경영시스템은 계획-실시-점검-조치(PDCA)로 알려진 방법론에 기초하고 있다.[8] PDCA 방법론에 따라 ISO28000은 Plan(4.3. 보안리스크 평

8) KS V ISO 28000:2007 개요

가 및 기획) — Do(4.4. 실행 및 운영) — Check(4.5. 점검 및 시정조치) — Act(4.6. 경영검토 및 지속적 개선)으로 구성된다. 기업은 이와 같은 PDCA 방법론에 따라 ISO28000 표준이 요구하는 요건들을 반영하여 보안경영시스템 문서를 수립하여, 이에 따라 운영해야 한다. 각 단계별로 문서가 활용되는 내역은 아래와 같다.

가. 보안기획 단계

보안경영 방침을 추진하기 위하여 추진 기간, 보안경영 목표를 설정하고 자사의 업무 범위에 내재된 보안리스크 식별 및 평가, 법률적 요구사항 및 그 밖의 보안규정 요구사항에 따라 자사가 준수해야 할 사항 파악, 달성할 세부목표(Targets), 보안경영 프로그램을 규정하는 문서화 작업이 필요하다.

관련부서 전 직원에게 이를 알리고, ISO28000 요구사항을 충족하기 위하여 준수해야 할 임무를 부여하고, 실행 및 운영 단계에서 관련 부서 또는 개별 임직원이 구체적으로 이행할 목표와 방법론(절차서)을 제공하는 것을 보장하도록 한다.

나. 실행 및 운영 단계

보안기획에 따라 모든 관련부서, 관련 임직원들이 실행하고 보안성과를 달성하는 방법과 세부 활동을 문서로 제공할 뿐 아니라 시설이나 장비를 설치 및 운영하고, 시스템 구축과 운영, 업무절차 개선을 실행한 사실을 기록하는 문서를 생성한다. 이와 같이 실제 운영을 보장하는 수단으로서 조직, 소속 직원별 역할, 책임 및 권한을 배정하는 구조를 수립하여 운영하고, 필요한 자원을 충분하게 공급하는 조치를 보장하는 문서화를 포함하여 실제 실행한 조치를 증빙할 수 있는 문서를 생성한다. 보안기획 단계에서 문서화된 보안경영매뉴얼에 구체적 이행방법론이 누락된 경우, 단위업무에 대한 절차서를 문서화해야 한다.

또한 장비, 시설 및 업무절차(프로세스)를 설계, 운영, 관리하는 인원이 적

- 계획(Plan): 조직의 보안경영방침에 따른 결과를 도출하는데 필용한 목표 및 프로세스의 수립
- 실시(Do): 프로세스의 실행
- 점검(Check): 보안방침, 목표, 세부목표, 법규 및 그 밖의 요구사항, 그리고 보고 결과에 대한 프로세스의 모니터링 및 측정
- 조치(Act): 보안경영시스템의 성과를 지속적으로 개선하기 위한 조치 시행

절한 자격이 있음을 보장하는 학력·경력을 보유하고, 필요한 교육훈련 사실이 있음을 보장하는 절차와 실제 실행한 조치에 대한 기록을 생성한다.

보안기획이나 보안매뉴얼이 전체 종업원, 계약자 및 그 밖의 이해관계자에게 충분히 의사소통되도록 보장하는 절차와 그러한 절차를 이행한 기록을 생성한다.

문서화된 다양한 문서들이 적절한 절차로 작성되고 모든 관련 임직원에게 배포되어 적절하게 관리되고 보안이 민감한 사항에 대하여는 비인가자의 접근을 방지할 수 있도록 문서화하고, 실제로 관리하고 있음을 기록으로 생성한다.

모든 ISO28000 관련 문서, 데이터 및 정보가 적절한 장소에 비치되고, 권한 있는 자만이 접근이 가능하며, 또한 적절한 관리상태가 주기적으로 검토되고 필수적인 이용자에게 최신 문서, 데이터 및 정보가 이용 가능한 상태로 제공되고 있고, 효력이 상실된 내용은 제거되어 사용되지 않음을 보장하고 기록으로 관리한다.

운영 과정에서 보안경영 방침이나 보안기획에서 식별된 중대한 위협이 감소했거나, 식별되지 않은 중대한 위협이 인지되었을 때, 또는 법률적 강세요구사항의 개정으로 적합성이 변경되었을 때 등은 관련 문서 —보안경영 방침, 보안기획, 보안매뉴얼— 에 해당 내용의 반영을 위해 변경된 사항을 신설, 수정, 보완하여야 한다. 공급사슬의 이전 단계(업스트림) 또는 다음 단계(다운스트림)에서 야기되는 리스크를 평가하여 변화된 위협요인에 대해 개선 사항을 반영하여 당초 누락된 사항을 개정해나가야 한다.

보안사건 및 비상사태의 잠재적 발생가능성을 파악하고 이에 대한 대응, 이러한 상황과 관련하여 일어날 수 있는 심각성 또는 최악의 상황을 방지하고 완화시키기 위한 계획 및 절차를 수립하고, 연습·이행 및 유지를 보장하는 절차와 실제로 이행한 문서기록을 생성한다. 비상 계획과 수습 절차에는 비상 상황 중에 또는 그 이후 필수적으로 요구되는 동일한 장비, 시설 또는 서비스의 조달과 수리에 관련된 정보를 포함하고 있는 문서와 실제로 이행한 기록을 생성한다.

다. 점검 및 시정조치 단계

ISO28000의 요구사항 중 "4.5.1. 보안성과 측정과 모니터링"을 보장하는 문서와 실제 충족 여부를 측정 및 모니터링하여 조치한 기록을 생성한다.

ISO28000의 요구사항 중 "4.5.2. 시스템 평가"를 보장하는 문서와 실제로 주기적인 검토, 시험, 사건 후 보고서, 교훈, 성과 측정과 연습(Exercises) 내용 등의 기록을 생성한다. 이러한 요소들의 중대한 변화는 즉시 절차에 반영하여 시정하고 그 문서를 생성한다.

관련 법규, 산업의 모범사례(Best Practice)의 이행 사항과 자사의 목표(Objectives)와 보안경영 방침의 적합성을 주기적으로 점검하도록 보장하는 문서와 실제로 시행한 주기적 평가결과를 문서 기록으로 생성한다.

ISO28000의 요구사항 중 "4.5.3. 보안관련 실패(Failures), 사건 발생(Incidents), 부적합(Non-conformances) 그리고 시정조치 및 예방조치"를 보장하는 문서와 실제로 시행과정에서 그대로 조치한 문서를 생성한다.

ISO28000의 요구사항 중 "4.5.4. 기록관리(Control of Records)"를 보장하는 문서화와 요구사항에 대한 적합성과 달성한 결과를 실증하는 데 필요한 기록을 생성한다.

ISO28000의 요구사항 중 "4.5.5. 심사(Audit)"를 보장하는 보안심사프로그램을 문서화하고 실행, 유지하여야 하며 주기적으로 수행된 결과, 보안경영시스템이 만족스러운지, ISO28000 요구사항과 보안경영 계획에 적합한지, 목표 달성에 효과적인지를 결정하고 경영자에게 보고 및 부적합 사항을 시정하기 위한 조치사항을 검토하여 조치한 문서를 생성한다.

라. 경영검토 및 지속적 개선 단계

ISO28000의 요구사항 중 "4.6. 경영검토 및 지속적 개선"을 보장하는 문서화와 실제로 실행한 문서를 생성한다.

4. 보안경영매뉴얼

가. 의 의

보안경영매뉴얼은 ISO28000의 요구사항에 따라 기업의 보안경영 방침, 보안 목표 및 세부목표, 보안 프로그램을 수립하고, 조직과 책임, 권한, 상호 관계, 보안경영시스템의 적용범위 및 구성요소 등을 관리하는 방법을 구체화한 문서로, 업무범위 전반에 대하여 종합적인 보안경영의 원칙을 대내·외적으로 명시하는 문서이다. 따라서 사내 뿐 아니라 공급사슬로 연결된 업스트림과 다운스트림 거래자, 이해관계자들에게도 보안 관련하여 준수를 요구하고, 관련 부서나 개별 담당자의 권한과 책임을 규정하는 성격을 지닌다.

구체적인 행동과 절차가 하위의 각종 보안절차서와 보안지침서, 기록과 연계되기 때문에, 매뉴얼의 수정은 하위 모든 문서의 수정을 유발하게 된다. 따라서 포괄적이면서 간결한 기술 방식을 택하는 것이 현명하다. 회사 규모가 작고 업무범위가 복잡하지 않을 경우는 보안경영매뉴얼에 절차서, 지침서를 모두 포함해서 문서화할 수 있다. 일반적으로 보안경영매뉴얼에는 아래의 내용이 포함되어야 한다.

나. 보안경영매뉴얼에 포함될 내용

보안경영매뉴얼은 공급사슬보안 경영시스템의 원칙을 담아 이해관계자들이 가장 쉽게 열람할 수 있는 문서이다. 그러므로 보안경영매뉴얼에는 다음 절에서 수립될 기업의 보안경영 방침을 기록하여, 보안경영매뉴얼을 열람하는 사람이 기업의 공급사슬과 관련된 기업의 전반적인 방침을 파악할 수 있도록 해야 한다.

보안경영매뉴얼은 최고경영자의 승인 이후의 개정 이력이 반영되어야 한다. 개정된 장, 개정 번호, 개정 일자, 승인자, 세부 내역 등의 기록을 갱신 관리할 수 있도록 이력을 관리해야 하며, 문서가 개정되면 ISO28000 요구사항[9]에 따라, 필요한 장소에 최신본을 배포하고, 즉시 개정사항이 반영되고 실시될 수 있도록 보장해야 한다. 자세한 사례는 별책으로 제공하는 「범용보안매뉴얼」을 참고하도록 한다.

또한, 보안경영매뉴얼을 활용하는 사람(내부, 외부, 심사원 등)이 문서의 구조를 한눈에 파악할 수 있도록 보안경영시스템상에 존재하는 각 문서의 체계를 확립하여 요구사항 대비 문서목록을 작성하여야 한다. 이를 통해 ISO28000의 요구사항이 보안경영시스템 문서에 어떻게 적용되어 있는지 확인할 수 있으며, 문서 개정이 필요할 때 문서체계의 확인을 통해 개정 범위를 파악할 수 있다. 그리고 시스템을 도입할 때, 공급사슬보안 경영시스템 문서가 ISO28000 요건을 누락 없이 반영하였는지 확인하는 자료로 쓰일 수 있으며, 인증 심사를 받을 때 심사원에게 제공할 수 있는 자료로 활용할 수 있다.

---

9) KS V ISO 28000: 2007 4.4.5. 문서 및 데이터 관리 중 c)

[표-12] 요구사항 대비 문서목록 예시 — 범용보안매뉴얼 참조

번호	보안매뉴얼	보안절차서	보안지침서	ISO28000
I	개정이력 및 목차			
II	문서 목록 및 부서별 매트릭스			
1	개요			
2	보안경영 방침	보안경영 방침 관리 절차서		4.2.
3	용어의 정의			
4	일반 요구사항			4.1.
5	보안경영 방침	보안경영 방침 관리 절차서		4.2.
6	보안리스크 평가 및 기획	보안리스크 평가 절차서		4.3.
6.1	보안리스크 평가	보안리스크 평가 절차서 문서 및 기록관리 절차서	중요도평가 지침	4.3.1.
6.2	법률, 강제 요구사항 및 그 밖의 보안규정	법규 및 보안규정 절차서		4.3.2.
6.3	보안경영 목표	목표관리 절차서		4.3.3.
6.4	보안경영세부 목표	목표관리 절차서		4.3.4.
6.5	보안경영 프로그램	목표관리 절차서	보안계획서	4.3.5.
7	실행 및 운영			4.4.
7.1	보안경영의 구조, 권한 및 책임		업무분장지침서	4.4.1.
7.2	적격성, 교육훈련 및 인식	교육훈련 및 자격부여 절차서	직원 (재)고용 지침서 직원 퇴직 지침서	4.4.2.
7.3	의사소통	보안 의사소통 절차서		4.4.3.
7.4	문서화	문서 및 기록관리 절차서		4.4.4.
7.5	문서 및 데이터 관리	문서 및 기록관리 절차서		4.4.5.
7.6	운영관리	운영관리 절차서 보안설비 및 장비관리 절차서 구매관리 절차서 전산관리 절차서	전략물자수출관리 지침서 전략물자확인 지침서 전략물자수입 및 국내 유통관리지침서	4.4.6.

			창고운영지침서 제품보관관리지침서 제품출하관리지침서 직원 출입 접근통제 지침서 방문자출입 접근통제 지침서 차량 방문자출입 접근 통제 지침서 창고 접근통제 지침서 화물 손실/도난 관리 지침서 경비 운영 관리 지침서 열쇠관리 지침서 경보작동 취급지침서 사고보고 관리 체계 지침서	
7.7	비상대응	비상사태 관리 절차서		4.4.7.
8	점검 및 시정조치			4.5.
8.1	성과 측정 및 모니터링	보안측정 및 모니터링 절치서 법규 및 보안규정 절차서		4.5.1.
8.2	시스템 평가	보안측정 및 모니터링 절차서		4.5.2.
8.3	보안관련실패, 사건, 부적합 사항 그리고 시정조치 및 예방조치	시정조치 및 예방조치 절차서 문서 및 기록관리 절차서		4.5.3.
8.4	기록관리	문서 및 기록관리 절차서		4.5.4.
8.5	내부심사	내부심사 절차서		4.5.5.
9	경영검토 및 지속적 개선	경영검토 절차서 문서 및 기록관리 절차서		4.6.

그리고 보안경영매뉴얼에 규정되어 있는 각 항목의 요구사항이 어떤 부서에 의해 실시되어야 하는지가 명확히 규정되어 있어야 한다. “요구사항 대비 문서목록”에서 이미 문서의 체계도가 소개되었으므로 부서별 매트릭스를 통해

보안경영매뉴얼과 부서 간의 관계만 언급하면 된다.

[표-13] 부서별 매트릭스 – 범용보안매뉴얼 참조

장	보안매뉴얼	KS V ISO 28000 요건	A 부서	B 부서	C 부서	D 부서	E 부서	F 부서	G 부서
A	개정 이력 및 목차		●	○	○	○	○	○	○
B	KS V ISO 28000 요구사항 및 문서목록		●	○	○	○	○	○	○
1	개요		●	◎	◎	◎	◎	◎	◎
2	보안경영 방침	4.2.	●	◎	◎	◎	◎	◎	◎
3	일반 사항 및 용어의 정의		●	◎	◎	◎	◎	◎	◎
4	공급사슬보안 경영시스템 일반 사항	4.1.	●	◎	◎	◎	◎	◎	◎
5	KS V ISO 28000 요구사항 및 부서별 매트릭스	4.1.	●	○	○	○	○	○	○
6.1	보안리스크 평가	4.3.1.	●	●	●	●	●	●	●
6.2	법률, 강제 요구사항 및 그 밖의 보안규정	4.3.2.	●	○	○	○	○	○	●
6.3	보안경영 목표	4.3.3.	○	●	◎	●	◎	●	◎
6.4	보안경영 세부목표	4.3.4.	○	●	◎	●	◎	●	◎
6.5	보안경영 프로그램	4.3.5.	○	●	◎	●	◎	●	◎
7.1	보안경영의 구조, 권한 및 책임	4.4.1.	●	◎	◎	◎	◎	◎	◎
7.2	적격성, 교육훈련 및 인식	4.4.2.	○	○	○	○	●	○	○
7.3	의사소통	4.4.3.	●	◎	◎	◎	◎	◎	◎
7.4	문서화	4.4.4.	●	●	●	●	●	●	●
7.5	문서 및 데이터 관리	4.4.5.	●	●	●	●	●	●	●
7.6	운영 관리	4.4.6.	○	●	●	●	○	○	○
7.7	비상 대응	4.4.7.	○	●	●	●	○	●	○
8.1	성과 측정 및 모니터링	4.5.1.	●	○	○	○	○	○	○
8.2	시스템 평가	4.5.2.	●	○	○	○	○	○	○
8.3	보안관련 실패, 사건, 부적합 사항 그리고 시정조치 및 예방조치	4.5.3.	●	◎	◎	◎	◎	◎	◎
8.4	기록관리	4.5.4.	●	◎	◎	◎	◎	◎	◎
8.5	내부 심사	4.5.5.	●	○	○	○	○	○	○
9	경영검토 및 지속적 개선	4.6.	●	◎	◎	◎	◎	◎	◎

(범례)
1. 적용구분
●: 주관부서 ◎: 공통부서 ○: 관련부서
2. 코드별 부서명칭
A: 경영기획팀 B: 창고운영팀 C: 제 1 공장 운영팀 D: 제 2 공장 운영팀
E: 인사총무팀 F: IT기획팀 G: 법무홍보팀

ISO28000은 또한 기업이 보안경영시스템의 적용범위를 규정[10]하도록 요구하고 있기에, 보안경영매뉴얼을 통해 공급사슬보안 경영시스템이 포괄하는 적용범위를 선언해야 한다. 적용범위에는 ① 기업의 업스트림/다운스트림, ② 인용표준, ③ 기업의 공급사슬 개요 등이 나타나야 한다.

추진팀은 기업의 업스트림/다운스트림을 식별하고, 업스트림과 다운스트림에 해당되는 업체 중 기업의 인증범위에 영향을 많이 끼치는 업체를 중심으로 파악하도록 한다.

그리고 보안경영시스템 문서가 인용하는 표준을 명시해야 한다. ISO28000을 포함하여 기업이 공급사슬보안과 관련하여 AEO, C-TPAT, ISPS code, TAPA, ISO28001, ISO27000, 자율준수무역거래자 등 자체적으로 인용하기로 한 표준이 있다면 매뉴얼에 명확히 표시하여 매뉴얼 사용자의 이해를 도와야 한다.

마지막으로 기업의 공급사슬 개요를 매뉴얼에 표시하여 매뉴얼 사용자들이 보안경영시스템이 규정하는 공급사슬 개요를 파악할 수 있도록 입력한다.

[표-14] 기업의 공급사슬 개요

□ Supply Chain 표시

수출자 (생산자/공급자)	국제운송 주선	내륙 운송	창고 운영	통관	국제운송 (항공)	수입자
보안 영역	O	O	O	O		

• 국제운송 주선: 수출·입 화물에 대한 정보의 입수, Booking, Nego, Document 등 일련의 물류 서비스
• 내륙운송: 고객 화물의 출하 이후 차량을 이용하여 회사의 창고로 화물을 운송하는 행위
• 창고운영: 화물의 창고 반입, 보관, 반출 등 일련의 행위
• 통관: 수출입 화물에 대한 신고 행위(적하목록 작성, 관세 납부 외)

10) KS V ISO 28000:2007. 4. 1 일반 요구사항.

매뉴얼을 작성하면서 가장 중요한 것은 기업의 현실 및 사정을 고려하여 원칙을 제시해야 한다는 것이다. ISO28000의 "4.1. 일반 요구사항"에서부터 "4.6. 경영검토 및 지속적 개선"에서 요구하는 사항들을 원칙을 위주로 언급하도록 하며, 만약 추진팀이 보안경영매뉴얼의 구성을 결정할 때 매뉴얼 상에 책임과 권한을 언급하기로 결정했다면 책임과 권한 또한 언급해야 한다. 독자의 이해도를 높일 수 있도록 보안경영매뉴얼의 다양한 예시를 「범용보안매뉴얼」을 통해 제시하고 있으니, 추진팀은 이를 참고하여 작업을 진행토록 한다.

5. 보안절차서

가. 개 요

보안절차서는 보안경영시스템의 보안경영매뉴얼의 하위문서로, 회사 전반의 보안 조직과 보안 업무의 운영기준 및 관리방식을 규정한 문서이다. 단위업무에 대한 절차서는 6하 원칙에 따라 업무를 처리하는 절차를 규정하여, 전사적으로 해당 업무를 일관성 있게, 시간과 장소에 구애받지 않고 동일한 효과를 거둘 수 있도록 하는 역할을 한다. 따라서 해당 단위업무의 보안성을 보장하는 절차서를 작성해야 하며, 규정된 형식이 있는 것은 아니므로 사내에 존재하는 경영시스템 관련 문서를 활용하여 작성하거나 「범용보안매뉴얼」에서 제공하는 절차서를 참고해서 작성하면 된다. 단, 보안절차서는 부서 간 프로세스의 흐름을 기술한 문서로서 간결하게 작성되어야 하며, 아래의 사항을 명확히 규정해야 한다.

절차란 활동 작업의 목적 및 범위를 규정하고, 그 활동 작업이 어떤 방법으로 적정하게 수행되는지를 정하여 놓은 문서로서 다음 사항이 명확히 규정되어 있어야 한다.

1. 무엇을 해야 하며(작업의 대상)
2. 누가 해야 하며(작업자)
3. 언제, 어디서, 어떻게 그 작업이 이루어져야 하며
4. 어떤 재료 설비와 문서가 필요하며
5. 어떤 방법으로 그 작업이 관리되고 기록되어야 하는지

나. 보안절차서에 포함될 내용

ISO28000의 각 요구사항은 성격에 따라 기록을 필요로 하는 항목, 문서화된 절차를 필요로 하는 항목들로 구분지을 수 있으며, 이 중 필수적으로 문서화된 절차를 작성해야 하는 항목으로는 "4.2. 보안경영 방침", "4.3.1. 보안 리스크 평가", "4.3.3. 보안경영 목표", "4.3.4. 보안경영 세부목표", "4.3.5. 보안경영 프로그램", "4.4.1. 보안경영의 구조, 권한 및 책임", "4.4.6. 운영관리"가 있다. 기업의 문서에는 반드시 위의 7가지 항목에 대해 부서 간 프로세스를 규정하는 문서(절차서)가 존재해야 한다. 이는 요구사항에서 기본적으로 요구하는 부분이며, 필요에 따라 7개 이상의 절차서가 작성될 수도 있다. 참고로 「범용보안매뉴얼」은 16개의 절차서로 구성되어 있다.

「범용보안매뉴얼」에 작성된 보안절차서의 항목은 "① 적용범위 및 목적, ② 책임 및 권한, ③ 업무절차 및 주요 내용, ④ 기록 관리, ⑤ 관련 문서, ⑥ 붙임"의 순서로 구성되어 있으며 항목을 작성할 때 유의해야 할 사항은 다음과 같다.

우선, 적용범위 및 목적에서는 절차서에서 다루게 될 적용범위와 목적을 규정하여 문서를 열람할 사람이 해당 문서가 본인의 업무에 관련된 문서인지를 확인할 수 있도록 해야 한다. 적용범위 및 목적은 서술식의 간결한 문장으로 작성토록 하며, 아래의 예시를 참조하도록 한다.

[표-15] 적용범위 및 목적 수립 사례

구 분	적용범위, 목적 수립 사례
전산관리 절차서	회사의 전산관련 하드웨어 및 소프트웨어를 식별, 점검 및 유지관리하고 전산 사용 인원 관리에 적용하며, 사용에 대한 불편함을 해소하고 주기적인 점검을 통하여 회사 내 전산 업무가 안정적이고 효율적으로 수행되고 보안을 유지하도록 하는 것을 그 목적으로 한다.
법규 및 보안규정 관리 절차서	보안에 관한 법규, 기타 요구사항을 파악, 입수, 정보유지 및 이해관계자와의 의사소통에 적용한다. 또한, 이를 통해서 최소 법적요건, 규정 기타 요구사항을 준수하게 함을 그 목적으로 한다.
운영관리 절차서	평상시의 위험성 관리에 있어서 운영관리 제반 절차에 적용한다. 또한, 규정된 운영기준에 적합하게 운영 및 활동이 수행됨을 보장하는 것을 그 목적으로 한다.

책임 및 권한에서는 해당 업무에 대한 책임 및 권한을 명확히 규정해야 한다. (a) 해당 절차서의 수립, 유지 및 개선, (b) 관련 부서의 수행사항과 적용 범위, (c) 의사소통, (d) 근로자, 공급자 및 이해관계자의 준수 등에 관한 책임과 권한을 명확히 규정한다.

그리고 업무절차 및 주요 내용을 명확히 규정해야 한다. 각 절차서마다 다루는 주요 업무가 다르고 업무의 특성 또한 다르므로 통일된 형식을 제시할 수는 없으나, 관련자가 해당 문서를 읽고 어떤 프로세스로 업무를 진행해야 할지 파악할 수 있도록 규정되어야 한다. 보다 세부적인 사항은 「범용보안매뉴얼」에 작성되어 있는 절차서 예시들을 참고하도록 한다.

각 절차서에는 업무 수행에 따른 기록물을 관리하는 기준이 정해져 있어야 한다. 기록 관리는 작성, 보관, 검색, 처분의 단계로 나누어 그 요소를 살펴볼 수 있다. 우선, 기록의 목적이 조명되고 요구사항에 적합하게 보안경영시스템이 실시되고 있음을 보장할 수 있도록 작성되고 관리되어야 한다. 그리고 보관·보호·보유기간을 기록물의 특성에 따라 지정하고 안전한 장소를 선정하여 보관해야 한다. 특히 법적 요구사항 및 고객의 요구로 보유기간이 설정되는 경우 이에 따라 기록관리가 이루어져야 한다. 또한 추후 기록물의 용이한 검색 및 필요시의 복구 등을 위해 활용빈도에 따른 기록 관리가 절차서별로 규정되어야 한다. 마지막으로 기록물의 처분 방법에 대해 규정하고 있어야 한다. 기밀을 요하는 기록의 경우 폐기 절차를 고려하여 기록관리 방법을 절차서별로 규정하도록 한다. 참조를 위한 「범용보안매뉴얼」의 경우 '문서 및 기록관리 절차서'를 통해 통합 관리하도록 제시하고 있다.

절차서에 관련문서가 있다면 이를 규정해야 한다. 관련문서라 함은 절차서 내의 특정 업무를 다른 문서에 따라 실시하게 될 경우 해당 문서를 지칭하는 말이다. 예를 들어 전술한 바와 같이 '법규 및 보안규정관리 절차서'의 기록관리를 '문서 및 기록관리 절차서'에 따라 하게 될 경우 관련문서로 '문서 및 기록관리 절차서'를 지정하여 업무 진행시 참조할 수 있도록 해야 한다. 이는 다른 절차서 뿐만 아니라 지침서 혹은 다른 경영시스템 문서도 해당될 수 있다.

마지막으로 절차서에서 언급된 업무를 기록하고 관리하기 위한 양식 혹은 기타 사항을 붙임으로 관리해야 한다. 붙임의 예로는 '법규 및 보안규정관리 절차서'의 법규목록표와 같은 양식이 있을 수 있고 '목표관리 절차서'의 목표관리 Flow Chart와 같은 부록 등도 될 수 있다.

6. 보안지침서

가. 보안지침서 개요

보안지침서는 보안절차서의 하위문서로 각 보안 활동별 업무의 진행 순서 및 방법, 책임과 권한, 기록 보관 방법 등을 규정한 문서로, 현장에 비치되어 업무 활동의 지침을 제공하는 문서이다. 보안지침서를 형식 및 내용 면에서 절차서와 비교한다면 지침서는 단일 업무, 활동의 방법, 과정을 자세히 규정한 문서이며, 절차서는 일련의 업무활동의 방법 과정을 자세히 규정한 문서로, 회사 내에서 부서가 달라도 동일한 업무 활동에는 공통적으로 적용한다.

쉽게 풀어본다면, 구매 업무의 흐름, 즉, 외주업체 선정 과정, 주문 절차, 수입 검사 등 주요 업무 흐름은 업종을 불문하고 크게 다르지 않다. 그러나 업종별, 기업별, 팀별로 해당 과정에서 고려되어야 할 요소가 달라지며, 검토 당사자도 달라지기 때문에 그 부서 지침서에 특성이 반영된다.

보안지침서 역시 규정된 형식은 존재하지 않으며, 사내에 존재하는 경영시스템 관련 문서를 활용하여 작성하거나, 「범용보안매뉴얼」에서 제공하는 지침서를 참고하도록 한다.

나. 보안지침서에 포함될 내용

보안지침서는 ISO28000에서 요구하는 필수 문서는 아니며, 절차서의 내용이 충분하지 못한 경우 특정 보안업무의 달성방법에 대한 상세한 지침 및 수단을 규정하기 위해 작성하는 문서이다.

보안지침서에 포함될 내용은 보안리스크 평가를 통해 추진팀이 결정하도록 한다. 예를 들어, 열쇠 관리를 위한 지침이 없어 비인가자의 열쇠 탈취가 용이하고, 창고 및 사무실 등 민감한 구역으로의 침입에 대한 리스크 수준이 높게 식별되었다면, 추진팀은 열쇠관리 지침을 작성하여 해당 리스크를 경감시켜 나가도록 해야 한다. 또한, 전략물자를 취급하는 기업이 전략물자의 불법수출에 대한 리스크 수준을 높게 식별하였다면, 전략물자 취급 지침을 수립하여 리스크 수준을 낮추도록 해야 한다. 또한, 보안리스크 평가 결과 뿐만 아니라 산업군에서 통상적으로 사용되거나 산업표준에서 요구하는 공급사슬 관련 보안지침서가 있다면 이를 참고하여 자사에 필요한 지침서를 구비하도록 해야 한다. 보안리스크 평가 결과가 완벽하지 않을 수도 있을 뿐만 아니라, 때로는 산업계에서 법적으로 요구되는 사항이 누락되는 경우도 있기 때문이다. 예를 들어, 농약을 제조하는 기업의 경우 업계에서 법적으로 요구되는 농약관리법에 따라 자사의 제품을 관리할 수 있도록 지침을 세워야 한다. 참조를 위한 「범용보안매뉴얼」은 약 20개의 지침서로 구성되어 있으며, ① 적용 범위, ② 책임 및 권한, ③ 업무 절차, ④ 문서 및 기록관리, ⑤ 별첨의 순서로 구성되어 있으나 이는 권장사항이며, 기업 형편에 맞추어 수정하여 작성해도 무방하다. 각 항목을 작성할 때 유의해야 할 사항은 위의 절차서에서 언급한 바와 유사하다. 단, 지침서는 기업의 Know-how를 활용하여 프로세스의 방법을 상세하게 작성해야 한다는 점을 반드시 고려하도록 한다.

7. 문서수립 절차

공급사슬보안 경영시스템의 문서를 작성하는 보안담당자들은 ISO28000 요구사항에서 필수적으로 요구하는 부분이 모두 포함되도록(적합성), 사업현장에서 실제로 운영될 수 있도록(현실성), 공급사슬 보안을 개선하고 관리할 수 있도록(효과성) 작성해야 한다. 추진팀은 회사 사정에 맞게 문서를 수립하기 위한 절차를 세워야 하며, 본 보고서에서는 전략물자관리원이 추진한 시범사업에서 활용한 문서수립 절차를 참고삼아 제시한다.

가. 기업의 다른 경영시스템 관련 자료 수집

활용 가능한 다른 ISO경영시스템 문서가 있다면 이들을 활용하여 업무의 효율성을 높이는 것이 좋으며, 이렇게 활용되는 문서는 다른 경영시스템과 충돌이 없어야 한다. 이를 누락 없이 올바르게 파악하기 위해 제 4 절에서 상위 분석에 대해 언급하였다. 활용 가능한 다른 경영시스템 관련 자료를 식별하는 상위 분석을 실시했다면 해당 결과물을 활용하도록 하고, 그렇지 않은 경우는 "제 4 절 상위 분석"을 참고토록 한다.

나. 보안경영 방침 파악

본서 제 7 절에서 설명할 보안경영 방침은 공급사슬보안 경영시스템 문서의 근간을 이룬다. 그러므로 추진팀은 공급사슬보안 경영시스템 문서 수립 전에 보안경영 방침을 파악하고 시스템에 반영되도록 해야 한다. 이 때 사용되는 보안경영 방침은 최고경영자 혹은 적절한 승인권자에게 승인을 받은 문서이어야 한다.

다. 공급사슬 부서·업무별 책임 및 권한 파악

ISO28000은 기업에게 보안경영 방침, 목표, 세부목표 및 프로그램의 달성과 역할·책임 및 권한에 대한 조직 구조의 일관성 있는 수립을 요구하고 있다.[11] 그러므로 기업은 문서를 수립하기 위해 기업의 공급사슬과 관련한 부서·업무별 책임 및 권한을 파악해야 한다. 제 6 절의 보안리스크 평가를 통해 기업의 조직도 및 기타 업무분장표를 검토하게 되어있으니 추진팀은 해당 내용을 본 단계에 동일하게 적용하면 된다.

라. 보안리스크 관리 방법 식별

추진팀은 제 6 절에서 다룰 보안리스크 평가에서 식별한 기업의 리스크와 그 리스크가 현실화되지 않도록 관리하거나 경감시킬 수 있는 조치 등을 파악하여야 한다.

마. 보안경영시스템 체계 수립

추진팀은 ISO28000 시스템의 체계가 어떻게 구성되어 있는지를 이해하고 자사에 맞는 보안경영시스템 체계를 수립해야 한다. 본 과정은 공급사슬보안 경영시스템 문서 수립 전에 추진팀이 전체 그림을 그리는 단계라고 할 수 있다. 추진팀은 이 과정을 통해 보안경영시스템의 내부관리가 자사에서 어떻게 이루어져야 하는지, 그리고 자사와 업스트림, 다운스트림을 포함하는 공급사슬 보안경영시스템이 어떻게 구성되어져 있고 어떻게 구동되는지를 파악해야 한다. 추진팀은 다음 그림을 참고하여 기업의 보안경영시스템 체계를 수립하도록 한다.

---

11) KS V ISO 28000:2007 4.4.1. 보안 경영의 구조, 권한 및 책임.

[그림-6] 공급사슬보안 경영시스템 체계도

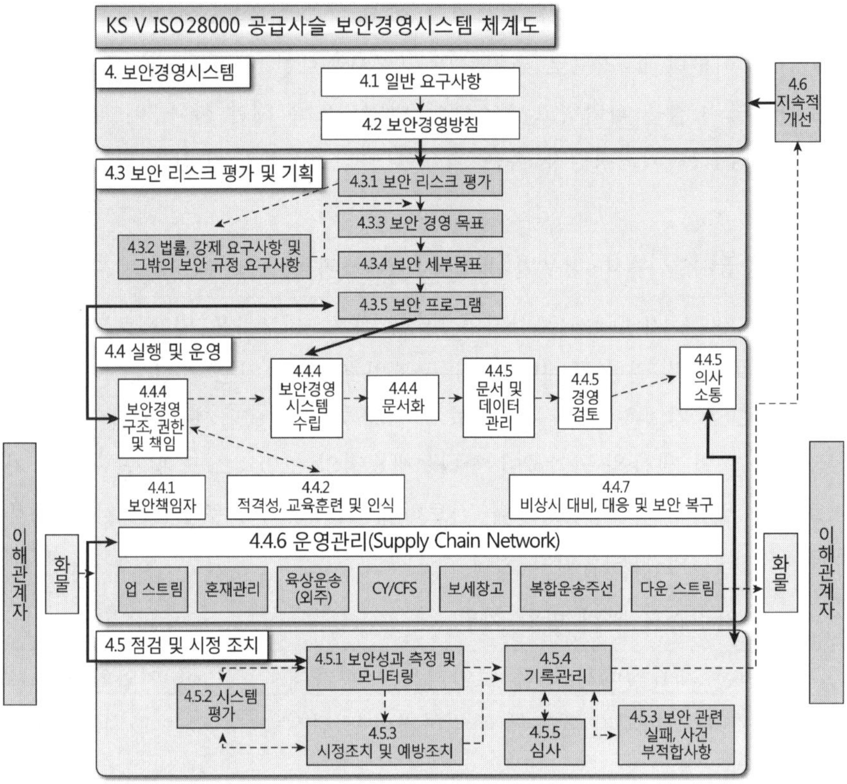

바. 보안매뉴얼, 절차서 기준 수립

추진팀은 보안매뉴얼, 절차서 등을 작성하기 위해 어떤 형식으로 문서를 작성할 것인지 결정해야 한다. ISO28000에 요건으로 정해져 있는 문서의 형식은 없다. 그러나 ISO 인증기관은 해당 문서가 요구사항을 만족하는 적합성, 사업현장에서 실시될 수 있는 현실성, 그리고 목적을 달성할 수 있는 효과성을 심사하게 되므로 위의 3가지 요소를 만족하는 형식의 문서를 수립해야 한다. 만약 기업이 ISO9001, ISO14001 등과 같은 경영시스템 문서가 있다면 해당 문서를 참고하여 비슷한 형식을 채택하도록 권장한다.

추진팀은 문서의 형식과 함께 매뉴얼, 절차서 및 지침서의 구성 또한 결정해야 한다. ISO28000은 7가지 항목[12]에 대해서 문서화된 절차를 수립하도록 요구하고 있다. 그러나 문서화된 절차를 요구하지 않는 항목 역시 ISO28000의 여러 요구사항들이 실시되고 있음을 인증기관에게 증명하여야 하기 때문에 자사의 특성에 맞게, 위에서 언급한 7가지 항목을 포함하여 적합성·현실성·효과성이 보장되는 문서를 수립해야 하며, 이를 위해 문서의 구성을 결정해야 한다. 참고로 본서에서 제공하는 공급사슬보안 경영시스템 샘플인 「범용보안매뉴얼」은 ISO28000이 요구하는 7가지 절차서보다 많은 문서화된 절차를 포함하도록 구성하였으니, 추진팀은 위의 문서 샘플을 참고하여 문서의 구성을 결정하기를 권장한다.

사. ISO28000 문서 작성

문서 작성을 위한 준비를 마쳤다면 추진팀은 ISO28000 문서를 작성해야 한다. 추진팀은 보안경영매뉴얼, 절차서 및 지침서의 순서로 문서를 작성하며, 각각의 세부 내용은 후술되는 내용을 참고하도록 한다.

아. 검토 및 승인

작성된 ISO28000 문서는 최고경영자 혹은 적절한 권한을 부여받은 자에게 승인을 받아야 효력이 발생할 수 있다. ISO28000 문서는 문서화된 경영시스템이다. 즉, 단순한 문서의 수준을 넘어 공급사슬보안과 관련된 모든 부서 및 개인의 행동 지침과 시설물 설치를 위한 예산 활용 등 기업 시스템에 실제적인 영향을 끼치게 될 문서이므로 본 문서가 수립된 이후 실행에 옮기기 위해서는 최고경영자의 승인이 반드시 필요하다.

자. 배포 및 실행

적절한 승인권자에게 승인된 ISO28000 문서는 사내에 배포되어 실행되어야 한다. 문서의 배포 방법은 기업의 내부사정에 맞게 결정할 수 있다. 단, 보안에 민감한 문서의 경우 필수대상에게만 배포할 수 있도록 조치를 취한다. 배포된 문서에 따라 현장에서 실행하고 이를 확인하는 등의 세부적인 내용은 후술토록 한다.

---

12) 4.2. 보안경영방침, 4.3.1. 보안 리스크 평가, 4.3.3. 보안경영 목표, 4.3.4. 보안경영 세부목표, 4.3.5. 보안경영 프로그램, 4.4.1. 보안경영의 구조, 권한 및 책임, 4.4.6. 운영관리

제6절 리스크 평가(4.3.1)

1. 보안경영시스템은 보안리스크로부터 시작
2. 요구사항 해설
3. 보안리스크 평가 절차
4. 보안리스크 평가의 단계별 시행
5. 동 활동의 산출물

1. 보안경영시스템은 보안리스크로부터 시작

가. 보안리스크의 중요성

ISO28000의 "4. 보안경영시스템 요구사항(Security Management System Elements)"을 보면 문서화에서 소개된 [그림-5]의 지속적 개선 모형을 확인할 수 있다. 그리고 "4.1. 일반 요구사항(General requirements)"에서 "조직[13]은 보안 위협을 식별하고, 리스크를 평가하여 관리하며 심각성을 경감시키기 위한 효과적인 보안경영시스템을 수립, 문서화, 실행, 유지 및 지속적으로 개선하여야 한다(The organization shall establish, document, implement, maintain and continually improve an effective security management system for identifying security threats, assessing risks and controlling and mitigating their consequences)"라고 규정하고 있다.

영어 원문을 보면 명확하듯이, 보안경영시스템을 수립·문서화·실행·유지관리하고 지속적으로 개선하는데 있어 그 대상은 "① identifying security threats, ② assessing risks, ③ controlling and mitigating their consequences"이다. 다시 말하면 ① 보안위협을 식별, 확인하고, ② 위험요소들(risks)을 평가하여, ③ 이를 관리하고 그 위협, 위험요소의 결과(실현되어 나타나는 피해 심각성)를 경감시키기 위해 보안경영시스템이 필요한 것이다.

ISO28000에서 보안리스크 평가란, 보안위협을 식별하고, 확인된 위험요소들을 평가하는 것을 말하며 위험요소들을 관리하고 그 위협, 위험요소들의 심각성(결과)을 경감시키는 일련의 활동 — 보안경영 방침 및 보안기획 수립,

13) ISO28000에서는 조직(Organization)이란 단어를 사용하고 있으나, 본서는 국내 기업을 대상으로 하고 있기에 원용하는 부분을 제외한 나머지는 기업으로 표기하도록 한다.

문서화, 실행, 유지 및 지속적 개선— 이 보안경영시스템이다.

따라서 어떤 기업에 잠재적인 또는 실재하는 "보안위협과 그 위험요소(이하, 보안리스크)"가 없으면 ISO28000을 도입할 필요성이 없다고 할 수 있다. 그러나 보안리스크가 없는 조직은 거의 없다고 해도 과언이 아니다.

ISO28000은 공급사슬 관련 보안리스크를 기반으로 하는 경영시스템이다. 그러므로 사업장에 존재하는 기업 내 위협[14] 및 리스크[15]를 식별하는 것이 경영시스템 구축의 가장 핵심적인 작업이고, 리스크 평가는 ISO28000의 도입을 준비하고 기획 · 실행 · 점검 · 개선하는 순환체계에서 지속적으로 사용되는 도구이다.

보안리스크 평가는 ISO28000 4.3.1.절에 규정되어 있다. 체계상 "4.3. 보안리스크 평가 및 기획"의 첫 번째 순서에 있고, ISO28000의 매 준비단계를 포함하여 "4.2. 보안경영방침"에서부터 "4.6. 경영검토 및 지속적 개선"까지 매 단계에서 체계적으로 활용되는 활동이다. 이렇듯 전 단계에 걸쳐 리스크를 관리해야 하기 때문에 "4.3. 보안경영방침 수립"에 앞서 취급하고 있음을 이해할 필요가 있다.

나. 리스크 식별

보안리스크 식별 담당자는 ISO28000에서 규정하는 보안리스크에 대해 이해해야 한다. ISO28000에서 다루고 있는 공급사슬과 관련된 보안리스크는, 화물이 자사 관리를 받기 전(Upstream)의 당사자로부터 야기되는 것과 자사의 조직 내부에서 야기되는 것, 그리고 화물이 자사 관리를 벗어난 이후(Downstream)의 당사자로부터 야기되는 것이 있다. 또한 보안 사고(Events)의 원인이 될 수 있는 위험요소들, 즉 관리해야 하는 대상은 ① 사람의 활동, ② 화물의 흐름, ③ 돈의 흐름, ④ 정보의 흐름 등으로 구분할 수 있다.

---

14) 위협: 이해관계자, 시설, 운영자, 공급사슬, 사회, 경제 또는 사업 영속성 및 통합성 중의 어느 것에 대하여 잠재적 손상을 줄 수 있는 모든 계획된 행위 또는 일련의 행위(KS V ISO28004:2007, 3. 용어와 정의).

15) 리스크: 보안위협 실현 가능성 및 그 심각성(KS V ISO 28004:2007, 3. 용어와 정의).

[표-16] 리스크평가시의 고려사항

〈공급사슬 내 조직 측면에서의 고려 사항〉

① 업스트림(Upstream)

- 보험, 금융, 데이터 관리 및 화물의 포장, 보관 및 이송에 국한시키지 않고 다른 것도 포함하여, 화물이 조직(자사)이 직접 운영하는 관리를 받기 전에 발생하는 공급사슬에서의 화물의 활동, 프로세스 및 움직임에 관련되는 것

② 자사

- 자사의 화물 및 정보 취급과 관련하여 관리되는 모든 활동
- 자사 직원을 포함하여 화물 및 정보 관리 그리고 경비 등과 관련하여 외주 처리하여 발생하는 모든 활동, 프로세스 및 활동과 관련되는 것

③ 다운스트림(Downstream)

- 보험, 금융, 데이터 관리 및 화물의 포장, 보관 및 이송에 국한시키지 않고 다른 것도 포함하여, 화물이 조직이 직접 운영하는 관리를 떠난 후에 발생하는 공급사슬에서의 화물의 활동, 프로세스 및 움직임에 관련되는 것

(예시) 당해 기업이 제조업인 경우

업스트림		자사	다운스트림				
고객 (Buyer)	원자재 공급자	생산자 (제조)	내륙 운송업자	창고업자	통관 업자	항만터미널 운영자	해상 운송업자

〈관리대상 측면에서의 고려사항〉

① 사람의 활동

- 정직원 · 용역업체 직원 · 채용예정 직원 · 퇴사자 · 방문자 · 납품/공급업자 · 무단침입자 등의 활동

② 화물의 흐름

- 원 · 부자재, 제품, 중간품, 비품, 우편물, 컨테이너, 봉인장치 등

③ 돈의 흐름

- 통관 등 세관법규 준수, 불순거래 상대방(테러리스트)으로의 자금 유입 등

④ 정보의 흐름

- 화물 정보, 인적 정보, 보안기록 정보 및 기타

보안리스크가 발생하는 원인은 다음과 같으며, 자사와 관련된 원인을 충분히 숙지하고 있어야 그와 관련된 보안리스크를 인식할 수 있다.

① 법적 및 강제적 요구사항

② 조직이 당면하고 있는 보안 위협

③ 적절한 치안유지조직과 정보기관으로부터의 보안 위협 및 리스크 정보

추적

④ 모든 현존 보안경영 실행, 프로세스 및 절차의 조사

⑤ 기존의 사건 및 응급상태 조사로부터 얻은 피드백의 평가

⑥ 당면한 보안사건 기록

⑦ 부적합사항 리스트 또는 동종유사업계의 부적합사항에서 유추

⑧ 보안경영시스템 심사 결과 미흡사항

⑨ 종업원 및 기타 이해관계자의 보안의식 결여 또는 보안방침 불이행

⑩ 종업원 보안 상담, 검토 및 작업장에서의 개선활동으로부터의 정보(이들 활동은 성격상 수동적이거나 적극적일 수 있다)

⑪ 우수사례, 조직과 관련된 전형적인 보안리스크, 유사한 조직에서 발생했던 사건 및 응급상태에 관한 정보

⑫ 산업계 표준과의 상위(相違) 요소

⑬ 정부 경고사항

⑭ 조직의 시설, 프로세스 및 활동에 관한 보안사항, 변경통제절차의 상세정보, 주요보안 대상의 위치이동계획 노출, 메뉴얼 및 운영절차, 삼시(CCTV)데이터, 보안 자료 등

2. 요구사항 해설

4. 3. 1. 보안리스크 평가	4. 3. 1. Security Risk Assessment
조직은 보안 위협뿐만 아니라 보안 경영 관련 위협 및 리스크를 지속적으로 식별 및 평가하고, 필요한 경영 관리 수단을 식별 및 실행하기 위한 절차를 수립하고 유지하여야 한다. 보안 위협 및 리스크의 식별, 평가 및 관리 방법은, 최소한, 운영 특성 및 규모에 적합하여야 한다. 이러한 평가는 일(event)의 발생 가능성과 그것으로 인한 모든 결과를 반드시 고려하여야 하며 다음을 포함하여야 한다.	The organization shall establish and maintain procedures for the ongoing identification and assessment of security threats and security management-related threats and risks, and the identification and implementation of necessary management control measures. Security threats and risk identification, assessment and control methods should, as a minimum, be appropriate to the nature and scale of the operations. This assessment shall consider the likelihood of an event and all

	of its consequences which shall include:
a) 기능상의 실패, 우발적 손상, 의도적인 손상, 또는 테러리스트나 범죄 행위 등과 같은 물리적인 실패 위협 및 리스크	a) physical failure threats and risks, such as functional failure, incidental damage, malicious damage or terrorist or criminal action;
b) 조직의 성과, 상황 또는 안전에 영향을 미치는 보안 관리, 인적요소 및 기타 활동을 포함하는 운영상의 위협 및 리스크	b) operational threats and risks, including the control of the security, human factors and other activities which affect the organizations performance, condition or safety;
c) 보안 조치 및 장비를 무력하게 만들 수 있는 자연환경적 일(폭우, 홍수, 기타)	c) natural environmental events (storm, floods, etc.), which may render security measures and equipment ineffective;
d) 외부에서 제공된 장비 및 서비스에서의 실패와 같은 조직의 관리를 벗어나는 요소	d) factors outside of the organization's control, such as failures in externally supplied equipment and services;
e) 법적 요구사항 불이행 및 조직의 명성 또는 브랜드의 손상과 같은 이해관계자의 위협 및 리스크	e) stakeholder threats and risks such as failure to meet regulatory requirements or damage to reputation or brand;
f) 보안 장비의 설계 및 설치(대체, 정비 및 기타의 경우를 포함)	f) design and installation of security equipment including replacement, maintenance, etc.
g) 정보 및 데이터 관리와 의사소통	g) information and data management and communications;
h) 운영 지속성에 대한 위협	h) a threat to continuity of operations.
조직은 이러한 평가의 결과 및 관리의 효과를 고려하고 적절한 경우 다음 항목의 입력자료로 활용됨을 보장하여야 한다.	The organization shall ensure that the results of these assessments and the effects of these controls are considered and, where appropriate, provide input into:
a) 보안경영 목표 및 세부목표	a) security management objectives and targets;
b) 보안경영 프로그램	b) security management programmes;
c) 설계, 규격 및 설치의 요구사항에 대한	c) the determination of requirements for

결정	the design, specification and installation;
d) 직원의 수준을 포함하는 적절한 자원의 식별	d) identification of adequate resources including staffing levels;
e) 교육훈련 필요성 및 숙련도의 식별 (4.4.2. 참조)	e) identification of training needs and skills(see 4.4.2.);
f) 운영 관리의 개발(4.4.6. 참조)	f) development of operational controls (see 4.4.6.);
g) 조직의 전반적인 위협 및 리스크 관리 틀	g) the organization's overall threat and risk management framework.
조직은 이러한 정보를 문서화하고 최신의 것으로 유지하여야 한다. 위협 및 리스크를 식별하고 평가하기 위한 방법은 다음과 같은 조건을 만족해야 한다.	The organization shall document and keep the above information up to date. The organization's methodology for threat and risk identification and assessment shall:
a) 사후적이지 않고 사전적으로 되도록 적용범위, 특성 및 시점을 고려하여 규정될 것	a) be defined with respect to its scope, nature and timing to ensure it is proactive rather than reactive;
b) 보안 위협 및 리스크와 관련된 정보의 수집을 포함할 것	b) include the collection of information related to security threats and risks;
c) 회피하고, 제거되거나 관리될 수 있도록 위협 및 리스크의 분류와 그것의 식별을 제공할 것	c) provide for the classification of threats and risks and identification of those that are to be avoided, eliminated or controlled;
d) 실행의 효과성 및 시의적절성 모두를 보장하기 위한 조치에 대해 모니터링 할 수 있도록 할 것(4.5.1. 참조)	d) provide for the monitoring of actions to ensure effectiveness and the timeliness of their implementation(see 4.5.1.).

ISO28000 "4.3.1. 보안리스크 평가" 규정은 ① 보안리스크를 평가할 때 고려사항, ② 평가결과의 활용, ③ 평가할 때 지켜야 할 준수요건의 세 가지로 구분할 수 있으며, 나누어 설명하고자 한다.

앞서 ISO28000에서 위협과 위험요소를 어떻게 정의하는지 주석을 통해 간략하게 설명하였다. 이는 일반적으로 경영학에서 정의하는 것과 의미가 약간 다르다. 경영학에서 위협이란 인간의 의지, 행동, 실수 등이 관련되어 보호대상(사람의 생명 또는 재산 등)에 해롭게 작용하는 것이며, 위험요소는 보호대상에 해롭게 작용할 가능성이 있는 원인, 요소를 의미한다.[16] 약간의 의미 차이가 존재한다는 것을 염두에 두고, 4.3.1. 보안리스크 평가 단계를 읽도록 한다.

ISO28000을 도입하려는 기업에서는 자사 업무범위에 실재하거나 잠재해 있는 보안위협과 위험요소들을 지속적으로 관리해나가는 다음과 같은 경영체계를 구축해야 한다.

① 업무범위에 실재하거나 잠재하여 미래에 실현될 가능성이 있는 위협과 위험요소를 지속적으로 파악(식별) 및 평가하는 절차를 수립하거나 운영하는 것

② 위협과 위험요소들을 지속적으로 파악 및 평가하고, 그러한 보안리스크(위협과 위험요소들)가 실현되지 못하도록 예방·통제하거나 경감시키는 필요한 조치의 이행 절차를 수립, 유지, 관리하는 것

③ 보안위협과 위험요소 식별, 평가와 통제 방법들은 그 운영 특성 및 규모(크기)에 적절하고 최소한도 수준 이상이어야 함

위에서 규정하는 내용을 통하여 기업은, 자사의 업무 범위에 실재하거나 잠재해 있는 보안 위협과 그로 인한 보안리스크를 찾아낼 수 있는 지식, 전문성, 안목을 갖추고 있는 것을 전제로 하고 있고 그렇지 못한 기업에 대해서는 그러한 역량을 갖추는 것을 요구하는 것이 내포되어 있음을 인식해야 한다. 그러한 역량 없이는 보안리스크의 식별, 평가, 대책 수립 모두 불가능하다.

파악한 보안리스크를 관리하기 위한 보안 대책에는 수많은 방법론이 있을 수 있으며 그러한 목표, 수단의 효과와 효율성을 식별하고 ISO28000이 요구하는 최소한 이상을 충족할 수 있는 평가와 통제방법으로 수립되어야 한다는 조건으로 회사의 형편과 실정에 맡겨 놓고 있다.

---

16) 이와 관련하여 위험과 유사한 의미를 가진 용어에는 손실, 불확실성, 위태, 손인 등이 있으며, 손실(Loss)는 경제적 가지차 상실되거나 감소되는 것을, 불확실성(Uncertainty)는 현재 취하고 있는 행동의 결과를 예측하는 능력에 대한 의구심을, 위태(Hazard)는 손실의 발생빈도나 강도가 높아질 수 있는 조건이나 상태로, 위험이 어느 정도의 수준을 넘은 상태 또는 구조적으로 실패가 확연하여 문제의 발생이 임박한 상황을, 손인(Peril)은 손실을 유발할 수 있는 직접적인 원인을 말한다. 김두철, 위험관리·위기관리, 형설출판사, 2005.

가. 보안리스크 평가 고려사항(8가지)

ISO28000 4.3.1.항 규정 가운데 첫 부분의 a)~h)에 열거된 항목을 정리한 것으로 보안리스크 평가시 기업이 8가지 요소에 대해 고려할 것을 요구하고 있다. 각 고려사항은 다음 표와 같다.

[표-17] 보안리스크 평가시 고려사항

번호	구 분	상세내용
1	물리적 결함 관련 위협 및 리스크	• 기능상의 실패(functional failure) －주요장치 및 프로세스 등의 결함에 의한 물리적 결함 관련 위협 및 리스크 • 우발적 손상(incidental damage) • 의도적 손상(malicious damage) －불순한 의도를 지닌 내부/외부 인원의 행동이 원인이 되어 물리적 결함 관련 위협 및 리스크 • 테러리스트 혹은 범죄행위 －인명·재산상 피해를 일으키기 위한 테러 혹은 범죄행위에 의해 발생하는 물리적 결함 관련 위협 및 리스크
2	운영상의 위협 및 리스크	• 보안 관리(control of the security) • 인적 요소(human factors) • 기타 활동
3	자연환경적 일(폭우, 홍수, 기타)	• 보안조치 및 장비를 무력화시킬 수 있는 폭우, 홍수 등의 자연환경적 일
4	조직의 관리를 벗어나는 요소	• 외부에서 제공된 장비 및 서비스의 실패 －협력업체의 운송서비스 중 발생 가능한 화물 불일치 등
5	이해관계자의 위협 및 리스크	• 보안과 관련된 법적 요구사항(전략물자수출입관리, 항만경비 및 보안관리 지침 등)을 이행하지 않아 이해관계자에게 미칠 수 있는 위협 및 리스크 • 보안 사고 등으로 인해 기업의 명성 혹은 브랜드가 손상되어 이해관계자에게 미칠 수 있는 위협 및 리스크
6	보안장비의 설계 및 설치	• 보안장비(CCTV, 접근통제장치 등)의 대체·정비 등을 포함하여 보안장비의 미비함으로 발생 가능한 위협 및 리스크
7	정보 및 데이터 관리와 의사소통	• 주요 정보의 유출·조작 등으로 인해 발생 가능한 위협 및 리스크
8	운영 지속성에 대한 위협	

나. 보안리스크 평가 결과의 활용(7가지)

아래는 ISO28000 4.3.1.항에 규정된 내용 중 두 번째 a)~g)의 부분을 정리한 것으로, 보안리스크 평가 결과를 아래 7가지 항목의 입력 자료로 활용할 것을 요구하고 있다. 기업은 ISO28000의 기준에 따라 식별된 자사의 위협 및 위험요소를 기반으로 다음 항목을 구성하여야 한다.

첫째, 보안경영 목표 및 세부목표를 수립하는데 활용되어야 한다. 보안경영 목표는 보안경영 방침을 충족시키기 위해 기업이 보안과 관련하여 구체적으로 달성하고자 하는 목표치이며, 보안경영 세부목표는 보안경영 목표를 달성하기 위해 요구되는 구체적인 성과 수준이다. 보안경영 목표 및 세부목표는 보안리스크 평가를 통해 식별된 자사의 리스크 결과를 반영하여 이를 경감시킬 수 있도록 수립해야 한다.

둘째, 보안경영 프로그램을 수립하는데 활용되어야 한다. 보안경영 프로그램은 보안경영 목표를 달성하는 방법으로 6하 원칙에 따라 작성된 추진계획안이다. 보안경영 목표 및 세부목표와 마찬가지로 보안경영 프로그램 또한 기업의 공급사슬 관련 리스크를 관리하기 위한 수단이므로 보안리스크 평가를 통해 식별된 자사의 리스크를 반영하여 수립해야 한다.

셋째, 설계·규격 및 설치의 요구사항에 반영되어야 한다. 만약 차량 돌진에 의해 사업장의 창고가 붕괴되고 재산·인명의 피해를 초래할 리스크가 높다는 결과를 얻었다면, 창고의 보수작업 혹은 새로 건축하는 창고의 설계를 차량 돌진에 의한 피해를 줄일 수 있도록 벽을 더 두껍게 하거나, 차량 돌진을 막을 수 있도록 외벽 주위에 배수로를 설치하는 작업을 통해 공급사슬 관련 리스크를 경감시킬 수 있다. 또한, 리스크 평가 결과 사업장 내의 감시가 취약하다고 판단되는 경우는, CCTV 등 보안장비를 설치 할 때 보안리스크 평가 결과 식별된 취약 구역을 중심으로 설치해야 리스크를 경감시킬 수 있다. 이처럼 리스크 평가 결과 보완이 필요하다고 식별된 부분을 개선해 나갈 수 있도록 시설물, 장비 등의 유지 보수 작업시 그 결과가 반영되어야 한다.

넷째, 직원의 수준을 포함한 적절한 자원의 식별에 활용되어야 한다. 만약 기업이 보안리스크 평가를 통해 현재 경비업무의 중요도가 높게 평가되었다면 평가된 결과를 경비인력 채용 조건에 반영하여 효과적인 경비업무가 가능하게 해야 한다. 또한 공급사슬 보안업무 담당자의 학력·경력 등의 자격 수준을 설정할 때 보안리스크 평가 결과를 활용해야 한다.

다섯째, 직원의 교육훈련 필요성 및 숙련도 식별에 활용되어야 한다. 리스크가 높게 식별된 부문 직원들에 대한 보안 교육을 강화해야 하며, 외주용역 인력이나 협력업체의 직원에게도 보안리스크 평가 결과를 반영하여 교육훈련을 받을 수 있도록 요구해야 한다. 또한, ISO28000은 4.4.2.항에서 교육훈련과 관련한 요구사항을 규정하고 있으며 교육훈련 절차를 작성할 때 보안리스크 평가 결과를 반영해야 한다.

여섯째, 운영관리의 개발에 활용되어야 한다. 운영관리는 ISO28000 4.4.6. 항에 규정된 요구사항이며, 공급사슬과 관련된 기업의 운영관리 절차를 작성할 때 보안리스크 평가 결과를 반영해야 한다.

마지막으로, 기업(조직)의 전반적인 위협 및 리스크 틀에 활용되어야 한다. 만약 기업(조직)이 기존에 실시하던 위협 및 리스크 관리 시스템이 있다면 보안리스크 평가 결과를 활용하여 관리해야 하며 상호 충돌 없이 시스템이 작동되도록 해야 한다.

다. 보안리스크평가 구성 요건(4가지)

ISO28000의 4.3.1.항에 규정된 내용 중 세 번째 a)~d)를 정리한 것으로 기업이 보안리스크를 평가할 때 지켜야 할 4가지 요건을 제시하고 있다. 기업의 보안리스크 평가는 다음 4가지 조건을 만족하여야 한다.

첫째, 사고 발생 후의 사후 대응이 아닌 사전 예방을 위하여, 보안리스크의 범위, 특성과 타이밍(최적의 조치 시기)을 명시적으로 규정해야 한다. 보안리스크 식별, 평가 및 관리 프로세스, 방법론과 관련하여 누가 어떤 결정과 행동을 해야 하는지 명시하고, 실행되도록 보장하여 리스크가 실현되지 않도록 해야 한다. 일정 조건이나 상황 하에서 대응 프로세스를 실행할 책임이 있는 직원의 역할 및 책임을 규정해야 하고 이들에 대한 적절한 역량이나 자격 요건 및 교육훈련 필요성을 효과적으로 명시해야한다.

둘째, 보안리스크 평가는 보안 위협 및 위험요소에 관련된 정보의 수집을 포함해야 한다.

셋째, 보안리스크를 분류·식별하여 그러한 보안리스크가 회피, 제거, 관리될 수 있도록 해야 한다. 분류하고 식별된 결과로 파악된 보안리스크는 관련 부서에 제공되어 실제로 대응할 수 있어야 한다. 또한 현재 기업의 형편에 따라 허용 가능한 정도인지에 대한 여부를 진단할 수 있어야 하며, 추가적인 보안 조치가 필요할 경우 회피, 제거 및 관리의 방법 중 어떤 것을 선택해야 할지에 대한 결정도 내릴 수 있게 해 주어야 한다.

넷째, 보안리스크 식별과 평가에 대한 방법론의 실행의 효과성과 시의적절성을 보장하는 모니터링이 시행되어야 한다.

3. 보안리스크 평가 절차

ISO28000을 도입하려는 기업은 보안리스크를 평가하는 절차 및 방법론을 채택하여 시행해야 한다. 보안리스크 평가를 위한 다양한 방법론이 존재하나, 본서에서는 ISO28001(공급사슬의 보안, 평가 및 계획의 실행을 위한 모범관행)의 방법론을 채택하여 서술하기로 한다. ISO28001이 제시하는 보안리스크 평가 절차는 아래 표와 같이 7단계로 구성되어 있으며, 각각의 단계별로 보안리스크 평가를 실시하도록 한다.

우선, 리스크 평가를 수행하기 전에 해당 프로젝트의 총괄 역할을 맡은 보안담당자 혹은 사업장별 보안관리자 중 1인을 기업의 보안리스크 평가 총괄 책임자(이하 '평가팀장')로 지정한다. 평가팀장은 추진팀을 중심으로 보안평가팀을 구성하며, 효과적인 보안리스크 평가의 진행을 위해 평가팀장은 평가 대상이 될 사업장 및 업무 프로세스를 현재 보유 중인 인적 재원에 맞게 분류해야 한다. 보안리스크 평가를 실시하기 위한 자격 요건으로는 ① 충분한 시설 운영 경험, ② 보안에 관한 전문지식, ③ 기타 관련자 등을 들 수 있다. 상기 자격 조건에서 살펴본 바와 같이 보안리스크 평가의 대상이 될 지점(Site)별 업무 분장을 할 때 평가자는 자신이 해당된 부서 및 사업장을 담당하여 평가를 진행하도록 하는 것이 가장 효과적이며, 한 지점에 1명 이상의 복수 평가자가 투입될 수도 있다. 또한, 보안리스크 평가를 진행하는데 있어 특정 분야의 전문지식이 요구되는 경우에는 해당 분야의 전문가로부터 자문을 받아서 진행할 수도 있다.

[표-18] 보안리스크 평가 절차

보안리스크 평가 절차(ISO28000)
① 제 1 단계: 대상 식별 및 중요도 평가 a. 대상을 식별하고 대상의 중요도에 따라 리스크 평가의 대상을 결정한다. b. 서식: 적용 선언서, 중요도 평가표
② 제 2 단계: 보안상태 및 보안수준의 확인 a. 시설, 화물 및 업무 프로세스에 적용하고 있는 현재의 보안상태 및 보안수준을 확인한다. b. 서식: 이행상태 검토표
③ 제 3 단계: 보안위협 시나리오 식별 a. 시설, 화물 및 업무 프로세스상의 보안위협 시나리오를 식별한다. b. 서식: 보안위협 시나리오
④ 제 4 단계: 심각성 및 발생가능성 평가 a. 식별된 보안위협 시나리오의 심각성 및 발생가능성을 평가한다. b. 서식: 보안리스크 평가서
⑤ 제 5 단계: 리스크의 위험성 등급 결정 a. 제 4 단계의 심각성 및 발생가능성 평가결과를 토대로 리스크의 위험성 등급을 결정한다 b. 서식: 보안리스크 평가서
⑥ 제 6 단계: 보안조치 대상 선정 및 방법 도출 a. 보안조치가 필요한 대상을 선정하고 적절한 보안조치 방법을 찾는다. b. 서식: 보안리스크 평가서
⑦ 제 7 단계: 보안조치 재평가 및 보안조치 확정 a. 도출된 보안조치가 실질적으로 보안리스크의 위험성 등급을 낮출 수 있는지 재확인하고 보안조치 방법을 확정한다. b. 서식: 보안리스크 평가서

가. 중요도 평가

기업에는 다양한 시설, 장비, 업무 및 화물들이 존재한다. 이 모두를 대상으로 보안리스크 평가를 진행하는 것은 비효율적일 뿐 아니라 시간과 자원의 낭비를 가져올 수도 있다. 그러므로 효율적인 보안리스크 평가를 위해서는 보안과 관련된 중요도가 높은 시설, 장비, 업무 및 화물을 그렇지 않은 것들과 구별하여 집중적으로 관리할 필요가 있다. 기업은 이러한 작업을 중요도 평가를 통해 실시하게 되며 결과적으로 보안리스크 평가를 수행하기 위한 보호 대상을 결정하게 된다. 중요도 평가 절차는 사전 자료조사, 대상의 식별 그리고 중요도 평가 실시로 구분된다.

중요도 평가를 실시하기 위해서 우선 보안 평가팀은 사전 자료조사를 해야 한다. 일반적으로 평가를 진행하기 위해 필요한 자료로는 ① 사업장 레이아웃, ② 주요 업무 프로세스 등이 있다. 사업장 레이아웃은 인증대상이 되는 사업장의 레이아웃을 대상으로 하며, 전체 사업장의 도면과 공장·창고·사무실 등 시설물의 상세 도면을 함께 수집해야 한다. 사업장 레이아웃은 어떤 장비 및 시설물들이 존재하는지 파악하는데 활용되며, 화물 및 사람의 이동경로를 파악하기 위해서도 활용된다.

주요업무 프로세스는 보안에 민감한 사안이 될 수 있는 업무를 파악하기 위한 자료이다. 참고로, ISO9001 인증을 획득한 기업인 경우, 해당 표준을 위해 작성한 업무 프로세스를 수집하면 된다. 기업의 상황에 따라 필수로 수집해야 할 업무 프로세스는 상이하게 나타나며, 공급사슬 보안과 밀접한 관련이 있는 "화물취급", "제조", "운송", "보안 및 경비", "접근통제" 등과 관련한 프로세스는 모두 수집해야 한다. ISO9001을 획득하지 않은 기업의 경우 공급사슬 보안과 관련성이 높은 업무들을 중심으로 해당 업무가 어떻게 진행되는지 담당자들에 의해 작성토록 하는 것을 권장한다.

수집된 자료들을 활용하여 보안 평가팀은 사업현장에 존재하는 시설, 장비, 업무 및 화물들을 식별한다. 예를 들어 위의 자재창고 레이아웃을 통해 식

[그림-7] 사업장 레이아웃(예시)

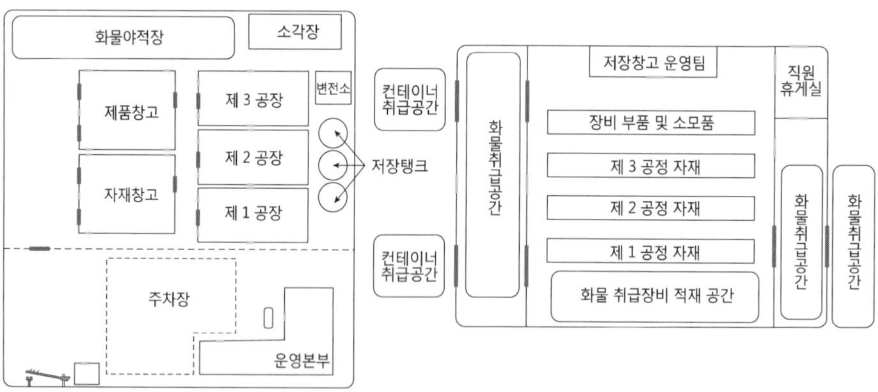

[그림-8] 주요 업무 프로세스(예시)

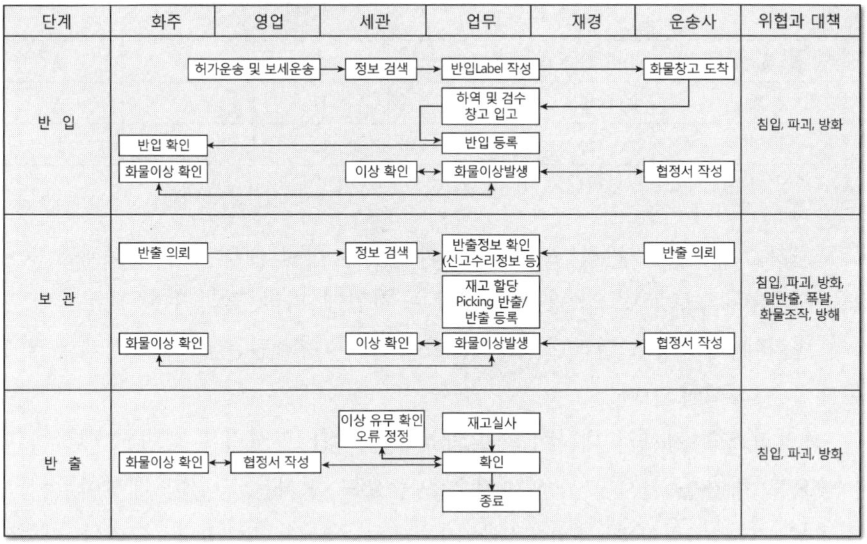

별할 수 있는 대상으로는 직원휴게실, 건물 외곽, 화물 출입 Gate, 일반자재 보관 선반, 위험물 자재 보관 선반, 컨테이너 취급 공간, 화물 취급공간(내부), 화물 취급공간(외부), 사무실(운영팀), 운송장비 적재 공간, 사무실 Gate, 인원 Gate, 출입통제 장치, 잠금장치, 열쇠보관함, 문서보관함, 개인컴퓨터, 조명장치, 지게차, 우편물보관함 등이 있을 수 있다. 그리고 자재 창고와 관련하여 대상이 되는 업무 프로세스로는 열쇠 관리 프로세스, 잠금장치 관리 프로세스, 보안시설 관리 프로세스, 정보보안 프로세스, 출입통제 프로세스, 자재 입/출

[표-19] 중요도 평가 기준표

대상 (target)	대상이 손상되는 경우 미치는 영향 (effect of target destruction)	복구능력 (ability to recover)
	1. 인명손상(loss of life) 2. 경제적 영향(economic impact) 3. 환경적 영향(environmental impact) 4. 공공안전(public safety/defense) 5. 상징적 영향(symbolic significance)	1. 탁월(excellent) 2. 우수(good) 3. 보통(fair) 4. 낮음(poor) 5. 전무(none)
예) 운송화물	2, 4, 5	3

[표-20] 중요도평가 매트릭스

영 향 \ 복구능력	1(탁월)	2(우수)	3(보통)	4(낮음)	5(전무)
3~5 개	C	B	A	A	A
2 개	C	C	B	A	A
1 개	D	C	C	B	B

※A가 가장 높은 중요도를 나타내며, B, C, D 순으로 중요도가 낮아짐.

고 프로세스, 위험물 관리 프로세스, 외주용역 직원 보안직무 프로세스 등이 있을 수 있다. 보안리스크 평가의 대상은 기업에 따라 달라지며, 내부적인 환경의 변화에 따라서도 달라질 수 있으므로 보안 평가팀은 자사의 상황에 맞도록 대상을 정해야 한다.

보안리스크 평가의 대상이 식별되었다면 보안 평가팀은 식별된 대상에 대한 중요도 평가를 실시한다. 일반적으로 중요도 평가는 식별된 대상이 손상되는 경우 미치는 영향과 복구능력을 기준으로 실시할 수 있다. 그러나 기업의 업종 및 상황에 따라 중요도 평가를 하는 기준이 달라질 수 있다. 「범용보안매뉴얼」에서는 중요도 평가를 하기 위한 다양한 기준이 소개되고 있으며 기업의 보안 평가팀은 해당 문서를 근거로 자사에 맞는 기준을 설립하도록 한다.

나. 이행상태 검토

중요도 평가 이후 보안 평가팀은 사업장의 이행상태를 검토해야 한다. 이행상태 검토는 사전 평가와 비슷한 방식으로 진행되는 단계이다. 보안 평가팀은 ISO28000 및 기업이 현재 이행하고 있거나 이행하기로 결정한 기타 규정(자율준수무역거래자, ISPS Code, AEO 등)의 요구사항과 자사의 식별된 리스크를 반영한 체크리스트를 작성하고 이를 활용하여 사업장에 대한 현재의 보안 상태를 파악하는 방식으로 이행상태 검토를 진행한다. 이행상태 검토와 관련한 상세한 절차는 「범용보안매뉴얼」을 참고하도록 한다.

다. 위협시나리오 식별

ISO28001은 위협시나리오를 “잠재적인 보안사건이 발생할 수 있는 방법(Means by which a potential security incident might occur)”으로 정의하고 있다. 다시 말해, 위협시나리오는 중요도 평가를 통해 식별된 대상에서 발생할 수 있는 보안사건의 시나리오를 말한다. 보안 평가팀은 이러한 위협시나리오를 식별하기 위해 「범용보안매뉴얼」에 첨부되어 있는 위협시나리오 양식을 활용할 것을 권장한다. 「범용보안매뉴얼」에 첨부된 보안리스크 평가 양식은 ISO28001을 적용하여 제작한 것으로 기업은 본 양식을 그대로 활용할 수도 있으며, 자사에 맞는 양식으로 수정하여 활용할 수도 있다. 보안 평가자가 이러한 위협시나리오 식별을 실시할 때 고려해야 할 사항은 ① 중요도 평가 결과, ② ISO28000의 보안리스크 평가 관련 요구사항, ③ 업스트림과 다운스트림으로부터 유발되는 위협 등이 있다.

위협시나리오 식별은 중요도 평가를 통해 식별된 보호해야 할 대상(시설, 장비, 화물 및 프로세스)에서 발생할 수 있는 보안사건 등을 작성하는 방식으로 실시한다. 예를 들어 중요도 평가를 통해 "사업장 정문(Gate)"이 보호해야 할 대상으로 평가되었다면 보안 평가자는 "사업장 정문(Gate)"에서 「① 비인가 차량의 돌진, ② 비인가자 침입, ③ 비인가 휴대품(무기류, 정보저장장치 등) 반입」 등의 위협시나리오를 식별하는 방법으로 작업을 실시하는 것이다.

보안 평가자는 ISO28000 요구사항에서 제시하는 8가지 고려요소(표-17의 1~8)가 식별된 위협시나리오에 포함되도록 해야 한다. 예를 들어, 중요도 평가를 통해 "서버(Server) 관리실"이 보호 대상으로 식별되었다면 8가지 고려요소

[표-21] 위협시나리오 식별 예시 — 서버 관리실

대 상	구 분	상세내용
서버 (Server) 관리실	물리적 결함 관련 위협 및 리스크	• 비인가자 침입에 의한 서버 파괴 • 화재 등으로 인한 서버 손상
	운영상의 위협 및 리스크	
	자연환경적 일(폭우, 홍수, 기타)	• 서버 관리실 침수로 인한 서버 손상
	조직의 관리를 벗어나는 요소	• 서버 관리 대행업체의 관리 실수에 의한 데이터 소실
	이해관계자의 위협 및 리스크	
	보안장비의 설계 및 설치	
	정보 및 데이터 관리와 의사소통	• 내부직원의 공모에 의한 정보 유출 • 내부직원의 공모에 의한 화물 주요 정보 조작
	운영 지속성에 대한 위협	

를 기준으로 서버 관리실에서 발생 가능한 위협시나리오를 식별해야 한다. 여기에서 고려해야 한다는 것은 필수적으로 각 사항의 시나리오를 찾아내야 한다는 것이 아니라, 식별 과정에서 보안 평가자가 누락 없이 해당 요소를 고려해 보아야 한다는 뜻이다. 아래를 참조하여 그 작업을 진행하도록 한다. 또한, 제 1 절에서 제공한 일반적으로 예상할 수 있는 위협시나리오 역시, 위협 시나리오 식별에 도움이 될 것이다.

보안 평가자는 위협시나리오를 식별할 때 업스트림으로부터 발생 가능한 위협과 다운스트림으로부터 발생 가능한 위협을 구분하여 살펴봐야 한다. 이는 ISO28000이 "공급사슬"의 보안 관리를 위한 표준이기 때문이다. 자사에서 발생 가능한 위협시나리오만 식별하고 관리하는 것은 본 표준의 목적이 아니므로 ISO28000을 준비하는 기업은 업스트림과 다운스트림을 함께 관리해야 한다. 예를 들어 공급업자로부터 컨테이너가 자사의 창고로 들어와 보관되었다가 다시 반출되는 경우를 생각해보면, 컨테이너가 자사로 운송되어 오는 도중 운전자가 의도적으로 컨테이너 봉인(Seal)을 훼손시키고 컨테이너 내의 화물을 조작할 수 있다. 만약 기업이 자기 사업장 내에서 발생하는 위협 요소만을 관리한다면 업스트림으로부터 발생하는 위협이 관리되지 않을 것이며, 결과적으로 공급사슬을 타고 손상되거나 조작된 화물이 최종 소비자에게까지 전달될 수 있다. 이는 다운스트림의 경우에도 동일하게 적용된다. 그러므로 보안 평가자는 업스트림과 다운스트림으로부터 발생 가능한 것들을 모두 평가해야 한다.

라. 발생가능성 및 심각성 평가

리스크는 "보안위협 실현 가능성 및 그 심각성(Likelihood of a security threat materializing and the consequences)[17]"으로 정의된다. 즉, 위협시나리오의 발생가능성(Likelihood)[18]과 심각성(Consequences)[19]을 고려한 값이 리스크인 것

---

17) KS V ISO 28004 : 2007 (공급사슬 보안경영시스템 — KS V ISO28000 실행지침), 3. 용어와 정의.

18) 발생가능성(Likelihood): 보안위협 시나리오가 보안사건으로 발전될 수 있는 가능성 — KS V ISO 28001:2007 3.13.

19) 심각성(Consequence): 공급사슬의 조직에 대한 공격의 결과로서 또는 공급사슬을 무기로 사용함에 따라 합리적으로 예측될 수 있는 인명의 손실, 자산의 손상 또는 운송시스템의 혼란을 포함한 경제적 혼란 — KS V ISO 28001:2007 3.6.

[그림-9] 리스크평가 기본 단계

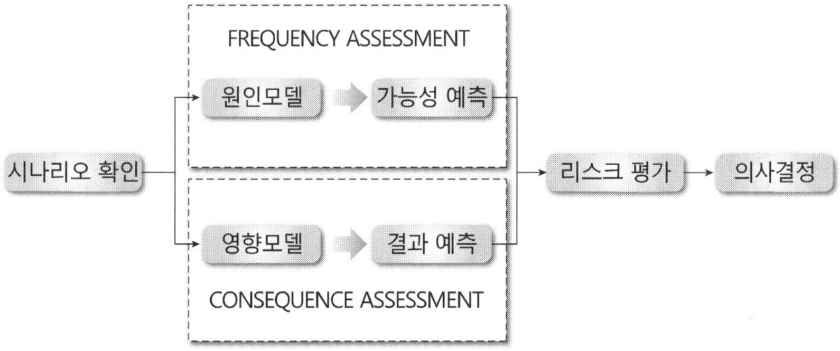

이다. 이번 단계는 식별된 위협시나리오를 통해 자사의 리스크를 도출하기 위한 중간 단계라고 볼 수 있다. 아래 그림에서 보는 바와 같이 보안 평가팀은 위협시나리오 식별 과정을 통해 작성된 시나리오들의 가능성과 심각성을 평가해야 한다.

보안 평가팀은 식별된 위협시나리오의 발생가능성과 심각성을 평가해야 한다. 발생가능성 및 심각성은 "낮음", "중간", "높음"으로 분류하는 방식으로

[표-22] 심각성 평가 기준의 고려사항

심각성 평가 기준 고려사항	
낮음	인명손상 : 약간 명 부상 경제적 영향 : 환경적 영향 : 미미한 환경피해
중간	인명손상 : 다수 부상 또는 약간 명 사망 경제적 영향 : 환경적 영향 : 부근 지역에 환경피해 발생
높음	인명손상 : 다수사망 경제적 영향 : 환경적 영향 : 광범위 지역에 환경피해 발생

※ 경제적 영향은 예상피해액, 브랜드가치 저하, 영업정지, 구속, 벌금 등의 다양한 요소를 업체 규모에 맞게 고려하여 평가토록 한다.

[표-23] 발생가능성 평가 기준의 고려사항

발생가능성 평가 기준 고려사항
—위험발생 확률(가능성) 결정 • 현재 시행중인 적합한 관리대책 고려 • 법적 요건 및 실행코드 적용 • 작업관련 정보수립 포함 사항 (1) 보안위협 시나리오에 노출된 인원수 (2) 위협시나리오 폭로 빈도 및 주기 (3) 보안장비 고장 (4) 보안 설비, 시설, 안전장치의 고장 (5) 지역적 특성 (6) 개인보호장구 착용 및 사용률 (7) 근무자의 불완전한 행동 ① 잠재위협에 대한 무지 ② 업무에 대한 지식, 육체적 능력 또는 기술부족 ③ 노출된 위험성에 대한 인식 부족 ④ 보안업무 방법의 실행 및 효용에 대한 과소평가

평가를 하도록 한다. 이와 같은 발생가능성과 심각성 평가를 위한 기준은「범용보안매뉴얼」에서 제공하는 기준표를 참고하여 자사에 맞는 평가 기준을 확립하고 활용하도록 한다. 그리고 보안 평가자는 식별된 모든 위협시나리오에 대해 정해진 기준으로 평가를 진행하게 되는데, 이러한 평가는 개인의 주관적 의견이 반영될 수 있기 때문에 복수의 평가자가 같은 위협시나리오에 대해 진행하여 객관성을 확보하도록 하고 피해의 심각성을 최소·중간·최대 예상치의 근거를 제시하기를 권장한다.

마. 리스크 평가

각 위협시나리오에 대한 발생가능성 및 심각성이 "낮음", "중간", "높음"으로 평가 되었다면 그 결과를 토대로 기업은 리스크 평가를 실시하게 된다. 투입 가능한 기업의 자원은 일반적으로 한정되어 있기 때문에 식별된 모든 위협시나리오에 대해 보안대책을 마련할 수는 없다. 그러므로 리스크 수준이 높아 시급한 조치를 요하는 사항들을 구분해 내야 할 필요가 있다. 이처럼 리스크 평가의 목적은 해당 보안 평가팀에 의해 식별된 위협의 리스크 수준을 결정하고 기업에게 그 리스크가 수용 가능한 정도인지 아닌지를 평가하여, 필요한 경우 추가적인 보안대책을 마련토록 하는 것이다.

수용 가능한 리스크의 수준은 어떻게 결정할 수 있을까? ISO28001은 이

[그림-10] 수용 가능 여부 판단

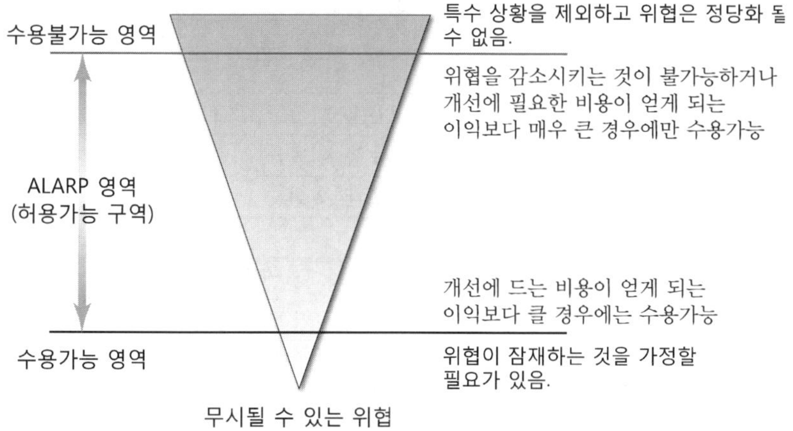

※ALARP: as low as reasonably practicable, 실재 가능한 최소한의 위험도

질문에 대한 답을 발생가능성과 심각성 매트릭스표(보안사건 점수기록표)를 통해 제공한다. 보안 평가팀은 평가된 발생가능성 등급과 심각성 등급을 매트릭스 표에 대입하여 각 위협시나리오의 수용 가능 여부를 결정할 수 있다. 수용 가능한 리스크의 수준은 ISO28001에서 제공하는 표를 수정하여 다음 표와 같이 세분화할 수도 있다.[20]

[표-24] 보안사건 점수기록표, KS V ISO 28001 표 B.3

		발생가능성 등급		
		높음	중간	낮음
심각성 등급	높음	대책	대책	고려
	중간	대책	대책 또는 적절한 고려	기록
	낮음	고려	기록	기록

20) 수용가능한 리스크 수준을 너무 높게 책정하게 되면 ISO28000 심사시 부적합 사항으로 지적될 수 있으므로 ISO28001의 기준에서 크게 벗어나지 않도록 주의한다.

[표-25] 세분화된 매트릭스 예시

세분화된 매트릭스 예시

가능성 \ 심각성	낮 음	중 간	높 음
낮음	작은 위협	수용 가능한 위협	보통 위협
중간	수용 가능한 위협	보통 위협	중대 위협
높음	보통 위협	중대 위협	위협 수용 불가

위험성 정도	조치 및 기간
적 다	• 조치를 취할 필요가 없고 문서기록을 남길 필요도 없다.
수용 가능	• 추가관리가 필요 없다. 재정적 부담을 주지 않는 효과적인 해결책이나 개선안에 대해 검토한다. 관리가 계속 유지되도록 검사해야 한다.
보 통	• 위험성을 줄이기 위해 노력을 일정예산 또는 기준한도 내 실시 가능하다. • 위험성을 줄이기 위한 조치는 정해진 기간 안에 이행되어야 한다. • 극도로 유해한 결과를 초래할 수 있을 경우 위험성 평가를 계속 실시하여 피해의 발생 가능성을 더 구체적으로 파악하며 관리 방식을 개선할 때 참고한다.
중 대	• 위험성을 줄일 때까지 작업을 시작하면 안 된다. • 위험성을 줄이기 위해 많은 자원을 투입해야 한다. • 위험성이 현존하고 있다면 긴급 조치를 취해야 한다.
수용 불가	• 위험성을 줄일 때까지 작업을 시작하거나 지속해서는 안 된다. • 자원의 무한정 투입에도 불구하고 위험성이 줄어들지 않으면 작업을 계속 금지해야 한다.

바. 완화조치 처리

자체 설정한 기준에 따라 추가적인 보안대책이 필요한 시나리오들이 식별되었다면, 해당 위협 요소의 리스크를 경감시키기 위한 조치를 취해야 한다. 완화조치의 목적은 수용 불가능한 수준의 리스크를 지니고 있는 위협요소를 수용 가능한 수준으로 낮추는데 있다. 이러한 완화조치는 발생가능성 또는 심각성을 낮추는 방법으로 실시한다. 예를 들어 전략물자의 테러리스트로의 불법 수출이라는 위협시나리오가 “발생가능성 중간”, “심각성 높음”으로 평가되어 완화조치가 필요하게 되었다면, 기업은 해당 리스크를 낮추어야 한다. 그러나 전략물자의 불법수출은 정부의 정책에 의한 통제이므로 기업 수준에서 심각성 수준을 낮추기는 어렵다. 이와 같은 경우 기업은 지식경제부가 운영하는 "전략물자 자율준수무역거래자" 지정을 취득하고 전략물자의 관리를 위한 시스템을 구축함으로써 전략물자 불법수출의 발생가능성을 "낮음"으로 낮추어 완화조치를 취하는 것이 해당 리스크를 낮추는 방안이 될 것이다.

기업은 "처리",[21] "변환",[22] "종결"[23]의 조치를 통해 보안대책을 개발할 수 있다. 높은 리스크 수준을 지니고 있는 위협요소에 대해서는 "처리"의 방법으로 보안대책을 세울 수 있다. 접근통제 장치의 설치 및 CCTV 설치 등이 이에 해당한다. 그러나 때로는 "변환"을 통해 기업은 보안대책을 수립해야 한다. 예를 들어 보안관리 수준이 현격하게 낮은 협력업체와의 거래가 높은 리스크의 요인이라면, 기업은 협력업체를 변경하는 방법으로 보안대책을 수립할 수 있다. 마지막으로 기업은 "종결"이라는 보안대책을 세울 수 있다. 이는 해당 리스크가 높을 뿐만 아니라 이에 대한 완화조치가 어려운 경우에 선택하는 방법이다. 예를 들어 기업의 한 사업부분이 진출한 국가에 전쟁이 발생하여 리스크를 경감하기 어려울 때 해당 사업부문을 철수시키는 것이 보안대책이 될 수 있다.

사. 재평가 및 완화조치 확정

리스크 수준이 높은 위협요소에 대한 완화조치를 수립하였다면 기업은 새로운 조치에 따라 실행해 본 후 그 효과성을 평가해야 한다. 효과성 및 실행가능성 평가를 통해 적절하다는 결론이 도출되면, 완화조치를 확정하고 보안리스크 평가를 종결하면 된다. 효과성 및 실행가능성 평가 기준은 「범용보안매뉴얼」을 참고하여 기업이 수립하게 되며, 완화조치의 적합성 여부는 아래 매트릭스 표와 같은 방법으로 실시하도록 한다.

---

21) 조직적 및/또는 물리적인 조치가 될 수 있는 — KS V ISO 28001:2007(B.6).

22) 하청 계약될 수 있는 리스크의 변환, 타지역, 시간 등으로의 물리적인 변환 — KS V ISO 28001:2007(B.6).

23) 리스크 수준 때문에 조직이 활동을 계속하지 않기로 결정하는 것이 가능 — KS V ISO 28001:2007(B.6).

[표-26] 완화조치 재평가 매트릭스

실행가능성 \ 효과성	없 음	부분적임	있 음
있 음	C	B	A
부분적임	C	B	B
없 음	C	C	C

※A, B 등급: 현재의 보안조치로 만족
C 등급: 추가의 보안조치 혹은 별도의 보안조치 고려

4. 보안리스크 평가의 단계별 시행

누가 보안리스크 평가를 진행할 것이며, 어떤 방식으로 진행하고 누가 승인해야 하는가와 같은 사항들은 해당 평가를 실시하는 시점과 기업 내부 상황에 따라 다르게 결정된다. 다양한 경우의 수가 존재할 수 있으나, 본 절에서는 ISO28000 도입 검토 단계, ISO28000 도입 준비 단계, ISO28000을 도입하여 실행하는 단계로 구분하여 보안리스크 평가 절차를 설명하도록 하겠다.

가. ISO28000 도입 검토 단계

ISO28000 도입 검토 단계는 인증 획득이 목적이 아니므로 평가절차를 단순화하여 자사의 주요업무에 대해 보안리스크를 부분적으로 평가해도 무방하다. ISO28000 추진팀이 조직되지 않았을 가능성이 높으므로 1~2명의 담당자가 보안리스크 평가를 진행하도록 한다. 추진팀이 구성되어 각 부서별 보안 담당자와 협력하여 실시하는 것이 아니므로 평가 담당자는 대상 사업장에서 이루어지는 업무 프로세스를 폭넓게 이해하고 있어야 한다. 이는 공급사슬 관련 보안리스크가 사업장 내에서 사람(직원, 방문자 등)의 활동·화물의 흐름·정보의 흐름 등에 의해 발생하기 때문에 대상 사업장에서 충분한 경험을 쌓은 직원이 평가 담당자로 적합하다는 것을 의미한다.

ISO28000 도입검토 단계에서 보안리스크 평가를 할 경우, 단순화된 절차로 실시할 수 있다. 평가 담당자는 상기의 7단계 보안리스크 평가 절차 중 1단계(중요도 평가) → 3단계(위협시나리오 식별) → 4단계(심각성 및 발생가능성 평가) → 5단계(리스크 평가)로 구성된 4단계의 간소화된 평가 방법을 선택하여 진행할 수 있다.

인증을 준비하는 단계가 아니므로 도출된 결과의 활용 및 보관 등은 실시 목적에 맞게 관리하도록 한다. 그러나 평가 결과물에 대한 승인을 득하고 기록물을 체계적으로 보관한다면 추후에 인증을 준비하게 될 때 유용하게 활용할 수 있다.

나. ISO28000 도입 준비 단계

추진팀이 조직되어 ISO28000 도입을 진행하고 있는 기업의 경우, 인증을 준비하는 과정이기 때문에 리스크 평가 방법에서부터 책임자의 승인 획득, 그리고 기록물 관리 등의 제반 절차를 상세히 이행해야 한다. 이는 보안리스크 평가는 인증을 획득하기 위한 필수 절차이기도 하지만, 이후에 진행될 문서화/시스템 구축 등의 작업에 평가 결과가 매우 큰 영향을 미치기 때문이다.

보안리스크 평가 방법은 위의 7단계 절차의 순서대로 진행할 것을 권장한다. 또한, 평가 결과는 ISO28000의 인증 심사를 대비한 기록물로 활용되고, 또한 2.나.에서 설명한 것처럼 7가지 항목의 입력자료로 활용될 수 있도록, 보안 총괄책임자 등의 승인권자의 승인을 득한 후 공식 문서로서 관리하도록 한다.

다. ISO28000을 도입하여 실행하는 단계

이미 ISO28000을 도입하여 실행하고 있는 기업의 경우, 해당 표준의 요구사항대로 정기적으로 보안리스크 평가를 실시해야 한다. 리스크 평가의 수기 및 관리 방법은 기업이 작성한 「보안매뉴얼」의 보안리스크 평가와, 관련된 절차서에 따라 진행하여야 한다.

특히 실행 및 운영, 점검 및 시정조치 단계에서도 보안리스크 식별과 평가에 따라 준법대상의 법규가 변경되거나, 환경 변화에 따라 새로운 관리대상 리스크가 출현하거나, 중요성이나 민감도가 달라지면, 그에 따라 보안경영 방침, 목표, 보안매뉴얼, 보안리스크 평가 절차서, 대응방안(세부목표나 조치사항), 방법론이 수정되고 그대로 실행하는 보완 조치가 뒤따라야 한다.

5. 동 활동의 산출물

보안리스크 활용의 결과로서 다음과 같은 결과물이 산출된다.

① 보안 위협의 식별: 위협의 성격, 크기, 심각성, 공급사슬 이해관계자에

미치는 충격 또는 피해, 회사에 미치는 책임

② 식별된 보안 위협과 관련된 리스크의 결정

③ 각 보안 위협과 관련된 리스크의 수준 및 리스크가 견딜수 있는 정도 인지 아닌지의 표시

④ 리스크, 특히 견딜 수 없는 리스크를 모니터링 및 통제하기 위한 수단(4.4.6. 및 4.5.1. 참조)에 대한 설명 또는 참고사항

⑤ 식별된 리스크를 경감하기 위한 조치(4.3.3. 참조) 및 경감시의 진행상황을 모니터링하는 모든 사후 활동

⑥ 통제 수단을 실행하기 위한 적격성 및 교육훈련 요구사항을 파악

⑦ 시스템의 운영 통제 요소의 일부로서 세분화된 필요 통제 수단(4.4.6.)

⑧ 위에 열거된 상기 절차 각각에 의하여 생성된 기록

보안리스크 평가 결과 중 대응조치와 보안경영 방침이 정상적으로 관리되지 않은 세부프로그램에 대해서는 시정조치가 이뤄질 과제로서 최고경영자에게 보고한다. 그리하여 보안리스크 평가 결과는 보안기획의 기본 자료로 활용된다.

회사 전체적으로 확인된 보안리스크를 종합하면 다음과 같이 다음과 같이 6개 종류의 보안대책으로 요약된다. 이를 목표, 세부목표로 담당 부서별로 분배하고 직원별 책임과 역할로 재분류해서 보안기획의 구조가 형성될 수 있다.

① 자산(시설) 보안: 공장, 창고, 터미널, 공항, 설비 등 중요시설의 안전, 보안대책으로서 울타리, 출입문, 출입금지구역 설정, 중요지점마다 감시보안장비(감시카메라, 경보장치, 센서, 보안조명) 설치, 순찰 등

② 인원 보안: 출입자 통제, 생체인식 설비, 신규채용자의 신원 확인, 퇴직자 관리

③ 정보 보안: 컴퓨터 접근 차단, 주요 정보에 대한 접근 제한, 비밀취급인가 제도, 정보의 암호화, 핵심 산업기술 정보

④ 절차 보안: 준법절차 수행

⑤ 화물(컨테이너 및 운송) 보안: 공급사슬 내 화물의 변경, 컨테이너 훼손, 화물의 내용물 식별, GPS 추적, RFID

⑥ 물리적 보안: 건물에 대한 접근 통제, 해킹방지 방화벽, 전자카드, 원

천적 차단(홍수, 전원), 데이터의 원상회복이 불가능한 수준으로의 파기, 침입 불가능한 안전금고 보관, 현금수송차량의 방탄, 서버에 대한 공중인터넷 연결에서 분리

제 7 절 보안경영 방침 수립

1. 보안경영 방침이란?	3. 수립 절차 및 방법
2. ISO28000 관련 규정 해설	4. 수립 사례

1. 보안경영 방침(Security Management Policy)이란?

경영방침이란 기업 경영과 관련하여 다양하고 반복적으로 일어나는 일을 체계적으로, 일관성(一貫性) 있게 관리하는 처리원칙이 담긴 문서로, ISO28000을 도입하기 위해서는 보안경영 방침을 수립해야 하며 공식적으로 ISO28000 구축을 착수하는 선언과 같다. 그 형식은 최고 경영층의 실행의지를 담은 간결한 지시, 선언문일 수도 있고, 상세한 방향과 내용을 담은 문서가 될 수도 있다.

그 의사결정 절차는 기업 내 모든 업무에 영향을 미치고 전체 임직원이 따를 수 있도록 최고경영자의 승인에 의해 결정해야 하며, 그 방침내용을 전체 임직원들에게 전달하고 알려서 실현해나가도록 조직을 구성하고, 인력 · 예산 · 역량 개발(Capability Building)을 지원해야 한다. 이러한 단계를 거쳐야 보안경영 방침이 ISO28000의 도입 · 기획 · 실행 · 점검 등 모든 단계에서 수행하는 활동의 정당성을 부여하는 원천으로서 효력을 갖게 된다.

기업 내 경영방침이 방대하거나 여러 종류가 있을 경우, 우선순위나 적용범위에 따라 기본방침, 일반방침 및 부문방침으로 구분되는데, ISO28000에서 요구하는 보안경영 방침은 특정한 부문활동에 대한 처리원칙의 성격을 지닌 부문방침에 속한다.

ISO28000의 용어와 정의에서는 보안경영 방침을 "조직의 방침 및 강제적 요구사항으로부터 도출되고 이와 일관성이 있는 보안 관련 프로세스 및 활동

을 관리하기 위한 보안 및 틀과 연관된 조직의 전반적인 의도 및 방향"이라고 정의하고 있다. 이와 관련하여, ISO9001과 14001에서도 각각 「품질방침」 및 「환경방침」을 수립하도록 요구하고 있기에 해당 인증을 받은 기업이라면 이를 이해하기 수월할 것이다.

2. 요구사항 해설

4.2. 보안경영방침	4.2. Security Management Policy
조직의 최고경영자는 전반적인 보안경영방침을 승인하여야 한다. 이 방침은 다음과 같아야 한다.	The organization's top management shall authorize an overall security management policy. The policy shall:
a) 조직의 다른 방침과 일관성이 있을 것	a) be consistent with other organizational policies;
b) 구체적인 보안경영 목표, 세부목표 및 프로그램을 도출할 수 있는 틀을 제공할 것	b) provide the framework which, enables the specific security management objectives, targets and programmes to be produced;
c) 조직의 전반적인 보안 위협 및 리스크 관리(Management) 틀과 일관성이 있을 것	c) be consistent with the organization's overall security threat and risk management framework;
d) 조직에 대한 위협과 조직 운영의 특성 및 규모에 적합할 것	d) be appropriate to the threats to the organization and the nature and scale of its operations;
e) 전반적인/포괄적인 보안경영 목표를 명확하게 기술할 것.	e) clearly state the overall/broad security management objectives;
f) 보안경영 프로세스의 지속적인 개선 의지를 포함할 것	f) include a commitment to continual improvement of the security management process;
g) 현재 적용되는 법규, 강제적 및 법적 요구사항과 조직이 동의한 그 밖의 요구사항을 준수하겠다는 의지를 포함할 것	g) include a commitment to comply with current applicable legislation, regulatory and statutory requirements and with other requirements to which the organization subscribes;
h) 최고경영자의 승인이 명확할 것	h) be visibly endorsed by top management;

i) 문서화되어 실행되고 유지될 것	I) be documented, implemented and maintained;
j) 모든 관련된 종업원 및 계약자와 방문자를 포함한 제 3 자가 각자의 보안경영 관련 의무사항을 인지할 수 있도록 의사소통 될 것	j) be communicated to all relevant employees and third parties including contractors and visitors with the intent that these persons are made aware of their individual security management-related obligations;
k) 필요한 경우 이해관계자가 이용할 수 있도록 할 것	k) be available to stakeholders where appropriate;
l) 보안경영시스템의 연속성 및 관련성에 영향을 줄 수 있는 다른 조직과의 인수 또는 합병, 또는 조직의 사업범위가 변경되는 경우 보안경영 방침이 검토되도록 할 것	l) provide for its review in case of the acquisition of, or merger with other organizations, or other change to the business scope of the organization which may affect the continuity or relevance of the security management system.
비고 조직이 보안경영시스템을 운영하기 위하여 충분한 정보 및 지시를 제공하는 내부목적으로 상세한 보안경영 방침을 선택할 수 있고(일부는 사외비로 할 수 있음) 조직의 이해관계자와 기타 이해관계자에게 배포하기 위하여 개략적인 목표를 나타내는 요약본(공개용)을 선택할 수 있다.	NOTE Organizations may choose to have a detailed security management policy for internal use which would provide sufficient information and direction to drive the security management system(parts of which may be confidential) and have a summarized(non-confidential) version containing the broad objectives for dissemination to its stakeholders and other interested parties.

a) 조직의 다른 방침과 일관성이 있을 것

ISO28000을 도입할 때 인적·물적·절차적 자원이 투입되어야 하는데, 이 과정에서 영업 이익 창출, 비용 절감 등의 다른 경영목표와 충돌할 가능성이 있다. 또한 기업 내 인증사업대상이 되는 다른 방침(품질방침, 환경방침 등)과 상충할 수도 있다. 이러한 문제가 발생하지 않도록 보안경영 방침은 다른 방침 등과 서로 조화를 이루며, 어떠한 상황에서도 ISO28000의 요구사항을 달성하기 위한 활동을 보장할 수 있도록 일관성 있게 수립해야 한다.

b) 구체적인 보안경영 목표, 세부목표 및 프로그램을 도출할 수 있는 틀을 제공할 것

보안경영 방침은 기업(조직)이 추구하는 보안의 수준을 결정해야 한다. 또한, 이해관계자의 요구사항을 고려하여 고객이 만족하는 보안의 기대 수준을 제시해야 한다. 이렇게 수립된 보안경영 방침은 공급사슬 보안 개선을 위한 기업의 보안경영 목표, 세부목표 및 프로그램을 도출하는 틀을 제공하는데 활용되어야 한다.

c) 조직의 전반적인 보안 위협 및 리스크 관리(Management) 틀과 일관성이 있을 것

기업에 이미 보안 위협 및 리스크 관리를 위해 이행하고 있는 관리 표준이 있다면 이와 충돌하지 않도록 방침을 수립해야 한다. 기존의 보안 위협 및 리스크 관리 틀이 ISO28000이 요구하는 수준에 미치지 못할 경우 상위분석에서 부적합 또는 미흡 사항이 도출되거나, 리스크 평가를 통해 새로운 관리대상, 혹은 위협이나 리스크가 발견되면 이를 포함시켜 기존의 관리 틀을 수정하여 충돌요인을 제거해야 한다.

d) 조직에 대한 위협과 조직 운영의 특성 및 규모에 적합할 것

ISO28000 공급사슬보안 경영시스템은 리스크를 기반으로 하는 경영시스템이다. 그러므로 통상적으로 발생 가능한 위협 뿐만 아니라 리스크 평가를 통해 식별된 위협 요소 및 리스크를 보안경영 방침에 반영해야 한다. ISO28000은 시스템의 지속적 개선을 요구하고 있으며, 이와 같은 맥락으로 최근 또는 지금 실시된 리스크 평가 결과가 보안경영 방침에 반영되어야 한다. 실행 또는 점검 과정에서도 부적합 또는 미흡 사항이 도출되면 보안경영 방침은 수정되어야 한다.

조직의 특성 및 규모에 적합해야 한다는 것은, 기업의 활동범위에 수출입이 없으면 이와 관련된 보안사항이 불필요하며, 다중이용시설, 창고가 없으면 이와 관련된 보안시설이 불필요하다는 것을 의미한다.

e) 전반적인/포괄적인 보안경영 목표를 명확하게 기술할 것

보안경영 방침은 공급사슬과 관련한 기업의 목표를 명확하게 표현하고 있어야 한다. 품질방침은 기업의 제품 및 서비스의 품질에 대한 제고를 목표로 하며, 환경방침은 기업 활동이 환경을 보호하고 지속적인 성장을 가능하게 하

는 것을 목표로 하듯이 보안경영 방침의 목표는 회사의 임직원, 영업·운영상의 자산, 그리고 고객의 자산을 보호하는 동시에 공공의 안전을 확보하는 것이며, 보안경영 방침은 이러한 목표를 포함하고 있어야 한다.

f) 보안 경영 프로세스의 지속적인 개선 의지를 포함할 것

기업(조직)은 법적, 국내·국제의 강제 요구사항, 그리고 AEO 등과 같은 규정 및 지침을 충족시킴과 동시에 국제사회의 공급사슬보안과 관련한 요구들을 만족시키기 위해 공급사슬보안경영시스템의 효과와 효율성을 개선시키기 위한 의지를 보안경영 방침에 포함시켜야 한다.

g) 현재 적용되는 법규, 강제적 및 법적 요구사항과 조직이 동의한 그 밖의 요구사항을 준수하겠다는 의지를 포함할 것

기업은 전략물자관리제도, 항만보안에 대한 법률 등과 같은 보안관련 강제요구사항 및 AEO제도와 같이 국내 수출입 법규, 안전이나 보안관련 법규, 또는 수입국이 관심을 갖는 마약, 원산지, 지적재산권, 환경보호 등을 다루는 법규를 위반하지 않아야 한다. 준수할 의무가 있는 모든 규정에 적합한 경영을 하겠다는 의지를 보안경영 방침에 포함시켜야 한다. 뿐만 아니라 보안과 관련한 기업 자체의 내부 규격이나 실무 관행들이 있다면 이들을 이행하겠다는 의지를 보안경영 방침에 포함시켜야 한다.

h) 최고경영자의 승인이 명확할 것

보안경영 방침은 최고경영자의 승인에 의해 효력이 발생한다. 이는 단순한 서명을 요구하는 것이 아니며, 보안경영 방침에서 공급사슬보안 개선을 위한 최고경영자의 의지를 명확히 함으로써 인적·물적 자원의 지원 및 사내 전파 등 ISO28000의 도입을 위한 활동에 정당성을 부여해야 한다.

i) 문서화되어 실행되고 유지될 것

보안경영 방침은 문서화되어 실행되고 유지되어야 한다. 즉, 보안경영 방침의 수립·실행·유지·개선 등의 절차는 문서화하여 관리해야 한다.

j) 모든 관련된 종업원 및 계약자와 방문자를 포함한 제 3 자가 각자의 보안경영 관련 의무사항을 인지할 수 있도록 의사소통될 것

최고경영자의 의지가 담긴 보안경영 방침은 전 조직원이 이해하고 공감할 수 있도록 의사소통되어야 한다. 뿐만 아니라, 거래 계약자 및 방문자, 이용자들에게도 기업의 보안경영 방침이 의사소통되어야 한다. 이러한 보안경영 방침

의 의사소통이 효과적으로 이루어질 수 있는 방안 또한 마련되어야 한다.

k) 필요한 경우 이해관계자가 이용할 수 있도록 할 것

기업의 보안성과에 영향을 받거나, 이와 관계되는 개인 혹은 단체는 보안경영방침에 특히 관심이 많을 것이다. 따라서 보안정책을 그들과 의사소통하는 프로세스(예: Homepage 게시 등)가 존재하여야 한다. 그리고 이해관계자들(Stakeholders)[24]이 보안경영 방침을 이용할 수 있도록 보장해야 한다.

l) 보안경영시스템의 연속성 및 관련성에 영향을 줄 수 있는 다른 조직과의 인수 또는 합병, 또는 조직의 사업범위가 변경되는 경우 보안경영방침이 검토되도록 할 것

공급사슬 보안경영시스템에 영향을 줄 수 있는 조직의 변화가 생기면, 보안경영 방침은 반드시 재검토되고, 필요한 경우 개정되어야 한다. 그리고 개정할 경우, 가능한 빨리 의사소통되어야 한다.

3. 수립 절차 및 방법

가. 자료 수집

보안경영 방침을 수립할 때 공급사슬과 관련하여 고려해야 할 사항으로는, ① 조직의 전반적인 사업과 관련한 방침 및 목표, ② 조직에 의한 역사적 및 현재의 보안 성과, ③ 이해관계자의 요구, ④ 지속적 개선을 위한 기회 및 요구, ⑤ 필요한 자원, ⑥ 종업원의 기여, ⑦ 계약자, 이해관계자 및 기타 외부 인원의 기여 등이 있다. 추진팀은 보안경영 방침을 수립하기 전에 위에서 언급한 사항들을 고려할 수 있도록 자료를 수집해야 한다.

---

24) ISO28000에서는 이해관계자(Stakeholder)를 「조직의 성과, 성공 또는 그 활동의 영향에 부여된 이익을 갖는 인원 또는 단체」로 정의하고 있다. 고객, 주주, 자본가, 보험업자, 단속기관, 정부기관, 종업원, 계약자, 공급자, 노동기구 또는 사회 등이 이해관계자에 포함된다. 출처: KS V ISO28000 3. 용어와 정의 중 3. 8.

[표-27] 보안경영 방침 관련자료

보안경영 방침 관련자료
• 회사 사업 관련 방침 및 목표 예) 경영이념, 품질방침, 환경방침, 인사방침, 조직방침 등 • 보안 Profile 및 보안성과 예1) 정보보안, 물리적 보안(접근통제, CCTV 등)에 대한 Profile 예2) 기업의 보안활동에 따른 보안성과 기록물 등 • 이해관계자의 개선 요구사항 예) 고객, 주주 등의 보안관련 요구사항 및 문의사항 • 보안 관련 자원 예) 사전평가를 통해 도출된 공급사슬 보안시스템 구축을 위해 필요한 자원 • 조직 보안 위협 및 리스크 관리 사항 예) 과거 리스크평가 기록이 있는 경우 • 보안관련 기업이 이행해야 하는 법규 요구사항 예1) 전략물자 관리, 마약법 및 기타 보안관련 강제법률 예2) 관세청 AEO 및 WCO AEO 등 국제사회가 요구하는 법률 • 조직의 식별된 리스크 사전적으로 리스크를 평가하는 것이 좋다.

나. 보안경영 방침 수립

1) 보안경영 방침 수립 주체

ISO28000의 필요성을 인지하고, 자사의 업무 범위에 해당하는지 확인하고 나면, 검토 지시에 따라 보안경영 방침을 수립해야 한다. ISO28000은 조직의 최고경영자가 보안경영 방침을 승인하도록 요구하고 있다. 전사적으로 도입하기로 결정했다면 일반적으로 대표이사가 보안경영 방침의 승인권자가 되어야 한다. 그러나 인증 범위를 특정 사업부문으로 한정하였다면, 해당 사업부문의 책임자를 승인권자로 할 수 있다. 이러한 보안경영 방침은 수집된 자료를 토대로 최고경영자 혹은 추진팀에 의해 작성되어 최고경영자(혹은 해당 사업부문의 책임자)의 승인에 의해 효력이 발생하게 된다.

2) 보안경영 방침의 형태

보안경영 방침의 형태는 조직 최고경영자의 의지를 담은 간결한 선언문일 수도 있으며, 보안경영시스템을 운영하기 위한 충분한 정보 및 지시를 제공하는 내부 목적의 상세한 내용을 포함한 것일 수도 있다. 만약 내부 목적으로 상세한 내용을 포함시켰다면, 그 중 일부는 사외비로 하고 조직의 이해관계자와 기타 이해관계자에게 배포하기 위한 개략적인 요약본(공개용)을 제작하여 활용할 수도 있다. 또한, 보안경영 방침은 인증대상 범위에 속하는 모든 종업원, 계약자, 방문자 및 기타 모든 이해관계자에게 의사소통되어야 하므로 일반인도 납득할 수 있는 내용으로 구성되어야 한다.

3) 검토 및 승인

최고경영자는 다음의 사항을 검토하여야 한다.

- 위협 식별, 보안리스크 성격 및 크기 평가 및 리스크 관리 적절성 검토
- 조직의 성과 및 보안경영시스템의 효과적, 효율적 개선 검토
- 보안경영 방침의 문서화, 개정 또는 변경 검토
- 내 · 외부 의사소통 검토, 보안경영 방침 승인

기업(조직)의 최고경영자가 승인한 보안경영 방침은 다음과 같아야 한다.

① 현실적인 실행을 위해 조직의 보안리스크 성격 및 크기에 적절해야 한다.

② 지속적인 보안개선에 대한 의지(Commitment)를 최고경영자, 종업원, 공급사슬 내 거래 기업과 의사소통해야 한다.

③ 최소한 승인하는 보안 규정과 기업이 적용하고 있는 다른 요구사항과 적합해야 한다. 특히 실무관행과 충돌하게 되면 실행되기 어렵다.

④ 문서화되어 실행되어야 한다.

⑤ 종업원에게 의사소통되어 각자의 의무, 책임을 알고 실행하도록 해야 한다.

⑥ 이해관계자, 공급사슬 내 거래기업에게도 보안경영 방침이 받아들여지도록 알려야 한다.

⑦ 적절히 시행되는 것을 보장하도록 주기적으로 검토되어야 한다.

4. 수립 사례

[표-28] 보안경영 방침 수립 사례 1

"고객·직원·지역사회의 안전과 국제 안보를 책임지는 공급사슬 보안 경영의 실현"

앞서가는 기술력과 노하우로 현재 업계 선두를 달리고 있는 KOSTI는 사업을 영위함에 있어 물류공급사슬에서 발생할 수 있는 보안 위협에 대한 리스크를 식별하고 대응하기 위한 보안 프로그램을 수립한다. 또한, 이를 모든 임직원(협력업체 포함)들이 능동적으로 책임지고, 규정 준수와 적절한 보안활동이 시행되도록 의무를 다하여, 물류공급사슬상의 보안관리를 통한 고객만족을 추구하는 것을 기본방침으로 정한다. 이 같은 회사의 보안방침 실현을 위해 적합한 ISO 28000:2007 보안경영시스템을 수립하여 운영하며, 다음과 같은 보안방침 관리 원칙을 설정하였다.

각 사업단위 및 센터의 관리자는 보안경영시스템이 본 방침과 일관되게 도입 및 실행되도록 책임을 지며 규정준수와 적절한 보안활동이 시행되도록 할 의무를 진다. 또한, 보안주관부서는 각 부서들의 보안경영시스템 시행을 지원한다.

1. 보안방침은 다른 방침(품질, 환경방침)과 상충되지 않도록 서로 조화를 이루며 일관성 있노독 관리한다. 보안방침은 회사의 임직원, 영업 및 운영상의 자산과 고객의 자산을 보호하는데 있다.
2. 보안방침 실행을 위해 전 사업장 및 각 부서에서는 소관 주요 프로세스에서 예상되는 보안위협을 식별하고, 보안위협 및 위협 시나리오에 대한 리스크 평가 및 리스크를 수용 가능한 수준으로 감소시키고 관리하는 통제기능을 구축한다. 이를 위해 보안목표, 보안 세부목표 및 보안 프로그램을 수립하여, 실행, 유지 및 관리하며, 정기적인 보안위협 평가, 보안심사 및 보안경영시스템 검토를 통해 주요 보안경영프로세스를 지속적으로 개선한다.
3. 현재 적용되는 국내·외 법규 및 강제 보안 요구사항을 전 임직원에게 공지, 교육 및 훈련을 통해 숙지, 이행하도록 하며 주기적으로 법규 등록 및 준수사항을 관리한다.
4. 회사가 조직 변경, 사업의 인수·합병 등 사업범위 변경과 같은 보안경영시스템의 연속성 및 관련성에 영향을 주는 경우에 보안방침을 검토하여 필요한 경우 개정하도록 한다.
5. 회사에서 보안 실패 및 사건이 발생하는 경우, 행동의 시정 및 임직원의 보안인식을 증진하도록 적극 추진하며, 우발적 내지 비상시 대비, 대응 및 사업지속성 그리고 복구를 신속히 하도록 전 사업장 및 각 부서에서 개선 노력을 실천한다.
6. 모든 직원은 회사와 사업장에 야기할 가능성이 있는 평소와 다른 특이사항이나 수상한 사람을 발견할 경우, 이를 보안관계자에게 보고할 의무를 지며, 적극적인 참여와 절차서 준수를 통하여 보안목표를 달성하고 회사의 보안우수성을 알린다.

본인은 회사의 대표이사로서 본인에 의해 승인된 보안경영 방침을 전 임직원이 이해, 숙지토록 하여 보안경영활동이 전 사업부문에 수행되어 지속적으로 개선될 수 있도록 하는 전반적인 책임과 권한을 갖고 있습니다.

이에 모든 역량을 집중하여 사내 모든 부문이 최적의 상태로 보안경영시스템을 수립, 실행, 유지 및 관리될 수 있도록 하고, 인적 및 물적 자원을 최대한 지원하여 본 보안경영시스템이 고객만족 실현과 이해관계자와 공유될 수 있도록 최선을 다할 것을 약속드립니다.

본 보안경영 방침은 당 사업의 성공적인 수행과 미래성장에 있어 필수적인 회사 직원, 고객 및 자산의 보안유지를 기반으로 작성되었으며 각각의 이해관계자와 고객의 이익을 최대한 반영하였습니다.

○○○주식회사

대 표 이 사

△ △ △

[표-29] 보안경영 방침 수립 사례 2

2.1. 보안경영의 목적

종합물류기업인 KOSTI는 회사의 사업 활동이 국제법 및 국제규정의 요건을 준수하여 수행되는 사업장을 제공할 것을 약속한다.

본 보안경영 방침은 당 사업의 성공적인 수행과 미래성장에 있어 필수적인 회사 직원, 고객 및 자산의 보안유지를 기반으로 작성되었고 각각의 이해관계자와 공급사슬 고객의 이익을 최대한 반영하였다.

2.2. 보안방침 수립시 고려사항

1) 보안방침은 다른 방침(품질방침)과 상충되지 않도록 서로 조화를 이루며, 일관성 있도록 관리한다. 보안방침은 회사의 임직원, 영업 및 운영상의 자산과 고객의 자산을 보호하는데 있다.
2) 보안방침을 실행하기 위해 전 사업장 및 각 부서에서는 소관 주요 프로세스에서 예상되는 보안위협을 식별하고, 보안위협 및 사건 시나리오에 대한 리스크 평가 및 리스크를 수용 가능한 수준으로 감소시키고 관리하는 통제기능을 구축하고, 보안목표, 보안 세부목표 및 보안 프로그램을 수립하여, 실행, 유지 관리하며, 정기적인 보안위협 평가, 보안심사 및 보안경영시스템 검토를 통해 주요 보안경영 프로세스를 지속적으로 개선한다.
3) 현재 적용되는 법규, 국제/국내 강제 보안 요구사항 및 법규준수를 위하여, 전 임

직원에게 공지, 교육/훈련을 통해 숙지, 이행하도록 주기적으로 법규 등록 및 준수여부를 관리한다.

4) 회사가 조직 변경, 사업의 인수/합병 혹은 사업범위 변경 등 보안경영시스템의 연속성 및 관련성에 영향을 주는 경우에 보안방침을 검토하여, 필요한 경우 개정 관리한다.
5) 회사에서 보안 실패 및 사건이 발생하는 경우, 행동의 시정 및 임직원의 보안인식을 증진하도록 적극 추진하며, 우발적 내지 비상시 대비·대응 및 사업지속, 그리고 복구를 신속히 하도록 전 사업장 및 각 부서에서 개선 노력을 실천한다.
6) 모든 직원은 회사와 사업장에 야기할 가능성이 있는 평소와 다른 특이사항이나 수상한 사람을 발견할 경우, 이를 보안관계자에게 보고할 의무를 지며, 적극적인 참여와 절차의 준수를 통하여 보안목표를 달성하고 회사의 보안우수성을 알린다.

2.3. 보안방침

"고객의 요구와 기대를 초월하여 실질적인 가치와 혜택을 창출하고 제공하기 위한 물류 보안경영시스템을 구축하여 고객 감동 물류 서비스 실현"

1) 회사의 경영진은 본 보안경영 방침을 가시적으로 지지하고 전사적으로 추진하며, 보안관리 주관부서는 보안관리 활동을 정기적 검토하고 필요시 방침도 검토한다.
2) 각 사업단위 및 센터의 관리자는 보안경영시스템이 본 방침과 일관되게 도입되고 실행되는데 책임을 지고 규정준수와 적절한 보안활동이 시행되도록 의무를 진다. 기타 부서들은 보안경영시스템의 시행을 지원한다.
3) 보안상 중대한 영향을 줄 수 있는 업무를 맡은 직원은 보안경영 방침 및 관계 규정을 준수하도록 훈련되고 책임을 진다.
4) 전 직원은 회사와 사업장에 위험을 야기할 가능성이 있는 평소와 다른 특이사항이나 수상한 사람을 발견한 경우, 이를 보안관계자에게 보고할 의무를 진다.
5) 전 직원의 적극적인 참여와 절차서 준수를 통하여 보안목표를 달성하고 회사의 보안 우수성을 알린다.
6) 회사는 본 방침과 보안경영시스템을 매년 혹은 필요 시 즉각 검토하고, 필요한 경우 방침의 준수를 위하여 조치를 취한다.

○○○주식회사
대 표 이 사
△ △ △

제 8 절 보안기획(4.3)

1. 개 요
2. 법률, 강제 요구사항 및 그 밖의 보안규정 요구사항(4.3.2)
3. 보안경영 목표(4.3.3), 세부목표(4.3.4) 및 프로그램(4.3.5) 수립
4. 보안기획 예시

1. 개 요

ISO28000 "개요(Introduction)"의 비고(Note)를 참조하면, 보안경영시스템은 계획(Plan), 실시(Do), 점검(Check), 개선조치(Act)의 4단계로 순환 작용하게 되며, 보안기획(Planning)은 위의 P-D-C-A Cycle[25]에서 계획(Plan) 단계에 속한다. 제 5 절 문서화 단계에서 확인한 것처럼 보안기획 단계에서는 기업(조직)의 보안경영 방침에 따른 성과를 도출하는데 필요한 리스크 평가, 규정 요구사항 파악, 목표 및 세부목표 수립, 보안경영 프로그램을 구체화하는 일체의 작업을 실시하게 된다.

ISO28000을 도입하는 기업은 구체적으로 시행할 수 있는 업무를 체계적으로 설계하기 위해 보안경영매뉴얼 속에 보안기획 절차를 수립해야 하며, 보안경영시스템의 실행 및 운영이 현 단계의 보안기획 위에서 이루어지는 만큼, 계획대로 실행하면 ISO28000의 인증을 받을 수 있도록 종합적인 계획을 세워야 한다. 이를 위해 보안기획 단계에서는 보안경영 방침을 추진하기 위한 기간별 업무 상세, 자사 업무 범위에 내재된 보안리스크의 식별 및 평가, 법률적 요구사항 및 그 밖의 보안규정 요구사항에 따라 자사가 준수해야 할 사항의 파악, 보안경영 목표 설정, 달성할 세부목표(Targets) 설정, 보안경영 프로그램의 규정 등의 작업이 필요하다.

위에서 언급한 작업 가운데, 보안리스크 평가는 제 6 절에서 이미 다루었으므로 생략하고 나머지 부분에 대하여 설명하고자 한다. 본서에서 「보안리스크 평가」를 보안경영 방침 수립 앞에서 다룬 것은 2009년 ISO28000 시범사업

25) Deming, William Edwards/Gitlow, Howard S./Gitlow, Shelly J., "The Deming guide to quality and competitive postion", Prentice-Hall, 1987.

을 실시한 결과, 보안경영 방침을 수립하는 주체인 기업의 최고경영진들이 자사에 존재하는 주요 리스크에 대한 자료를 미리 파악하고 충분히 검토한 후에 보안경영 방침을 수립하는 것이 효과적이라고 판단했기 때문이다. ISO28000의 이해도를 높이고, 중요성에 대한 공감대를 형성하기 위해 위와 같은 순서를 택하였으며, 기업이 작성하는 보안매뉴얼에서는 보안기획 단계에서 보안리스크 평가를 포함하는 것이 ISO28000 요구사항 순서와 일치한다는 점에서 효율적일 것으로 사료된다.

보안기획은 "4.3.1. 보안리스크 평가", "4.3.2. 법률, 강제 요구사항 및 그 밖의 보안규정 요구사항", "4.3.3. 보안경영 목표", "4.3. 4. 보안경영 세부목표", "4.3.5. 보안경영 프로그램"으로 구성되어 있으며, 보안리스크 평가는 제 6 절을 참조하도록 하고, 요구사항의 4.3.2.부터는 아래를 참조하도록 한다.

2. 법률, 강제 요구사항 및 그 밖의 보안규정 요구사항(4. 3. 2)

4.3.2. 법률, 강제 요구사항 및 그 밖의 보안규정 요구사항	4.3.2 Legal, Statutory and Other Security Regulatory Requirements
조직은 다음의 절차를 수립, 실행 및 유지하여야 한다. a) 조직의 보안위협 및 리스크와 관련하여 적용되는 법적 요구사항 및 조직이 준수하기로 한 기타 요구사항을 식별하고 입수하는 것 b) 이러한 요구사항이 보안 위협 및 리스크에 어떻게 적용되는지를 결정하는 것	The organization shall establish, implement and maintain a procedure a) to identify and have access to the applicable legal requirements and other requirements to which the organization subscribes related to its security threat and risks, and b) to determine how these requirements apply to its security threats and risks.
조직은 이러한 정보를 최신의 것으로 유지하여야 한다. 법률 및 그 밖의 요구사항에 관한 정보는 조직의 종업원과 계약자를 포함하여 그 밖의 관련된 제 3 자와 의사소통하여야 한다.	The organization shall keep this information up-to-date. It shall communicate relevant information on legal and other requirements to its employees and other relevant third parties including contractors.

가. 개 요

제 1 절 제도의 도입 검토 단계에서 설명한 바와 같이, 국제사회는 보안 강화를 위해 다양한 인증제도를 제시하고 있으며, 이러한 움직임은 빠른 속도로 발전, 확산되고 있다. 기업의 안전하고 효율적인 운영을 위해서는 이러한 국제 동향 뿐만 아니라, 국내의 규정 변화 움직임도 발빠르게 파악하여 대비하는 노력이 필요하며, 특히 기업의 사업 범위에 관련된 법률, 규정 등에 대해서는 언제나 최신 동향을 파악해야 한다. 또한 수출·입을 하고 있는 상대국이 요구하는 법률, 규정 등도 파악하여 공급사슬 전반에 걸친 이해관계자와 의사소통을 통하여 그 역할과 책임을 공감할 수 있도록 보안기획 대상에 포함시켜야 한다. 이 단계를 간단히 정의하면, ISO28000을 도입하는 단계에서 기업의 활동에 영향을 미치는 보안관련 법적 및 기타 요구사항들이 무엇인지 식별하고, 어떠한 영향을 받고 있는지를 이해하여 해당 정보를 관련 있는 사람들과 의사소통하기 위한 단계로 정의할 수 있다. 뿐만 아니라, 보안리스크 평가를 실시하고, 보안경영 목표, 세부목표 및 프로그램을 수립할 때, 기업의 활동이 적용받는 보안관련 법적 및 기타 요구사항들을 반영하여 무지(無知)로 인한 불

[표-30] 법규 목록표 예시

작성일	2007	작성자	(서명)		
법적, 기타요구사항	해당법조항	최신본 유지	시행일자 (Rev.No)	자사운영기준	법/요구준수여부 (모니터링)

법, 위법행위를 막기 위한 단계이기도 하다.

위의 요구사항에 따라 기업은 반드시 준수해야 하는 법적 요구사항 및 조직이 준수하기로 결정한 기타 요구사항을 자세히 조사해야 한다. 보안 위협 및 리스크와 관련하여 적용되는 법규사항을 식별하고 입수하도록 한다고 간단히 규정하는 것이 아닌, 실제로 해당 규정을 찾아 이를 열거하고 자사에 미치는 영향을 파악하여, 보안리스크 평가와 보안경영 목표, 세부목표 및 프로그램 수립에 기업의 활동이 적용되는 보안관련 법적 및 기타 요구사항들이 반영되고 준수되도록 해야 한다. 국내 기업이라면 업종을 불문하고 반드시 지켜야하는 법이 있을 수 있으며, 업종별로 지켜야하는 법도 있을 수 있다. 또한 특수한 지역에 적용되는 법도 있을 수 있다. 기업의 운영에 있어 반드시 인지하고 있어야 하는 법들을 입수하고, 자사의 보안위협 및 리스크에 적용되는 부분을 파악하기 위해 절차를 수립하고, 실행 및 유지하도록 한다. ISO28000의 법률, 강제 요구사항 및 그 밖의 보안규정 관리는 문서화 작업을 통해 작성된 관련 절차서에서 규정한 방법에 따라 실시하도록 하며, 기업의 공급사슬보안과 관련되는 법과 기타 요구사항은 일반적으로 법규 등록대장 혹은 법규 목록표를 작성하여 관리하여, 관련 법 개정 내역, 개정 일자, 반영 일자, 준수 여부 등을 상시 파악할 수 있도록 한다.

나. 고려사항

법률, 강제 요구사항 및 그밖의 보안규정 요구사항을 식별하기 위해 아래의 항목들을 검토해야 한다.

① 기업(조직)의 공급사슬: 공급사슬에 연결된 기업의 활동에 적용되는 법적 요구사항, 특히 거래기업에서 보안경영시스템 도입을 요구하거나 문의할 경우, 관련 법적 요구사항 파악

② 보안 위협 식별, 리스크 평가 및 리스크 관리 결과: 보안리스크 평가 결과 파악된 기업의 공급사슬 보안리스크에 적용되는 법적 요구사항

③ 최상의 실행관행: 코드, 산업체 협회의 지침 등과 같이 동종 업무활동에 실행되는 관행

④ 법적 요구사항, 정부의 또는 정부 간의 또는 무역협회 등의 코드, 실행관행 및 규정: 기업에 요구되는 다양한 규정의 반영

⑤ 정보 출처의 일람표

⑥ 국내(national), 역내(regional) 또는 국제(international) 규격: 국내 뿐만 아니라 기업이 거래하는 해외 규정

⑦ 기업(조직) 내부의 요구사항: 사내에서 요구하는 보안관련 규정(TAPA, AEO 등)

⑧ 이해관계자의 요구사항: 고객, 주주 등이 요구하는 보안관련 규정(TAPA, AEO 등)

⑨ 공급사슬의 원동력(dynamics)을 관리하는 프로세스

다. 공급사슬보안 관련법규 예시

기업이 준수해야 하는 보안과 관련된 법적 요구사항은 해당 기업이 속해 있는 업종에 따라 크게 영향을 받게 된다. 따라서 본서에서 특정 기준을 제시하기는 매우 어려우나, 본서는 무역에 관련된 기업을 대상으로 하고 있는 만큼, 대외무역법을 예로 들어 설명하겠다. 기업의 사업 범위에 무역이 포함되어

[표-31] 법규 요구사항 예시

주요 법규	관세법－통관절차에 관한 법규
	외국환거래법－무역결제에 관한 법규
	수출품 품질향상에 관한 법률－수출상품 품질검사에 관한 법규
기타 법규	1. 무역의 주체를 관리하는 법규 마약법, 향정신성의약품관리법, 유해화학물질관리법, 농약관리법, 종묘관리법, 외국간행물 수입배포에 관한 법률, 담배사업법, 인삼사업법, 농산물수출진흥법, 영화법, 먹는 물 관리법 등
	2. 수출입품목을 관리하는 개별행정 법규 비료관리법, 주요농작물 종자법, 양곡관리법, 식물 방역법, 음반에 관한 법률, 잠업법, 축산법, 검역법, 식품위생법, 사료 관리법, 공산품 품질관리법, 전기용품 안전 관리법, 계량법, 담배사업법, 인삼사업법, 오존층 보호를 위한 특정물질의 제조 규제 등에 관한 법률, 약사법, 자연환경보존법, 조수보호 및 수렵에 관한 법률, 전파관리법, 총포, 도검, 화약류 등 단속법, 대마관리법, 자동차 관리법, 사행행위 등 규제법 등
	3. 무역 및 수출 진흥을 위한 행정법규 수출보험법, 수출용원재료에 대한 관세 등 환급에 관한 특례법, 산업디자인, 포장 진흥법, 수출자유지역설치법, 조세감면 규제법, 농수산물수출 진흥법, 무역업무자동화촉진에 관한 법률 등

있는 경우, 반드시 고려해야 하는 법률로는 대외무역법이 있다. 이는 대외무역법이 무역에 있어 기본법의 지위를 가지기 때문이며, 이와 함께 인간의 건강, 안전, 환경, 미풍양속, 안보 등에 큰 영향을 미치거나 정책적인 관리가 필요한 물품은 특별법으로 관리하고 있다. 따라서 기본적으로 대외무역법을 비롯한 아래의 법 중에서 자사의 사업 범위에 적용될 수 있는 법에 대해서는 구체적인 내용을 파악하고 반드시 준수해야 한다.

상기의 무역에 관련된 법규 뿐만 아니라, 복합운송주선업의 경우 관세청의 수입통관 사무 처리에 관한 고시, 여행자 및 승무원 휴대품 통관에 관한 고시 등의 법규를 파악해야 하며, 또한, 국내AEO에서는 과세가격, 품목분류, 원산지, 환급, 감면, 외환, 지적재산권 및 통관요건에 대한 세관장 확인 업무 등 법률 준수에 관한 8개 분야가 종합 심사 대상에 포함되기 때문에 장기적으로는 위의 요소들을 모두 파악하고 준수할 것을 권장하는 바이다.

라. 동 활동의 결과물

ISO28000을 도입하려는 기업이 준수해야 할 국내 법규, 거래하는 무역 상대국가의 법규, 국제 규범, 산업계의 모범관행을 도출하여 자사의 프로세스에서 지켜야 할 요구사항을 파악하여 리스트 업(List up)한다. 그리고 관련 절차에 대한 문서를 생성한다. 관련 법규 등이 변경된 경우 최신화한다.

[표-32] 전략물자 제조기업 예시

※ 예시: 전략물자 제조기업의 경우 전략물자를 취급하는 업체는 대외무역법 제19조 등에 의하여 취급 물품이 전략물자에 해당하는지 여부를 파악하는 것부터, 수입 시의 신고, 수출 시의 허가 등 화물의 이동 경로에 따라 전략물자를 올바르게 관리할 수 있는 절차를 마련해야 한다. 해당 내용은 범용보안매뉴얼의 전략물자확인절차서, 전략물자국내유통절차서, 전략물자수출관리절차서 등에서 확인 가능하며 보다 자세한 정보가 필요한 경우, 예스트레이드(Yestrade, www.yestrade.go.kr) 또는 그 운영기관인 전략물자관리원(T. 02-6000-6400, HP.www.kosti.or.kr)을 통해 관련 정보를 얻을 수 있다.

국내·외 다양한 법률에 규정된 요구사항에 대한 준수요령을 파악하기 위해서는 방대한 연구, 검토가 필요하여 단일 기업이 이를 전부 파악하는 것은 어려울 수 있다. 그러나 이는 본 사업의 범위를 넘어서기 때문에 모든 기업이

참조할 수 있는 법적 요구사항을 본서에서 제시하는 것 역시 어려우며, 따라서 ISO28000을 도입하는 업체들이 스스로 자사가 준수해야 하는 법규들을 파악하고 이행 방안을 마련토록 한다.

3. 보안경영 목표(4.3.3), 세부목표(4.3.4) 및 프로그램(4.3.5) 수립

가. 개　요

ISO28000에서는 한 기업(조직)의 업무 범위 내의 위협 및 법적으로 지키도록 요구하는 사항의 관리 소홀 및 미준수가 끼칠 수 있는 피해의 가능성을 리스크(위험요소, Risk)라 하며, 리스크에 대한 대응행동을 체계화하는 것이 보안경영 목표, 세부목표 및 프로그램이다. 제 6 절 보안리스크 평가의 산출물로서 회사 전체 리스크별 대응 행동을 6개 보안대책으로 분류하면 보안경영 목표의 구도가 수립된다. 이를 사업장, 부서별로 배분하고 구체화해 나가는 형태로 세부목표와 프로그램이 수립된다. ISO28000의 4.3.3.항~4.3.5.항에 보안경영의 목표, 세부목표 및 프로그램이 규정되어 있으며 이를 실행·유지하도록 요구하고 있다.

보안경영 목표를 설정함에 있어 한 가지 유의해야 할 점은, 목표의 용이한 달성을 위해 낮은 수준의 목표를 설정하는 경우 문제가 생길 수 있다는 점이다. ISO28000의 인증 획득을 위해서는 달성해야 할 기본적인 수준이 있으며, 법규 준수, 공급사슬에 대해서 또 공급사슬에 의해서 리스크가 현실화되지 않도록 관리하는 것은 필수적이다. 따라서 이러한 부분에서 결정적인 부적합 사항이 발견되거나, 국제사회에서 준수하고 있는 리스크에 대한 관리가 누락되면 인증을 받을 수 없기 때문에 목표 수준을 너무 낮게 잡지 않도록 주의한다.

기업이 ISO28000 인증을 받기 위해 갖추어야 할 요건을 달성하는 방법은 다양할 수 있으나, 중요한 것은 자사의 실정에 적합한 대응행동 체계를 수립해야한다는 것이다. 보안매뉴얼에 수립된(문서화된) 목표, 세부목표, 프로그램 관리 절차서에 따라 기업 내부의 관련 기능과 계층별로 문서화된 보안목표 및 그에 따른 세부목표를 발굴하고 선택·수립 및 유지해야 한다. 보안목표를 수립하는 과정에서 관련 법규 준수사항과 보안리스크에 대하여 기업(조직)이 행동해야할 기술적 대응책, 비용에 대한 기업의 부담 능력, 생산 및 영업상의 장

[그림-11] 수립시의 고려사항

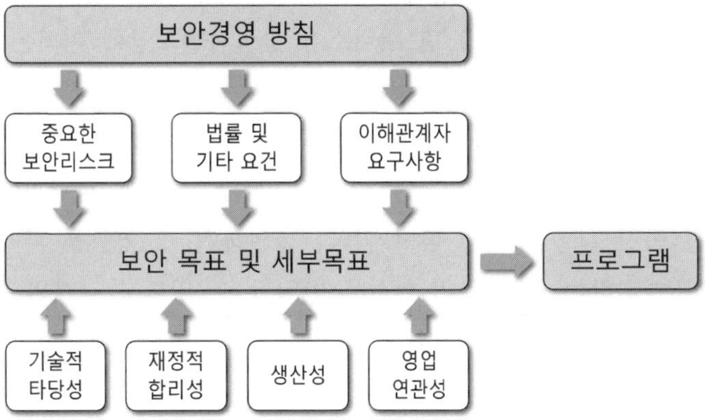

애발생과 조화를 구현할 수 있는 효율적 방안, 이해관계자의 견해 등을 검토하도록 하며, 검토 사항을 바탕으로 기업의 보안경영 방침과 일치하며, 실현가능하고 공급사슬 보안 개선에 대한 의지가 포함된 목표를 수립하도록 한다.

보안경영 목표, 세부목표 및 프로그램은 위 [그림]과 같이 상호 연관관계를 지닌 계층 형태를 갖고 있다. 보안경영 목표는 보안경영 방침으로부터 나와야 하며, 중요한 보안리스크, 법률 및 기타 요건, 이해관계자의 요구사항 등을 고려하여 수립해야 한다. 보안경영 세부목표는 보안경영 목표로부터 도출되어야 하며, 규정된 시간 내에 보안경영 목표를 달성하도록 설정되어야 한다. 보안경영 프로그램은 보안경영 목표 및 세부목표를 달성하기 위한 행동을 규정한다. 여러 개의 보안경영 프로그램을 실행함으로써 세부목표를 달성할 수 있고, 모든 세부목표 달성 성과의 종합이 보안경영 목표를 달성하거나 초과하여야 한다.

목표, 세부목표, 프로그램을 수립하기 전에 아래의 사항을 점검하도록 한다.

우선, 보안경영의 목적을 명확히 해야 한다. 보안경영 목표, 세부목표 및 프로그램은 기업의 보안경영 방침을 실현시키기 위한 수단이므로 먼저 보안경영 방침에 따라 수립된 기업의 보안경영 목적 및 의도를 분명히 파악해야 한다. 어떤 법규의 강제적 요구사항을 지키려는 것인지, 거래 상대방 기업이 요구하는 사항을 반영하려는 것인지, 아니면 ISO28000 인증을 획득하여 대내·

외 브랜드 가치를 높이려는지, 각국에 수출할 때 수입국에서 신속통관의 혜택을 누리려는 것인지 분명해야 한다.

그리고 기업의 활동, 제품 및 서비스가 공급사슬보안에 미치는 영향을 파악하고 분류한다. 예를 들어 테러 등에 전용될 수 있는 전략물자를 취급하는 기업이라면 이의 전용을 막기 위한 대응체계를 구축하고 업무에 반영해야 한다. 전략물자와 같은 공급사슬보안에 영향을 미치는 리스크가 평가에서 누락되었다면 발견 즉시 관련 부문별 담당자들과 협의하여 그 영향을 파악하고 재검토하여 개선(수정)하는 등 기업의 현실을 반영할 수 있도록 각각의 활동, 제품, 서비스 등을 상세히 검토한다.

마지막으로, ① 법적 요구사항, ② 보안 위협 및 리스크의 관리 내역, ③ 기술적 · 재정적 · 운영적 · 사업적 요구사항에 대한 회사 차원의 지원, ④ 종업원을 포함한 이해관계자 요구 등을 고려하여야 한다. 이후 목표, 세부목표, 프로그램을 수립하고 승인 및 이행하는 과정은 다음의 나.~라.를 참고하도록 한다.

나. 보안경영 목표(4.3.3)

1) 목표의 수립

4.3.3. 보안경영 목표	4.3.3. Security management objectives
조직은 내부의 관련 기능 및 계층별로 문서화된 보안경영 목표를 수립, 실행 및 유지하여야 한다. 이 목표는 방침으로부터 도출되어야 하며 방침과 일관성이 있어야 한다. 조직이 목표를 수립하고 검토할 때에는 다음 사항을 고려하여야 한다.	The organization shall establish, implement and maintain documented security management objectives at relevant functions and levels within the organization. The objectives shall be derived from and consistent with the policy. When establishing and reviewing its objectives, an organization shall take into account:
a) 법률, 법적 및 그 밖의 보안에 관련된 강제적 요구사항	a) legal, statutory and other security regulatory requirements;
b) 보안과 관련된 위협 및 리스크	b) security related threats and risks;
c) 기술적 및 그 밖의 선택사항	c) technological and other options;
d) 재정적, 운영적 및 사업상의 요구사항	d) financial, operational and business requirements;
e) 적절한 이해관계자의 견해	e) views of appropriate stakeholders.

보안경영 목표는 다음과 같아야 한다.	The security management objectives shall be:
a) 조직의 지속적인 개선 의지와 일관성이 있을 것	a) consistent with the organization's commitment to continual improvement;
b) 계량화할 것(실행 가능한 경우)	b) quantified (where practicable);
c) 모든 관련된 종업원 및 계약자를 포함한 제 3 자가 각 개인의 의무사항을 인지할 수 있도록 의사소통 될 것	c) communicated to all relevant employees and third parties, including contractors, with the intent that these persons are made aware of their individual obligations;
d) 보안경영 방침과의 연관성 및 일관성을 유지하도록 보장하기 위하여 주기적으로 검토할 것. 그에 따라서 필요한 경우 보안경영 목표를 수정할 것	d) reviewed periodically to ensure that they remain relevant and consistent with the security management policy. Where necessary the security management objectives shall be amended accordingly.

ISO28000의 "3.4. 용어와 정의"에서는 보안경영 목표를 앞서 설명한 바와 같이 "보안경영 방침을 충족시키기 위하여 보안과 관련하여 요구되는 구체적인 결과 또는 달성하고자 하는 것"이라고 규정하고 있다. 이러한 보안경영 목표는 기업 내부의 기능 및 계층별로 문서화되어야 하며, 이에 따라 실행하고 유지되어야 한다.

보안경영 목표를 수립하고 위 요구사항을 꼼꼼히 읽어보고 적용해야 하며, 아래의 사항들을 고려하여 수립하도록 한다.

보안경영 목표를 수립할 때 가장 먼저 고려해야 하는 사항은 보안경영 목표가 방침으로부터 도출되어, 일관성을 유지해야 한다는 것이다. 앞서 설명한 바와 같이, 보안경영시스템은 기업의 운영에 있어 별개로 돌아가는 시스템이 아닌, 기존의 시스템과 융화되어 조화롭게 운용할 수 있도록 제작된 시스템이다. 따라서 기업이 유지하고 있는 시스템 및 방침과 보안경영시스템 사이에 가치관의 차이가 발생하지 않도록 기존 경영시스템 및 방침과 보안경영시스템의 방침은 조화를 이루어야 한다. 이와 마찬가지로, 최상위 개념인 보안경영 방침과 차상위 개념인 보안경영 목표는 일관성을 유지해야 하며, 이를 위해 보안경영 목표는 보안경영 방침으로부터 도출되어야 한다.

요구사항에서는 a) 법률, 법적 및 그 밖의 보안에 관련된 강제적 요구사항, b) 보안과 관련된 위협 및 리스크, c) 기술적 및 그 밖의 선택사항, d) 재정적, 운영적 및 사업상의 요구사항을 반드시 고려하도록 규정하고 있다.

상기 언급한 바와 같이 보안경영 목표에는 “4.3.2. 법률, 법적 및 그 밖의 보안에 관련된 강제적 요구사항”이 고려되어야 한다. 전 단계를 통해 식별된 모든 준수 요구사항에 대한 이행 의지를 반영하여, 기업의 사업 범위에 관련된 법률 사항을 간과하는 일이 없도록 주의한다. 앞서 상세히 설명하였으니 부연 설명은 피하도록 하겠다.

제 6 절 보안리스크 평가를 통해 기업에서는 보안 위협 및 리스크를 식별하였다. 식별된 리스크를 관리하고, 상황 발생시 그 피해를 최소화할 수 있도록 목표를 설정해야 한다.

그리고 보안경영 목표는 실현 가능한 수준으로 설정해야 한다. 즉, 기업이 이행하는 데 문제가 생기지 않도록, 지금의 기술 수준을 반영해야 한다. 아직 기술개발이 완료되지 않았거나, 아직 상용화 수준에 이르지 않은 스마트 컨테이너, RFID 인식표 등의 기술을 도입하겠다는 목표는 불필요한 부담만 가중시킬 뿐이다. 보안 강화를 통해 도달하고자 하는 이상적인 목표와 현재의 기술 수준을 고려, 현실성을 확보하도록 한다.

보안경영 목표는 수립하는 것이 목적이 아니다. 이를 달성하여 기획한 바대로의 결과로 보안 성과를 이끌어내는 것이 목적이다. 따라서 목표를 이루기 위해 요구되는 재정적, 운영적 및 사업상의 요소를 고려해야 한다. 수립된 보안경영 목표를 달성하기 위해 보안장치를 추가 설치해야 한다면, 이를 위한 예산이 확보되어야 하고, 보안장치를 운영하기 위한 인력이 필요하며, 또한, 이들이 일할 수 있는 사무실도 필요하게 된다. 이러한 지원을 받기 위해서는 재정적, 운영적 자원이 어느 정도 필요한지가 리스크 평가를 통해 도출되어야 하며, 최고경영진의 의지가 이를 뒷받침해주어야 한다. 따라서 경영진의 의지를 통해 지원받을 수 있는 정도의 목표를 수립해야 한다.

마지막으로, 보안경영 목표에는 이해관계자의 견해가 포함되어야 한다. 이해관계자란, ‘조직의 성과, 성공 또는 그 활동의 영향에 부여된 이익을 갖는 인원 또는 단체’로서 ISO28000의 3.8. 용어의 정의에서는 고객, 주주, 자본가,

보험업자, 단속기관, 정부기관, 종업원, 계약자, 공급자, 노동기구 또는 사회 등을 그 예로 들었다. 창고, 공장 등 사업장에서 일하는 근로자가 공급사슬보안과 관련한 개선 의견을 개진하거나, 고부가가치 화물을 취급하는 고객이 창고업체에 TAPA 인증을 요구하거나, AEO, 또는 C-TPAT 인증기업으로부터 보안질문지(Security Questionnaire)를 받는 등 각종 이해관계자로부터의 요구사항들이 보안경영 목표 수립을 위한 중요한 자료가 된다고 할 수 있다.

그 밖에, ISO28000을 이미 도입하여 운영 중인 기업이라면, 기수립된 보안경영 목표를 분석하여 차년도 목표 수립시 참조해야 할 것이며, 보안 관련한 부적합사항을 비롯한 과거 기록, 다른 업체의 사례 역시 가능하다면 참조하는 것이 올바른 목표를 수립하는 데 도움이 될 것이다.

2) 수립된 목표의 검토 및 활용

상기의 요소를 고려하여 목표를 수립하였다면, 조직의 지속적인 개선에 대한 의지가 반영되었는지, 다른 목표들과 충돌하지는 않는지 다시 한 번 검토하도록 한다.

또한 보안경영 목표가 계량화된 수치를 드러내고 있는지 검토한다. 요구사항에 따르면 계량화할 수 없는 경우를 제외하고는 적절한 지표(건수, %, 금액 등)를 이용해 목표를 규정하도록 하고 있다. 이는 추후 보안경영 목표의 실행과 달성 정도를 보다 명확하게 파악하게 할 뿐 아니라 담당 부서가 보다 구체적인 목표를 가지고 업무를 진행하도록 도와준다. 요구사항에서 계량화를 요구하고 있기 때문에 인증심사시 계량화되지 않은 목표에 대해서는 왜 계량화하지 못했는지를 심사원에게 증명할 수 있어야 한다.

수립된 보안경영 목표는 종업원, 계약자를 포함한 모든 이해관계자를 대상으로 의사소통되어야 한다. 각각의 담당자가 맡은 바 임무를 이해하고 수행하기 위해서, 나아가 보안경영 목표를 달성하는 방향으로 기업이 운영될 수 있도록 모든 관련대상에 의사소통되어야 하며, 기업의 규모, 특성 등을 고려하여 단순 통보, 교육훈련 등의 방법을 택하면 된다.

보안경영 방침과의 연관성 및 일관성을 유지하는 것은 중요하며, 이를 보장하기 위해 보안경영 목표를 주기적으로 검토하도록 한다. 실행 및 운영 과정을 통해 수정이 필요하다는 점을 발견하거나, 경영검토회의를 통해 보안경영 방침이 수정된다면 이를 바로 반영하여, 보안경영 방침과 보안경영 목표의 연관성, 일관성을 유지해야 한다. 특히, 보안경영 목표를 통해 세부목표와 프로그램이 도출되기 때문에 보안경영 목표가 수정되면 세부목표와 프로그램도 변경된 보안경영 목표에 맞추어 수정토록 한다.

다. 보안경영 세부목표(4.3.4)

4.3.4. 보안경영 세부목표	4.3.4. Security management targets
조직은 조직의 요구에 적절하고 문서화된 보안경영 세부목표를 수립, 실행 및 유지하여야 한다. 이 세부목표는 보안경영 목표로부터 도출되어야 하며 보안경영 목표와 일관성이 있어야 한다.	The organization shall establish, implement and maintain documented security management targets appropriate to the needs of the organization. The targets shall be derived from and be consistent with the security management objectives.
이 세부목표는 다음과 같아야 한다.	These targets shall be:
a) 적절하게 상세할 것	a) to an appropriate level of detail;
b) 구체적이고, 측정가능하고, 달성가능하고, 관련성 및 시적 기준이 있을 것(실행 가능한 경우)	b) specific, measurable, achievable, relevant and time-based(where practicable);
c) 모든 관련된 종업원 및 계약자를 포함한 제3자가 각 개인의 의무사항을 인지할 수 있도록 의사소통 될 것	c) communicated to all relevant employees and third parties including contractors with the intent that these persons are made aware of their individual obligations;
d) 보안경영 목표와의 연관성 및 일관성을 유지하도록 보장하기 위하여 주기적으로 검토할 것. 그에 따라서 필요한 경우 보안경영 세부목표를 수정할 것	d) reviewed periodically to ensure that they remain relevant and consistent with the security management objectives. Where necessary the targets shall be amended accordingly.

보안경영 세부목표란 보안경영 목표를 달성하기 위해 요구되는, 보다 상세하고 구체적인 성과 수준을 말한다. 보안경영 세부목표 역시 상위 개념인 보안경영 목표로부터 도출되어 일관성이 유지되어야 한다. 또한, ISO28004에서는 규정된 시간 내에 목표를 달성할 수 있는 것을 그 목표로 삼아야 한다고 규정하고 있다. 보안경영 세부목표에 대한 요구사항은 보안경영 목표와 거의

유사하며 이를 다시 해설할 필요는 없다고 사료되는 바, 세부목표 수립에 도움이 될 만한 방법론 하나를 제시함으로써 이를 대체하고자 한다.

TQM(Total Quality Management), 식스시그마 등 품질 관리를 위한 목표 수립과 ISO14001의 세부목표 수립을 위한 방법론으로 많이 사용되는 SMART 기법이 바로 그것인데, ISO28000의 세부목표를 수립하는 데에도 유용하게 쓰일 수 있다.

SMART란 Specific, Measurable, Agreed-to, Reasonable, Time-bound의 약자로 특정, 구체적으로, 측정 가능하게, 기업의 구성원으로부터 동의를 받을 수 있도록, 합리적으로, 시간 및 기간을 고려하여 작성하도록 가이드를 제시한다.

위의 개념에 맞추어 세부목표를 수립하는 기준을 제시하면, 우선 구체적이고 확실해야 한다. 세부목표는 보안경영 목표를 이루기 위한 상세한 성과요건이므로 구체적으로 무엇을 할 것인지를 결정하여 보안경영 프로그램의 모태로 삼아야 한다. 만약 이러한 세부목표가 추상적이고 모호하다면 목표 달성을 위해 무엇을 해야 되는지 알 수 없게 되어 보안경영 목표 달성을 위한 계획 추진 자체가 제대로 운영될 수 없게 될 것이다.

그리고 실행정도 및 달성도가 수시로 측정 가능해야 한다. 달성도를 측정할 수 없는 세부목표는 측정 및 모니터링이 불가능하므로 이후의 실행 및 운영, 점검 단계에서 성과 측정이 불가능하다. 다시 말하면, 정량적이어야 한다. 보안경영 세부목표의 달성도를 측정할 수 있는 기준은 수량, 횟수 및 기간 등이 고려될 수 있다.

세부목표는 이론적인 방법론에서 벗어나 행동 위주로 수립되어야 한다. 행동 지향적인 업무 수행을 위해서는 구성원 및 관련자들의 동의에 기반한 자발적 참여가 필수적이다. 구성원이 동의할 수 없는 세부목표를 설정하고 실행을 요구한다면, 효율적으로 시행되기가 어려울 뿐만 아니라 구성원들의 불만의 시작점이 되어 계획 추진체제의 운영에 타격을 줄 수 있다. 관련 대상의 동의를 얻기 위해 다양한 의사소통 방법을 사용할 수 있다.

보안경영 세부목표는 기업 혹은 조직(부서)의 능력과 활용 가능한 자원 및 시기 등을 고려하여 현실적이어야 한다. 현재의 기술과 역량으로서는 해결할 수 없는 문제를 해결하겠다고 설정하거나 기술적으로 가능하나 경제적으로 불가능한 경우 등은 합리적이라 할 수 없다.

보안경영 세부목표는 추진 기간, 마감시간을 정하여 목표달성을 구체화한다. 세부목표 달성에 소요되는 시간·기간이 고려되어야 하며 언제까지 세부목표를 달성할 것인지가 명확하게 설정되어야 한다.

라. 보안경영 프로그램(4.3.5)

4.3.5. 보안경영 프로그램	4.3.5. Security management programmes
조직은 조직의 목표 및 세부목표를 달성하기 위한 보안경영 프로그램을 수립, 실행 및 유지하여야 한다.	The organization shall establish, implement and maintain security management programmes for achieving its objectives and targets.
프로그램은 최적화되고 우선순위가 결정되어야 하며, 조직은 프로그램을 효율적이고 비용 효과적으로 실행하여야 한다.	The programmes shall be optimized and then prioritized, and the organization shall provide for the efficient and cost effective implementation of these programmes.
프로그램에는 다음 사항을 기술하여 문서화하여야 한다. a) 보안경영 목표 및 세부목표를 달성하기 위하여 부여된 책임 및 권한 b) 보안경영 목표 및 세부목표를 달성하기 위한 수단 및 일정	This shall include documentation which describes: a) the designated responsibility and authority for achieving security management objectives and targets; b) the means and time-scale by which security management objectives and targets are to be achieved.
보안경영 프로그램은 목표 및 세부목표와의 효과성 및 일관성을 유지하도록 보장하기 위하여 주기적으로 검토되어야 한다. 그에 따라서 필요한 경우 프로그램은 수정되어야 한다.	The security management programmes shall be reviewed periodically to ensure that they remain effective and consistent with the objectives and targets. Where necessary the programmes shall be amended accordingly.

보안경영 프로그램이란 보안경영 목표를 달성하는 방법을 말하며, 보안경영 목표 및 세부목표에 직접적으로 연결되어 이를 달성하기 위한 기업의 기능별 조직(부서)의 행동 전략을 기술하여 문서화하고 의사소통되어야 한다. 또한,

기업의 내부사정에 맞게 최적화되어야 하고 각 행동에 대한 우선순위를 결정해야 하며, 효율성과 비용효과성을 고려하여 작성해야 한다.

보안경영 프로그램을 작성할 때는 ① 보안경영 목표 및 세부목표를 달성하기 위하여 부여된 책임 및 권한, ② 보안경영 목표 및 세부목표를 달성하기 위한 수단 및 일정을 명시하도록 규정하고 있다. 보안경영 프로그램은 방법론적이고 기술적인 접근방식으로 수립되어야 하며, 기업의 유사 경험이나 다른 업체의 보안 관리를 위한 유사 사례를 수집할 수 있다면 이들을 참고하여 작성하는 것이 좋다.

4. 보안기획 예시

본서에서는 요구사항에서 규정한 사항들을 가능한 쉽게 풀어 ISO28000에 대한 이해도를 높이는 것을 기본 목적으로 하고 있으나, 실제로 적용하기에는 어려움이 있을 수 있다. 이러한 어려움을 해소할 수 있도록 본 절에서는 상세 예시를 들어 보안기획 단계가 기업에 어떠한 형태로 적용될 수 있는지 제시해 보고자 한다.

우선, 보안리스크 평가를 통해 도출된, 관리가 필요한 리스크는 기업의 현재 보안 수준에 따라 분야도, 규모도 다를 것이다. 사업장, 부서별 리스크와 대책은 수백 또는 수천 종류의 난기 사업이 도출될 수 있다. 그러나 ISO28001의 이행상태 검토표를 통해 검토하면 개선을 위한 보안 사항은 크게 여섯 가지로 나눌 수 있으며, 도출된 리스크는 모두 아래의 여섯 가지 보안 구분을 통해 수립되고 목표, 세부목표, 프로그램 및 단위활동이 구체화된다.

① 자산 보안(Asset Security): 시설 보안, 장비 보안으로 구분되기도 한다.

② 인원 보안(Personnel Security): 인적 보안, 인적자원 보안으로 구분되기도 한다.

③ 정보 보안(Information Security): IT 보안으로 구분되기도 한다.

④ 제품 및 운송 보안(Cargo and Conveyance Security): 화물 보안으로 구분되기도 한다.

⑤ 절차 보안(Procedural Security)

⑥ 물리적 보안(Physical Security)

해당 카테고리 구분은 C-TPAT, AEO 등 개별 물류보안인증제도에서 구분하는 카테고리와는 다를 수 있으며, 제도별로 중요시하는 부분이 다르기 때문에 이를 통일된 구분으로 제시하는 것은 어렵다. 그러나 다른 물류보안인증제도에서 제시하는 리스크 요소와 ISO28001에서 제시하는 구분상에 큰 차이는 존재하지 않는 만큼 추후 다른 제도들을 도입하는 경우도 용어의 차이로 인해 혼동을 겪는 일은 없을 것으로 사료된다.

즉, 화물의 손실이라는 리스크를 검토하는 경우, 위의 화물 보안만을 검토대상으로 한정하는 것이 아니라, 창고의 열쇠 등 잠금장치가 쉽게 풀릴 수 있는 낙후된 것이라든가, 창고 벽면에 구멍이 뚫려 있을 수 있으며, 이런 경우는 시설 보안의 관점에서 접근해야 한다. 그리고 출입하는 내부근로자나 외부 용역업체 직원에 대한 출입시 소지품 검사 등 통제가 되지 않을 수도 있기에 이런 경우는 인원 보안의 관점에서 접근해야 한다. 또한 장기보관 화물이 많아 방치되고 있는 경우가 있다면 주기적인 검사를 통해 재고 수량 정보가 일치하는지 확인하는 작업이 필요하며, 이를 전산화하여 관리할 필요가 있다면 정보보안의 관점에서 접근해야 한다. 이렇듯 하나의 리스크 요소가 여러 관점에서 접근될 수 있음을 인지하여, 단면만 보고 세부 보안요소를 누락시키는 일이 발생하지 않도록 주의해야 한다.

리스크를 분석하는 단계는 위와 같이 정밀하게, 기업의 업무 상세를 반영하여 진행하도록 하고, 지금부터는 이를 보안기획에 적용해보도록 하겠다. 이해를 돕기 위해 단순화시켜 예를 들면, "고객만족 100% 달성"을 기본 방침으로 하는 기업의 고객 만족도가 하락하고 있다고 하자. 보안리스크 평가를 통해 여러 가지 요소가 도출되었으며, 고객 만족도 하락의 주요 요소로 창고 내 화물의 잦은 분실이 꼽혔다고 가정해 보겠다. 그 원인은 창고의 잠금장치가 부실하거나, 근무시간에 상시 개방하여 출입자 통제가 안 된다거나, 반입시점부터 반출시점까지의 재고 점검이 주기적으로 이루어지지 않는 등 여러 가지가 있을 수 있다.

방침의 실현을 위해 그 기업은 상정할 수 있는 여러 가지 목표 중 하나를 "보안사고의 완전 제거"로 설정할 수 있다. 보안사고를 줄이는 목표를 달성하기 위해 각 팀은 팀 단위 목표를 수립하고 이를 추진해야 한다. 영업팀은 거래처를 선정할 때 거래처의 보안수준을 점검하여 업스트림, 다운스트림으로부터의 위협을 제거해야 할 것이며, 전산팀은 기업 내 보안장비를 주기적으로 검토하여 허가 없이 변경된 자료는 없는지, 자료 백업은 원활하게 이뤄지고 있는지를 주기적으로 점검해야 할 것이다. 그 밖의 팀에서도 목표 달성에 기여할 수 있도록 팀별 목표를 설정하게 될 것이며, 이러한 팀별 목표를 세부목표라고 할 수 있다.

범위를 한정하여 이해를 돕기 위해 여기서는 창고운영팀을 대상으로 상세히 알아보도록 하겠다. 목표 달성에 기여하기 위한 창고운영팀의 목표(=세부목표)는 창고 내 화물분실 발생을 제거하는 것이 될 것이다. 이러한 세부목표를 달성하기 위해 창고운영팀에서는 부실한 창고의 잠금장치를 최신형으로 교체하거나 추가적인 잠금장치 설치를 위해 본부에 요청을 해야 할 수도 있으며, 철저한 출입자 통제를 위해 창고 근로자들을 대상으로 정기적인 교육을 실시하여 출입대장을 기록하는 것을 의무화할 수도 있다. 또한 화물의 반입, 반출 시 수량 파악을 철저히 하여 이상 발생시 바로 조치할 수 있도록 지침을 정할 수도 있다. 이러한 지침, 절차 등 팀 특성에 맞추어 추진해나갈 수 있는 조치들을 ISO28000에서는 프로그램이라 정의하고 있는 것이다. 이 정도의 설명이면 실제 업무를 담당하는 기업 내 관련 담당자들이 보안경영 목표, 세부목표, 프로그램을 이해하고 적용하는 데 도움이 될 것이다.

제9절 실행 및 운영(4.4)

1. 개　　요	5. 문서화(4.4.4)
2. 보안경영의 구조, 권한 및 책임(4.4.1)	6. 문서 및 데이터 관리(4.4.5)
3. 적격성, 교육 훈련 및 인식(4.4.2)	7. 운영 관리(4.4.6)
4. 의사소통(4.4.3)	8. 비상시 대비, 대응 및 보안 복구(4.4.7)

1. 개　　요

가. 실행 및 운영이란?

보안기획 단계를 통해 다룬 내용들은 추구하는 목표와 보안 수준을 달성하기 위한 계획을 수립하는 과정으로, ISO28000의 PDCA Cycle 중 계획(Plan) 단계에 속한다. 즉, 보안기획 단계까지의 과정은 언제 무엇을 하여 어떤 결과를 달성해야 하는지를 도출하는 단계이며, 그 후속 실행 및 운영은 추구하는 목표와 보안수준을 달성하도록 행동하는 실행(Do) 단계로 볼 수 있다. 이러한 일체의 행동은 각종 문서로 기록되어 내역을 보관하여 보안경영의 실행 근거로 남아야 한다.

보안기획 내용을 기업이 실행하기 위해서는 목표, 세부목표 또는 프로그램(단위사업)별로 담당할 조직을 두고, 적절한 인력을 배치하여 필요한 자원이 투입되도록 해야 한다.

설정한 목표 및 프로세스의 효과적 이행을 위해, 반복적으로 발생되는 사안에 대해서는 동일한 기준과 절차로 수행될 수 있도록 기준을 명확히 하고, 여러 부서가 관련되어 있는 업무인 경우에는 혼선을 막기 위해서 관련부서별로 책임과 권한을 세부적으로 분배하여 협력과 통합을 위한 치밀한 조치를 실행해야 한다. 그리하여 각 부서와 직원은 보안기획 내용, 특히 수립된 목표 가운데 자기 부서에 맡겨진 임무를 업무별 절차서, 지침서, 기준대로 실행하여, 부서에 부여된 세부목표나 단위사업을 달성하여 인증을 취득할 수 있도록 기여해야 한다. 만약 보안경영매뉴얼, 보안기획, 특히 보안 세부목표 및 절차서 등에 따른 업무 진행시 부여된 임무 수행에 미흡한 사항, 현실과 맞지 않는 사항이 발견된다면 이를 구체화, 현실화하여 수정 결과를 반영해야 하며, 비상상황이 발생하는 경우의 대응 조치 역시 체계적으로 구축하여 단위 업무의 목표 달성에 만전을 기해야 한다.

나. 실행 및 운영의 구성 요소

해당 단계의 구성요소는 "4.4. 실행 및 운영(Implementation and Operation)"에 명시되어 있으며, 그 세부항목은 "4.4.1. 보안경영의 구조, 권한 및 책임", "4.4.2. 적격성, 교육훈련 및 인식", "4.4.3. 의사소통", "4.4.4. 문서화", "4.4.5. 문서 및 데이터 관리", "4.4.6. 운영관리", "4.4.7. 비상시 대비, 대응 및 보안복구"로 구성되어 있다.

이 중 "4.4.4. 문서화"는 이미 제 5 절 문서화를 통해 앞서 다루었다. 문서화 부분만 앞서 자세히 다룬 이유는 ISO28000 도입을 준비하는 단계부터 문서화 작업이 이뤄지게 되면, "4.3. 보안기획" 단계에서 보안경영매뉴얼을 참조하면서 세부 항목인 목표, 세부목표, 프로그램을 작성하기 용이하다는 장점이 있기 때문이다. 또한 "4.5. 실행 및 운영", "4.6. 경영검토 및 지속적 개선"의 각 단계를 수행하면서 초기에 수립한 문서화 초안을 지속적으로 수정 · 보완하는 것이 효과적이라고 판단했기 때문이다. 그러나 이는 시범사업을 통해 얻은 결과를 바탕으로 권고하는 사항일 뿐이며, 기업의 내부 사정에 따라 실행 및 운영 단계에서 문서화 수립을 하여도 무방하다.

2. 보안경영의 구조, 권한 및 책임(4.4.1)

4.4.1. 보안경영의 구조, 권한 및 책임	4.4.1. Structure, Authority and Responsibilities for Security Management
조직은 보안경영 방침, 목표, 세부목표 및 프로그램의 달성과 일관성이 있게 역할, 책임 및 권한에 대한 조직 구조를 수립하고 유지하여야 한다.	authorities, consistent with the achievement of its security management policy, objectives, targets and programmes.
이러한 역할, 책임 및 권한은 규정되고, 문서화되어 실행 및 유지에 책임이 있는 각 개인과 의사소통되어야 한다.	These roles, responsibilities and authorities shall be defined, documented and communicated to the individuals responsible for implementation and mainten-

ance.

최고경영자는 보안경영시스템(프로세스)의 개발 및 실행과 그것의 지속적인 효과성 개선에 대한 의지의 증거를 다음과 같이 나타내어야 한다.

Top management shall provide evidence of its commitment to the development and implementation of the security management system(processes) and continually improving its effectiveness by:

a) 다른 책임과는 무관하게 조직의 보안경영시스템의 전반적인 설계, 유지, 문서화 및 개선에 대한 책임이 있는 최고경영자의 인원을 지정

a) appointing a member of top management who, irrespective of other responsibilities, shall be responsible for the overall design, maintenance, documentation and improvement of the organization's security management system;

b) 목표 및 세부목표가 실행되고 있음을 보장하기 위하여 필요한 권한을 가진 관리자(1인 또는 다수)를 지정

b) appointing (a) member(s) of management with the necessary authority to ensure that the objectives and targets are implemented;

c) 조직의 이해관계자의 요구사항 및 기대를 점검하고 모니터링하며 이 기대를 관리하기 위한 적절하고 시기적절한 조치를 실행

c) identifying and monitoring the requirements and expectations of the organization's stakeholders and taking appropriate and timely action to manage these expectations;

d) 충분한 자원의 가용성을 보장

d) ensuring the availability of adequate resources;

e) 보안경영 방침, 목표, 세부목표, 프로그램 등이 조직의 다른 사항에 미칠 수 있는 부정적 영향도 고려

e) considering the adverse impact that the security management policy; objectives, targets, programmes, etc. may have on other aspects of the organization;

f) 조직의 다른 부분에서 생성된 어떠한 보안 프로그램도 보안경영시스템을 보완하도록 보장할 것

f) ensuring any security programmes generated from other parts of the organization complement the security management system;

g) 조직의 방침에 적합하기 위해서는 조직의 보안 경영 요구사항을 충족시키는 것이 중요하다는 것에 대하여 조직과 의사소통 할 것

g) communicating to the organization the importance of meeting its security management requirements in order to comply with its policy;

h) 보안 관련 위협 및 리스크가 평가되고 이것이 조직의 위협 및 리스크 평가에 적절히 포함됨을 보장	h) ensuring security-related threats and risks are evaluated and included in organizational threat and risk assessments, as appropriate;
i) 보안경영 목표, 세부목표 및 프로그램의 실행 가능성을 보장	i) ensuring the viability of the security management objectives, targets and programmes.

가. 보안기획 실현을 위한 직제와 책임

ISO28000을 도입하는 기업의 보안경영 방침, 목표, 세부목표, 단위사업(프로그램)을 실행 및 운영해나가기 위해 별도의 조직을 구성하는 경우나 기존 조직에 임무가 추가되는 경우 모두 적절한 인력의 배치와 함께 업무 수행 범위, 업무 수행 방법, 활용 가능한 자원(예산) 등을 규정하기 위한 책임과 권한이 정해져야 한다.

앞 단계에서 마련된 보안기획은, 그 이전(以前)단계에서 식별된 관리대상인 보안리스크와 법규 요구사항을 ISO28000의 요구 기준에 따라, 그 기준을 충족시키기 위해 경영에 반영해야 할 대응조치 사항들을 종합하여 목표, 세부목표, 단위사업으로 수립한 것이다. 기업의 전체 업무범위가 방대한 경우, 이를 수행하는 사업장, 담당 부서가 많아지고, 공급사슬에 연계된 생산 · 부역 · 운송 · 보관(창고) · 하역 등 공급사슬과 연계된 부문의 역할과 활동이 다양해진다. 그에 따라 기업의 전체 보안리스크 종류와 전체 관련법규의 요구사항 역시 셀 수 없이 다양해질 수 있다. 그러나 보안리스크와 법규 요구사항에 대한 보안대책이 많다고 하여도, 목표, 세부목표, 단위사업에 반영하여 종합 정리하면, "제 6 절 보안리스크 평가의 5. 동 활동의 결과물"을 통해 설명한 바와 같이 다음의 6가지 보안대책으로 통합할 수 있다.

① 자산(시설) 보안: 공장, 창고, 터미널, 공항, 설비 등 중요시설의 안전, 보안대책으로서 울타리, 출입문, 출입금지구역 설정, 중요지점마다 감시보안장비(감시카메라, 경보장치, 센서, 보안조명) 설치, 순찰 등

② 인원 보안: 출입자 통제, 생체인식 설비, 신규채용자의 신원 확인, 퇴직자 관리

③ 정보 보안: 컴퓨터 접근 차단, 주요 정보에 대한 접근 제한, 비밀취급 인가 제도, 정보의 암호화, 핵심 산업기술 정보

④ 절차 보안: 준법절차 수행

⑤ 화물(컨테이너 및 운송) 보안: 공급사슬 내 화물의 변경, 컨테이너 훼손, 화물의 내용물 식별, GPS 추적, RFID

⑥ 물리적 보안: 건물에 대한 접근 통제, 해킹방지 방화벽, 전자카드, 원천적 차단(홍수, 전원), 데이터의 원상회복 불가능수준으로의 파기, 침입 불가능한 안전금고 보관, 현금수송차량의 방탄, 서버에 대한 공중 인터넷 연결에서 분리

나. 경영 구조에 의한 책임 부여

현재 기업의 경영 구조에 ISO28000 도입을 위해 수립된 목표, 세부목표, 단위사업(프로그램)을 총괄할 수 있는 보안 관련 부서가 없다면 부서를 신설해야 한다. ISO28000의 도입을 위해 추가되는 업무에 책임과 권한을 부여하고, 그에 따라 원활한 업무 수행이 가능하도록 증원 등의 조치를 취해야 하며, 회사 직제나 조직운영 사규 등에 이를 반영토록 한다.

또한, 회사 전체의 목표 또는 세부목표는 관련 사업장, 관련 부서, 또는 공급사슬 내 거래당사자, 이해관계자에게 통보되어야 한다. 통보받은 관련 사업장과 관련 부서, 즉, 세부목표를 실행하는 개별 사업장 또는 개별 부서는 세부목표에 정해진 6가지 카테고리의 보안대책을 개별 단위사업으로 분리하여 해당 부서, 각 담당자에게 일의 범위와 목표를 명확히 하여 관련된 보안경영매뉴얼과 절차서 등에 따라 구체적으로 실행할 수 있도록 한다. 목표 및 세부목표의 역할 배분은 회사 내 사업장, 부서별로 이뤄지고 계층 상하 간에도 이뤄진다. 세부목표 실행 과정에서 구체적인 임무가 부여되어야 하는 임직원 대상은 다음과 같다

- 최고경영자
- 단위사업, 기능의 모든 라인 관리(Line Management)에 참여하고 있는 임직원
- 계약자 및 방문객의 출입통제에 대하여 책임이 있는 직원
- 교육 훈련에 책임이 있는 직원

• 보안에 필수적인 장비 운영에 책임이 있는 직원
• 보안성이 결백한 직원 또는 기타 보안 전문가

회사 전체의 보안목표에 포함된 모든 개별 사업과 시행 기간, 목표는 이를 수행할 사업장, 부서, 담당자가 명확히 지정되어 실행되어야 한다. 그리하여 각각의 사업장과 부서의 모든 프로그램(단위사업)이 완수되면 회사 보안기획상의 세부목표가 달성되고, 모든 세부목표를 집계하면 회사 전체의 목표가 달성되는 실행 및 운영체계를 갖추게 되는 것이다.

또한 회사의 보안경영매뉴얼과 각종 절차서를 관련 부서에 통보하고 그대로 실행하게 하는 것은 ① 시설 보안, ② 인원 보안, ③ 정보 보안, ④ 절차 보안, ⑤ 화물 보안, ⑥ 물리적 보안 가운데 구체적으로 동일한 성격의 보안대상에 대한 대응조치가 어느 사업장, 어떤 부서 또는 어떤 근무자에 의해 언제 실행되더라도 ISO28000 인증 수준을 충족할 수 있는, 즉, 보안목표와 보안성과를 달성할 수 있도록 체계화하여 실현해나가는 방법론이다.

그러나 서두에서 잠시 명시한 것처럼, 보안경영매뉴얼 또는 보안기획 단계를 통해 미흡한 사항이 드러나는 경우 이를 보완하여 실행 및 운영해야 한다. 이 경우, ISO28000의 보안총괄부서 또는 보안경영매뉴얼 책임부서에 보고하여 전사적(全社的) 차원에서 보완이 이루어져 관련부분을 수정해야 하며, 다음과 같은 사례를 들 수 있다.

① 필수적인 어떤 업무에 대해 보안매뉴얼에 구체화되지 않았거나 절차서가 누락된 경우
② 세부목표대로 시행해도 ISO28000에 요구하는 보안수준에 미달할 것으로 예상되는 경우
③ 보안리스크를 평가한 결과 새로운 보안리스크가 파악되거나 기존에 파악한 리스크의 심각성, 가능성이 증가하여 새로운 대응 방안이 필요한 경우

또한 개별 사업장 또는 부서는 소관업무에 대하여 배정된 목표, 세부목표 및 단위사업(프로그램)을 실행하는 데 있어 어느 누가 수행하더라도 동일한 성격의 보안활동이 동일한 효과를 낼 수 있어야 한다. 동일 업무가 여러 근무조에 의해 나눠져서 수행되거나, 인사이동 등으로 근무자가 달라지는 경우, 단위사업의 사업장이 나뉘어 있거나, 세부적으로 여러 하위부서가 담당하는 경우,

복잡한 전문지식이나 식별이 요구되는 경우 등을 대비하여 업무 수행에 누락이 발생하지 않도록 출입자 통제요령, 근무수칙, 전략물자 판정요령, 화물 컨테이너 점검사항, CCTV 모니터링 통제요령, 긴급보고 및 비상연락, 보안장비 운용지침 등 다양한 지침서를 수립하여 운용할 수 있다.

ISO28000 보안매뉴얼의 모든 이행 사항은 요구사항대로 이행한 사실 뿐 아니라, 특이사항에 대한 대응 조치, 규정에 의한 부서 내 보고 또는 부서 간 협조요구 사실과 그 결과 등을 관련대장, 전자문서, 전산처리 매뉴얼에 기록하고 보안책임자 또는 최고경영자에 보고한 사실, 지시받고 조치한 사실도 기록으로 유지되어야 한다. 요구되는 기록에 대한 작성 및 보관 작업 중 보안 상 민감한 취급이 요구되는 활동은 보안성이 결백한(cleared)[26] 직원에 의해서 수행되어야 한다.

다. 주요 고려사항

"4.4.1. 보안경영의 구조, 권한 및 책임"의 규정에 따라 실행 및 운영을 체계적으로 운영하기 위해 고려해야 하는 사항은 다음과 같다.

a. 최고경영자는 자사의 보안경영 방침, 보안기획(목표, 세부목표 및 프로그램)을 달성해나가는 보안경영시스템을 전체적으로 설계, 관리, 문서화, 개선해나갈 전담 책임자로 최고 임원(Top Management) 가운데서 1인을 지정하여 보안경영시스템 도입 과정의 개발, 실행 및 지속적이고 효과적으로 개선하려는 의지를 보여주어야 한다.

b. 보안경영시스템의 목표(Objective)와 세부목표(Target)가 실행되고 개선되어가는 것을 보장하는 책임 및 권한을 가진 보안경영 임원(책임자)을 1인 이상 두어야 한다. 이는 그 임원의 책임 하에 보안경영시스템을 설계하고 실행한 부서와 전사적으로 협력하는 체계를 구축해야 함을 의미한다.

c. 보안경영과 관련하여 기업의 주주, 이해관계자(Stakeholders)의 보안 요구사항과 기대를 확인하고 점검하여 그들의 기대를 관리하기 위해 시의적절한 조치를 실행해야 한다. 이해관계자의 범주에는 주주, 거래관계를 맺고 있는 기업, 기업에 영향을 미치는 조직이나 소비자 등이 포

26) 보안민감 물질에 접근하려는 사람의 신뢰성을 검증하는 프로세스(KS V ISO 28004 3.2)

함될 수 있으며, 이들이 요구하는 보안경영에 대한 사회적 책임 등을 반영하여야 한다. 요구사항의 문구 중 "시의적절한 타이밍"은 업계의 움직임이나 국제사회 동향에 뒤쳐지거나 지연되어서는 안 된다는 의미로 해석되어야 한다.

d. 보안경영시스템을 실행하고 지속적으로 개선해나가는데 적절한 자원, 즉, 조직, 인원, 장비, 시설 투자, 절차 개선, 시스템의 설계, 개발, 운영에 소요되는 자원을 활용할 수 있도록 보장해야 한다. ISO28000은 선언으로 끝나는 것이 아니라, 실질적으로 기업경영 전반에 도입되고 실행될 수 있도록 물적·인적·시스템적인 지원이 보장되어야 한다. 뿐만 아니라 한 번의 인증으로 그 효력이 유지되는 것이 아니기 때문에 지속적으로 개선해나가야 한다.

e. 기업의 보안경영 방침, 목표, 세부목표와 프로그램(단위사업들) 등이 다른 부문과 충돌할 수 있는 부정적인 영향을 충분히 고려해야 한다. 보안경영 방침과 목표는 사회적 안전이나 공공성을 추구하는 비용이 수반되므로, 일반 기업의 영리 추구 목적과 직결되는 생산성 향상이나 수출 증대, 수익 증대와 충돌할 수 있다. 이러한 충돌이 발생하는 경우, 보안경영 방침이나 목표, 세부목표와 프로그램이 달성될 수 있는 방향으로 효율적인 조치를 고려해야 한다.

f. 기업의 다른 부문으로부터 발생한 어떠한 보안 프로그램(단위사업)도 보안경영시스템을 보완하는 방향으로 실행되어야 한다. 라인 관리(Line Management) 책임자(예: 생산관리팀장, 창고운영팀장, 하역관리팀장 등)들은 그들의 책임 하에 운영되는 공정 내에서 보안요소들을 관리할 책임이 있으며, 기능별로 공유되는 관리 책임이 있다면 이에 대한 명확한 책임 및 권한을 정해줘야 한다. 예를 들어 수출·입 절차에 대하여 보안리스크 평가를 통해 공급사슬보안과 관련하여 집중적인 관리가 필요한 보안리스크가 식별된 경우 수출부장, 영업부 임원과 보안전문가 사이에 책임과 권한이 모호해지면 문제 해결을 위해 많은 부분의 희생이 요구될 수 있다. 그렇기 때문에 책임의 한계와 해결의 원칙을 명확히 규정하여 혹시라도 갈등이 발생했을 때 보고를 통해 이를 조정할 수 있도록 절차를 규정해야 한다.

g. 기업이 보안경영 방침을 준수하기 위해서 보안경영 요구사항을 충족시키는 것에 대한 중요성을 기업 전체 임직원과 의사소통하여 공감대를 형성해야 한다.
h. 기업의 업무 범위에서 보안과 관련한 인위적인 위협(Threat)과 그 위험요소(Risk)들이 적절히 평가되어야 하고, 해당 요소들이 적절히 포함되었음을 증명할 수 있어야 한다. 이를 위해 보안과 관련된 업무를 담당하는 직원들은 인위적인 위협과 그 위험요소를 식별하고 그 위험요소가 실현되었을 때 자사에 또는 사회적, 국제적으로 얼마나 피해가 심각한지를 평가할 수 있는 능력을 갖추어야 하며, 기타 임직원들은 그 결과가 보안경영에 반영되도록 보장해야 한다. 미국, EU 등에서는 현재 국가 안보, 테러, 마약, 환경 파괴, 원산지 확인, 지적재산권, 식품위생 등에 대해 관심이 많으며, 수출·입에 있어 이런 관심 분야에 대해 자국 법률의 위반 사항을 엄격하게 관리하고 있다. 공급사슬 안에서 외부인의 의도에 따라 오·남용될 수도 있고, 회사 내부 직원에 의해 간과되거나 무시될 수도 있는 이러한 사항들이 자사와 사회적 또는 국제적으로 가져오게 되는 피해를 올바르게 인식하고 이에 대한 대응체계를 확실히 갖추도록 한다.
i. 보안경영의 목표, 세부목표 및 프로그램을 완벽하게 실행해야 한다.

라. 동 활동의 산출물

보안경영의 구조, 권한 및 책임의 실행을 통해 다음의 결과물이 산출된다.

① 모든 관련자들에 대한 보안 책임 및 권한의 규정
② 매뉴얼/절차서/교육훈련 패키지에 있는 역할/책임의 문서화
③ 모든 종업원 및 기타 관련자에 대한 역할과 책임의 의사소통 절차서
④ 모든 수준에서의 보안에 대한 적극적인 경영참여 및 지원

3. 적격성, 교육 훈련 및 인식(4.4.2)

4.4.2. 적격성, 교육 훈련 및 인식	4.4.2. Competence, Training and Awareness
조직은 보안 장비 및 프로세스를 설계, 운영 및 관리할 책임이 있는 인원이 학력, 훈련 및/또는 경험에 따라 적절한 자격이 있음을 보장하여야 한다. 조직은 조직에 근무하는 종업원이나 조직을 대신하여 업무를 실행하는 인원에게 다음 사항을 인식시키기 위한 절차를 수립하고 유지하여야 한다.	The organization shall ensure that personnel responsible for the design, operation and management of security equipment and processes are suitably qualified in terms of education, training and/or experience. The organization shall establish and maintain procedures to make persons working for it or on its behalf aware of:
a) 보안경영 방침 및 절차 그리고 보안경영시스템 요구사항에 대한 중요성	a) the importance of compliance with the security management policy and procedures and to the requirements of the security management system;
b) 비상시 대비 및 대응 요구사항을 포함하여 보안경영 방침 및 절차 그리고 보안경영시스템 요구사항에 적합하기 위하여 필요한 역할 및 책임	b) their roles and responsibilities in achieving compliance with the security management policy and procedures and with the requirements of the security management system, including emergency preparedness and response requirements;
c) 규정된 운영 절차로부터 벗어남으로 인해 조직의 보안에 미치는 잠재적 결과	c) the potential consequences to the organization's security by departing from specified operating procedures.
적격성 및 교육 훈련 기록은 유지되어야 한다.	Records of competence and training shall be kept.

가. 보안경영을 수행할 임직원의 역량(Capability) 구축

적격성(Competence)이란, 기업의 보안 업무를 담당하는 임직원들이 그 임무를 수행할 수 있는 능력과 자격요건을 갖추고 있는 상태를 말하며 측정하기는 어려우나 실질적으로 업무를 수행할 수 있는지에 대한 적합성 여부를 가리는 기준이 될 수 있다. ISO28000에서는 보안경영을 위한 적격성 판단기준으로 교육(Education) · 훈련(Training) · 경험(Experience)을 제시하고 있다.

교육은 일정 주제 또는 과정의 폭넓은 지식, 교양을 제공하는 체계적인 학습 과정으로, 교육 내용에 대한 숙지 상태를 시험으로 평가하기 쉽고 수료증명서가 수여된다는 특징이 있으며, 훈련은 설치한 장비에 대한 운영, 특정 목적이나 분야에 관한 정리된 지식과 실습으로 구성되어 그러한 장비의 운영, 전문적인 기능을 숙달시키고 지식을 습득시키는 일정 기간의 체계적인 교육과정을 말한다.

ISO28000의 도입결정 단계, 보안기획 단계 및 실행 단계에서 자사 업무의 이해를 바탕으로 보안매뉴얼에 따라 실제로 업무를 수행하기 위해서는, 이를 검토하거나 보안경영 방침(안)을 작성하는 임직원, 또는 보안기획을 수립하는 직원, 실행 및 운영을 수행하는 임직원이 모두 해당 임무를 수행할 적격성을 갖추어야 한다. 이러한 적격성을 갖추도록 하기 위해서는 ISO28000에 대한 적합한 교육, 훈련을 제공해야 하며, 이에 대한 상세 내용은 본서의 제3절 ISO28000 요구사항에 대한 교육을 통해 확인하도록 한다.

나. 주요 고려사항

ISO28000의 실행 및 운영단계에서 임무를 수행할 임직원들이 적격성을 갖추기 위해서는 "4.4.2. 적격성, 교육훈련 및 인식"을 통하여 다음 3가지 사항을 인식시키는 절차를 수립하고 관리해야 한다.

a. 보안경영 방침 및 절차를 준수하는 것과 보안경영시스템의 요구사항에 부합하는 것에 대한 중요성

보안경영 방침과 절차란 보안경영매뉴얼에 따라 리스크 평가를 실시하고 법규준수 사항을 식별하여, 보안기획(목표, 세부목표, 단위사업) 및 문서화 작업을 통해 이를 실행해나가는 일련의 절차를 의미한다. 이를 준수하여 ISO28000 인증에 필수적인 요구사항을 만족시키기 위한 방법론과 절차를 수립하는 것이 교육의 목적이며, 이러한 교육은 적격성을 갖추기 위한 필요조건이 된다.

또한 보안경영시스템의 요구사항에 부합해야하는 것도 중요하다. 그 요구사항 가운데 자사 취급화물의 공급사슬보안, 자사와 수출입관계가 있는 국가의

강제적 법규준수사항이나 이해관계자, 고객의 요구사항을 파악하여 ① 시설 보안, ② 인원 보안, ③ 정보 보안, ④ 절차 보안, ⑤ 화물 보안, ⑥ 물리적 보안의 어느 부분에 어떤 절차, 어떤 방법으로 요구사항을 충족시킬 수 있는지 발굴해야 한다. 기업의 업무범위에 따라 이해관계자의 요구사항, 고객으로부터의 불만 사항은 다양할 수 있다.

예를 들어, 보세창고 관리업무 중 보세사에 의해 관리되어야 하는 규정이나 항만 보안업무 중 항만보안교육을 이수한 PFSO(Port Facility Security Officer; ISPS code 이행 실무자)에 의해서 관리되어야 하는 규정이 있다면, 이에 따라 보세사 자격이 있는 자를 채용하거나 담당직원에게 관련 교육을 이수토록 하여 적격성을 확보해야한다. 또한 화물의 위험성이 높거나 테러용으로 전용될 수 있는 물품 또는 고가품, 귀중품 등 중요 화물을 운송하게 되는 경우, 운송업체, 운전사가 특별한 취급요령이나 위험요소 식별요령을 숙지하고 취급하기를 요구하는 경우 그러한 요령을 운송업체 또는 운전사에게 교육시켜야 한다.

이러한 중요성을 인식하고 보안리스크, 세부목표에 대하여 대응하여 보안대책과 절차를 만들어 실행해야 한다. 이러한 임무를 수행할 수 있도록, 적격성을 갖추도록 하는 교육프로그램을 시행해야 한다.

b. 비상시 대비와 대응요구사항을 포함하여 보안경영 방침과 절차, 그리고 보안경영시스템의 요구사항에 적합하도록 실행하는데 있어서 임직원들의 역할과 책임

보안경영시스템을 담당하는 임직원이 보안경영매뉴얼을 숙지하고 참조하면서 요구사항에 적합하도록 실행하는 역량을 갖추어 보안목표, 세부목표, 프로그램 혹은 절차서, 지침서에 따라 역할과 책임을 수행할 수 있도록 적절한 교육훈련이 제공되어야 한다. 일반적으로 적격성은 보안경영시스템 뿐만 아니라 적용대상의 업무에 대하여도 숙지하고 있어야 조화로운 실행방안을 착안할 수 있다. 그러므로 기업이 보유하고 있는 인적자원의 경력, 학력, 경험 등을 고려하여 업무별 적격성 기준을 설정해야 한다.

c. 명시된 운영절차로부터 벗어남으로 인해 조직의 보안에 잠재적으로 미치는 결과

보안경영시스템은 식별된 보안리스크나 준법요구사항, 이해관계자나 고객

의 요구를 반영하기 위한 대응방안이기 때문에 명시된 운영절차를 벗어날 경우 향후 언젠가는 자사의 업무범위에서 위험요소가 사건으로 현실화되고 피해가 발생할 수 있고 안보, 또는 준법사항 위반은 사회적 공공안전 위협, 회사 브랜드 차원의 피해로 연결된다. 이에 대한 공감대를 형성시키는 교육이 필요하다.

다. 교육 내용

실행 단계에서 관련 임직원에게 다음과 같은 교육훈련이 필요하다.

① 일반직원들이 현재 시점에 존재하는 기업의 보안리스크 및 위협을 인식하도록 하는 교육
② 보안리스크 평가를 통해 수립된 기업의 보안 대책에 따라 관련 담당자들에게 구체적으로 어떠한 역할과 책임이 부여되는가에 대한 교육
③ 부서 이동이 있는 직원들을 포함하여 직원들에 대한 체계적인 보안인식 교육
④ 업무개시 전에 제공되는 교육훈련
⑤ 직원들이 보안리스크 평가(제 6 절)를 실시할 수 있도록 하는 교육
⑥ 보안 책임자와 기업 내 보안관련 주요 직무를 수행하는 직원을 대상으로 한 교육
⑦ 종업원, 계약자, 임시직원 등을 관리하는 자의 보안 책임에 대한 교육
  • 관리자를 포함한 모든 관련 인원들이 보안 위협 및 리스크 발생시 각각의 책임을 이해하도록 함
⑧ 최고경영자의 역할 및 책임(회사 및 개인의 법적 책임 포함)에 대한 교육
  • 리스크를 관리하고, 각종 손실을 최소화하기 위한 보안경영 프로그램 교육
⑨ 계약자, 임시직원, 방문객에게 노출된 리스크 정도에 따른 교육

라. 동 활동의 산출물

"적격성, 교육훈련 및 인식" 활동을 통해서 다음 결과물을 문서로 산출할 수 있다.

① 각 개인의 역할에 대한 적격성 요구사항

② 교육훈련 필요성의 분석
③ 교육훈련 프로그램/계획
④ 조직 내에서 사용을 위하여 입수할 수 있는 교육훈련 과정/제품의 범위
⑤ 교육훈련 기록, 그리고 효과성 및 교육훈련의 평가 기록
⑥ 보안 인식 프로그램
⑦ 보안 인식의 평가

4. 의사소통(4.4.3)

4.4.3. 의사소통	4.4.3. Communication
조직은 관련 보안경영 정보가 관련된 종업원, 계약자 및 그 밖의 이해관계자와 의사소통 되는 것을 보장하기 위한 절차를 가지고 있어야 한다.	The organization shall have procedures for ensuring that pertinent security management information is communicated to and from relevant employees, contractors and other stakeholders.
특정한 보안 관련 정보는 민감한 특성이 있으므로 배포 전에 정보의 민감성을 고려하여야 한다.	Because of the sensitive nature of certain security related information, due consideration should be given to the sensitivity of information prior to dissemination.

가. 의사소통의 중요성

전사적(全社的)으로 식별된 보안리스크에 대한 대응방안이 보안기획을 통해 수립되고 나면 이를 실행할 부서, 사업장 등에 알리게 되는데, 이렇게 전파하고 그에 대한 반응을 상호 주고받는 과정을 의사소통(Communication)이라 한다. 의사소통을 통해 보안경영 방침, 보안목표, 세부목표, 프로그램, 실행 및 운영에 대해, 관련된 모든 종업원이 이해하고 추진시기별 목표 달성을 위해 공감대를 형성하게 된다. 보안경영매뉴얼에 명시된 대로, 또는 명시되지 않은 경우에는 보완적으로 방안을 강구하여 구체적으로 행동하여야 보안 세부목표를 달성하게 된다. 각 사업장과 부서에서 소관 세부목표들을 달성하면 종합적으로 회사의 보안목표를 달성할 수 있게 된다.

새로운 국제 동향이 관련 임직원에게 충분히 인식되어 실행할 수 있는 상

태에 도달하도록 공감대를 형성하는 과정이 중요하며 그 범위에 공급사슬보안의 일부로 연계되는 외부 계약자 및 그 밖의 이해관계자도 포함시키는 것이 중요하다. 의사소통 방법은 기업의 현실에 맞는 효율적인 방법을 수립하여 실행하도록 한다.

나. 주요 고려사항

의사소통의 대상은 기업의 경영층·직원·계약자 및 이해관계자로 구분된다. 즉 경영층에서 결정된 보안경영 방침 및 목표의 직원들에게로의 전달(Top-down), 경영층에게로의 직원들의 피드백(Bottom-up), 부서 간 의사소통(Lateral, Internal), 그리고 외부의 계약자 및 이해관계자에의 통보(External)로 나눌 수 있다. 의사소통의 형태와 방법론은 다음과 같다.

① 하향식 의사소통은 경영층이 직원에게 알리는 것으로 사내 간행물, 보안 회보, 보안 포스터, 정기 조례를 통한 경영층의 보안 훈시 등이 있을 수 있다.

② 상향식 의사소통은 직원이 경영층에 보고나 승인을 구하는 것으로 보안리스크 평가 결과 보고, 보안점검 결과보고, 제안제도 창설, 각종 보안 정기회의에서의 발언 등이 있을 수 있다.

③ 수평적 의사소통은 부서 대 부서 간의 소통 형태로, 각종 보안 정기회의 개최, 부서 간 업무협조 등이 있다.

④ 외부적 의사소통은 회사가 공급사슬 내에 계약자, 이해관계자에게 알리는 것으로 설명회, 문서 통보, 투명경영을 위한 보안경영 방침의 웹사이트 공개, 사내간행물 배포 등이 있을 수 있다.

기업은 보안경영시스템의 자료 중 보안과 관련하여 민감한 취급이 요구되는 정보는 분류하여, 공개하기 전에 민감성, 통지 범위, 통제 방법을 수립하여 의사소통에 활용해야 한다. 또한, 외부 관계자와 내부 직원에게 알릴 범위를 구분하여야 한다. 예를 들면, 출입자 통제를 위한 근무 수칙은 정문을 관리하는 직원에게만 알리고 사내 다른 직원들이나 외부관계자에게는 공개하지 않아야 한다.

다. 의사소통 진행

기업은 종업원 및 기타 이해관계자(예: 계약자, 방문객, 주주, 사업파트너, 당국 등)와 다음과 같이 양방향으로 적절한 보안 정보에 대하여 상담하고 의사소통하여 공감대를 형성해야 한다.

① 방침의 개발 및 검토에 대한 상담, 그들 자신의 활동과 관련된 보안 리스크의 평가 및 리스크 관리의 실행을 포함하여, 리스크 관리를 위한 프로세스 및 절차의 실행에 관한 결정과 보안 목표의 개발 및 검토에 대한 상담

② 새로운 또는 변경된 장치, 시설, 화학품, 기술, 프로세스, 절차 또는 업무형태의 도입과 같이 작업장 보안에 영향을 주는 변경사항에 대한 상담

③ 종업원에게는 보안 사항에 대하여 의견을 말하도록 권장하여야 하며 보안에 대하여 규정된 지휘 관리 체계에 대하여 알려줘야 한다.

라. 동 활동의 산출물

다음 사항을 증빙하는 문서기록을 생성하고 유지한다.

① 보안 위원회 또는 유사 기구를 통한 공식적인 경영층 및 종업원과의 상담

② 보안리스크 식별, 리스크 평가 및 리스크 통제에 종업원 참여

③ 종업원 보안 상담, 작업장에서의 검토 및 개선 활동과 보안 문제에 대하여 경영층에 피드백을 권장하기 위한 솔선수범

④ 사고 및 사건조사, 현장 보안 점검 등에의 참여를 포함하여 규정된 역할 및 경영층과 의사소통 기구를 가진 종업원 보안 책임자

⑤ 종업원 및 기타 이해관계자, 예를 들어 계약자 또는 방문객을 위한 보안 브리핑

⑥ 보안 정보를 포함하는 게시판

⑦ 보안 회보

⑧ 보안 포스터 프로그램

⑨ 민감한 보안 정보, 적절한 당국 및 공급사슬 파트너와의 보고서를 공유하기 위한 기타 대책

5. 문서화(4.4.4)

문서화 작업은 제 5 절에서 상세히 설명하였으므로, 생략토록 한다.

6. 문서 및 데이터 관리(4.4.5)

4.4.5. 문서 및 데이터 관리	4.4.5. Document and data control
조직은 다음 사항을 보장하기 위하여 이 규격의 4항에서 요구하는 모든 문서, 데이터 및 정보를 관리하기 위한 절차를 수립하고 유지하여야 한다.	The organization shall establish and maintain procedures for controlling all documents, data and information required by Clause 4 of this International Standard to ensure that:
a) 이러한 문서, 데이터 및 정보는 적절한 장소에 비치되고 권한을 가진 자만이 접근	a) these documents, data and information can be located and accessed only by authorized individuals;
b) 이러한 문서, 데이터 및 정보는 주기적으로 검토하고, 필요에 따라 개정하며, 권한을 가진 자가 그 적절성을 승인	b) these documents, data and information are periodically reviewed, revised as necessary and approved for adequacy by authorized personnel; and can be recovered.
c) 보안경영시스템의 효과적인 기능 발휘에 필수적인 업무를 실행하는 모든 장소에서 관련 문서, 데이터 및 정보의 최신판을 이용할 수 있어야 함	c) current versions of relevant documents, data and information are available at all locations where operations essential to the effective functioning of the security management system are performed;secure and if in electronic form are adequately backed up
d) 효력이 상실된 문서, 데이터 및 정보는 모든 발행 장소 및 사용 장소에서 신속히 제거되거나, 달리 사용되지 않음을 보장하여야 함	d) obsolete documents, data and information are promptly removed from all points of issue and points of use or otherwise assured against unintended use;
e) 법률에 의하여 또는 지식 보전의 목적으로 보유하고 있는 문서, 데이터 및 정	e) archival documents, data and information retained for legal or know-

보는 적절하게 식별되어야 함	ledge preservation purposes or both are suitably identified;
f) 이러한 문서, 데이터 및 정보는 안전하게 보관하여야 하며, 전자화된 형태인 경우 적절하게 백업하고 복구할 수 있어야 함	f) these documents, data and information are secure, and if in electronic form are adequately backed up and can be recovered.

가. 문서와 데이터 관리의 필요성

중·소기업에서는 대화, 구두협의가 사실관계의 기초가 되고 있지만 이러한 방법으로는 현장에 없었던 제 3 자에게 사실관계를 입증할 수 없다. 음성은 순간 소멸되기 때문에 후에 그 사실을 증명하기 어렵고, 대화를 주고받은 당사자가 기억이나 메모로 사실을 제시할 수 있으나 그 자리에 있던 참석자들의 기억이 다르면 진실을 규명하기가 쉽지 않다. 대화내용을 녹취하는 방법도 있지만 사실로 인정받는데 검증 절차가 요구된다. 그리하여 기업 활동의 주요사항은 문서로 의사소통하고 향후 문서의 효력을 입증하는 것이 필요한 경우 모두 문서로 관리하도록 권장되고 있다.

보안경영시스템에서 보안경영 방침, 보안목표, 세부목표, 프로그램의 관리는 실행할 책임과 권한을 부여하기 때문에 문서로 이뤄져야 한다. 최고경영자의 구두지시, 명령의 경우에도 문서로 작성하여 보고내용을 확인(승인)받아 문서로 관리한다. 개별 단위사업의 수행도 문서로 추진되고 조치사항, 절차, 결과도 문서로 기록된다. 책임부서나 상사에게의 보고도 문서로 이루어지고, 그 회사의 목표나 ISO28000 요구사항에 대비하여 잘못된 사항이나 부적합사항을 인지, 시정하여 개정하는 것 역시 문서로 이뤄진다. 이 모든 문서가 ISO28000을 어떻게 기획해서 어떻게 실행했고 어떻게 지속적으로 개선되고 있는지를 객관적으로 제시할 수 있는 증거가 된다.

나. 문서의 종류와 형태

ISO28000의 도입에서부터 보안기획, 실행, 점검, 시정의 과정을 통하여 지속적으로 개선되는 과정에서 다양한 문서가 수립되고 형성된다.

문서는 그 용도에 따라 다음과 같이 분류할 수 있다.

① ISO28000 도입 단계에서부터 보안기획 단계까지 추진팀에서 문서화되

어 관련 임직원들이 임무를 수행하면서 참조하는 문서이다.

a. 보안경영매뉴얼: 보안경영 방침, 보안기획, 실행 및 운영, 점검 및 시정조치, 경영검토 및 지속적 개선, 부속서로서 각종 절차서 및 지침서, 개정사항 및 개정이력

b. 보안경영매뉴얼을 수립하는 과정 중, 해당부서에의 통보, 관련부서와의 협조, 보안매뉴얼 규정에 따른 주기적 검토결과 보고 등에 대한 문서

② 추진(T/F)팀의 업무진행 과정에서 생성되는 문서로 보안리스크 식별 및 평가, 강제적 법규준수사항 및 불이행시 영향 검토, 관련 대응방안 검토, 각종 교육계획 및 시행 기록, 실행 및 운영에 대한 점검 기록 등과 관련된 문서이다.

③ 관련 사업장과 부서에서 실행 및 이행과정에서 6개 보안대상별로 생성되는 각종 문서로 실제로 이행한 사실을 입증하게 된다.

a. 시설 보안: 울타리의 설계, 발주, 설치, 점검, 중요지점마다 센서·탐조등·감시카메라(CCTV)·경보장치 설치, 모니터링 화면을 전산매체로 저장, 출입문 통제기록부, 출입금지구역 설정, 경보장치, 센서, 보안등 설치, 순찰기록부 등

b. 인원 보안: 출입자 통제 기록부, 생체인식설비, 신규 채용자 신원조회, 퇴직자 관리

c. 정보 보안: 보안대상 정보의 분류 및 지정, 컴퓨터 접근범위의 계층화와 차단, 비밀취급인가 제도, 정보의 암호화, 핵심 산업기술정보 등에 대한 접근자 이력관리, 전산실에 USB 및 휴대폰 카메라 봉인

d. 절차 보안: 각종 준법사항의 절차 이행, 전략물자 사전판정서, 수출허가서, 수출신고서

e. 화물 보안: 공급사슬 내 화물의 변경(바꿔치기), 컨테이너 훼손, 화물의 내용물 식별, GPS추적, RFID 판독 데이터 보관

f. 물리적 보안: 시설에 대한 접근통제, 인터넷에 해킹방지 방화벽 설치, 전원의 원천적 차단, 데이터의 원상회복이 불가능한 수준으로 파기, 침입 불가능한 안전금고 또는 현금수송차량의 방탄, 내부 전산서버에 대한 외부 인터넷망으로부터의 분리

다. 주요 고려사항

실행 및 운영 과정에서 보안경영매뉴얼, 특히 자기 부서에 관련된 세부목표를 이행하고 있는 사실을 문서로 작성한 관련 자료(Data)는 적절히 관리되어야 하며 고려사항은 다음과 같다.

a. 모든 문서는 보안의 민감성과 업무연관성을 고려하여 적절한 장소에 비치되어야 하며 권한을 가진 자 만이 접근할 수 있도록 절차를 수립한다.

b. 모든 문서는 주기적으로 검토되어야 하며 필요에 따라 개정될 수 있도록 하는 절차와 최고경영층의 승인을 얻는 절차를 수립한다.

c. 개정된 문서는 모든 관련 사업장과 부서에 전달되어 그 업무를 담당하는 모든 장소에서 개정된 내용대로 효과적으로 실행되도록 한다. 개정된 내용에 의해 생성된 문서와 자료(Data)는 관련 부서에 통보되거나 이용할 수 있도록 조치한다. 예를 들면, 새로운 보안리스크를 식별하여 대응조치를 취해야 한다면 보안총괄부서장에게 보고되고, 구체적 조치를 취해야 할 모든 관련 부서에 통보되어 개선내용에 따라 실행되도록 조치하여 그 내용이 문서로 생성되어야 한다. 실행 부서에서 개별 단위사업이나 활동에 적용되는 지침서, 장비 운용요령이 변경된 경우에는 그 변경사실을 기록하고 변경된 지침서나 운용요령을 담당직원에게 알리고 근무장소에서 최신본에 의해 실행하도록 하고 문서로 기록을 남긴다.

d. 개정에 따라 절차와 효력이 상실된 문서가 그 이후에 관련 업무에 적용되지 않도록 제거하고 폐기하는 절차를 수립한다.

e. 문서의 용도나 목적을 분류해야 하며 법률에 의하여 강제적 의무사항을 이행한 문서는 그 용도나 목적, 종류에 따라 보존하고 관리한다. 보안경영시스템에서 지식보전의 목적으로 보유하고 있는 문서, 자료 및 정보는 관련 직원이 참조할 수 있는 상태로 관리하고 실제로 식별, 인식하면서 업무가 처리되도록 한다. 그 모든 사실을 입증할 수 있도록 문서로 기록되어 남겨야 한다.

f. 모든 문서는 안전하게 보관될 수 있도록 하며 전자문서의 경우 백업하

고 복구할 수 있는 절차를 수립한다.

라. 동 활동의 산출물

데이터의 보안 관리와 함께 보안 문서의 식별, 승인, 발간, 접근 및 제거에 대한 관리에 대하여 절차서가 수립되고 이에 적용될 문서 및 데이터의 범주, 그리고 보안 민감성에 근거한 분류의 수준이 명시되어야 한다. 문서 및 데이터는 응급시를 포함하여 평소에 인가된 자에게 사용 가능하고 접근 가능해야 한다.

① 부여된 책임 및 권한을 포함한 문서관리 절차서
② 문서 등록부, 총 목록 또는 색인
③ 통제 문서 및 그 장소를 알려주는 기록부
④ 공문서 기록

7. 운영 관리(4.4.6)

4.4.6. 운영관리	4.4.6. Operational Control
조직은 다음을 달성하는데 필요한 운영 및 활동을 파악하여야 한다.	The organization shall identify those operations and activities that are necessary for achieving:
a) 조직의 보안경영 방침	a) its security management policy;
b) 중대한 리스크를 가지고 있다고 식별된 위협의 감소 및 활동의 관리	b) the control of identified security threats and risks;
c) 법률, 법적 및 그 밖의 강제적 요구사항에 대한 적합성	c) compliance with legal, statutory and other regulatory security requirements;
d) 조직의 보안경영 목표	d) its security management objectives;
e) 조직의 보안경영 프로그램의 실행	e) the delivery of its security management programmes;
f) 공급사슬 보안에서 요구되는 수준	f) the required level of supply chain security.
조직은 다음 사항에 따라 규정된 조건 하에 이러한 운영 및 활동이 실행되고 있음을 보장하여야 한다.	The organization shall ensure these operations and activities are carried out underspecified conditions by:

a) 문서화된 절차가 없음으로 인하여 4.4.6. a)에서 f)까지 나열된 운영 및 활동을 달성하지 못하는 상황이 발생하는 것을 관리하기 위해 문서화된 절차를 수립, 실행 및 유지

b) 업스트림 공급사슬 활동으로 야기되는 위협을 평가하고 조직 및 그밖의 다운스트림 공급사슬 운영자에 대한 이 영향을 경감시키기 위한 관리를 적용

c) 보안에 영향을 주는 상품 및 서비스에 대한 요구사항을 수립 및 유지하고, 이를 공급자 및 계약자와 의사소통 함

a) establishing, implementing and maintaining documented procedures to control situations where their absence could lead to failure to achieve the operations and activities listed in 4.4.6. a) to f) above;

b) evaluating any threats posed from upstream supply chain activities and applying controls to mitigate theses impacts to the organization and other downstream supply chain operators;

c) establishing and maintaining the requirements for goods or services which impact on security and communicating these to suppliers and contractors.

이러한 절차는 적용 가능한 경우 장비, 도구 등에 대한 보안 관련 항목의 설계, 설치, 운영, 개조 및 변경에 대한 관리를 포함히어야 한다. 현재의 제도가 개정되거나 새로운 제도가 도입되어 보안경영 운영 및 활동에 영향을 줄 수 있는 경우 조직은 그 제도의 실행 이전에 관련된 보안 위협 및 리스크를 고려하여야 한다. 제정 또는 개정되는 제도는 다음 사항을 반드시 고려하여야 한다.

These procedures shall include controls for the design, installation, operation, refurbishment and modification of security related items of equipment, instrumentation, etc., as appropriate. Where existing arrangements are revised or new arrangements introduced, that could impact on security management operations and activities, the organization shall consider the associated security threats and risks before their implementation. The new or revised arrangements to be considered shall include:

a) 개정되는 조직의 구성, 역할 또는 책임

b) 개정되는 보안경영 방침, 목표, 세부목표 또는 프로그램

c) 개정되는 프로세스 및 절차

d) 하드웨어 및/또는 소프트웨어를 포함하

a) revised organizational structure, roles or responsibilities;

b) revised security management policy, objectives, targets or programmes;

c) revised processes and procedures;

d) the introduction of new infrastructure,

여 새로운 기반구조, 보안 장비 또는 기술의 소개	security equipment or technology, which may include hardware and/or software;
e) 해당되는 경우, 신규 계약자, 공급자 또는 인원의 소개	e) the introduction of new contractors, suppliers or personnel, as appropriate.

가. 운영관리의 목적

ISO28000을 실행하는 기업의 운영관리 목적은, ① 주요 활동들이 보안 요구사항을 충족하는지 확인하고, ② 실행 과정에서 보안상 결함을 방지할 수 있도록 하기 위해, ③ 새로운 제도 도입이나 변경시에도 보안성을 충족하도록 보완하기 위해서이다.

구체적으로 실행 및 운영 과정에서 추진팀, 보안총괄부서 직원뿐 아니라 회사 내 모든 사업장 및 부서들이 실행 및 운영에 참여하게 된다. 운영관리의 목적은 ISO28000의 요구사항을 충족시키기 위하여 회사 실정을 반영하여 채택한 보안경영 방침, 식별된 보안리스크 및 법규적 요구사항에 대한 대응방안, 보안경영 목표 등이 계획된 대로 달성할 수 있도록 적절한 활동이 시행되는지를 확인하는 것이다.

나. 주요 고려사항

실행 과정의 활동들이 다음의 보안요구사항을 충족하는지를 확인한다.

a. 회사의 보안 경영방침

b. 확인된 중대한 위험요소와 위협을 감소시키는 관리방안

c. 법률적, 법적, 그 밖의 강제적 요구사항의 준수

d. 회사의 보안경영 목표

e. 회사의 보안경영 프로그램의 실행

f. 공급사슬보안에서 필수적인 보안수준

그리고 보안상 결함의 방지를 위하여 다음 조건을 보장하여야 한다.

a. 문서화된 절차가 없어서 위의 보안 요구사항을 달성하지 못하는 상황이 발생하지 않도록, 문서화된 절차를 수립·실행·유지한다. 실행 및

운영 과정에서 특정한 업무를 처리하는 절차서나 지침서가 없어서 그 업무를 처리할 수 없는 상황을 미연에 방지해야 한다. 그리하여 보안기획 단계에서 누락 없이 회사 전체의 보안목표, 세부목표, 프로그램(단위사업)을 실행하는데 충분한 문서가 준비되어야 한다. 예를 들어 국제적으로 안보관련 통제대상인 물자를 수출하는 경우에는 통제대상인 물자인지를 식별하고 필요한 수출허가 등 관련 법규를 준수하는 절차가 문서화되어야 한다. 또한 운송회사에서 통제대상의 화물을 적재한 컨테이너가 환적을 통해 우려사용자에게 공급될 위협요인이나 운송도중 화물의 바꿔치기, 봉인의 훼손이 일어날 위협요인에 대해 운송과정에서 이를 감시하고 필요시 조치할 수 있는 절차를 수립해야 한다.

[표-33] 운영관리를 위한 보안지침서 예시

번호	구 분	적용범위
1	창고운영지침	고객의 제품, 상품(화물)을 물류창고에 입고, 재고, 출고(출하준비, 출고, 확인)단계까지 관리하는 전반적인 업무에 적용
2	제품보관관리지침	물류창고에 입고된 제품, 상품에 대하여 효과적인 보관관리에 적용
3	제품출하관리지침	고객에게 인도하기 위해 출하업무 관련된 업무에 적용
4	직원 출입·접근통제 지침	외주용역직원을 포함한 회사직원을 대상으로 기업의 출입·접근통제에 관한 전반적인 업무에 적용
5	방문자 출입·접근통제 지침	기업 내 화물(제품, 상품 등)이 보관된 창고 및 사무실을 방문하는 외부 방문자(차량을 이용한 방문자를 포함)를 대상으로 고객 안내실에서 출입 접근통제를 위해서 식별하고 방문 진입, 진출여부를 결정하는데 적용
6	운송관리지침	물류창고로부터 고객이 원하는 장소까지 고객의 제품, 상품의 운송 및 고객사의 공장에서 인천물류센터까지 제품을 운송하는데 있어 운송관리 계획수립 및 운송, 인도 확인까지에 적용
7	창고 접근통제 지침	화물의 반입, 반출 등 창고의 전반적인 업무에 대한 고객 및 직원의 효과적인 접근 통제에 적용

8	화물 손실, 도난 관리 지침	위탁받은 화물(제품, 상품 등)이 운송 또는 보관 중 손실 및 분실이 발생한 경우 손실, 분실에 대한 초기 조사, 원인 분석, 대책 및 고객에게 통보하는 데 적용
9	경비운영 관리 지침	기업의 경비운영 관리의 효율성을 제고하고 경비 대상 시설 및 장소에서 도난, 화재, 비상사태를 예방 및 대응하는데 필요한 경비운영관리에 적용
10	경보작동 취급 지침	기업 내 화물(제품, 상품 등)을 보관하는 창고에서 경보가 작동되었을 경우 취급 관리 절차에 대하여 적용
11	사고보고 관리체계 지침	기업 내 화물(제품, 상품 등) 중 사고발생시 보고관리 체계에 적용
12	소방계획 지침	소방시설 설치유지 및 안전관리에 관한 법률 제20조 및 동법 시행령 제14조 규정에 의하여 방화관리업무 전반에 관하여 필요한 사항을 정하고 이를 실천함으로써 화재를 예방, 경계 또는 진압하여 인명과 재산을 화재로부터 적극 보호할 수 있는 제도적 장치 마련에 적용
13	주변장치 유지관리 지침	기업의 보안관리를 위해 사용되는 CCTV, 조명, 감지기, Card Reader의 상태를 최적으로 보장하기 위해 정기적인 유지점검, 고장시 수리, 교체 관리가 효과적으로 관리되기 위한 주변장치 유지관리에 적용

b. 공급사슬의 업스트림에 의해 야기되는 위협과 다운스트림의 공급사슬 운영자에게 미치는 영향을 경감시키기 위한 관리가 필요하다. ISO 28000의 보안경영은 공급사슬에 의한 보안을 포함하기 때문에 자사의 업무 범위 이전에 야기되는 위협요인에 대응조치를 해야 하며, 이후 공급사슬 관련 당사자에게 전달되는 보안위협요소가 경감되도록 관리해야 한다. 예를 들면, 창고업체의 업스트림으로부터 컨테이너가 도착하였을 때 봉인 훼손에 대한 리스크를 평가하였다면 회사는 컨테이너를 인계받는 단계에서 봉인상태를 확인하는 절차서를 수립하여야 하고, 컨테이너 안에 적입된 화물의 무결성을 보장하여 리스크가 경감된 화물이 다운스트림 운영자에게 흘러갈 수 있도록 해야 한다. 특히 전략물자는 최종 다운스트림에서 테러나 대량살상무기로 전용될 위험요소가 있기 때문에 전략물자인지 판정하는 절차서나, 전략물자로 확인된 경우 최종사용자가 우려사용자가 아니라는 확인이나 정부의 수출허가서, 수입자로부터 징구한 최종사용자 진술서, 혹은 수입국 정부가 발

행한 최종용도증명서를 관리하는 절차서가 필요하게 된다.

c. 보안에 영향을 주는 상품·서비스에 대한 보안 요구사항을 수립 및 유지하고, 이를 공급자 및 계약자와 공감대를 형성할 수 있도록 해야 한다. 보안에 영향을 주는 상품 및 서비스에 해당하는 것으로 인화성 또는 폭발성 물질, 무기, 안보관련 수출통제 물품, WMD 제조기술, 환경파괴 화학물질, 마약 등을 들 수 있으며, 해당 범주는 점점 확대되는 추세이다. 보안 요구사항 준수는 자기 회사 내부뿐 아니라 보안에 영향을 주는 상품 및 서비스의 수출자, 수입자, 계약자 및 기타 공급사슬 관련자들에게 역시 요구되는 사항이며, 이의 준수를 위해 공감대를 형성해 나가야한다.

특히 보안에 민감한 상품 또는 서비스를 구매하거나 공급할 때 자사 또는 외부계약자가 준수해야 할 대응 조치는 ① 시설 보안, ② 인원 보안, ③ 정보 보안, ④ 절차 보안, ⑤ 화물 보안, ⑥ 물리적 보안으로 종합되며, 구체적으로 동일한 성격의 보안대상에 대한 대응조치가 어느 사업장, 어떤 부서 또는 어떤 근무자에 의해 언제 실행되더라도 ISO 28000 인증수준을 충족할 수 있도록 그 방법론과 수단을 체계화하여 실현해나가는 공감대를 형성해야 한다.

ISO28000을 도입하는 기업이 보안매뉴얼을 작성하여 회사 각 부서에 통보하는 것은 시작에 불과하다. 보안경영 방침이나 보안목표를 실행해야 할 많은 단위사업이나 활동들을 어떻게 완벽하게 달성할 것인지 설계하고 시설, 장비, 도구, 전산에 의한 관리시스템 개발이 필요하다면 그에 대한 설치 및 운영이 이뤄져야 한다. 또한, ISO28000의 요구사항을 관련 경영활동 전반에 적용하기 위해 필요하다면 종전 업무처리절차를 개조하고 변경하여야 한다. 그리고 다른 제도가 사내에, 국내에 또는 거래 상대국에 새롭게 시행될 경우 추가적인 강제적 법규 준수사항이 발생할 수 있고 새로 인수한 공장, 창고 등에도 보안 시설과 관리 수요가 발생할 수 있다. 이러할 때마다 회사 차원에서 그 제도의 실행 이전에 보안경영시스템 내의 결함 또는 부적합요인을 찾아내어 보완해야 한다. 이 역시 보안리스크 관리와 마찬가지로 보안위협과 위험요인을 식별하고 그에 대한 보안리스크 경감 및 관리대책을 수립하여 보안매뉴얼의 관련부문을 모두 수정하고, 관련 임직원 및 외부 이해관계자에게 통보하여 제도의 제정이나 변경된 내용을 실행하게 해야 한다. 이 때 반드시 고려해야할 사항은 다음과 같다.

a. 보안경영 책임부서 신설을 포함한 조직 직제 개정에 대한 역할과 책임
b. 보안경영 방침, 목표, 세부목표 및 프로그램의 개정
c. 보안관련 업무 절차나 처리과정의 개정
d. 하드웨어 및 소프트웨어를 포함하고 있는 새로운 기술, 보안장비 및 보안 인프라(Infrastructure)의 도입
e. 새로운 계약자, 공급자(수출자) 또는 직원이나 인력에 대한 적절한 보안 검토를 통하여 계약 체결, 거래관계 개설 또는 신규채용

ISO28000을 도입하여 실행하면서 상품, 서비스를 거래하거나 운송을 위탁하고 창고, 시설을 이용할 때 자칫 종전 방식대로 처리하기 쉽다. 이런 요소들은 개정되어야 하며 변화에 따라 계속 개선 방향을 검토하여 반영해 나가야 한다. 이해를 돕기 위해 몇 가지 예를 든다.

① 상품 및 서비스를 구매, 공급하거나 운송을 위탁할 경우 거래하는 외부 업체, 협력업체의 보안 관리 상태를 주기적으로 평가하고, 신규 시설(창고 등)을 건설하거나 장비를 구매하는 경우 보안 규정을 확인하고 설계를 승인하여야 한다.
② 일반 상품, 서비스와 보안대책이 요구되는 민감성 상품 및 서비스를 구별하여 절차를 수립하고, 취급 인력 통제, 별도 제한구역과 출입제한 신설 여부를 사전에 결정해야 한다.
③ 시설, 장소, 화물보관에 대하여 보안장비 설치 및 점검절차를 수립하여 관리해야 한다. 예를 들면, CCTV, 진동이나 충격 감지센서, 접근이나 침입 감시 적외선 센서, 보안등, 출입통제 장치 등의 시설과 순찰 점검 등을 보안규정에 반영하여 관리해야 한다.

다. 동 활동의 산출물

운영관리 활동 중 상품과 서비스의 구매, 운송 과정에서 계약자의 적격성이나 새로운 장비의 보안 규격 적합성, 민감한 보안 관련 업무의 실행 등에 대

하여 증빙으로 그 절차서, 관련 운영, 유지 지침서, 승인기록 등이 생성된다.

8. 비상시 대비, 대응 및 보안 복구(4.4.7)

4.4.7. 비상시 대비, 대응 및 보안 복구	4.4.7. Emergency Preparedness, Response and Security Recovery
조직은 보안사건 및 비상사태의 잠재적 발생 가능성을 파악하고 이에 대한 대응, 그리고 이러한 상황과 관련하여 일어날 수 있는 심각성을 방지하고 완화시키기 위한 적절한 계획 및 절차를 수립, 이행 및 유지하여야 한다. 이 계획 및 절차는 사건 또는 비상사태 중에 또는 이후에 요구될 수 있는 모든 식별된 장비, 시설 또는 서비스의 공급 및 정비에 관한 정보를 포함하여야 한다.	The organization shall establish, implement and maintain appropriate plans and procedures to identify the potential for and responses to, security incidents and emergency situations and for preventing and mitigating the likely consequences that can be associated with them. The plans and procedures shall include information on the provision and maintenance of any identified equipment, facilities or services that can be required during or after incidents or emergency situations.
조직은 비상시 대비, 대응 및 보안 복구 계획과 절차의 효과성을 주기적으로 검토하여야 하며 특히 보안 위반 및 위협으로 인해 야기된 사건 또는 비상사태가 발생한 이후에는 반드시 그러하여야 한다. 조직은 이러한 절차를 실행 가능한 방법으로 주기적으로 시험하여야 한다.	The organization shall periodically review the effectiveness of its emergency preparedness, response and security recovery plans and procedures, in particular after the occurrence of incidents or emergency situations caused by security breaches and threats. The organization shall periodically test these procedures where practicable.

가. 비상시 대책과 보안 복구

ISO28000의 주요 목적 중 하나가 잠재적인 위협과 위험이 발생하지 않도록 방지, 예방하는 것이다. 그러나 예상하지 못했거나, 보안대책을 수립하여 관리했음에도 불구하고 위협이나 위험이 실제로 발생했을 때, 이를 비상사태로 인식하고 그 피해가 최소화되도록 대응하고 보안수준을 회복하는 것 역시 중요한 요소의 하나이다.

비상시 대비, 대응이라 함은 예측되는 잠재적 보안사건 발생시 '심각성'을 어떻게 줄일 것인가를 결정하는 단계이다. 잠재적 보안사건의 보안리스크 평가 과정에서 관리되지 않은 위험요소 발생사실을 인지하거나, 실행 및 운영을 통해 관리 대상에서 누락된 사실을 인식하는 경우도 있을 수 있다.

예를 들면,

① 시설 보안: 통제되지 않은 자가 출입한 사실, 배달원이 통제 대상으로 분류되지 않고 출입하는 사실, 야간 보안울타리를 침입한 사실에 대한 수습과 피해 최소화 조치 등이 있을 수 있다.

② 인원 보안: 신규채용자, 보안시설에 화물운전자가 신원 미확인 상태에서 대량파괴무기(WMD)에 사용되는 물자를 취급하거나, 퇴직자가 민감한 기술을 보유했을 경우 관련자에 대한 보안조치가 필요하며 보안사고 발생시 수습하는 조치가 필요하다.

③ 정보 보안: 비밀정보, 암호 제원, 핵심 산업기술 등이 해킹, 도난 등으로 유출된 경우 피해 최소화를 위해 관련 정보를 회수하고 패스워드 등을 변경하여 추가 유출을 방지한다.

④ 절차 보안: 핵 관련 물질, 전략물자 등이 허가 없이 수출되었을 때 우려사용자, 테러리스트 등의 테러나 대량파괴무기(WMD) 개발용도로 사용되지 않도록 국제공조로 차단하고 회수조치를 추진한다.

⑤ 화물 보안: 금괴, 고가품, 안보관련 물품, 마약 등 화물이 컨테이너 봉인이 훼손된 경우, 또는 운송 중 컨테이너가 교체된 사실을 인지한 경우 원래 화물을 회수하기 위한 조치를 강구한다.

⑥ 물리적 보안: 해킹방지 방화벽이나 외부 인터넷망에서 분리, 폭발조건의 차단, 비밀 정보의 원상회복이 불가능한 수준으로 파기 등 물리적 보안조치가 뚫린 경우 피해최소화 조치를 강구한다.

위와 같이 보안사건의 발생, 비상시를 대비하여 대응계획을 마련하고 주기적으로 훈련을 통하여 미비점을 보완하여야 한다. 또한 예상치 못한 보안사건이 발생하거나 비상시 대응에도 불구하고 심각한 사건이 발생했을 경우의 피해수습책도 강구하여야 한다. 예를 들면 보유시설에서 폭발사건으로 시설과 인명피해가 발생하거나 핵물질 등 민감한 전략물자가 우려 사용자의 관할로 이전된 경우에 취할 수 있는 대비책을 수립하여야 한다.

나. 주요 고려사항

보안사건이 잠재적으로 발생할 가능성을 파악하여 회사 전체 또는 사업장 단위로 대책을 수립해야 한다. 기업은 다음 자료들을 검토하여 발생할 가능성이 높은 보안사건을 파악할 수 있다.

① 식별된 보안리스크가 심각한 수준으로 발생한 상황

② 강제적, 법적 또는 기타 요구사항이 준수되지 않았거나 부주의로 인해 심각한 위협요인이 발생한 상황

③ 이전에 발생한 보안사건 및 비상사태가 재발하는 상황

④ 다른 기업에 발생한 보안사건 및 비상사태가 자기 회사에 발생할 수 있는 상황

⑤ 경찰, 정보 조직 등의 의견

⑥ 기업의 비상대응과 관련된 종합적인 경험

또한 잠재적으로 발생할 수 있는 보안사건으로 다음의 예시를 고려하도록 한다.

[표-34] 보안 사건 예시

구 분		장 소	내 용	비 고
보안사건	폭발물 발견	창고내 장비 보관실	장비 보관실에 폭발물 발견	
	밀수/밀반출	창고 내부	물류센터 반입화물 Pallet Repacking 작업 중 총기발견	
	총기 발견	물류센터 구내도로	화물운송기사 총기 휴대 발견	
	보안시스템 무력화	보안 경비실	CCTV 메인장치의 무허가접근	
		물류센터 외곽 울타리	보안카메라 위치조작	
비상사태	방화	물류센터	창고동에 휘발성 물질을 사용한 방화발생	
	운송차량의 무기화	정문 출입구	정문으로의 차량돌진	
	기타 자연재해	물류센터	태풍에 의한 건물붕괴	

보안사건 및 비상사태에 대한 대응책을 마련할 때는 다음의 사항을 고려하도록 한다.

① 비상시 책임자의 식별(예: 비상연락망, 비상대응 조직표 등)

② 비상사태 장소에 있는 외부인(계약자, 방문자 등)이 비상시 취해야 하는 행동과 비상사태 기간 중 직원들이 취해야 하는 행동 지침

③ 비상사태 기간 중 특정의 역할을 가진 자(예: 보안 경비원, 방화 책임자, 응급 처치 요원, 방사선 누출/독성 감염 전문가)의 책임, 권한 및 의무

④ 대피 절차

⑤ 중·단기적인 보안 복구 시나리오, 파괴된 보안장비나 주요시설을 복구하기 위해서는 그 제원을 평소에 파악하여 관리해야 한다.

⑥ 보안 자료, 기록, 데이터 및 장비의 위치가 식별되고 보호될 수 있는 절차

⑦ 경찰, 정보기관 및 보안 용역업체들과 최초로 연락하는 직원의 대응 절차

⑧ 공장 배치도, 보안 데이터, 절차서, 업무지침서 및 연락 전화번호와 같은 비상시의 필요 정보를 활용할 수 있도록 이해관계자와 의사소통 하는 절차

⑨ 비상사태 발생에 따른 협력업체와의 의사소통

그리고 비상시 필요한 장비를 식별해야 한다. 사전에 비상시 필요한 각종 장비리스트를 작성하여 필요한 수량을 필요한 장소에 비치하도록 조치해야 하며, 정기적으로 보안장비의 유지관리를 해야 한다. 전산프로그램과 데이터는 백업을 통해 안전하게 보관하여 메인 서버의 피해발생시 신속하게 복구할 수 있게 하여야 한다. 기타 장비, 시설, 또는 서비스의 공급과 정비에 관하여 정보를 유지관리하도록 한다.

마지막으로 실무 훈련 및 연습이 필요하다. 수립된 비상시 대응방안에 따라 정해진 일정표로 훈련을 실시해야 하고 가능한 경우 소방서, 경찰 등 외부기관과 공동 훈련을 실시해야 한다. 훈련을 실시 한 이후 비상시 대응 방안의 효과성 검토 후 주기적으로 개선하여 실제 비상시 훈련대로 위험상황을 통제하고 피해를 최소화해야 한다.

다. 동 활동의 산출물

비상시 대책과 보안 복구 활동을 통하여 다음과 같은 결과물이 산출된다.

① 문서화된 비상 대응 및 보안 복구계획과 절차
② 보안 장비 목록
③ 보안 장비의 시험 기록
④ 실습훈련 및 연습 기록
⑤ 실습훈련 및 연습의 검토
⑥ 그 검토의 결과로 나타난 권장 조치
⑦ 권장 조치의 달성에 대한 과정
⑧ 완료된 조치사항

제10절 점검 및 시정조치(4.5)

1. 점검 및 시정조치란
2. 보안성과 측정 및 모니터링(4.5.1)
3. 시스템 평가(4.5.2)
4. 보안관련 실패, 사건, 부적합사항 그리고 시정조치 및 예방조치(4.5.3)
5. 기록관리(4.5.4)
6. 심사(4.5.5)

1. 점검 및 시정조치란

ISO28000의 PDCA cycle에서 계획, 실행을 거쳐 나타난 기업의 업무범위 내 보안성과를 측정·평가하고 필요시 시정조치를 통해 지속적으로 개선해나가는 과정이 점검(check)단계이다.[27] 다시 말하면 공급사슬보안 경영시스템의 업무범위 내에서 인증기준을 충족할 수 있도록 계획에 따라 실행하고 있는지 즉, 회사 내에서 계획된 보안경영 방침, 목표, 세부목표가 제대로 실행되고 있는지 점검하는 것이다.

점검 및 시정조치의 방법론은 ISO28000의 계획과 실행이 목표, 세부목표,

27) Deming, William Edwards/Gitlow, Howard S./Gitlow, Shelly J., “The Deming guide to quality and competitive postion”, Prentice-Hall, 1987

프로그램(단위사업) 체계로 구성되어 있어 점검 및 시정조치도 이러한 구조를 기반으로 행하여진다. 계획과 실행을 구성하는 모든 프로그램들, 즉 보안대책들은 ① 자산 보안(시설 보안) ② 인사 보안, ③ 절차 보안, ④ 정보 보안, ⑤ 화물 보안, ⑥ 물리적 보안으로 분류된다.

점검 및 시정조치의 구성요소는 ISO28000의 4.5. 점검 및 시정조치의 순서에 의하면 "4.5.1. 보안성과 측정 및 모니터링", "4.5.2. 보안경영 시스템 평가", "4.5.3. 보안 관련 실패, 사건, 부적합사항 그리고 시정조치 및 예방조치", "4.5.4. 기록관리", "4.5.5. 심사"로 되어 있다. 이 순서에 따라 항목별로 설명해나가겠다.

2. 보안성과 측정 및 모니터링(4.5.1)

4.5.1. 보안 성과 측정 및 모니터링	4.5.1. Security Performance Measurement and Monitoring
조직은 보안경영시스템의 성과를 모니터링하고 측정할 수 있는 절차를 수립 및 유지하여야 한다. 또한 보안 성과를 모니터링하고 측정할 수 있는 절차도 수립하여야 한다. 조직은 주요 성과 요소를 측정하고 모니터링하기 위한 주기를 정할 때 잠재적인 악화 구조(deterioration mechanism) 및 그 심각성을 포함하여 관련된 보안 위협 및 리스크를 고려하여야 한다. 이 절차는 다음 사항을 제공하여야 한다.	The organization shall establish and maintain procedures to monitor and measure the performance of its security management system. It shall also establish and maintain procedures to monitor and measure the security performance. The organization shall consider the associated security threats and risks, including potential deterioration mechanisms and their consequences, when setting the frequency for measuring and monitoring the key performance parameters. These procedures shall provide for:
a) 조직의 필요성에 적절한 정성적 및 정량적 측정	a) both qualitative and quantitative measurements, appropriate to the needs of the organization;
b) 조직의 보안경영 방침, 목표 및 세부목표를 어느 정도까지 충족시켰는지를 모니터링	b) monitoring the extent to which the organization's security management policy, objectives and targets are met;
c) 보안경영 프로그램, 운영 관리 기준 및	c) proactive measures of performance

적용 가능한 법률, 법적 요구사항 및 그 밖의 보안관련 강제적 요구사항의 적합성을 모니터링하기 위한 능동적인 성과 측정	that monitor compliance with the security management programmes, operational control criteria and applicable legislation, statutory and other security regulatory requirements;
d) 보안 관련 악화, 실패, 사건, 부적합사항〔준사고(near miss) 및 오경보를 포함한〕 및 기타 보안경영시스템의 성과 저하 이력을 모니터링하기 위한 반응적 성과 측정	d) reactive measures of performance to monitor security-related deteriorations, failures, incidents, nonconformances (including near misses and false alarms) and other historical evidence of deficient security management system performance;
e) 사후의 시정조치 및 예방조치의 분석을 용이하게 하기 위해 충분한 모니터링 및 측정의 데이터와 결과를 기록. 성과 및/또는 측정과 모니터링에 모니터링 장치가 필요하다면, 조직은 이러한 장치의 교정 및 정비 활동을 위한 절차를 수립하고 유지하여야 한다. 교정 및 정비 활동과 결과의 기록은 법규 및 조직의 방침을 준수하기 위해 충분한 기간 동안 보존되어야 한다.	e) recording data and results of monitoring and measurement sufficient to facilitate subsequent corrective and preventative action analysis. If monitoring equipment is required for performance and/or measurement and monitoring, the organization shall require the establishment and maintenance of procedures for the calibration and maintenance of such equipment. Records of calibration and maintenance activities and results shall be retained for sufficient time to comply with legislation and the organization's policy.

가. 대상과 척도(尺度, Measure)

보안성과 측정 및 모니터링을 위해 우선 무엇(대상)에 대하여 어떤 척도로 측정하고 모니터링할 것인가를 이해하여야 한다. 그 대상은 다음과 같다.

① 보안위협 식별, 위험요소 평가와 그 보안관리 대책

② 법규의 강제적 요구사항 및 기타 규정, 산업계 우수사례 등

③ 보안경영 방침 및 목표, 세부목표, 프로그램의 기획, 실행 및 운영 내용

④ 실행과정에서 인지된 부적합 사항에 대한 취급절차

⑤ 현재 설치되어 있는 보안장비의 설치도면, 시험 검사기록, 정비기록 및 운영실적

⑥ 보안 교육훈련 기록

위와 같은 측정 및 모니터링 대상을 어떤 기준, 척도로 측정할 것인가에 대하여 몇 가지 기준이 있다. ISO28004(공급사슬보안경영시스템 실행지침)의 "4.5.1. 보안성과 측정 및 모니터링, a) ISO28000 요구사항"에 의하면 다음과 같은 척도 또는 측정도구를 사용하여야 한다.

① 기업이 ISO28000(공급사슬보안경영시스템)을 도입한 목적 또는 기업이 추구하는 ISO28000의 필요성, ISO28000 인증획득 기준 등의 충족

② 기업의 보안경영 방침, 목표 및 세부목표의 달성

③ 보안경영 프로그램, 운영관리기준 및 적용 가능한 법률, 법적 요구사항 및 그 밖의 보안관련 강제적 요구사항에 적합성

측정 및 모니터링 대상에 대하여 측정하였을 때 다양한 사실들이 결과물로 얻어진다. 우선, 기업이 ISO28000을 도입하여 실행 및 운영한 결과가 ISO28000을 도입한 목적이나 인증을 획득할 수 있는 기준을 충족하고 있는지 알 수 있다. 구체적으로 보안경영 방침, 목표, 세부목표를 어느 정도 달성했는지 성과를 알 수 있다. 또한, 단위사업인 프로그램, 운영관리기준, 법적 강제적 요구사항에 적합하게 시행되고 있는지도 비교하여 알 수 있다. 구체적으로 대상 하나하나에 대하여 다양한 차원의 척도로 측정할 때 어느 정도 성과를 거두었는지, 보안차원에서 어느 정도 개선 또는 악화되었는지, 달성이나 적합성을 만족했는지, 보안리스크가 현실화되거나 보안사고의 발생·부적합 사항의 확인·그러한 보안사고나 부적합사항에 대해 실행부서는 어떻게 반응했는지, 그 반응이 적합한지를 확인한다. 그리고 이러한 모든 사실을 절차에 따라 처리하고 있는지, 그 절차는 적절하게 수립되었는지, 보안장비는 적합한 성능인지, 적합하게 설계되어 설치되었는지, 설치 후에 적절한 사람에 의하여 적절히 운영되고 있는지, 그 장비의 오작동 등에 대하여 그 사실을 발견하고 적절히 보정, 교정 또는 정비하였는지, 그 운영성과나 사실은 적절히 기록으로 유지하고 있는지, 그 기록에 대하여 법적 준수사실이나 인증요건을 추후에 확인할 수 있도록 충분한 보존기간을 설정하고 관리하고 있는지 등에 대하여 확인한 결과가 생성된다.

나. 측정 및 모니터링 절차

누가 담당할 것인가에 대하여 보안매뉴얼에 정해진 경우에는 그에 따르지만, 그렇지 않은 경우 추진팀 또는 보안책임부서가 지정하여 보안최고책임자의 승인으로 정한다. ISO28004에 명시한 프로세스를 참조하여 설명한다.

1) 모니터링 채택

적극적(Proactive)이며 반응적인(Reactive) 모니터링 자세를 취해야 한다. 적극적이라 함은 주기적으로 실행 및 운영단계까지의 목표달성, 효과성, 관리기록의 적정한 보관 등을 측정하라는 것은, 반응적이라 함은 비상사태 또는 보안사건이 발생했거나 우려되는 상황에 보안경영시스템의 실패, 누락, 사고원인을 조사·분석하여 재발방지나 누락된 보안리스크에 대한 보완조치를 마련할 때 활용하라는 것을 의미한다.

2) 측정기술(Measurement Technology)

보안성과를 측정하려면 적합한 방법을 강구해야 하며 그 예시는 다음과 같다. 회사 실정에 따라 적합한 다른 방법을 채택할 수도 있다.

① 세계관세기구(WCO)의 SAFE Framework 및 미국 세관의 반테러 민—관 파트너쉽제도(C-TPAT), 그리고 유럽의 공인경제운영자(AEO)제도를 준수하는 것과 동일한 보안리스크 식별, 리스크 평가 및 리스크 통제 절차(Process)의 결과

② 점검표(Checklist)를 이용한 체계적인 검열

③ 보안 검열

④ 새로운 공급사슬 물류 시스템의 평가

⑤ 결과로 나온 물류의 통계적 형태에 대한 검토 및 평가

⑥ 보안 장비가 양호한 상태인지를 점검하기 위한 검열

⑦ 인정된 보안 경험 또는 공식 자격이 있는 사람의 활용에 대한 가용성 및 효과성

⑧ 행위 견본 채취: 시정을 요구할 수 있는 불량한 보안 업무를 식별하는 것에 대하여 작업자의 행위를 평가

⑨ 문서 및 기록의 분석

⑩ 다른 조직에 있는 양호한 보안 실무에 대한 벤치마킹

⑪ 종업원이 의심쩍은 행위를 탐지하는 태도가 어떤지 결정하기 위한 조사(survey)

⑫ 이해관계자의 피드백(stakeholder feedback): 주주, 거래관계자, 소비자의 보안경영 요구나 수요

기업의 보안경영수준이 취약할 경우 자주 모니터링해야 한다. 보안리스크 수준에 따라 무엇(대상)과 어떤 범위에 대해 얼마나 자주 모니터링할 것인지를 결정하고 그 기업의 보안리스크와 준수해야 할 법규상 규정을 기초로 모니터링 주기와 일정을 정하여 보안매뉴얼에 정할 수 있다.

업무절차, 물류집합점(Node), 거래 또는 사업파트너, 공급사슬 활동 및 실무에 대한 통상적인(Routine) 보안 모니터링은 위임받은 사람에 의하여 문서화된 절차에 따라 실행되어야 하며 그는 실무관행에 대한 적합성을 보장하기 위하여 중요업무를 불시에 점검하여야 한다. 체계적인 모니터링의 실행을 돕기 위하여 점검표를 사용할 수 있다.

3) 보안장비

보안에 대하여 모니터링하는데 사용되는 보안 장비들(예를 들어 카메라, 울타리, 문, 경보기 등)은 목록화되고, 특별히 식별되며 관리되어야 한다. 이 장비의 정확도는 알려져 있어야 한다. 필요한 경우 보안 측정이 실행되는 방법을 설명하는 문서화된 절차가 이용가능해야 한다. 보안에 사용되는 장비는 적절한 방법으로 유지되어야 하며 요구되는 성능이 발휘될 수 있어야 한다.

요구되는 경우 보안장비에 대한 교정 및 정비 제도(scheme)를 문서화하여 실행하여야 한다. 이 제도(scheme)에는 교정 및 정비 주기, 적용 가능한 경우 시험 방법에 대한 참고 자료, 교정에 사용되는 장비의 상세, 규정된 보안 장비가 교정에서 벗어난 것이 발견되었을 때 취하는 조치 등이 포함되어야 한다.

교정 및 정비는 적절한 조건에서 실행되어야 한다. 중요하거나 어려운 교정에 대해서는 절차를 작성해야 한다. 교정에 사용되는 장비는 국가표준이 있는 경우 그 표준에 따라야 한다. 그런 표준이 없는 경우에는 사용되는 수준(level)에 대한 기본사항을 문서화하여야 한다.

모든 교정, 정비 활동 및 결과에 대한 기록이 보존되어야 하며, 조정 전후

의 측정 상세에 대한 기록이 있어야 한다. 보안 장비의 교정 상태는 사용자에게 명확히 식별되어야 한다. 보안장비의 교정 또는 정비 상태를 모르거나 교정에서 벗어난 것으로 알려진 경우에는 사용해서는 안 된다. 이를 위해 명확히 라벨을 붙이고 꼬리표를 달거나 다른 방법으로 표식을 하여 잘못 사용되는 것을 방지하여야 한다. 그러한 표식은 문서화된 절차에 따라야 하며, 교정 상태를 식별하는 것이 포함되어야 한다. 절차서에는 교정에서 벗어난 장비가 발견된 경우의 조치 계획이 포함되어야 한다.

4) 검 열

① 장비: 모든 보안장비에 대해서는 장비 목록(모든 품목에 대하여 독특한 식별 방법을 이용)을 만들어 놓아야 한다. 그러한 장비는 요청에 따라 점검받아야 하며 검열제도(inspection scheme)에 포함되어야 한다.

② 보안 검열: 보안 검열은 실행되어야 하지만, 보안 검열이 인가된 자의 주기적 검열이나 보안 위협의 식별을 면제시켜서는 안 된다.

③ 검열 기록: 모든 보안 검열이 실행되면 그 기록을 유지하여야 한다. 그 기록은 문서화된 보안 절차에 적합한지를 나타내어야 한다. 보안 검열, 순회(tour), 조사 및 보안경영시스템 심사의 기록은 부적합사항 및 반복되는 보안리스크의 근본적 원인을 식별하기 위하여 샘플링되어야 한다. 모든 필요한 예방조치가 취해져야 한다. 보안 위협 상항 및 점검 중에 식별된 부적합장비는 문서화되고, 리스크로 평가되어야 하며 부적합 절차에 따라 시정되어야 한다.

5) 공급자(계약자)의 장비 점검

회사의 용역위탁 등을 통해 보안을 제공하는 공급자(계약자)가 사용하는 보안장비는 ISO28000을 도입하는 회사(위탁자)의 장비와 동일하여야 한다. 공급자는 그들의 장비가 이러한 요구사항에 적합하다는 것을 보증하여야 한다. 업무를 개시하기 전에 공급자는 그 보안장비의 성능시험과 유지보수 이력이 요구되는 장비에 대한 기록의 사본을 제시하여야 한다. 만일 장비를 운용하는 업무에 특별한 교육훈련이 필수적인 경우에는 그 훈련 기록을 알려주어 고객이 검토 숙지할 수 있도록 제공되어야 한다.

6) 통계적 또는 기타 이론적 분석 기술

보안상황을 분석하거나 보안사건 또는 실패를 조사하여 보안관련 의사결정과정에서의 도움을 주기 위하여 사용되는 통계적이거나 또는 이론적 분석기술은 과학적 원칙에 기초해야한다. 최고경영자는 그러한 기술이 적합하다고 확인될 필요성을 보장해야 한다. 적절한 경우에 그러한 기술을 사용하기 위한 지침을 수립하고 그러한 기술을 사용하기에 적합한 환경과 함께 명시하여 문서화하여야 한다.

7) 동 활동의 산출물

① 어떤 절차로 모니터링 되었는지에 대한 과정: 여기에는 보안리스크 평가절차서, 측정 및 모니터링 절차서, 시정조치 및 예방조치 절차서, 문서 및 기록관리 절차서, 보안리스크 평가 보고서, 교육훈련 기록, 보안장비 목록 등이 포함

② 검열 일정 및 점검표

③ 장비 검열 점검표

④ 보안장비 목록

⑤ 교정 계획 및 기록

⑥ 정비 활동 및 결과

⑦ 완결된 점검표, 검열보고서

⑧ 부적합사항 보고서

⑨ 그러한 절차를 실행한 결과의 증거자료

다. 측정과 모니터링 지표

측정 및 모니터링의 결과는 정량적 또는 정성적으로 종합된다. 기업은 측정 및 모니터링을 위한 성과 지표를 작성하여 본 작업을 수행하도록 한다. 보안성과 지표에 포함될 대상은 아래 예시를 참고하여 기업의 상황에 맞게 수립하도록 한다.

① 보안경영 목표 및 세부목표 달성도: 목표기준 ___%

② 법규 및 준수사항 위반 건수: ___건

③ 보안경영 프로그램 이행률: 일정표 대비 ___%, 예산지출 목표기준: ___%

④ 보안리스크 평가 완화조치 이행률: 목표기준 미 이행 건수: ___건

⑤ 보안대책별 달성도

ⓐ 물리적 보안 달성도: ___건

ⓑ 인사보안 달성도: ___건

ⓒ 절차보안 달성도: ___건

ⓓ 정보보안 달성도: ___건

ⓔ 화물보안 달성도: ___건

ⓕ 출입통제 달성도: ___건

ⓖ 협력업체 보안 달성도: ___건

⑥ 보안사건 및 준사고 등 보안경영시스템 실패 건수: ___건

⑦ 교육훈련, 직원 보안면담 실적 및 이해관계자 의사소통 건수: ___건

3. 시스템 평가(4.5.2)

4.5.2. 시스템 평가	4.5.2. System Evaluation
조직은 주기적인 검토, 시험, 사건 후 보고서, 교훈, 성과 평가 및 연습을 통해 보안경영 계획, 절차 및 능력을 평가하여야 한다. 이러한 요소의 주요 변경 사항은 즉시 절차에 반영되어야 한다.	The organization shall evaluate security management plans, procedures and capabilities through periodic reviews, testing, post-incident reports and lessons learned performance evaluations and exercises. Significant changes in these factors must be reflected immediately in the procedure(s).
조직은 관련 법규 및 강제 요구사항, 산업계 우수 관행에 대한 적합성 여부, 그리고 조직의 방침 및 목표에 대한 적합성을 주기적으로 평가하여야 한다.	The organization shall periodically evaluate compliance with relevant legislation and regulations, industry best practices and conformance with its own policy and objectives.
조직은 주기적 평가의 결과에 대한 기록을 유지하여야 한다.	The organization shall keep records of the results of the periodic evaluations.

가. 주기적 시스템 평가의 의의

기업이 한번 수립한 보안경영시스템을 금과옥조로 받아들여 수정 없이 유지하는 것은 ISO28000의 지속적 개선 방향과 맞지 않는다. 실행 · 점검과정에서 잘못된 부적합 사항 등을 주기적으로 검토하여 변경해야 할 사항은 즉시 반영해야 한다. 또한 기업이 따라야 할 법규나 강제 요구사항, 산업계에서 준수하고 채택하고 있는 최신 동향이나 그 동안의 변경내역이 유지되고 있는지 주기적으로 검토하여 반영하고 기록으로 남겨야 한다.

보안경영시스템의 적합성과 효과성이 기획할 때와 계속적으로 보장되는 때 사이에 시차가 짧아야 심각한 피해를 방지할 수 있다.

나. 시스템 평가 대상의 참고자료

① 보안사고 및 유해환경(Hazard) 보고서
② 사건 기도로 발생할 수 있는 결과와 대비 훈련
③ 위협 식별, 리스크 평가 및 리스크 통제 보고서
④ 내부심사(Audit) 보고서와 부적합사항 보고서
⑤ 경영검토 보고서 및 조치사항
⑥ 정상적으로 달성되고 있는 목표(Objectives)의 진행상태
⑦ 규정된 요구사항의 변화
⑧ 공급사슬의 이해관계자, 거래상대방 및 주주, 회사에 영향을 미치는 자(Stakeholder)의 기대변화
⑨ 기업의 업무, 활동 및 고객기반(Client Base), 사회 환경 전반의 변화

다. 동 활동의 산출물

시스템을 평가한 결과는 즉시 개선에 활용해야 한다. 예를 들면 산출물은 다음과 같다.

① 업무절차(Process)와 보안성과(Performance)의 개선
② 부적합 경감 보고서
③ 법적 준수(Legal Compliance)
④ 위협 식별, 위험요소 평가 및 위험요소 리스트의 최신화
⑤ 시정 또는 예방하는 행동의 효과를 입증하는 증거 확보

4. 보안관련 실패, 사건, 부적합사항 그리고 시정조치 및 예방조치 (4.5.3)

4.5.3. 보안관련 실패, 사건, 부적합사항 그리고 시정조치 및 예방조치	4.5.3. Security-related Failures, Incidents, Non-conformances and Corrective and Preventive Action
조직은 다음과 같은 사항에 대한 책임 및 권한을 규정하는 절차를 수립, 실행 및 유지해야 한다.	The organization shall establish, implement and maintain procedures for defining responsibility and authority for:
a) 발생을 방지할 수 있도록 보안의 잠재 실패를 식별하기 위한 예방조치의 평가 및 착수	a) evaluating and initiating preventive actions to identify potential failures of security in order that that may be prevented from occurring;
b) 다음과 같은 보안관련 사항의 조사	b) the investigation of security-related:
1) 준사고 및 오경보를 포함하는 실패	1) failures including near misses and false alarms;
2) 사건 및 비상 사태	2) incidents and emergency situations;
3) 부적합사항	3) non-conformances;
c) 이러한 실패, 사건 또는 부적합사항으로 인해 발생되는 모든 심각성을 경감시키기 위한 조치의 수행	c) taking action to mitigate any consequences arising from such failures, incidents or non-conform-ances;
d) 시정 조치의 착수 및 완료	d) the initiation and completion of corrective actions;
e) 취해진 시정 조치의 효과성 확인	e) the confirmation of the effectiveness of corrective actions taken.
이러한 절차는 즉각적인 실행이 생명 또는 공공 안전에 대한 절박한 노출을 사전에 막는 것이 아니라면 모든 제안된 시정조치 및 예방조치가 실행 전에 보안 위협 및 리스크 평가 프로세스를 통하여 검토되도록 요구해야 한다.	These procedures shall require that all proposed corrective and preventive actions are reviewed through the security threat and risk assessment process prior to implementation unless immediate implementation forestalls imminent expo-sures to life or public safety.
실제적 및 잠재적 부적합사항의 원인을 제거하기 위한 모든 시정조치 또는 예방조치는 문제점의 크기에 적절하여야 하고 직면	Any corrective or preventive action taken to eliminate the causes of actual and potential non-conformances shall be appro-

할 수 있는 보안 경영 관련 위협 및 리스크에 적절한 것이어야 한다.	priate to the magnitude of the problems and commensurate with the security management related threats and risks likely to be encountered.
조직은 시정조치 및 예방조치의 결과로 인한 문서화된 절차의 모든 변경을 실행하고 기록하여야 하며, 필요한 경우 요구된 교육훈련을 포함시켜야 한다.	The organization shall implement and record any changes in the documented procedures resulting from corrective and preventive action and shall include the required training where necessary.

가. 보안관련 실패, 사건, 부적합사항 그리고 시정조치 및 예방조치의 목적

본 업무의 목적은 ISO28000 시스템 기획 및 실행과정에서 보안관련 실패, 사건, 부적합사항의 근본 원인을 확인하고 대응해나감으로써 그 상황이 재발하는 것을 방지하는 절차를 만들어 점검하고 시정해나가기 위한 것이다. 뿐만 아니라, 다양한 원인(사람, 시스템, 프로세스 또는 장비의 실패 및 오류)에 의해서 발생될 수 있는 부적합사항의 잠재적 원인을 탐지, 분석하여 최종적으로 이들을 제거하는 것을 목적으로 한다.

나. 검토대상[28)]

기업이 추구하는 보안성과를 달성할 수 없거나 보안매뉴얼을 위반한 사건이 발생했거나 ISO28000이 요구하는 보안기준에 부적합한지 확인하기 위하여 다음 대상을 검토한다.

- 일반적인 업무절차
- 비상계획
- 보안위협 식별, 리스크 평가 및 리스크 관리
- 부적합사항 보고서를 포함한 보안경영시스템 심사 또는 감사(audit)보고서
- 보안 사건 및 보안 위협 보고서
- 보안 장비의 정비 및 활용 서비스(service) 보고서

28) ISO28004 4.5.3. Security-related failure, incidents, non-conformances and corrective and preventive action. c) Typical inputs

다. 진행 절차

기업은 ISO28004에서 제시하고 있는 절차(Process)를 참고하여 절차서를 수립해야 하고, 이행 과정에서 교정적(Corrective) 또는 예방적(Preventive) 활동이 제대로 진행되고 있는지 모니터링하여 그러한 활동이 효과가 있는지 검토해야 한다.

1) 절차에 포함되어야 하는 단계

(가) 일반사항 규정

① 시정조치 및 예방조치의 실행 · 보고 · 조사 · 후속조치 · 모니터링에 관련된 직원들의 책임 및 권한을 규정한다.

② 부적합사항, 보안 사건 및 보안 위협을 규정하고 이를 담당자들이 보고하도록 한다.

③ 적용범위에는 관련된 모든 사람(예를 들어 직원, 임시 작업자, 협력업체 직원, 방문객 및 공급사슬에 포함되어있는 기타 모든 사람)을 포함한다.

④ 이해관계자(stake-holders)에게 주는 영향을 고려한다.

⑤ 직원이 보안 사건을 보고하는 것에 대하여 비판받지 않도록 보장한다.

⑥ 보안경영시스템에서 식별된 부적합사항의 후속 조치 과정을 명확히 규정한다.

(나) 즉각적 조치

보안을 준수하지 않은 사건을 시정하는 조치는 부적합사항 및 보안 사건이나 위협이 최초로 식별된 때, 근본 원인을 파악하고 재발을 방지하기 위하여 다음과 같이 취해져야 한다.

① 통지(notification)를 위한 절차를 정한다.

② 비상시 계획과 절차에 대하여 적절한 기관 또는 부서와 협의 · 조정 단계를 두어야 한다.

③ 잠재적 또는 실제적인 위협(심각한 보안사건의 조사를 어떻게 할 것인가 포함)에 관하여 조사단 또는 조사노력의 규모를 정한다.

(다) 기록(Recording)

실제의 정보와 즉각적 조사 및 후속의 상세 조사의 결과를 기록하기 위하여 적절한 방법이 사용되어야 한다. 조직은 다음을 위한 절차가 뒤따라야 한다는 것을 보장하여야 한다.

- 부적합사항, 보안 사건 또는 보안 위협의 상세 내용을 기록
- 기록 보관 장소 및 보관의 책임을 규정

㈑ 조　사

절차서는 다음을 포함하여 조사 프로세스가 어떻게 처리되어야 하는지 규정하여야 한다.

- 조사할 일(event)의 형태(예로서 중대한 위협으로 될 수 있었던 사건)
- 조사의 목적
- 누가 조사할 것인지, 조사자의 권한, 요구되는 자격 (해당되는 경우 라인 관리자를 포함)
- 부적합사항의 근본 원인
- 증인 면담 주선
- 카메라의 가용성 및 증거의 보관과 같은 실무 문제
- 적절한 이해관계자에게의 보고를 포함하여 조사 보고 준비

조사 담당자는 추가의 정보가 수집되는 동안 사실에 대한 예비 분석을 시작하여야 한다. 데이터 수집 및 분석은 적절하고 충분히 포괄적인 설명이 얻어질 때까지 계속되어야 한다.

㈒ **시정조치**

시정조치는 부적합사항 및 보안 사건의 근본 원인을 파악하기 위하여 취해지는 조치이며 재발을 방지하기 위하여 조치를 취하는 것이다. 시정조치 절차를 수립하고 유지할 때 고려할 요소의 예는 다음을 포함한다:

- 단기뿐 아니라 장기적인 시정조치 및 예방조치의 식별 및 실행(이는 또한 보안 전문지식이 있는 종업원으로부터 얻는 조언과 같은 적절한 정보의 활용을 포함할 수 있다)
- 보안 위협 식별 및 리스크 평가 결과에 대한 모든 영향(그리고 보안 위협 식별, 리스크 평가 및 리스크 관리 보고서를 최신화 할 모든 필요성)에 대하여 평가
- 시정조치, 보안 위협 식별, 리스크 평가 및 관리로부터 기인하는 절차상 요구되는 모든 변경의 기록

- 시정조치가 취해지고 그것이 효과적임을 보장하기 위한 리스크 관리의 적용 또는 기존의 리스크 관리의 변경

㈔ **예방적 행동**

예방 조치는 잠재적인 보안 부적합사항이 발생하는 것을 방지하기 위하여 취해지는 조치이다. 예방 조치 절차를 수립하고 유지할 때 고려할 요소는 다음을 포함한다.

- 시정조치의 결과, 보안 사건의 경향, 보안경영시스템 심사 보고서, 최신화된 리스크 평가, 보안관련 최신 정보, 보안 전문 지식이 있는 종업원 및 이해관계자로부터 얻은 조언 등과 같은 적절한 정보 출처의 사용
- 예방조치의 착수 및 실행, 그리고 효과적임을 보장하기 위한 관리의 적용
- 예방조치로부터 기인한 절차상의 모든 변경과 승인용 제출에 관한 기록

㈕ **후속조치**(Follow-up)

취해진 시정조치 또는 예방조치는 가능한 한 효과적이어야 한다. 취해진 시정조치 또는 예방조치의 효과성에 대하여 점검해야 한다. 눈에 띄는/기한이 지난 조치 사항은 지체없이 최고경영층에게 보고되어야 한다.

2) 부적합사항과 보안 사건 분석

부적합사항 및 보안 사건의 원인에 대해 근본적인 원인분석을 실행할 수 있도록 주기적으로 분류하고 분석하여야 한다. 빈도수 및 심각성 등급은 다른 공급사슬 이해관계자에게 벤치마킹되어야 한다.

그 분류 및 분석에 다음 사항이 포함되어야 한다.

- 보고할 수 있는 보안 사건 빈도수 또는 심각성 등급
- 위치, 관련된 활동, 관련된 회사, 날짜, 시간(모든 해당 사항)
- 형태 및 정도 또는 시설, 공급사슬, 기타에 대한 영향
- 직접 및 근본 원인

보안 사건에는 반드시 주의를 기울여야 한다. 모든 보안 사건은 보안 위협이나 취약성의 지표가 될 수 있다. 타당성 있는 결론이 도출되어야 하며 시정조치가 취해져야 한다. 이 분석은 최고경영층에게 회람되어 경영검토에 포함되어야 한다(4.6. 참조).

3) 모니터링과 의사소통 결과

보안 조사 및 보고의 유효성은 분석되어야 한다. 이 분석은 객관적이어야 하며 가능한 계량적 결과를 가져와야 한다. 조직은 조사로부터 얻은 결과를 다음과 같이 활용해야 한다.

- 적용 가능한 경우 조직의 보안경영시스템 및 일반경영에서 결함의 근본 원인을 식별
- 경영층 및 관련된 이해관계자와 발견사항 및 권고사항에 대해 의사소통 (4.4.3. 참조)
- 지속적인 보안 검토 프로세스에서 조사된 관련 발견사항 및 권고사항을 포함
- 교정 관리의 적시 실행과 시간이 지난 후 나타나는 교정 관리의 효과성에 대하여 모니터링
- 조직 내 동일 지역에서의 비슷한 사건의 반복을 피하기 위하여 의도된 특정 조치에 국한하지 말고 관련된 광범위한 원칙에 초점을 맞추어, 전체 조직과 조직이 관리하고 영향을 끼치는 공급사슬에서의 부적합사항 및 보안 사건의 조사로부터 얻은 교훈을 적용

4) 기록 유지

보안 사건의 기록은 유지되어야 한다. 그러한 기록은 공급사슬 규제자에 의하여 요구될 수도 있다.

라. 동 활동의 산출물

본 활동의 결과로 동 활동을 수행할 절차서가 작성되고 이미 수립되어 있다면 개선하여 수정된다. 그 후 본 활동을 통해 추구하는 부적합 사항 등이 확인되면 이를 보고하고 보안매뉴얼 등에 반영하여 개선하게 된다.

① 보안사건과 부적합사항을 식별하고 처리하는 절차

② 적출된 부적합사항 보고서

③ 부적합사항 리스트(Register)

④ 조사보고서

⑤ 보안위험 식별, 평가 및 관리 보고서

⑥ 경영검토에 반영할 사항

⑦ 교정적(Corrective) 또는 예방적 활동의 효과성을 평가한 증거확보

5. 기록관리(4.5.4)

4.5.4. 기록관리	4.5.4. Control of Records
조직은 보안경영시스템 및 이 규격의 요구사항에 대한 적합성과 달성된 결과를 실증하기 위해 필요한 기록을 작성하고 유지하여야 한다.	The organization shall establish and maintain records as necessary to demon-strate conformity to the requirements of its security management system and of this standard and the results achieved.
조직은 기록의 식별, 보관, 보호, 검색, 보유 및 폐기에 대한 절차를 수립, 실행 및 유지하여야 한다.	The organization shall establish, implement and maintain a procedure(s) for the identification, storage, protection, retrieval, retention and disposal of records.
기록은 읽기 쉽고, 식별 및 추적이 가능해야 한다.	Records shall be and remain legible, identifiable and traceable.
선사 및 디지털 분서는 기록 조작을 방지할 수 있고 안전하게 백업되고 인가자만이 접근할 수 있어야 한다.	Electronic and digital documentation should be rendered tamper proof, securely backed-up and accessible only to authorized personnel.

가. 기록관리의 의의

기록관리는 보안경영시스템이 효과적으로 운영되고 있음을 실증하는 것을 목적으로 한다. 즉, 기업은 기록관리를 통해 보안경영시스템이 효과적으로 운영되고 있다는 사실뿐 아니라 시간이 경과한 후에도 그렇게 실행했다는 과거 사실을 입증할 수 있으며, 기록물 분석 결과를 보안경영시스템 개선을 위한 정보로 활용할 수 있다. 그리하여 어떤 기업의 보안경영시스템이 ISO28000 요구사항에 적합하다는 사실을 인증기관 등 외부인에게 객관적 자료로서 증명할 수 있다.

나. 관리되어야 할 대상

일반적으로 보안경영시스템에서 관리되어야 하는 기록물은 다음과 같다.

① 교육훈련 및 적격성 기록
② 보안 점검 기록
③ 보안 부적합사항
④ 예방조치 및 시정조치의 결과
⑤ 보안경영시스템 심사(Audit) 보고서
⑥ 보안 회의록
⑦ 보안 연습 및 훈련 기록
⑧ 경영 검토
⑨ 보안 위협 식별, 리스크 평가 및 리스크 관리 기록

다. 기록관리 절차

기업은 보안경영시스템의 기획, 실행 및 운영, 점검 및 시정조치 등의 과정에서 보안을 위한 대응조치별로 누가 어떤 기록물을 생성하여 관계자에게 읽혀졌는지 의사소통하도록 해야 한다. 기록은 보안관련 사실에 대하여 ① 작성 또는 생성, ② 유통(통지, 접수), ③ 보관 또는 보존, ④ 활용, 참조, 대조, ⑤ 폐기 또는 소멸의 과정으로 관리된다. 인터넷이나 컴퓨터상의 전자문서의 경우도 비슷한 경로로 관리된다.

따라서 기획 단계의 추진팀 또는 실행부서, 점검부서에서는 보안매뉴얼 등에 따라 작성, 관리해야 할 기록물을 관련 절차서 또는 기준에 적합하게 생성, 기록(대장 또는 전산에 입력)하고 있는지 확인해야 한다.

실적보고나 조치한 활동을 통보할 때에는 관계자에게 알리고 그 사실을 기록하여 보존해야 한다. 각 활동부서에서 보존할 기록은 안전한 장소에 보관하고 민감한 기록물의 경우 비인가 접근을 막을 수 있도록 잠금장치 등의 대책이 마련된 장소에 보관해야 한다. 분실, 손상, 열화(특히 전자매체) 등으로부터 기록물이 손상되지 않도록 보호할 수 있는 조치를 마련해야 하며, 화재 및 자연재해로부터 기록물이 손실되지 않도록 해야 한다. 또한 시간 경과에 따라 판독불가해지는 매체(감열지 등)의 사용은 가급적 피해야 한다. 매 건 문서나 기록마다 보존기간, 관리기간을 설정해야 하며 영구 또는 별도 폐기시점까지 그 사실을 표기하여 보관 기간을 정할 수 있다.

기록물은 활용하기 위한 것이므로 검색이 용이한 기록 분류시스템, 기록

총목록, 파일 내부의 색인표 등의 방법을 활용하여 관계자가 그 보안기록의 위치 파악이 용이하도록 한다. 전자매체인 경우 Software의 Version upgrade로 인해 보안기록 검색이 불가능해지거나 복구가 어려워지지 않도록 검색 시스템을 관리해야 한다. 뿐만 아니라, 활용빈도가 높은 기록물의 경우 더욱 검색이 용이하도록 하는 등 효율적인 체계로 관리해야 한다. 보안경영매뉴얼 등 주요 문서의 경우에는 개정 이력을 알기 쉽게 관리한다. 보존기간이 만료되거나 대체 규정이 수립된 경우에는 폐기할 수 있는 절차를 두고 그에 따라 관리한다. 특히 기밀이 포함된 기록, 전자문서, 기업의 핵심기술 등에 대해서는 폐기시 감독자의 확인을 통해 복구 불가능한 방법으로 처리한다.

라. 동 활동의 산출물

본 활동의 결과로서 보안기록의 식별(확인), 유지 및 관리하는 절차가 수립되며, 그 절차에 따라 확인 및 관리되는 기록물이 적절하게 보관되게 되며 그 기록의 활용이 쉽도록 기록물 리스트와 보관 장소가 리스트로 파악되고 쉽게 활용할 수 있게 된다.

6. 심사(4.5.5)

4.5.5. 심사	4.5.5. Audit
조직은 보안경영 심사 프로그램(program)을 수립, 실행 및 유지하여야 하고, 다음을 위한 보안경영 시스템에 대한 심사가 계획된 주기에 따라 실행됨을 보장하여야 한다.	The organization shall establish, implement and maintain a security management audit programme and shall insure that audits of the security management system are carried out at planned intervals, in order to:
a) 보안경영시스템이 다음 사항을 만족하는지의 결정	a) determine whether or not the security management system:
1) 이 규격 4항의 전체 요구사항을 포함하여 보안경영을 위해 계획된 결정 사항에 적합함	1) conforms to planned arrangements for security management including the requirements of the whole of Clause 4 of this specification;
2) 적절하게 실행되고 유지됨	2) has been properly implemented and maintained;

3) 조직의 보안경영 방침 및 목표를 효과적으로 충족시키고 있음	3) is (are) effective in meeting the organization's security management policy and objectives;
b) 이전의 심사 결과 및 부적합사항을 시정하기 위한 조치를 검토	b) review the results of previous audits and the actions taken to rectify non-conformances;
c) 경영자에게 심사 결과에 대한 정보를 제공	c) provide information on the results of audits to management;
d) 보안 장비 및 인원이 적절하게 배치되었는지를 검증	d) verify that the security equipment and personnel are appropriately deployed.
모든 일정을 포함하여, 심사 프로그램은 조직 활동에 대한 위협 및 리스크 평가 결과와 이전의 심사 결과에 근거하여야 한다. 심사 절차에는 심사의 실행 및 결과 보고에 대한 책임 및 요구사항 뿐만 아니라, 적용범위, 주기, 방법 및 적격성이 포함되어야 한다. 가능한 한 심사는 점검이 이루어지는 활동에 직접적인 책임이 없는 사람에 의해 실행되어야 한다.	The audit program, including any schedule, shall be based on the results of threat and risk assessments of the organization's activities, and the results of previous audits. The audit procedures shall cover the scope, frequency, methodologies and competencies, as well as the responsibilities and requirements for conducting audits and reporting results. Where possible, audits shall be conducted by personnel independent of those having direct responsibility for the activity being examined.
비고 "책임이 없는 사람"이라고 해서 반드시 조직의 외부 인원을 의미하는 것은 아니다.	NOTE The phrase "personnel independent" does not necessarily mean personnel external to the organization.

가. 심사의 목적

심사란 기업의 보안경영시스템이 ISO28000의 전체 요구사항과 회사가 당초 기획한 내용에 적합하게 실행되고 관리되고 있는지를 판단하여 경영층에게 정보를 제공하기 위하여 주기적으로 실시하는 계획된 활동이다. 심사자와 관련하여 내부심사로 해석하는 경우도 있으나 가능하면 책임이 없는 회사 내 감사실 또는 외부전문가에 의한 심사로 본다. 회사 규모가 작거나 외부 전문가에 위탁하기 어려운 경우 회사 실정을 반영하여 내부 심사도 가능하지만 그 결과 판단에는 객관성과 공정성이 보장되어야 한다. 이 점에서 4.5.1. 보안성과 측정 및 모니터링은 회사내 ISO28000 추친팀, 보안총괄부서 또는 세부목표별 담당 부서 즉 책임 있는 담당자가 검토하는 점과 구별된다.

나. 심사 대상

심사자는 아래의 사항에 대해 심사를 하도록 한다.

- 보안 방침 선언서
- 보안 목표
- 보안 절차서 및 지침서
- 보안 위협 식별, 리스크 평가 및 리스크 관리 결과
- 법규 및 우수사례 (적용 가능한 경우)
- 부적합사항 보고서
- 보안경영시스템 심사 절차
- 적격성이 있고 독립된 내부/외부 심사자(들)
- 부적합사항 절차
- 보안 연습 및 훈련
- 외부 회사로부터의 보안 위협 식별

다. 심사 진행

1) 심 사

심사는 보안절차 및 관행에 대하여 기업이 적합하게 대응하는지 포괄적이고 공식적인 판단 견해를 제공한다. 보안경영시스템에 영향을 미치는 사건, 조직, 시설, 공급사슬의 범위에서 변화를 포함하여 심사한다. 심사자는 적격성이 있고 보안책임부서로부터 독립적이어야 하며 업무절차나 장소출입에 보안조치가 이루어진 사람(보안 인가자)이어야 한다. 심사의 결과물은 보안절차의 효과성, 절차나 관행의 적합성 수준을 상세하게 판단해야 하며 필요한 경우 시정조치를 파악해내야 한다. 심사 결과는 시의적절하게 경영층에 보고되어야 한다.

2) 심사 시기(Scheduling)

심사 시기는 매년 준비하여 시행하고 보안경영시스템에 포함된 모든 업무

를 다루어야 하며 필요시 표본추출로 부분적으로 심사할 수도 있다. 심사 빈도는, 보안성 중요도가 높은 업무로 위험이 현실화되었을 때 문제가 심각한 경우에는 연 4회, 중요도가 보통인 업무로 보안사고 발생시에도 영향이 작은 경우에는 연 1회 점검을 권장한다. 그 업무의 보안성 정도와 사고발생시 피해나 심각성의 정도에 따라 1~4회를 정하여 심사일정을 수립한다.

보안경영시스템의 구성요소들과 보안경영시스템의 성과를 측정하는데 이용할 수 있는 데이터, 경영검토의 결과, 경영환경 변화와 리스크와 연계성, 보안사건 발생 후라면 당초 보안경영시스템에 반영되지 않았던 부분도 심사할 수 있다.

3) 경영층의 지원

최고경영층은 심사의 결과를 충분히 이행하려는 의지를 가져야 하며 적출사항, 권고사항에 대해 적절한 시간 내에 필요한 조치를 취해야 한다. 실행할 사항으로 동의했으면 공정한 방법으로 실행되어야 한다. 모든 관련자들은 심사의 목적과 이익에 대하여 정보를 충분히 인식하고 심사자들에게 협조해야 하며 그들의 질문에는 정직하고 건설적으로 응답하도록 촉구해야 한다.

4) 심 사 자

1인 또는 그 이상의 심사자가 맡을 수 있다. 심사팀을 구성하여 수행할 경우 세부 전문분야별 접점의 참여를 유도하여 협력을 높일 수 있다. 또 심사팀을 구성하게 되면, 담당자들이 심사를 통하여 활용에 필수적인 전문적 숙련도와 지식을 확산시키는데 도움이 될 수 있다.

심사자는 심사를 수행할 전문지식과 적격성, 성과를 판단하고 결함을 파악할 수 있는 능력을 갖추고 있어야 하고, 모든 관련 법규에 규정되어 있는 요구사항을 알고 있어야 한다. 또한 심사하고 있는 기업의 업무범위에 관련된 규격(ISO28000을 포함)과 정부의 지침에 대하여 잘 알고 쉽게 접근할 수 있어야 한다.

5) 데이터 수집 및 해석

자료수집시에는 실제 기업의 현실은 어떠한가를 판단하기 위하여 ISO 28000 요구사항이나 보안목표에 대해 주요 인물과 면담 또는 현장 점검이 필요하다. 중요 활동의 대표적인 견본에 대한 현장심사, 관계자(종업원 보안 대표자를 포함)와의 면담, 중요 관련문서에 대한 점검이 보장되어야 한다. 위 심사대상 외에 다음 사항을 점검하고 해석한다.

① 보안경영시스템의 적격성, 보안경영의 효과성
② 보안 연습과 훈련의 결과
③ 보안 회의록
④ 보안기관 또는 기타 규제 기관으로부터의 모든 보고서 또는 의사소통(구두, 공문, 통지문, 기타)
⑤ 법적 등록 및 증서: 인증, 신고, 허가, 확인서 등
⑥ 교육훈련 기록
⑦ 종전 심사에서의 보고서와 그 후 조치사실 확인
⑧ 수집된 데이터, 정보 또는 기타 기록을 잘못 해석하거나 잘못 적용하지 않도록 하기 위하여 필요한 보안경영시스템상의 요소에 대한 심사절차를 점검하여야 한다.

6) 심사결과 보고

최종 심사보고서는 내용이 명확하고 정확하며 완전하여야 한다. 심사보고서에는 심사자 이름, 날짜를 기재하고 서명한다. 보고서에 포함되어야 할 항목은 다음과 같다.

① 보안경영시스템의 심사목표와 범위
② 심사계획의 특징, 심사팀 구성원과 심사를 받은 당사자들, 심사일자, 심사받은 분야를 기재한다.
③ 심사할 때 참조하여 대비한 문서를 기재(가령, ISO28000, 보안경영 핸드북 등)
④ 확인한 부적합사항의 상세 리스트
⑤ 심사자에 의해 ISO28000 요건과 대비한 적합성의 정도에 대한 평가
⑥ 명시적으로 규정하고 있는 보안경영 목표 성취를 위해 보완되어야 할 보안경영시스템의 능력
⑦ 최종 심사보고서의 배포

심사결과 시정할 사항은 가능한 한 빨리 모든 관련자에게 피드백되어 시정조치하게 한다. 합의한(또는 채택한) 시정대책의 조치 책임자 확인, 실행 기

한, 보고 요구사항을 포함하여 작성한다.

경영층은 심사 결과를 검토하고 필요하면 효과적인 시정조치를 취해야 하고, 시정조치를 취하게 되면 시행된 결과를 확인하기 위하여 사후 심사를 실행해야 한다. 또한 심사보고서에 포함된 비밀을 유지하도록 해야 한다.

라. 동 활동의 산출물

심사하는 모든 과정을 통해 다음과 같은 문서와 증거가 생산된다.

① 보안경영시스템 심사계획 및 프로그램
② 보안경영시스템 심사 절차
③ 부적합사항 보고서, 권고사항 및 시정조치 요구를 포함하는 보안경영시스템 심사보고서
④ 종료된 부적합사항 보고서
⑤ 보안경영시스템 심사의 결과를 경영층에 보고한 증거

제11절 경영검토 및 지속적 개선

1. 경영검토 및 지속적 개선에 대한 추구	3. 검토 진행
2. 검토 대상	4. 동 활동의 산출물

1. 경영검토 및 지속적 개선에 대한 추구

국제무역환경과 국내외 준법사항에 따라 보안경영시스템을 도입한 기업이 「제10절 4.5.5. 심사」 결과를 통하여 ISO28000의 인증을 받은 수 있는 수준에 도달하였는지 판단한 정보가 최고경영층에 제공되었을 것이다. ISO28000 인증을 획득할 수 있는 수준에 미달하였거나 혹은 충족하였을지라도 완벽한 보안수준보다는 아직 미흡할 수밖에 없다.

본절의 “경영검토 및 지속적 개선”이란, 인증을 획득할 수 있는 수준이든 그렇지 못한 수준이든 보안을 완벽한 수준까지 높이려는 ISO28000의 이상적 목표를 성취하기 위하여 지속적 개선을 추구하는 단계로써 ISO 경영시스템의

PDCA cycle 중 개선활동(A)에 해당된다. 제10절 점검 및 시정조치에서 세부적으로 부적합사항과 보안활동의 결함에 대하여 개선이 이뤄졌는데 본절에서 또 검토되고 개선이 추구되는지에 대해 의문을 가질 수 있다. 그러나 보안경영시스템의 광범위한 목표와 세부적인 활동들이 임직원에 의해 인식되지 못하거나 알고도 실행하지 못할 가능성이 상존하기 때문에 완벽한 보안수준에 도달할 때까지 지속적 개선은 추구되어야 하고, 또한 기업의 업무범위와 무역환경, 공급사슬 구성, 관련법규의 변경은 쉬지 않고 일어나기 때문에 지속적 개선은 불가피해진다.

그리하여 ISO28000을 도입하는 모든 기업에서는 경영검토가 매년 주기적으로 이루어져야 하며 보안경영시스템이 충분히 실행되고 기업이 선언한 보안경영 방침 및 목표가 성취되고 있는지가 검토되어야 한다. 적절한 개선이 필요한 사실을 인식하면 보안목표를 수정하고 보안경영시스템의 어떤 요소를 변경해야하는지를 검토해야 한다.

4.6. 경영검토 및 지속적 개선	4.6. Security performance measurement and monitoring
최고경영자는 지속적인 적절성, 충족성 및 효과성을 보장하기 위하여 계획된 주기로 보안경영시스템을 검토하여야 한다. 이 검토에는 개선을 위한 기회 평가 그리고 보안방침, 보안 목표 그리고 위협 및 리스크를 포함한 보안경영시스템에 대한 변경 필요성을 포함하여야 한다. 경영 검토의 기록은 보유 되어야 한다.	Top management shall review the organization's security management system, at planned intervals, to ensure its continuing suitability, adequacy and effectiveness. Reviews shall include assessing opportunities for improvement and the need for changes to the security management system, including the security policy and security objectives and threats and risks. Records of the management reviews shall be retained.
경영 검토의 입력사항에는 다음을 포함하여야 한다.	Input to management reviews shall include
a) 법규요구사항과 조직이 동의한 그 밖의 요구사항에 대한 적합성 심사 및 평가의 결과	a) results of audits and evaluations of compliance with legal requirements and with other requirements to which the organization subscribes,

b) 불만사항을 포함하여 외부 이해관계자와의 의사소통	b) communication(s) from external interested parties, including complaints,
c) 조직의 보안 성과	c) the security performance of the organization,
d) 목표 및 세부목표 달성 정도	d) the extent to which objectives and targets have been met,
e) 시정조치 및 예방조치의 상태	e) status of corrective and preventive actions,
f) 이전 경영 검토의 후속 조치	f) follow-up actions from previous management reviews,
g) 조직의 보안 사항과 관련된 법규 및 기타 요구사항의 개발을 포함하여 변화하는 주변여건	g) changing circumstances, including developments in legal and other requirements related to its security aspects, and
h) 개선을 위한 제안	h) recommendations for improvement.
경영 검토의 출력에는 지속적 개선에 대한 의지와 일관성이 있도록 보안방침, 목표 및 보안경영시스템의 기타 요소의 가능한 변경에 관련된 결정과 조치를 포함하여야 한다.	The outputs from management reviews shall include any decisions and actions related to possible changes to security policy, objectives, targets and other elements of the security management system, consistent with the commitment to continual improvement.

2. 검토 대상

최고경영자 또는 최고경영자로부터 위임받은 자는 회의 등 적절한 방법을 통하여 보안경영시스템의 전반적 성과가 검토되도록 보고하여야 한다. 검토대상은 다음사항과 같다.

① 내부 및 외부 보안경영시스템의 심사결과
② 지난번 경영검토 이후 시스템에 취해진 시정조치
③ 보안연습 및 훈련보고서
④ 시스템의 전반적인 성과에 대한 최고경영층의 대표로부터 보고서
⑤ 시스템이 공급사슬에 영향을 미치게 되는 이유로 시스템의 효과성에

대한 기업 내의 다른 사람 또는 이해관계자, 거래기업으로부터 보고서

⑥ 보안위협 식별, 리스크 평가 결과보고서

⑦ 교육훈련 및 인식프로그램의 효과성

⑧ 보안경영 목표의 증진 및 유효성

보안경영시스템의 부분적 성과에 대해서만 검토하는 경우는 전반적으로 검토할 기회가 보다 많이 제공되어야 한다.

3. 검토 진행

가. 경영검토 회의

최고경영자가 참석하는 경영검토회의 또는 기타 회사실정에 맞는 방식으로 그 회사 보안경영시스템 전반에 초점을 맞추어 검토한다. 특정사안의 상세한 내용만으로 경영검토가 종결되어선 안 된다. 실제로 심사를 외부에 위촉했을 경우, 심사보고 회의형태로 경영검토회의를 개최하기를 권장하며 경영검토회의를 계획할 때에는 다음사항을 고려하여야 한다.

① 주제: 보안경영시스템의 점검 및 시정조치에서 도출된 사항, 외부환경 변화, 내부요인, 향후 방침 개선 또는 보완과제

② 참석 범위: 최고경영자, 보안총괄책임자, 부서장, 보안전문 상담 컨설턴트, 기타 필요직원

③ 검토와 관련된 개인 참가자들(학계 교수 초청 등)에 대한 책임: 세부주제나 심사보고서에 전문가적 의견 발표 등

④ 기타: 검토가 필요한 정보, 환경변화, 최근 업계 동향

최고경영자를 포함한 경영진, 보안총괄책임자는 경영시스템의 운영성과를 평가하고, 개선 우선순위를 파악하며, 자원을 제공하고, 효과적인 사후관리를 보장할 수 있다. 단위부서장은 중대한 보안측면이 관련된 업무를 관리하는 인원, 교육 및 기록을 담당하는 부서 등, 경영시스템에서 핵심적인 분야를 책임지는 부서의 장 또는 보안관리자, 부서별 보안 담당자 등을 통해 그 부서의 보안을 개선하는 방안을 마련하고 실행할 수 있다. 외부 보안전문가는 기업이 스스로 인식하지 못하는 취약점을 발굴하고 보안활동 방향의 타당성을 조언할 수 있다.

보안경영 검토 진행은 보안총괄부서장이 진행사회를 맡아, 보안경영검토 보고서를 순차적으로 상정하여 발표하고, 그 내용을 검토 및 평가, 개선방향을 도출하도록 한다. 이때 각 부서별로 설정된 보안관련 사항은 해당 부서장이 직접 발표하고, 검토 및 평가를 하여 주관한다면, 보다 능동적인 참여로 효과적인 보안관리가 이루어질 수 있다. 일반적으로 보안관련 회의를 소집하여 얻어진 결과는 보안 경영검토 보고서를 서면으로 작성하여, 보안총괄 책임자의 검토 및 승인 후, 각 부서별 보안담당자에게 통보, 필요한 사항에 대한 인식, 조치를 실시하는 방법으로 진행하는 것이 효율적이다. 경영검토는 회의가 아니더라도 기업 자체실정에 맞는 절차로 검토하여 지속적으로 개선하는 도구로 사용할 수 있다.

나. 척도(尺度, Measure) 또는 검토 방법론

경영검토가 형식적으로 이뤄져서 개선사항을 발굴하지 못하는 것을 방지하기 위하여 명확한 검토방법론이나 판단하는 척도가 필요하다. 검토방법은 다음과 같은 것이 있다.

① 현행 보안경영 방침의 적절성, ISO28000 요구사항에 대한 적합성
② 다음 기간에 지속적 개선을 위한 보안경영 목표의 설정 또는 최신화
③ 현행 보안위협의 식별, 리스크 평가 및 리스크 관리 프로세스의 적절성
④ 현재 기업의 리스크수준 및 이에 대한 현재 관리 대책의 효과성
⑤ 자원(직제, 인원, 장비, 예산, 처리 프로세스 등)의 충분성: 업무기능별 처리절차, 구조, 보안업무 담당인원, 보안관련 시설 현황, 예산지원이 적절하게 지원되는지 확인.
⑥ 보안검열 프로세스의 효과성
⑦ 보안리스크 보고절차의 효과성: 지연방지, 그 일을 처리할 권한이 있는 자에게 보고되어야 한다.
⑧ 보안관련 발생한 사건에 대한 데이터
⑨ 효과적이지 않은 절차를 기록한 사례
⑩ 지난번 경영검토회의 이후 실행된 내부 및 외부 보안경영시스템 심사결과 및 그 효과성
⑪ 비상사태에 대한 대비 및 보안 복구계획의 적절성

⑫ 보안경영시스템의 전반적인 개선 요구사항
⑬ 보안 사건에 대한 종합 검토 결과
⑭ 법규, 규정, 기술 또는 보안 정보(Intelligence) 등에 대한 향후 예측 가능한 변경과 이에 따른 영향 평가

4. 동 활동의 산출물

경영검토와 지속적 개선 활동의 결과로 다음과 같은 산출물이 생성된다.
① 개최된 모든 검토회의 기록
② 보안방침 및 보안목표의 개정
③ 목표 종료일자와 함께 부서장 개개인에 대한 특정의 시정조치
④ 부여된 책임 및 목표종료 일자와 함께 특정의 개선조치
⑤ 시정조치 검토일자
⑥ 향후의 내부 보안경영시스템 심사를 계획할 때 반영되어야 할 분야

보안매뉴얼
Supply Chain Security Manual

KS V ISO28000:2007, KS V ISO28001:2007, KS V ISO28004:2007

☐ 관리본(Controlled copy)

☐ 비관리본(Uncontrolled copy)

관리 번호	
배 포 처	
배포 일자	

회사명

회사명	A4(210×297mm)

[표지에 대한 설명]

ISO28000 관련부분

4.4.4. 문서화	4.4.4. Documentation
조직은 다음 사항을 포함하는 보안 경영 문서화 시스템을 수립하고 유지해야 한다. 그러나 반드시 다음 사항에 국한되지는 않는다. a) 보안 방침, 목표 및 세부목표 b) 보안경영시스템 범위에 대한 기술 c) 보안경영시스템의 주요 요소 및 그의 상호작용과 관련 문서와의 관계에 대한 기술 d) 기록을 포함하여 이 규격에서 요구하는 문서 e) 기록을 포함하여, 중요한 보안 위협 및 리스크와 관련된 프로세스를 효과적으로 계획, 운영 및 관리하는 것을 보장하기 위하여 필요하다고 조직이 결정한 문서 조직은 정보의 보안 민감도를 결정하고 비인가자의 접근을 방지할 수 있는 조치를 취해야 한다.	The organization shall establish and maintain a security management documentation system that includes, but is not limited to the following: a) the security policy, objectives and targets, b) description of the scope of the security management system, c) description of the main elements of the security management system and their interaction, and reference to related documents, d) documents, including records, required by this International Stan-dard, and e) documents, including records determined by the organization to be necessary to ensure the effective planning, operation and control of processes that relate to its significant security threats and risks. The organization shall determine the security sensitivity of information and shall take steps to prevent unauthorized access.
4.4.5. 문서 및 데이터 관리	**4.4.5. Document and data control**
c) 보안경영시스템의 효과적인 기능 발휘에 필수적인 업무를 수행하는 모든 장소에서 관련 문서, 데이터 및 정보의 최신판을 이용할 수 있어야 함.	c) current versions of relevant documents, data and information are available at all locations where operations essential to the effective functioning of the security manage-

	ment system are performed;
d) 효력이 상실된 문서, 데이터 및 정보는 모든 발행 장소 및 사용 장소에서 신속히 제거되거나, 달리 사용되지 않음을 보장하여야 함.	d) obsolete documents, data and information are promptly removed from all points of issue and points of use, or otherwise assured against unintended use;

간략한 취지설명

기업은 공급사슬 보안경영시스템인 KS V ISO28000:2007(이하 ISO28000)을 도입, 운영하기 위해서 기업이 지켜야할 원칙, 실행방법 등이 포함되어 있는 문서인 「보안매뉴얼」을 작성하여야 한다. ISO에서는 ISO9001(품질경영시스템), ISO14001(환경경영시스템) 등과 같은 경영시스템을 기업이 도입하여 운영하기 위한 기본 운영지침으로서 매뉴얼이라는 문서를 만들 것을 권고한다. 예를 들어 ISO9001은 '품질매뉴얼', ISO14001은 '환경매뉴얼'이라는 제목으로 매뉴얼을 수립하는데 ISO28000은 보안경영시스템이므로 '보안매뉴얼'이라 제목을 붙인다. 보안매뉴얼의 맨 앞장에는 표지를 두어 해당 매뉴얼의 제목, 관련 표준, 관리/비관리본 여부, 관리번호, 배포처, 회사명 등을 표기하여 본 보안매뉴얼을 활용해야 할 책임부서와 관계부서 담당자에게 제공하여야 한다.

자세한 설명

보안매뉴얼 표지 양식은 ISO28000 표준에 별도 규정되어 있지 않으나 예시와 같이 사용할 것을 권장한다. 표지 등 매뉴얼 작성양식과 관련하여 기업 내에 이미 ISO9001 또는 ISO14001과 같은 경영시스템을 도입하여 매뉴얼을 보유하고 있는 기업은 기존에 사용하고 있던 양식을 사용하여 타 경영시스템의 문서들과 통일성을 기하는 것이 좋다.

표지에 기재할 사항은 다음과 같다.

① 매뉴얼의 제목

본 매뉴얼은 ISO28000을 따르고 있으므로, "보안매뉴얼(Supply Chain Security Manual)"이라는 제목을 사용한다.

② 매뉴얼이 따르고 있는 표준

제목 하단부에는 본 매뉴얼이 따르고 있는 표준번호 및 제정일자를 표기한다.

③ 관리/비관리본 여부

관리본이란 항상 유효한 최신의 상태로 유지하고 있는 문서이며, 비관리본이란 효력을 상실한 문서로서 최신본임을 보장할 수 없음을 의미한다. 문서관리자는 새로운 매뉴얼이 배포되는 경우 구 매뉴얼은 비관리본임을 표기한 후 폐기하여야 하며, 만약 이력관리 등을 위해 불가피하게 비치가 필요한 경우에도 종업원 및 기타 이해관계자가 착오로 비관리본을 실행하지 않도록 그 정도를 최소한으로 제한해야만 한다.

④ 관리번호

관리번호는 본 매뉴얼 배포자가 수정본 배포, 최신화 등을 위하여 관리하는 일련번호에 따라 부여한 번호이다.

⑤ 배 포 처

배포처는 관리번호와 함께 배포받은 부서가 매뉴얼을 사용할 때 기재하며, 배포한 매뉴얼 생산부서에서는 배포선을 붙여 관리한다. 보안관리자 등 매뉴얼 배포자는 개정일자, 배포처, 배포일자 등 관련내용을 별도 대장을 통해 관리해야 한다.

⑥ 배포일자

배포일자는 본 매뉴얼이 배포된 일자를 나타낸다. 이는 매뉴얼이 제정되는 경우 제정일자와 일치하며, 그 이후 개정이 있는 경우 개정일자와 일치하게 된다. 기업내 임직원 및 기타 이해관계자는 배포 일자를 통해 최신문서 여부를 확인할 수 있으며, 보안담당자 등에게 배포일자의 확인을 통해 해당 매뉴얼의 최신여부를 확인하게 된다.

⑦ 회 사 명

표지의 하단부에는 기업명을 기입하여 본 매뉴얼이 적용되는 기업이 어디인지를 나타낸다. 물론 해당 매뉴얼이 기업 내부에서만 관리된다면 특별히 기업명을 기입할 필요는 없지만, 심사 또는 이해관계자 요구 등에 의해 외부로 본 매뉴얼이 제공되는 경우 심사기관과 이해관계자의 이해를 돕기 위해 기업명을 기입하는 것이 바람직하다.

<table>
<tr><td rowspan="3">회사명</td><td>보안매뉴얼</td><td>제 정 일 자 :</td><td></td></tr>
<tr><td rowspan="3">개정이력(견본)</td><td>개 정 일 자 :</td><td></td></tr>
<tr><td>개 정 번 호 :</td><td></td></tr>
<tr><td>문서번호</td><td>페 이 지 :</td><td>1/1</td></tr>
</table>

ISO28000 항목번호	제목	개정번호	개정일자	세부 개정 내용

구 분	직 책	성 명	서 명	일 자
작 성 자				
검 토 자				
승 인 자				

회사명	A4(210×297mm)

[개정이력에 대한 설명]

ISO28000 관련부분

4.4.5. 문서 및 데이터 관리	4.4.5. Document and data control
b) 이러한 문서, 데이터 및 정보는 주기적으로 검토하고, 필요에 따라 개정하며, 권한을 가진 자가 그 적절성을 승인	b) these documents, data and information are periodically reviewed, revised as necessary, and approved for adequacy by authorized personnel;
c) 보안경영시스템의 효과적인 기능 발휘에 필수적인 업무를 수행하는 모든 장소에서 관련 문서, 데이터 및 정보의 최신판을 이용할 수 있어야 함.	c) current versions of relevant documents, data and information are available at all locations where operations essential to the effective functioning of the security management system are performed;

간략한 취지설명

ISO28000의 실행, 운영에 있어서 개정내역을 알리고 최신의 보안매뉴얼을 활용하도록 하기 위해서는 개정이력 관리가 반드시 필요하다. 또한, 개정이 적정한 절차와 권한을 가진 자에 의해 이루어졌는지 알 수 있도록 하기 위해 서명란을 두는 것이 필요하다.

자세한 설명

매뉴얼의 작성양식은 ISO28000에 구체적으로 명시되어 있지 않으나 예시와 같이 사용할 것을 권장한다. 기업 내에 이미 ISO9001 또는 ISO14001과 같은 경영시스템을 도입하여 매뉴얼을 보유하고 있는 기업은 기존에 사용하고 있던 양식을 사용하는 것이 좋다. 양식의 상단부분에는 회사명, 문서번호, 제·개정일자 및 번호와 페이지번호를 기재하는데 이는 보안매뉴얼뿐만 아니라 모든 보안절차서, 지침서에 공통으로 적용된다.

작성양식에 기재할 사항은 다음의 내용들을 포함해야 한다.

① 회 사 명

매뉴얼이 사용되는 기업의 명칭을 기재한다. 매뉴얼이 기업 내 일부 부문에만 적용될 경우에는 기업명과 적용되는 부문의 부서명 등을 기재한다.

② 문서번호

문서번호는 기업 내 다른 문서와의 구분하기 위해 필요하며, 각 기업의 회사 내규에 따라 문서를 구별하는 번호를 기재한다. 이에 대한 문서번호 부여방식은 매뉴얼 또는 문서 및 기록관리 절차서를 통해 정하며 기업이 선택적으로 정할 수 있다.

③ 문서제목

「보안매뉴얼」하단에 문서제목('개정이력' 등)을 표기한다. 매뉴얼은 일반적으로 각 장 단위로 구분되는 여러 개의 문서로 구성된다. 문서를 장 단위로 구분할 때에는 ISO28000 표준의 요구사항 구성체계(용어정의, 일반요구사항, 경영방침, 기획, 운영, 점검, 경영검토 등)와 순서를 따르는게 일반적이다.

④ 제정일자, 개정일자 및 개정번호

각 페이지 별로 문서의 제정일자, 개정일자 및 개정번호를 표기한다. 현재 편철된 문서가 최신판인지 아니면 언제 시점의 개정판인지를 책임부서와 관계부서 담당자가 파악할 수 있게 관리해야 한다. 제정일자는 해당문서가 작성되어 승인자의 승인을 받은 날을 표기한다. 개정일자는 심사, 개선, 법규 개정 등을 통해 문서의 개정이 필요한 경우 승인자의 승인을 받은 날을 표기한다. 개정번호는 제정의 경우 "0"으로 하고 개정이 발생하게 되면 순차적으로 "1,2,3,…"을 기입한다.

⑤ 페이지

페이지란에는 해당 장 단위 문서의 전체 페이지 가운데 본 페이지가 몇 번째 페이지인지를 표시한다. "1/1"은 "현재 페이지/전체 페이지"를 의미한다. 이를 통해 페이지 누락을 확인할 수 있고 원본 문서 대조 또는 개정 페이지 가제 시에도 편의를 제공한다.

⑥ 개정이력 기재란

개정이력은 각 문서의 가장 앞장에 위치하여, 각 문서의 어떤 부분이 언제 어떤 내용으로 개정되었는지를 기재한다. 제정이후 개정사항이 없다면 개정이력에는 아무 내용도 기입되지 않는다.

개정이력에는 다음 내용을 포함한다.

a. ISO28000 항목번호

ISO28000 항목번호를 기재하는 것이 ISO28000 요구사항을 대비하여 참조하는데 편리하다. 사업범위가 간단하여 기업의 보안매뉴얼을 약식으로 작성할 때에는 ISO28000 항목번호 대신에 다른 순서를 부여해도 좋다.

b. 제목: 보안매뉴얼 상 개정한 문서의 제목을 기재한다.

c. 개정번호

d. 개정일자

e. 세부 개정 내용

세부 개정 내용은 무엇을, 왜, 어떻게 개정하였는지 파악할 수 있도록 기록한다. 특히 모호한 내용을 표기하기 보다는 상세한 내용을 기입하여 책임부서와 관계부서 담당자의 이해를 도울 수 있도록 한다.

⑦ (하단) 작성자, 검토자, 승인자 등

작성자, 검토자, 승인자의 직책, 성명, 일자를 기재하고 이들이 직접 문서 상에 자필로 서명한다.

<table>
<tr><td rowspan="3">**회사명**</td><td>**보안매뉴얼**</td><td>제 정 일 자 :</td><td></td></tr>
<tr><td rowspan="3">목차(견본)</td><td>개 정 일 자 :</td><td></td></tr>
<tr><td>개 정 번 호 :</td><td></td></tr>
<tr><td>문서번호</td><td>페 이 지 :</td><td>1/1</td></tr>
</table>

ISO28000 항목번호	제 목	개정번호	개정일자	페이지
	개정이력			1
	목차			1
	문서 목록			2
	부서별 매트릭스			1
	개요			2
	보안경영 방침			2
3	용어의 정의			2
4.1	일반 요구사항			3
4.2	보안경영 방침(관리)			1
4.3	보안리스크 평가 및 기획			6
4.3.1	보안리스크 평가			2
4.3.2	법률, 강제 요구사항 및 그 밖의 보안규정			1
4.3.3	보안경영 목표			1
4.3.4	보안경영세부목표			1
4.3.5	보안경영프로그램			1
4.4	실행 및 운영			9
4.4.1	보안경영의 구조, 권한 및 책임			2
4.4.2	적격성, 교육훈련 및 인식			1
4.4.3	의사소통			1
4.4.4	문서화			1
4.4.5	문서 및 데이터 관리			1
4.4.6	운영관리			2
4.4.7	비상시 대비, 대응 및 보안 복구			1
4.5	점검 및 시정조치			5
4.5.1	보안성과 측정 및 모니터링			1
4.5.2	시스템 평가			1
4.5.3	보안관련 실패, 사건, 부적합 사항 그리고 시정조치 및 예방조치			1
4.5.4	기록관리			1
4.5.5	심사			1
4.6	경영검토 및 지속적 개선			1

회사명	A4(210×297mm)

[목차에 대한 설명]

간략한 취지설명

목차는 보안매뉴얼의 구성과 항목별 개정사실 등의 정보를 기재한다.

자세한 설명

ISO28000 항목번호, 제목, 개정번호, 개정일자 및 페이지 정보를 담고있는 목차부분이 일반적인 문서의 목차와 다른 점은 항목별 개정사실을 한눈에 파악할 수 있도록 개정번호[1]와 개정일자(최신, 마지막 개정일자)를 기재한다는 것이다. 페이지란에는 각 문서항목의 분량(면수)를 기재한다. 일반적으로 매뉴얼의 목차는 개정이력, 목차, 문서목록, 부서별 매트릭스, 개요, 보안경영 방침 순으로 시작하여 용어의 정의부터는 ISO28000의 요구사항 항목 순으로 배치한다.

1) 「개정이력」에 설명했듯이 개정횟수(0, 1, 2, 3, …)를 기재한다.

회사명	보안매뉴얼	제 정 일 자 :	
	문서 목록(견본)	개 정 일 자 :	
		개 정 번 호 :	
문서번호		페 이 지 :	1/2

ISO28000 요구사항 대비 문서 목록

ISO28000 항목번호	보안매뉴얼	보안절차서	보안지침서
	개정이력		
	목차		
	문서 목록		
	부서별 매트릭스		
	개요		
	보안경영 방침		
3	용어의 정의		
4.1	일반 요구사항		
4.2	보안경영 방침(관리)	보안경영 방침 관리 절차서	
4.3	보안리스크 평가 및 기획		
4.3.1	보안리스크 평가	보안리스크 평가 절차서	
4.3.2	법률, 강제 요구사항 및 그 밖의 보안규정	법규 및 보안규정 관리 절차서 문서 및 기록관리 절차서	
4.3.3	보안경영 목표	목표관리 절차서	
4.3.4	보안경영세부목표	목표관리 절차서	
4.3.5	보안경영프로그램	목표관리 절차서	
4.4	실행 및 운영		
4.4.1	보안경영의 구조, 권한 및 책임		업무분장 지침서 직원 (재)고용 지침서 직원 퇴직 지침서
4.4.2	적격성, 교육훈련 및 인식	교육훈련 및 자격부여 절차서 문서 및 기록관리 절차서	
4.4.3	의사소통	보안 의사소통 절차서	
4.4.4	문서화	문서 및 기록관리 절차서	
4.4.5	문서 및 데이터 관리	문서 및 기록관리 절차서	

회사명	A4(210×297mm)

<table>
<tr><td rowspan="3">회사명</td><td>보안매뉴얼</td><td>제 정 일 자 :</td><td></td></tr>
<tr><td rowspan="3">문서 목록(견본)</td><td>개 정 일 자 :</td><td></td></tr>
<tr><td>개 정 번 호 :</td><td></td></tr>
<tr><td>문서번호</td><td>페 이 지 :</td><td>2/2</td></tr>
</table>

ISO28000 항목번호	보안매뉴얼	보안절차서	보안지침서
4.4.6	운영관리	운영관리 절차서 보안설비 및 장비관리 절차서 구매관리 절차서 전산관리 절차서	전략물자수출입관리 지침서 창고 운영 지침서 제품 입고관리 지침서 제품 보관관리 지침서 제품 출하관리 지침서 제품 반품관리 지침서 직원 출입접근통제 지침서 방문자 출입접근 통제 지침서 차량방문자 접근통제 지침서 창고 접근통제 지침서 화물 손실/도난 관리 지침서 경비 운영관리 지침서 열쇠관리 지침서 경보작동 취급 지침서 화재예방 관리 지침서 운송관리 지침서 차량 운영관리 지침서 주변장치 유지관리 지침서 사고 보고관리 체계 지침서
4.4.7	비상시 대비, 대응 및 보안 복구	비상사태 관리 절차서	
4.5	점검 및 시정조치		
4.5.1	보안성과 측정 및 모니터링	보안측정 및 모니터링 절차서 문서 및 기록관리 절차서	
4.5.2	시스템 평가	보안측정 및 모니터링 절차서 문서 및 기록관리 절차서	
4.5.3	보안관련실패, 사건, 부적합 사항 그리고 시정조치 및 예방조치	시정조치 및 예방조치 절차서	
4.5.4	기록관리	문서 및 기록관리 절차서	
4.5.5	심사	내부심사 절차서	
4.6	경영검토 및 지속적 개선	경영검토 절차서 문서 및 기록관리 절차서	

회사명	A4(210×297mm)

[문서 목록에 대한 설명]

간략한 취지설명

ISO28000 요구사항 대비 문서 목록(이하 "문서 목록"이라 함)을 통해 해당 문서에 대한 체계적인 관리와 상호 연관관계에 대한 파악이 가능하다.

자세한 설명

문서목록에는 보안매뉴얼에 부속되는 절차서 및 지침서 등의 문서를 매뉴얼의 목차에 따라 나열하고, 보안매뉴얼 목차 좌측에 ISO28000 요구사항의 항목번호를 표기하여 각각의 대응관계를 한눈에 파악할 수 있도록 한다. 이러한 문서 목록은 이후 관련 문서의 개정 및 관리를 위해 이용될 수 있으며, 내부심사 혹은 인증기관의 심사시 ISO28000 요구사항 구비 여부를 파악할 수 있는 자료로 활용된다.

절차서와 지침서는 매뉴얼상에 기재하지 못한 구체적인 업무절차 등을 기재하여 본 매뉴얼을 활용하는 임직원의 이해를 돕기 위한 것이다. 절차서와 지침서는 일반적으로 ISO28000의 요구사항별로 작성하는데, 여러 요구사항을 묶어 하나의 절차서로 작성하거나 하나의 요구사항에 대해 여러 개의 절차서를 작성하는 것도 가능하다. 예를 들어 보안경영 목표, 세부목표 및 프로그램에 대한 요구사항은 목표관리절차서로 통합하여 절차서를 관리할 수 있으며, 운영관리와 같이 다양한 절차가 수반되는 요구사항의 경우 운영관리 절차서, 보안설비 및 장비관리 절차서, 구매관리 절차서, 전산관리 절차서 등으로 세부적으로 구분하여 절차서를 관리할 수 있다. 만약 매뉴얼상에 구체적인 절차까지 명시할 경우에는 별도로 절차서 또는 지침서를 작성할 필요는 없다.

문서 목록 작성시 유의할 점은 관련문서를 모두 언급하기 보다는 해당 요구사항을 만족시키기 위해 꼭 필요한 문서만을 표기해야 한다.

<table>
<tr><td rowspan="3">회사명</td><td>보안매뉴얼</td><td>제 정 일 자 :</td><td></td></tr>
<tr><td rowspan="3">부서별 매트릭스(견본)</td><td>개 정 일 자 :</td><td></td></tr>
<tr><td>개 정 번 호 :</td><td></td></tr>
<tr><td>문서번호</td><td>페 이 지 :</td><td>1/1</td></tr>
</table>

ISO28000 요구사항 및 부서별 매트릭스

ISO28000 항목번호	보안매뉴얼	부서명							
4.1	보안경영시스템 일반 요구사항								
4.2	보안경영 방침								
4.3.1	보안리스크 평가								
4.3.2	법률, 강제 요구사항 및 그 밖의 보안규정 요구사항								
4.3.3	보안경영 목표								
4.3.4	보안경영 세부목표								
4.3.5	보안경영 프로그램								
4.4.1	보안경영의 구조, 권한 및 책임								
4.4.2	적격성, 교육훈련 및 인식								
4.4.3	의사소통								
4.4.4	문서화								
4.4.5	문서 및 데이터관리								
4.4.6	운영관리								
4.4.7	비상시 대비,대응 및 보안복구								
4.5.1	보안성과 측정 및 모니터링								
4.5.2	시스템 평가								
4.5.3	보안관련 실패, 사건, 부적합사항 그리고 시정조치 및 예방조치								
4.5.4	기록관리								
4.5.5	심사								
4.6	경영검토 및 지속적 개선								

2.1. 적용구분
●: 주관부서 ◎: 공통부서 ○: 관련부서

회사명	A4(210×297mm)

[부서별 매트릭스에 대한 설명]

ISO28000 관련부분

4.4.1 보안 경영의 구조, 권한 및 책임	4.4.1 Structure, authority and responsibilities for security management
조직은 보안경영 방침, 목표, 세부목표 및 프로그램의 달성과 일관성이 있게 역할, 책임 및 권한에 대한 조직 구조를 수립하고 유지하여야 한다.	The organization shall establish and maintain an organizational structure of roles, responsibilities and authorities, consistent with the achievement of its security management policy, objectives, targets and programmes.

간략한 취지설명

ISO28000 요구사항 및 부서별 매트릭스(이하 "부서별 매트릭스"라 한다)에서는 ISO28000 요구사항별로 관련 부서들을 명시하고 주관, 공통, 관련 등으로 부서의 책임을 구분하여 기업 내 관련 부서의 ISO28000과의 관련성 및 책임을 한눈에 파악할 수 있게 한다.

자세한 설명

ISO28000에서는 보안경영 방침에 대한 역할, 책임 및 권한에 대한 조직 구조를 수립할 것을 요구하고 있으므로, 이에 따라 각 기업은 이행요건 혹은 매뉴얼 상의 각 항목별로 해당 부서에 대한 역할, 책임 및 권한을 정리할 필요가 있다.

부서별 매트릭스에는 ISO28000의 항목번호와 보안매뉴얼의 목차를 표시하고 각 부서의 관련성을 나타내게 된다. 해당 업무 관련 정도에 따라 주관부서, 공통부서 혹은 관련부서로 구분한다. 주관부서(●)는 해당 보안업무를 주도적으로 수행하는 부서를 나타내고, 공통부서(◎)는 해당 보안업무를 주도적으로 수행하는 부서와 대등한 입장에 있는 부서로 책임, 권한 및 역할이 주어지는 부서를 나타내며, 관련부서(○)는 해당 보안업무에 대해 지원하는 부서로서 해당 보안업무에 대한 책임 및 권한은 없지만 역할은 있는 부서를 나타낸다.

<table>
<tr><td rowspan="3">회사명</td><td>보안매뉴얼</td><td>제 정 일 자 :</td><td></td></tr>
<tr><td rowspan="3">개요(견본)</td><td>개 정 일 자 :</td><td></td></tr>
<tr><td>개 정 번 호 :</td><td></td></tr>
<tr><td>문서번호</td><td>페 이 지 :</td><td>1/2</td></tr>
</table>

1. 보안경영시스템의 수립, 실행, 유지 및 개선

1.1 ○○○(회사명)은 공급사슬의 보안을 개선하는 것을 목적으로 하여 KS V ISO28000:2007(이하 ISO28000이라 함)을 도입한다.

1.2 회사는 ISO28000을 도입하기 위해 현재의 보안환경을 평가하고 충분한 보안조치가 적소에 있는지 여부와 다른 강제적 요구사항이 회사가 준수하는 요구사항과 함께 이미 존재하는지 여부를 결정한다.

1.3 회사는 보안경영시스템에 대하여 리스크를 기반으로 하는 접근방식을 채택하여 KS V ISO28001:2007의 리스크 평가 프로세스를 따른다.

1.4 회사가 도입한 보안경영시스템은 P(계획)－D(실행)－C(점검)－A(조치) 사이클을 통한 지속적 개선을 통한 운영을 바탕으로 한다.

2. 적용범위 선언

2.1 본 매뉴얼은 회사의 모든 조직 및 인원의 공급사슬 보안경영활동에 적용하고 다음과 같은 공급사슬상의 범위에도 적용함을 원칙으로 한다.

1) 업스트림(○개): A사(공급자), B사(입고창고 관리 용역회사)

2) 다운스트림(○개): C사(운송업체), D사(운송업체), E사(포워더), I사(통관)

2.2 공급사슬(Supply Chain) 개요

1) 공급사슬 표시

공급자	제조	운송	포워더	무역 중개인	창고 운영인	통관	선적	운송	수입자
A사	당사의 사업범위 (B사 창고 관리 용역회사)	C사, D사	E사	F사	G사, H사	I사	J사, K사	L사	M사, N사

<table>
<tr><td rowspan="3">회사명</td><td>보안매뉴얼</td><td>제 정 일 자 :</td><td></td></tr>
<tr><td rowspan="3">개요(견본)</td><td>개 정 일 자 :</td><td></td></tr>
<tr><td>개 정 번 호 :</td><td></td></tr>
<tr><td>문서번호</td><td>페 이 지 :</td><td>2/2</td></tr>
</table>

2) 당사의 사업 안내

① 영　업

② 구　매

③ 연　구

④ 제　조

⑤ 출　하

3. 인용 표준

1) KS V ISO 28000:2007

2) KS V ISO 28001:2007

3) KS V ISO 28004:2007

[개요에 대한 설명]

ISO28000 관련부분

개 요	Introduction
이 규격은 보안경영 규격에 대한 산업계의 요구에 부응하여 개발되었다. 이 규격의 궁극적인 목적은 공급사슬의 보안을 개선하는 것이다. 이 규격은 조직이 전체적인 공급사슬의 보안경영시스템을 수립할 수 있는 높은 수준의 경영규격이다. 조직은 운영중인 보안환경을 평가하고 충분한 보안조치가 적소에 있는지 여부와 다른 강제적 요구사항이 조직이 준수하는 요구사항과 함께 이미 존재하는지 여부를 결정할 필요가 있다. 이 프로세스에 의해 보안 요구가 식별되었다면, 조직은 이 요구를 충족하기 위한 구조 및 프로세스를 실행하여야 한다. 공급사슬은 사실상 역동적이기 때문에, 복합적인 공급사슬을 관리하는 조직은 그림1의 설명처럼 보안 경영을 단순화하기 위하여 공급사슬에 포함되어야 할 조건인 정부규격 또는 ISO의 공급사슬 규격을 충족하기 위해 조직의 서비스 제공자에 기대를 걸어야 할 수도 있다.	This International Standard has been developed in response to demand from industry for a security management standard. Its ultimate objective is to improve the security of supply chains. It is a high-level management standard that enables an organization to establish an overall supply chain security management system. It requires the organization to assess the security environment in which it operates and to determine if adequate security measures are in place and if other regulatory requirements already exist with which the organization complies. If security needs are identified by this process, the organization should implement mechanisms and processes to meet these needs. Since supply chains are dynamic in nature, some organizations managing multiple supply chains may look to their service providers to meet related governmental or ISO supply chain security standards as a condition of being included in that supply chain in order to simplify security management as illustrated in Figure 1.

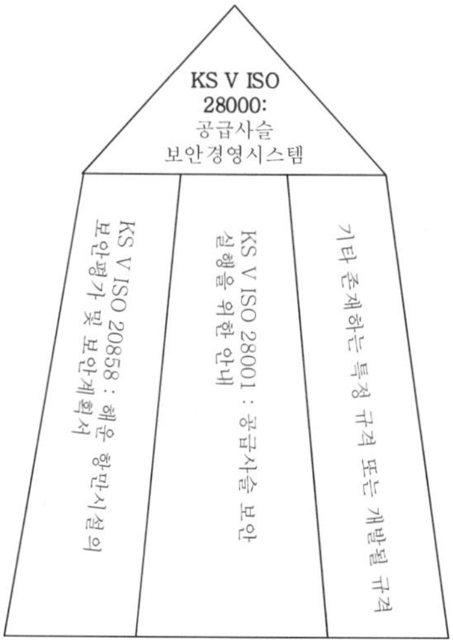

그림 1 KS V ISO28000과 다른 관련 표준과의 관계

이 규격의 의도는 조직의 공급사슬이 안전한 방법으로 관리될 필요가 있는 경우에 적용되는 것이다. 보안 경영에 대한 공식 접근은 조직의 사업 능력 및 신뢰성에 직접적으로 기여할 수 있다.

규격과의 적합성이 그 자체로 법적 의무로부터의 면제를 부여받는 것은 아니다. 그런 희망을 갖는 조직을 위하여, 보안경영시스템이 이 규격과 적합한지 여부는 외부 또는 내부 심사 프로세스에 의해 검증될 수 있다.

이 규격은 경영시스템에 대하여 리스크를 기반으로 하는 접근방식으로 인하여 KS A ISO 14001:2004에 의해 채택된 ISO 형식에 기초한다. 그러나, 경영시스템(예 KS A ISO 9001:2007)에 프로세스 접근방식을 채택한 조직은 이 규격에서 규정한 보안경영시스템을 위한 토대로 기존 경영시스템을

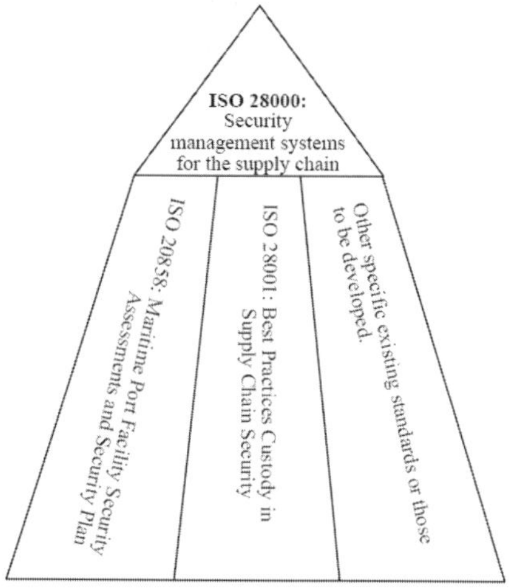

Figure 1 Relationship between ISO28000 and other relevant standards

This International Standard is intended to apply in cases where an organization's supply chains are required to be managed in a secure manner. A formal approach to security management can contribute directly to the business capability and credibility of the organization.

Compliance with an International Standard does not in itself confer immunity from legal obligations. For organizations that so wish, compliance of the security management system with this International Standard may be verified by an external or internal auditing process.

This International Standard is based on the ISO format adopted by ISO 14001: 2004 because of its risk based approach to management systems. However, organizations that have adopted a process approach to management systems (e.g. ISO 9001:2000) may be able to use their

사용할 수도 있다. 조직이 이미 적합성을 인증 또는 검증받은 공급사슬 보안경영에 관한 정부의 요구사항과 규격이 중복되는 것은 이 규격의 의도가 아니다.	existing management system as a foundation for a security management system as prescribed in this International Standard. It is not the intention of this International Standard to duplicate governmental requirements and standards regarding supply chain security management to which the organization has already been certified or verified compliant.
허용할 수 있는 1자, 2자 또는 3자 조직에 의해 검증될 수 있다.	Verification may be by an acceptable first, second, or third party organization.
비고 이 규격은 계획-실시-점검-조치(PDCA)로 알려져 있는 방법론에 기초하고 있다. PDCA는 다음과 같이 설명될 수 있다.	NOTE This International Standard is based on the methodology known as Plan-Do-Check-Act (PDCA). PDCA can be described as follows.
-계획(Plan): 조직의 보안경영 방침에 따른 결과를 도출하는데 필요한 목표 및 프로세스의 수립	-Plan: establish the objectives and processes necessary to deliver results in accordance with the organization's security policy.
-실시(Do): 프로세스의 실행	-Do: implement the processes.
-점검(Check): 보안방침, 목표, 세부목표, 법규 및 그 밖의 요구사항, 그리고 보고 결과에 대한 프로세스의 모니터링 및 측정	-Check: monitor and measure processes against security policy, objectives, targets, legal and other requirements, and report results.
-조치(Act): 보안경영시스템의 성과를 지속적으로 개선하기 위한 조치 시행	-Act: take actions to continually improve performance of the security management system.
1. 범 위	**1. Scope**
이 규격은 공급사슬 보안보증에 필수적인 사항이 포함된 보안경영시스템에 대한 요구사항을 규정한다. 보안 경영은 기업 경영의 다른 많은 사항과 연관되어 있다. 이러한 사항에는 공급사슬 보안에 영향을 주는 조직에 의해 관리되는 또는 영향을 끼치는 모든 활동이 포함된다. 이 다른 사항은 공	This International Standard specifies the requirements for a security management system, including those aspects critical to security assurance of the supply chain. Security management is linked to many other aspects of business management. Aspects include all activities controlled or

급사슬을 따라 상품을 운송하는 것을 포함하여 보안 경영에 영향을 주는 때와 장소에서 즉각적으로 고려되어야 한다.	influenced by organizations that impact on supply chain security. These other aspects should be considered directly, where and when they have an impact on security management, including transporting these goods along the supply chain.
이 규격은 다음 각 사항을 원하는 생산이나 공급사슬의 모든 단계에서의 제작, 서비스, 보관 또는 운송에 관계있는, 규모가 작은 조직에서부터 다국적 기구에 이르기까지, 모든 규모의 조직에 적용 가능하다.	This International Standard is applicable to all sizes of organizations, from small to multinational, in manufacturing, service, storage or transportation at any stage of the production or supply chain that wishes to:
a) 보안경영시스템의 수립, 실행, 유지 및 개선	a) establish, implement, maintain and improve a security management system;
b) 조직이 선언한 보안경영 방침과의 적합싱 보증	b) assure conformance with stated security management policy;
c) 외부에 그러한 적합성을 실증	c) demonstrate such conformance to others;
d) 공인된 제3자 인증기관에 의한 보안경영시스템의 인증/등록 추진	d) seek certification/registration of its security management system by an Accredited third party Certification Body; or
e) 이 규격에 대한 적합성을 자체 결정 및 선언	e) make a self-determination and self-declaration of conformance with this International Standard.
이 규격에는 몇 가지 요구사항을 언급하는 법적 및 강제적 코드가 있다.	There are legislative and regulatory codes that address some of the requirements in this International Standard.
이중으로 적합성을 실증하도록 요구하는 것이 이 규격의 의도는 아니다.	It is not the intention of this International Standard to require duplicative demonstration of conformance.
제3자 인증을 선택하는 조직은 공급사슬 보안에 현저하게 기여하고 있음을 부가적으로 실증할 수 있다.	Organizations that choose third party certification can further demonstrate that they are contributing significantly to supply chain security.

간략한 취지설명

개요(Introduction)에서는 ISO28000이 공급사슬의 보안 개선을 궁극적인 목적으로 하여 기업이 도입하게 된 배경을 밝히고 있다. 또한, 리스크 기반 접근방식을 채택하고 있으며, 계획—실시—점검—조치(PDCA)를 기반으로 시스템이 운영됨을 밝히고 있다. 또한, 개요에서는 ISO28000의 적용대상이 공급사슬 내 기업과 관련된 모든 조직에 적용 가능함을 밝히고 실제로 ISO28000이 적용되는 범위를 선언한다.

자세한 설명

ISO28000은 공급사슬 상에 위치하는 기업의 경영활동에 있어 사회적 책임(Social Responsibility)을 요구하는 국제사회 및 산업계의 요구에 부응하여 개발되었다. 여기서 기업의 사회적 책임이란 기업의 경영활동 과정에서 마약류·무기류 등 위험물품의 불법 밀반입출 방지, 원산지 규정 준수 등 이해관계자뿐만 아니라 지역사회 더 나아가 인류사회 전체에 이익이 되도록 하기 위한 기업의 책무를 말한다.

따라서 ISO28000의 목적은 공급사슬의 보안을 개선을 통해 사회적 책임을 다하는 것이며, ISO28000은 전체적인 공급사슬의 보안경영시스템을 수립할 수 있는 경영규격으로서 다른 공급사슬 보안인증제도인 관세청의 AEO(종합인증우수업체), 미국의 C-TPAT(대테러 세관 무역업자간 파트너십), 국제해사기구의 ISPS Code(국제 선박 및 항만자산 보안규칙) 등을 도입하고 지속적으로 개선하면서 운영하기 위한 경영시스템으로서의 역할을 할 수 있다.

ISO28000에서는 기본적으로 다음과 같은 개념을 갖고 보안경영시스템은 구축하고 운영하도록 하고 있다.

① 리스크 기반의 접근방식

ISO28000은 리스크를 기반으로 한 접근방식을 택하고 있다. 리스크(Risk)란 시설, 사람, 제품, 회사브랜드 등 기업의 유무형의 가치에 잠재적 손상을 줄 수 있는 보안과 관련 모든 계획된 행위 또는 일련의 행위인 보안위협(threat)이 발생할 가능성과 그 심각성을 의미한다. 즉 기업이 ISO28000을 통해 보안경영시스템을 구축하기 위해서는 기업 내 보안과 관련된 리스크를 파악하고 이를 관리하기 위한 보안 대책을 마련하기 위해 리스크 평가(Risk Assessment)가 가장 먼저 수행되어야만 한다. 리스크 평가를 통해 관련된 보안대책 및 이러한 보안대책을 시행하겠다는 최고경영자의 의지인 보안경영 방침, 그리고 보안대책을 통해 달성코자하는 목표 및 세부목표, 그리고 구체적인 실행계획인 프로그램 등을 도출해 내게 된다. 리스크 평가에 대한 보다 자세한 사항은 본 매뉴얼의 보안리스크 평가(4.3.1)부분에서 다루게 될 것이다. 또한, ISO28000은 ISO에서 제정한 경영시스템의 일종으로서 ISO9001의 프로세스 기반 접근방식이 기본적으로 내재되어 있다. 프로세스 기반 접근방식은 조직 내 프로세스의 파악과 상호작용, 그리고 원하는 결과를 산출하기 위한 프로세스 관리를 포함하여, 조직 내에서 프로세스로 구성된 시스템을 적용하는 것으로서 세부적인 내용은 ISO9001에 나타나있다.

② PDCA 사이클

ISO28000은 데밍이 창안하여 일명 "데밍 사이클"이라고도 불리는 계획(Plan)－실시(Do)－점검(Check)－조치(Action) 사이클(PDCA 사이클)을 통한 지속적 개선을 통한 운영을 바탕으로 하고 있다. PDCA 사이클에서는 계획－실시－점검－조치의 4단계를 반복하면서 목표, 세부목표 또는 프로그램이 변경되게 되고 이를 통해 매 사이클마다 시스템이 개선된다. ISO28000에서 PDCA를 통한 지속적인 개선을 나타내는 요구사항 간의 관계는 다음 그림과 같다.

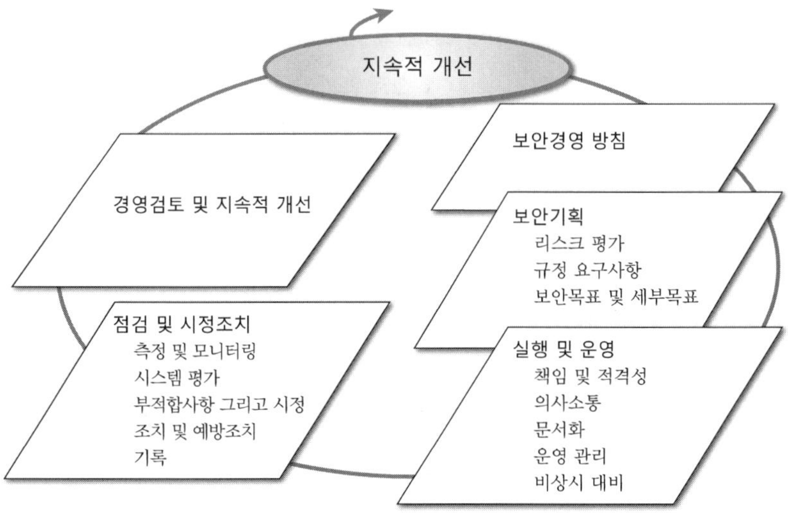

ISO28000은 기업 내에 보안경영시스템을 구축하기 위한 표준으로 공급사슬 보안에 필수적인 사항을 규정하고 있으며, 경영시스템으로서 기업 경영의 다른 많은 사항과 연관되어 해당 기업에 의해 관리되거나 영향을 미치는 모든 활동이 포함된다. 이를 위해서는 기업이 포함된 공급사슬 전체에 대한 식별이 필요하며 사업영역에 있어서도 경영시스템에 의한 내부통제 가능성에 대한 판단이 필요하므로 외주를 주는 업무에 대한 식별이 필요하다.

개요의 '적용범위 선언' 부분에서는 기업과 관련된 공급사슬의 범위를 명시하고 이에 대한 해당 프로세스를 정의한다. 공급사슬은 업스트림(Upstream)과 다운스트림(Downstream)으로 나뉘며, 업스트림은 공급사슬 내 기업 이전(以前) 단계에서 기업에 영향을 미칠 수 있는 당사자들을 기재하고, 다운스트림은 기업을 기준으로 하여 수요자에게 도달할 때까지의 당사자들을 기재한다. 이는 이후 적용범위를 결정하기 위한 근거자료로 사용되며, 공급사슬 상에서 기업과 관계된 전 범위에 걸친 업스트림과 다운스트림을 기재해야한다. 공급사슬 보안경영시스템은 기업 내부의 보안 리스크관리뿐만 아니라 공급사슬 상에서 업스트림으로부터 유발될 수 있는 리스크를 최소화하고 기업을 거쳐 수요자에게 도달할 때까지 발생할 수 있는 리스크를 관리하기 위한 활동을 모두 포괄한다. 제조업의 경우를 예로 든다면 원료공급 업체, 원료 운송업체 및 내부의 원료창고관리 외주업체가 업스트림이 되며, 제품의 출하이후 운송사, 포워더, 무역중개인, 창고운영인, 선적사 등이 다운스트림이 된다.

적용범위를 결정할 때, 기업 내 업무 중 외주를 주고 있는 부분은 적용범위에 반드시 포함하여 일차적인 다운스트림까지를 적용범위로 한다. 업스트림도 외주 업체 및 1차적인 업스트림까지 적용범위에 포함한다. 물론 필요에 따라 적용범위에 포함될 업스트림 및 다운스트림의 범위를 확장할 수 있으나, 이렇게 할 경우 관리대상이 많아지고 관리 가능성도 낮아진다는 점에 유의해야 한다.

기업의 사업 안내는 기업의 내부 업무를 표기한다. 이는 기업의 사업 내용 중 외주 프로세스로 처리하는 내용을 파악하기 위함이다.

끝으로 '인용 표준'에는 본 매뉴얼이 따르고 있는 표준번호 및 제정일자를 표기한다.

<table>
<tr><td rowspan="3">회사명</td><td>보안매뉴얼</td><td>제 정 일 자 :</td><td></td></tr>
<tr><td rowspan="3">보안경영 방침(견본)</td><td>개 정 일 자 :</td><td></td></tr>
<tr><td>개 정 번 호 :</td><td></td></tr>
<tr><td>문서번호</td><td>페 이 지 :</td><td>1/3</td></tr>
</table>

1. 보안경영의 목적

앞서가는 기술력과 노하우로 현재 업계 선두를 달리고 있는 ○○○(기업명)는 사업을 영위함에 있어 공급사슬에서 발생할 수 있는 보안위협에 대한 리스크를 식별하고 대처하는 활동이 당사의 성공적인 사업수행과 미래성장에 있어 필수적임을 인식한다. 이를 위해 모든 임직원(협력업체 포함)들이 능동적으로 책임지고, 규정 준수와 적절한 보안활동이 시행되도록 의무를 다하여, 공급사슬 상의 보안관리를 통한 고객만족을 추구하는 것을 기본방침으로 정한다. 이에 회사의 보안방침 실현을 위해 적합한 KS V ISO28000:2007 보안경영시스템을 수립하여 운영하며, 다음과 같은 보안방침 관리 원칙을 설정하였다.

2. 보안방침 관리 원칙

1) 보안방침은 다른 방침(품질·환경방침)과 상충되지 않도록 서로 조화를 이루며 일관성 있게 관리한다. 보안방침은 회사의 임직원, 영업 및 운영상의 자산과 고객의 자산을 보호하는데 있다.
2) 보안방침을 실행하기 위해 전 사업장 및 각 부서에서는 소관 주요 업무범위(시설, 인원, 업무절차, 화물, 운송 등) 내에서 예상되는 보안위협을 식별하고, 보안위협 및 위협 시나리오에 대한 리스크를 평가한다.
3) 평가된 리스크를 수용 가능한 수준으로 감소시키고 관리하는 통제기능을 구축한다. 이를 위해 보안목표, 세부목표 및 프로그램을 수립, 실행, 유지 및 관리하며, 정기적인 성과측정, 보안경영시스템 평가, 내부심사 및 경영 검토를 통해 회사의 보안 경영 프로세스를 지속적으로 개선한다.
4) 현재 적용되는 국내·외 법규 및 강제 보안 요구사항 가운데 회사의 업무범위에 적용되는 법규 및 요구사항을 불이행할 경우 회사에 미치는 피해 또는 관련된 보안리스크도 파악하고 이에 대한 대응 및 이행방안을 강구한다. 또한 이를 전 임직원에게 공지, 교육 및 훈련을 통해 숙지·이행하도록 하며, 주기적으로 법규 등록 및 준수사항을 관리한다.

회사명	A4(210×297mm)

<table>
<tr><td rowspan="3">회사명</td><td>보안매뉴얼</td><td>제 정 일 자 :</td><td></td></tr>
<tr><td rowspan="3">보안경영 방침(견본)</td><td>개 정 일 자 :</td><td></td></tr>
<tr><td>개 정 번 호 :</td><td></td></tr>
<tr><td>문서번호</td><td>페 이 지 :</td><td>2/3</td></tr>
</table>

5) 회사가 조직 변경, 사업의 인수. 합병 등 사업범위 변경과 같은 보안경영시스템의 연속성 및 관련성에 영향을 주는 경우에 보안방침을 검토하여 필요한 경우 개정하도록 한다.
6) 회사에서 보안 실패 및 사건이 발생하는 경우, 행동의 시정 및 임직원의 보안인식을 증진하도록 적극 추진하며, 우발적 내지 비상 시 대비, 대응 및 사업지속성 그리고 복구를 신속히 하도록 전 사업장 및 각 부서에서 개선 노력을 실천한다.
7) 모든 임직원은 회사와 사업장에 야기할 가능성이 있는 평소와 다른 특이사항이나 수상한 사람을 발견할 경우, 이를 보안관계자에게 보고할 의무를 지며, 적극적인 참여와 절차서 준수를 통하여 보안목표를 달성하고 회사의 보안우수성을 알린다.

3. 보안경영 방침

"당사는 보안경영 활동이 회사발전과 고객만족의 근간임을 인식하여 보안경영시스템을 수립하고 전사적인 보안 개선 노력을 추진하여 사회에 공헌한다."

1) 회사의 경영진은 본 보안경영 방침을 지지하고 전사적으로 추진하며, 보안주관부서는 회사의 보안관리 활동을 정기적 검토하고 필요시 방침도 검토한다.
2) 각 사업부문의 관리자는 보안경영시스템이 본 방침과 일관되게 도입되고 실행되는데 책임을 지고 규정준수와 적절한 보안활동이 시행되도록 의무를 진다. 기타 부서들은 보안경영시스템의 시행을 지원한다.
3) 보안상에 중대한 영향을 줄 수 있는 업무를 맡은 직원은 보안경영 방침 및 관계 규정을 준수하도록 훈련되고 책임을 진다.
4) 모든 직원은 회사와 사업장에 위험을 야기할 가능성이 있는 평소와 다른 특이사항이나 수상한 사람을 발견한 경우, 이를 보안관계자에게 보고할 의무를 진다.
5) 전직원의 적극적인 참여와 절차서 준수를 통하여 보안목표를 달성하고 회사의 보안 우수성을 알린다.

회사명	A4(210×297mm)

<table>
<tr><td rowspan="2">회사명</td><td>보안매뉴얼</td><td>제 정 일 자 :</td><td></td></tr>
<tr><td rowspan="4">보안경영 방침(견본)</td><td>개 정 일 자 :</td><td></td></tr>
<tr><td rowspan="2"></td><td>개 정 번 호 :</td><td></td></tr>
<tr><td>페 이 지 :</td><td>3/3</td></tr>
<tr><td>문서번호</td><td></td><td></td></tr>
</table>

6) 회사는 본 방침과 보안경영시스템을 매년 혹은 필요 시에 즉각 검토하고, 필요한 경우 방침의 준수를 위하여 조치를 취한다.

○ ○ ○ (회사명)
대 표 이 사
홍 길 동

회사명	A4(210×297mm)

[보안경영 방침에 대한 설명]

ISO28000 관련부분

4.2. 보안경영 방침	4.2. Security management policy
조직의 최고경영자는 전반적인 보안경영 방침을 승인하여야 한다. 이 방침은 다음과 같아야 한다.	The organization's top management shall authorize an overall security management policy. The policy shall:
a) 조직의 다른 방침과 일관성이 있을 것	a) be consistent with other organizational policies;
b) 구체적인 보안경영 목표, 세부목표 및 프로그램을 도출할 수 있는 틀을 제공할 것.	b) provide the framework which, enables the specific security management objectives, targets and programmes to be produced;
c) 조직의 전반적인 보안 위협 및 리스크 관리(management) 틀과 일관성이 있을 것.	c) be consistent with the organization's overall security threat and risk management framework;
d) 조직에 대한 위협과 조직 운영의 특성 및 규모에 적합할 것.	d) be appropriate to the threats to the organization and the nature and scale of its operations;
e) 전반적인/포괄적인 보안경영 목표를 명확하게 기술할 것.	e) clearly state the overall/broad security management objectives;
f) 보안 경영 프로세스의 지속적인 개선 의지를 포함할 것.	f) include a commitment to continual improvement of the security management process;
g) 현재 적용되는 법규, 강제적 및 법적 요구사항과 조직이 동의한 그 밖의 요구사항을 준수하겠다는 의지를 포함할 것	g) include a commitment to comply with current applicable legislation, regulatory and statutory requirements and with other requirements to which the organization subscribes;
h) 최고경영자의 승인이 명확할 것	h) be visibly endorsed by top management;
i) 문서화되어 실행되고 유지될 것	I) be documented, implemented and maintained;
j) 모든 관련된 종업원 및 계약자와 방문	j) be communicated to all relevant em-

자를 포함한 제 3 자가 각자의 보안 경영 관련 의무사항을 인지할 수 있도록 의사소통 될 것	ployees and third parties including contractors and visitors with the intent that these persons are made aware of their individual security management–related obligations;
k) 필요한 경우 이해관계자가 이용할 수 있도록 할 것	k) be available to stakeholders where appropriate;
l) 보안경영시스템의 연속성 및 관련성에 영향을 줄 수 있는 다른 조직과의 인수 또는 합병, 또는 조직의 사업범위가 변경되는 경우 보안경영 방침이 검토되도록 할 것.	l) provide for its review in case of the acquisition of, or merger with other organizations, or other change to the business scope of the organization which may affect the continuity or relevance of the security management system.
조직이 보안경영시스템을 운영하기 위하여 충분한 정보 및 지시를 제공하는 내부목적으로 상세한 보안경영 방침을 선택할 수 있고(일부는 사외비로 할 수 있음) 조직의 이해관계자와 기타 이해관계자에게 배포하기 위하여 개략적인 목표를 나타내는 요약본(공개용)을 선택할 수 있다.	NOTE Organizations may choose to have a detailed security management policy for internal use which would provide sufficient information and direction to drive the security management system (parts of which may be confidential) and have a summarized(non–confidential) version containing the broad objectives for dissemination to its stakeholders and other interested parties.

간략한 취지설명

보안경영 방침이란 기업의 보안경영시스템 전반에 대한 원칙으로 보안 관련 활동의 강령이 될 수 있도록 최고경영자가 선언하는 보안경영에 대한 의지의 표명이다.

최고경영자는 기업의 비전과 궁극적인 목적을 실현하기 위해 필요한 모든 요소를 검토하여 보안경영 방침을 수립하고 회사의 각 사업부문에서는 최고경영자가 세운 보안경영 방침에 의거하여 모든 계획, 실행, 점검 및 조치 활동들을 수행해야 한다.

보안경영 방침은 기업이 기존에 수립한 다른 목적(품질경영, 환경경영 등)의 경영방침과 조화를 이뤄야 한다.

자세한 설명

보안경영 방침은 일반적으로 "~한다"와 같은 선언의 형태로 작성하며, 임직원이나 일반 대중들도 알기 쉽도록 일목요연하게 작성하여야 한다.

보안경영 방침은 기업의 현실과 목표를 명확하게 파악한 후 수립하여야 한다. 기업의 활동과 관계없는 분야에서 보안성과의 지속적인 개선을 추구하겠다든지, 지나치게 높은 목표를 추구하겠다는 현실성 없는 선언은 피해야 한다.

보안경영 방침의 내용에는 다음의 사항이 포함되어야 한다.

① 기업의 경영활동에 의해 직·간접적으로 관계된 공급사슬 내에서의 보안 리스크를 관리하여 보안수준을 지속적으로 개선하겠다는 의지(주요 보안 위협과 리스크를 식별하고 있는 경우에는 이에 대한 적절한 대응관리 틀을 마련하여 운영하겠다는 의지를 구체적으로 명시)

② 보안관련 법규에서 요구하는 사항들을 포함하여, 공급사슬보안 개선을 위해 기업이 동의한 기타 요구사항들을 준수하겠다는 의지

③ 보안경영활동과 관련된 각종 절차 및 기획 수립 단계를 통합적으로 운용하여, 기업 활동의 잠재적인 보안리스크를 최소화하겠다는 의지

④ 보안경영에서 리더십을 갖고 활동하겠다는 의지

보안경영 방침은 위 사항 이외에도 ISO28000 규격 제4장의 요구사항들을 고려하여 작성하여야 하며, 되도록 최고경영자 본인이 직접 작성하고 승인하여 그 의지를 표명하는 것이 바람직하다.

보안경영 방침은 기업 내부의 모든 인력들을 포함하여, 정부기관, 납품업체, 하청업체들을 비롯한 이해관계자들에게 알림은 물론, 일반 대중들도 손쉽게 찾아볼 수 있도록 공개되어야 한다. 특히, 회사의 홈페이지에 보안경영 방침을 게시하여 보안경영시스템을 도입·운영하고 있음을 밝혀둠으로써 국내외의 고객사, 협력사 등 국제무역업계에 기업의 브랜드 가치를 제고시킬 수 있다.

보안경영 방침의 공개 방식은 기업의 특성에 따라 여러 가지가 있을 수 있다. 이러한 공개 방식의 사례들에는 다음과 같은 것들이 있다.

① 기업 내부에서의 공개 방식
- 조회 등의 모임을 통한 전파
- 액자 및 포스터 등의 형태로 사내 게시판 등에 부착
- e-mail을 이용하여 알림
- 인트라넷(intranet)을 통해 회사 홈페이지 직원 게시판에 알림

② 기업 외부에 대한 공개 방식
- 협력 업체, 구매 업체 등에게 협조 공문 등을 통한 전파
- 회사 홈페이지에 공개
- 회사를 소개하는 책자(브로슈어, 팸플릿 등)에 공개

보안경영 방침은 선언적인 구호에 그쳐서는 안 되며, 기업의 경영활동에 적극적으로 반영되어야 한다. 최고경영자는 보안경영 방침을 경영이념으로서 이행하고자 하는 실질적인 의지가 있어야 하고, 이의 실천을 위한 적절한 자원을 지원해야 한다. 보안경영 방침에 따라 보안경영 목표와 세부목표를 설정하고 이를 달성하기 위한 구체적인 행동계획을 수립하여야 한다. 기업의 모든 임직원은 반드시 보안경영 방침을 숙지하고 있어야 하며, 임직원 개개인의 해당 업무는 회사의 보안경영 방침에 따라 보안경영시스템에서 규정한 절차에 따라 수행되며 관리되어야 한다.

보안경영시스템 운영과정에서 법규 및 고객 요구사항 변화, 조직 개편 등 보안관련 내·외부 환경의 변화나 경영검토 결과에 따라 보안방침이 기업의 현실과 부합하지 않는 경우에는 즉시 개정하여야 한다.

기 타

제시된 보안경영 방침은 본 매뉴얼을 활용하는 기업의 이해를 돕기 위한 일반적인 상황을 바탕으로 만든 예시로서 참고용으로만 활용되어야 한다. 기업의 사업영역, 주요고객, 규모 등에 따라 이행해야 할 보안 관련 법규나 관리해야 할 보안리스크 등이 다르므로 내부 현실을 고려하여 자체적으로 방침을 수립해야 한다. 보안방침을 관리하는 절차는 ISO28000의 4.2항에서 설명한다.

<table>
<tr><td rowspan="3">회사명</td><td>보안매뉴얼</td><td>제 정 일 자 :</td><td></td></tr>
<tr><td rowspan="3">3. 용어의 정의(견본)</td><td>개 정 일 자 :</td><td></td></tr>
<tr><td>개 정 번 호 :</td><td></td></tr>
<tr><td>문서번호</td><td>페 이 지 :</td><td>1/9</td></tr>
</table>

본 매뉴얼에서 사용되는 용어의 정의는 다음과 같으며 일반적인 용어의 정의는 KS V ISO28000 용어와 정의에 제시된 정의에 따른다.

1. 시설(facility)

공장, 기계, 자산, 빌딩, 차량, 선박, 항만시설 및 기반구조의 다른 항목 또는 별개의 계량 가능한 사업 기능 또는 서비스를 갖고 있는 공장 및 관련 시스템

2. 보안(security)

공급사슬에 대해 또는 공급사슬에 의하여 피해 또는 손상을 주기 위하여 계획된 고의적이고 인가 받지 않은 행동에 대한 대처

3. 보안경영(security management)

조직이 조직의 리스크, 그리고 관련 있는 잠재 위협 및 그것으로부터 야기되는 영향을 최적으로 관리하는 것을 통한 체계적이고 조화된 활동 및 실행

4. 보안경영 방침(security management policy)

조직의 방침 및 강제적 요구사항으로부터 도출되고 이와 일관성이 있는 보안 관련 프로세스 및 활동을 관리하기 위한 보안 및 틀과 연관된 조직의 전반적인 의도 및 방향

5. 보안경영 목표(security management objective)

보안경영 방침을 충족시키기 위하여 보안과 관련하여 요구되는 구체적인 결과 또는 달성하고자 하는 것

회사명	A4(210×297mm)

<table>
<tr><td rowspan="3">회사명</td><td>보안매뉴얼</td><td>제 정 일 자 :</td><td></td></tr>
<tr><td rowspan="3">3. 용어의 정의(견본)</td><td>개 정 일 자 :</td><td></td></tr>
<tr><td>개 정 번 호 :</td><td></td></tr>
<tr><td>문서번호</td><td>페 이 지 :</td><td>2/9</td></tr>
</table>

6. 보안경영 프로그램(programmes)

보안경영 목표를 달성하는 방법

7. 보안경영 세부목표(target)

보안경영 목표를 달성하기 위해 요구되는 구체적인 성과 수준

8. 이해관계자(stakeholder)

조직의 성과, 성공 또는 그 활동의 영향에 부여된 이익을 가지는 인원 또는 단체

비고: 예를 들어 고객, 주주, 자본가, 보험업자, 단속기관, 정부기관, 종업원, 계약자, 공급자, 노동 기구 또는 사회를 포함한다.

9. 공급사슬(supply chain)

원재료 조달에서 시작하여 운송모드를 거쳐서 최종 이용자에게 상품이나 서비스 인도를 하는데 까지 확대되는 자원 및 프로세스의 연결 세트

비고: 공급사슬은 판매자, 제조자, 물류공급자, 내부의 배송센터, 유통업자, 도매업자 및 최종 이용자에게 전달하는 기타 단체를 포함한다.

10. 다운스트림(downstream)

보험, 금융, 데이터 관리 및 화물의 포장, 보관 및 이송에 국한시키지 않고 다른 것도 포함하여, 화물이 조직이 직접 운영하는 관리를 떠난 후에 발생하는 공급사슬에서의 화물의 활동, 프로세스 및 움직임에 관련되는 것

<table>
<tr><td rowspan="3">회사명</td><td>보안매뉴얼</td><td>제 정 일 자 :</td><td></td></tr>
<tr><td rowspan="3">3. 용어의 정의(견본)</td><td>개 정 일 자 :</td><td></td></tr>
<tr><td>개 정 번 호 :</td><td></td></tr>
<tr><td>문서번호</td><td>페 이 지 :</td><td>3/9</td></tr>
</table>

11. 업스트림(upstream)

보험, 금융, 데이터 관리 및 화물의 포장, 보관 및 이송에 국한시키지 않고 다른 것도 포함하여, 화물이 조직이 직접 운영하는 관리를 받기 전에 발생하는 공급사슬에서의 화물의 활동, 프로세스 및 움직임에 관련되는 것

12. 최고경영자(top management)

최고의 위치에서 조직을 지배하고 관리하는 사람 또는 집단

비고: 최고 경영자는, 특히 대형 다국적 조직에서는, 이 규격에 서술된 바와 같이 개인적으로 관여되지 않을 수도 있다. 그러나 지휘망을 통하여 최고 경영자의 책임은 증명되어야 한다.

13. 지속적 개선(continual improvement)

조직의 보안 방침과 일관성이 있는 전반적인 보안성과의 개선을 달성하기 위해 보안경영시스템의 증진을 반복하는 프로세스

14. 리스크(risk)

보안위협 실현 가능성 및 그 심각성(consequences)

15. 보안해제(security cleared)

보안민감 물질에 접근하려는 사람의 신뢰성을 검증하는 프로세스

16. 위협(threat)

이해관계자, 시설, 운영자, 공급사슬, 사회, 경제 또는 사업 영속성 및 통합성(integrity) 중의 어느 것에 대하여 잠재적 손상을 줄 수 있는 모든 계획된 행위 또는 일련의 행위

회사명	A4(210×297mm)

<table>
<tr><td rowspan="3">회사명</td><td>보안매뉴얼</td><td>제 정 일 자 :</td><td></td></tr>
<tr><td rowspan="3">3. 용어의 정의(견본)</td><td>개 정 일 자 :</td><td></td></tr>
<tr><td>개 정 번 호 :</td><td></td></tr>
<tr><td>문서번호</td><td>페 이 지 :</td><td>4/9</td></tr>
</table>

17. 적절한 법률 집행 및 정부 공무원(appropriate law enforcement and other government officials)

국제적인 공급사슬 또는 그것의 영역에 특정한 법적 관할권을 갖는 정부 및 법을 집행하는 요원

18. 자산(asset)

플랜트, 기계, 재산, 건물, 자동차, 선박, 비행기, 수송 및 기반구조나 플랜트의 기타 항목과 분명하고 정량적인 사업기능 또는 서비스가 있는 관련 시스템

비고: 이 정의는 보안의 인도(delivery) 및 보안경영의 적용에 필수적인 모든 정보시스템을 포함한다.

19. 공인경제운영자(authorized economic operator)

세계관세기구 또는 동등한 공급사슬 보안 표준을 따르는 국가 관세기구에 의하여 또는 대신하여 승인된 기능이 무엇이든 간에 상품의 국제적 이동에 관련된 당사자

비고 1: 공인경제운영자는 세계관세기구 규격의 기본틀에서 정의된 용어이다.

비고 2: 공인경제운영자는 무엇보다도 제조자, 수입업자, 수출업자, 중개업자, 운송업자, 화물 집화자(consolidators), 중개자, 항만, 공항, 터미널운영자, 복합운송업자(integrated operators), 보세창고 및 배송자를 포함한다.

20. 사업파트너(business partner)

공급사슬의 조직으로서 조직의 기능을 지원하도록 조직과 계약되어 있는 계약자, 공급자 또는 서비스제공자

<table>
<tr><td rowspan="3">회사명</td><td>보안매뉴얼</td><td>제 정 일 자 :</td><td></td></tr>
<tr><td rowspan="3">3. 용어의 정의(견본)</td><td>개 정 일 자 :</td><td></td></tr>
<tr><td>개 정 번 호 :</td><td></td></tr>
<tr><td>문서번호</td><td>페 이 지 :</td><td>5/9</td></tr>
</table>

21. 화물운송유니트(cargo transport unit)

차도 적하차량, 철도 적하차량, 적하 컨테이너, 차도 탱크차량, 철도 탱크차량 또는 운반용 탱크

22. 심각성(consequence)

공급사슬의 조직에 대한 공격의 결과로서 또는 공급사슬을 무기로 사용함에 따라 합리적으로 예측될 수 있는 인명의 손실, 자산의 손상 또는 운송시스템의 혼란을 포함한 경제적 혼란

23. 운송(conveyance)

한 장소에서 다른 장소로 제품을 운송하는 국제무역의 물리적인 수단

보기: 상자, 파렛트, 화물 운송유니트, 화물 하역장비, 트럭, 선박, 비행기 및 철도

24. 대책(countermeasure)

보안 목표에 따른 보안위협 시나리오의 발생가능성을 낮추거나 보안위협 시나리오의 심각성을 저감시키기 위해 취하는 행동

25. 보관(custody)

일정 기간중 공급사슬에서 조직이 직접적으로 제조, 공정, 취급 및 제품의 운송과 공급사슬의 관련 선적 정보를 관리하는 행위

26. 상품(goods)

구매자에 의한 사용 또는 소비를 위하여 공급사슬 내에서 구매주문을 받고 제조, 가공, 취급 또는 운송되는 품목 또는 재료

<table>
<tr><td rowspan="3">회사명</td><td>보안매뉴얼</td><td>제 정 일 자 :</td><td></td></tr>
<tr><td rowspan="3">3. 용어의 정의(견본)</td><td>개 정 일 자 :</td><td></td></tr>
<tr><td>개 정 번 호 :</td><td></td></tr>
<tr><td>문서번호</td><td>페 이 지 :</td><td>6/9</td></tr>
</table>

27. 국제적인 공급사슬(international supply chain)

몇몇 장소에서 국제적 또는 경제적 경계가 교차하는 공급사슬

비고 1: 구매주문이 종료되는 시점부터 상품이 도달되는 국가 또는 경제구역에서의 관세통제로부터 해제되는 지점까지 공급사슬의 모든 부분은 국제적인 것으로 고려된다.

비고 2: 조약 또는 지역간 협정이 체약 국가 또는 경제구역으로부터 상품의 통관절차를 면제한다면, 국제적인 공급사슬의 종료지점은 국가 또는 경제구역의 목적지에 입항하는 항구가 된다. 그 국가 또는 경제구역에서 협정 또는 조약이 없었다면 상품의 통관이 필요하였을 것이다.

28. 발생가능성(likelihood)

보안위협 시나리오가 보안사건으로 발전될 수 있는 가능성

비고: 발생가능성은 정성적 또는 정량적으로 표현되거나 평가된 위협시나리오에 관련하여 보안사건에 제기되어 있는 보안 프로세스의 저항력에 기초하여 평가된다.

29. 경영시스템 (management system)

자원을 투입하여 조직의 목표를 충족시키는 제품 또는 서비스로 변환시키는 프로세스 또는 활동을 관리하기 위한 조직의 구조

비고: 이 규격에서 특정한 경영시스템을 규정하거나 별도의 보안경영시스템을 요구하는 것은 아니다. KS A ISO 9001(품질경영시스템), KS A ISO 14001(환경경영시스템), KS V ISO 28000(공급사슬 보안경영시스템)과 국제해사기구(IMO)의 국제안전경영시스템(ISM CODE)은 경영시스템의 예이다.

<table>
<tr><td rowspan="3">회사명</td><td>보안매뉴얼</td><td>제 정 일 자 :</td><td></td></tr>
<tr><td rowspan="3">3. 용어의 정의(견본)</td><td>개 정 일 자 :</td><td></td></tr>
<tr><td>개 정 번 호 :</td><td></td></tr>
<tr><td>문서번호</td><td>페 이 지 :</td><td>7/9</td></tr>
</table>

30. 공급사슬의 조직(organization in the supply chain)

다음에 해당되는 실체를 말한다.

- 구매주문을 받고 어떤 지점에서 국제적 또는 경제적 경계에 걸쳐 있는 상품을 제조, 취급, 가공, 적하, 통합, 하역 또는 수령
- 국가 또는 경제구역의 범위에 걸쳐있는 국제적인 공급사슬의 특별한 부분에 관계없이 국제적인 공급사슬의 어떤 형태에 의한 상품의 운송
- 관세당국에 의해 또는 사업에 사용되는 선적정보의 생성, 배포 또는 흐름을 제공, 관리하거나 이행

31. 리스크 관리(risk management)

가능성 있는 위협, 심각성 그리고 발생 또는 성공 가능성의 분석에 기초한 관리결정 프로세스

비고: 리스크 관리프로세스는 일반적으로 특정한 환경에서 운영에 필요한 조직의 자원 배치를 최적화하기 위하여 시작된다.

32. 서비스의 범위(scope of service)

공급사슬에서 조직이 이행하는 기능과 이러한 기능을 이행하는 장소

33. 보안합의서(security declaration)

적어도 국제 무역의 물리적 수단과 제품이 어떻게 보호되고 보호된 정보가 관련있으며, 보안조치가 실증 및 평가되었는가를 포함하여 사업파트너에 의하여 기록된 공약

비고: 제품의 보안과 관련된 보안조치의 충분함을 평가하는 것은 공급사슬 내에서 조직에 의해 사용되어야 한다.

<table>
<tr><td rowspan="3">회사명</td><td>보안매뉴얼</td><td>제 정 일 자 :</td><td></td></tr>
<tr><td rowspan="3">3. 용어의 정의(견본)</td><td>개 정 일 자 :</td><td></td></tr>
<tr><td>개 정 번 호 :</td><td></td></tr>
<tr><td>문서번호</td><td>페 이 지 :</td><td>8/9</td></tr>
</table>

34. 보안계획서(security plan)

보안이 적절하게 관리된다는 것을 보장하기 위하여 계획된 방법(arrangements)

비고 1: 보안계획서는 보안사건으로부터 조직을 보호하기 위한 대책의 적용을 보장하기 위해 의도된 것이다.

비고 2: 이 보안계획서는 다른 운영계획과 통합될 수 있다.

35. 보안(security)

공급사슬에 손상 또는 손해를 가하기 위하여 의도된 국제적 행위에 대한 저항력

36. 보안사건(security incident)

심각성을 조성한 모든 행위 또는 환경

37. 보안요원(security personnel)

공급사슬의 조직에서 보안 관련 임무를 부여받은 인원

비고: 보안요원은 조직의 피고용인일 수도 있고 아닐 수도 있다.

38. 보안에 민감한 정보(security sensitive information) 보안에 민감한 자료(security sensitive materials)

공급사슬 보안프로세스에 의하여 도출된 또는 공급사슬 보안프로세에 통합된 정보 또는 자료를 말하며 보안프로세스, 선적 또는 정부 지시문서에 관한 정보를 포함한다. 그 정보는 공개적으로 쉽게 열람되지 못하며 보안사건을 일으키려고 하는 자가 사용할 수 있다.

<table>
<tr><td rowspan="3">회사명</td><td>보안매뉴얼</td><td>제 정 일 자 :</td><td></td></tr>
<tr><td rowspan="3">3. 용어의 정의(견본)</td><td>개 정 일 자 :</td><td></td></tr>
<tr><td>개 정 번 호 :</td><td></td></tr>
<tr><td>문서번호</td><td>페 이 지 :</td><td>9/9</td></tr>
</table>

39. 표적(target)

공급사슬 조직 내의 요원, 운송수단, 상품, 물적 자산, 제조 공정과 취급, 통제 또는 문서화 시스템

40. 보안위협 시나리오(security threat scenario)

잠재적인 보안사건이 발생할 수 있는 방법

41. 세계관세기구(WCO)

세관기구의 효과성 및 효율성을 증진시키기 위하여 임무가 부여된 독립적인 정부간의 기구

비고: 세계관세기구는 세관업무에 적격성이 있는 유일한 정부간의 세계적인 조직이다.

회사명	A4(210×297mm)

[용어와 정의에 대한 설명]

간략한 취지설명

용어의 정의는 본 매뉴얼과 절차서 등 보안경영시스템 문서에서 전반적으로 사용되는 '보안', '경영시스템' 등 용어에 대해 읽는 이에게 명확하고 통일된 의미를 부여하여 보안경영시스템이 기업 내에서 일관성 있게 운영되도록 하는데 목적이 있다.

자세한 설명

보안매뉴얼에서 사용되는 용어의 정의는 일반적으로 ISO28000, ISO28001, ISO28004의 '3. 용어와 정의'를 따른다. '시스템', '경영시스템' 등 ISO28000에서 정의되지 않은 용어는 KS Q ISO9001:2008의 '3. 용어와 정의'를 준용하며 기타 정의되지 않은 용어의 경우에는 원칙적으로 국립국어원에서 편찬한 표준국어대사전의 정의를 따른다. 사내에서 독자적으로 사용하는 용어의 정의가 있을 경우 외부 이해관계자도 이해할 수 있도록 매뉴얼 및 해당되는 분야의 절차서 및 지침서 상에서 설명하는 것이 좋다.

<table>
<tr><td rowspan="3">회사명</td><td>보안매뉴얼</td><td>제 정 일 자 :</td><td></td></tr>
<tr><td rowspan="3">4.1. 일반 요구사항(견본)</td><td>개 정 일 자 :</td><td></td></tr>
<tr><td>개 정 번 호 :</td><td></td></tr>
<tr><td>문서번호</td><td>페 이 지 :</td><td>1/4</td></tr>
</table>

1. 보안위협 식별, 리스크 평가 및 관리

1.1 회사의 보안경영시스템의 적용범위에 대하여 보안위협 및 사건을 식별하고 리스크를 평가하여 그 심각성을 경감시키기 위한 보안경영시스템을 수립한다.

1.2 회사의 보안위협 및 사건 식별과 리스크 평가 및 관리 방법은 '보안리스크 평가절차서'에 의해 수행된다.

2. 보안경영시스템 수립, 문서화, 실행, 유지 및 지속적 개선

2.1 보안경영시스템의 주요 구성요소 및 그 상호작용은 '3. 보안경영시스템 체계도(KOSTI-00-00)'와 같다.

2.2 회사의 보안경영시스템은 설정된 보안 방침, 보안 목표 및 보안 세부목표를 관리하기 위한 수단이며 이 보안경영시스템은 문서화하여 '보안매뉴얼, 보안절차서 및 보안지침서'로 구성되며, 각 문서간의 관계는 아래의 '2.6.5. 보안경영시스템 문서구성'과 같다.

2.3 회사의 보안경영시스템은 각 부서별(사업 현장 포함) 책임 및 권한을 결정하고, 보안관련 업무를 수행하는 인원에 대한 적격성, 교육훈련 및 인식을 제공한다. 보안경영 정보를 임직원, 고객 및 그 밖의 이해관계자와 의사소통하며, 문서화된 보안매뉴얼, 보안절차서 및 보안지침서에 따라 이행한다. 보안 관련 사항을 각 부서별로 고유한 운영 및 활동을 실시하고, 비상시 대비, 대응 및 보안 복구를 실시 및 유지한다.

2.4 회사는 보안경영시스템 요구사항에 따라 보안경영시스템의 효과성을 지속적으로 개선한다.

회사명	A4(210×297mm)

<table>
<tr><td rowspan="3">회사명</td><td>보안매뉴얼</td><td>제 정 일 자 :</td><td></td></tr>
<tr><td rowspan="3">4.1. 일반 요구사항(견본)</td><td>개 정 일 자 :</td><td></td></tr>
<tr><td>개 정 번 호 :</td><td></td></tr>
<tr><td>문서번호</td><td>페 이 지 :</td><td>2/4</td></tr>
</table>

2.5 회사는 보안경영시스템 요구사항에 대한 적합성에 영향을 미치는 어떤 프로세스(예: 외주 운송, 선적, 현장 작업, 장비 운영 등)를 외주 협력업체를 통해 수행하는 경우, 이 외주 수행하는 프로세스가 관리된다는 것을 보장하도록 외주 협력업체 프로세스상 보안 요구사항의 적합한 관리사항을 확인하고 필요한 관리와 책임을 회사 보안경영시스템 내에서 파악한다.

2.6 보안경영시스템 문서화 및 구성

1) 보안경영 방침

보안경영 방침은 조직 내에서 인지 및 이해되며, 지속적인 적절성이 검토되어야 하는 문서이다. 회사의 목적에 적절하며, 다른 방침과 일치하고 요구사항을 준수한다는 의지와 경영시스템의 효과성을 지속적으로 개선한다는 의지를 기술하고, 보안경영 목표 및 세부목표, 프로그램의 수립 및 검토를 위한 틀을 제공하는 문서이다.

2) 보안매뉴얼

보안매뉴얼은 보안경영시스템 최상위에 있는 문서로서 보안방침, 보안 목표 및 부안 세부목표, 보안 프로그램을 수립하고, 조직과 책임, 권한, 보안경영시스템의 적용범위 및 보안리스크 평가 및 기획, 실행 및 운영, 점검 및 조치, 평가 및 지속적 개선 등을 관리하는 방법을 구체화한 문서이며, KS V ISO 28000:2007 공급사슬 보안경영시스템 규격의 요건을 충족하도록 기술한 문서이다.

3) 보안절차서

보안절차서는 보안경영시스템의 보안매뉴얼의 하위문서로 회사 전반의 보안 조직과 보안 업무의 운영기준 및 관리방식을 규정한 문서로서 부서간 업무의 상호 관계를 기술한 문서이다.

회사명	A4(210×297mm)

<table>
<tr><td rowspan="3">회사명</td><td>보안매뉴얼</td><td>제 정 일 자 :</td><td></td></tr>
<tr><td rowspan="3">4.1. 일반 요구사항(견본)</td><td>개 정 일 자 :</td><td></td></tr>
<tr><td>개 정 번 호 :</td><td></td></tr>
<tr><td>문서번호</td><td>페 이 지 :</td><td>3/4</td></tr>
</table>

4) 보안지침서

보안지침서는 보안절차서의 하위문서로 각 보안 활동별 보안업무를 그 순서 및 방법, 책임과 권한, 기록 보관 방법 등을 규정한 문서로서 실무자가 수행할 보안 활동 관리를 기술한 문서이다.

5) 보안경영시스템 문서 구성

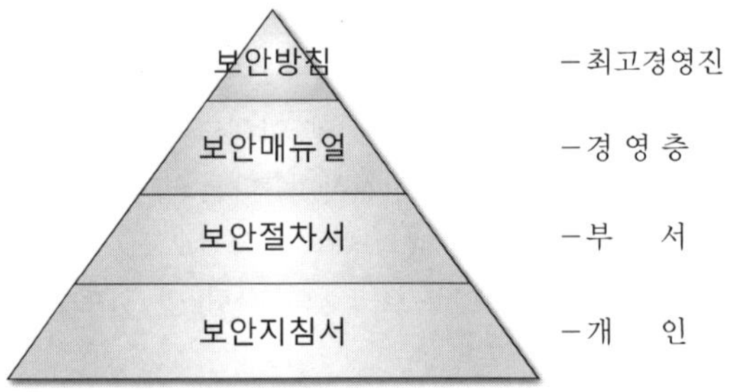

회사명	A4(210×297mm)

<table>
<tr><td rowspan="3">회사명</td><td>보안매뉴얼</td><td>제 정 일 자 :</td><td></td></tr>
<tr><td rowspan="3">4.1. 일반 요구사항(견본)</td><td>개 정 일 자 :</td><td></td></tr>
<tr><td>개 정 번 호 :</td><td></td></tr>
<tr><td>문서번호</td><td>페 이 지 :</td><td>4/4</td></tr>
</table>

3. 보안경영시스템 체계도

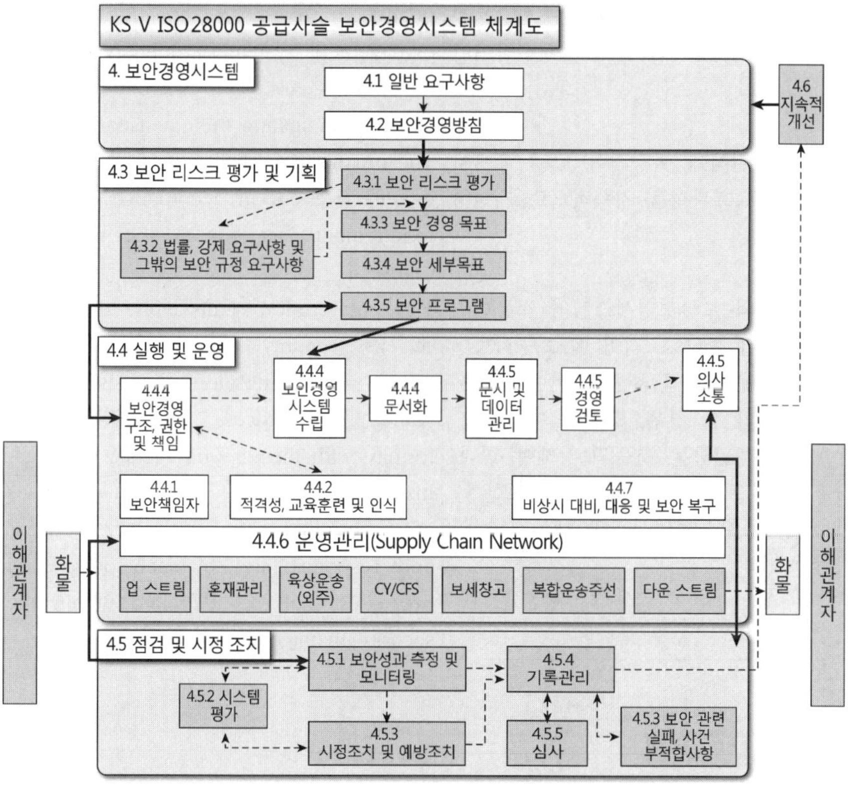

[일반요구사항에 대한 설명]

ISO28000 관련부분

4.1. 일반요구사항	4.1. General requirements
조직은 보안 위협을 식별하고, 리스크를 평가하여 관리하며 심각성을 경감시키기 위한 효과적인 보안경영시스템을 수립, 문서화, 실행, 유지 및 지속적으로 개선하여야 한다.	The organization shall establish, document, implement, maintain and continually improve an effective security management system for identifying security threats, assessing risks and controlling and mitigating their consequences.
조직은 4항 전체에 설정되어 있는 요구사항에 따라 그 효과성을 지속적으로 개선하여야 한다.	The organization shall continually improve its effectiveness in accordance with the requirements set out in the whole of Clause 4.
조직은 조직의 보안경영시스템의 적용범위를 규정하여야 한다. 조직이 이 요구사항에 대한 적합성에 영향을 미치는 어떤 프로세스를 외주처리 할 경우, 조직은 이러한 프로세스가 관리된다는 것을 보장해야 한다. 이러한 외주 프로세스에 대하여 필요한 관리와 책임은 보안경영시스템 내에서 파악되어야 한다.	The organization shall define the scope of its security management system. Where an organization chooses to outsource any process that affects conformity with these requirements, the organization shall ensure that such processes are controlled. The necessary controls and responsibilities of such outsourced processes shall be identified within the security management system.

간략한 취지설명

일반요구사항은 보안경영시스템의 전반적인 사항을 포괄하고 있으며, 특히 명확한 적용범위를 설정하여 이 범위 내의 모든 보안경영활동을 ISO28000 규격의 요구사항에 부합하도록 관리할 것을 요구하고 있다.

기업의 보안경영시스템은 각 부분이 유기적으로 결합되어 보안성과의 지속적인 개선이라는 목표를 달성할 수 있도록 운영되어야 하고, 기업의 사업부문 중에 외주업체가 개입되어 있다면, 이를 보안경영시스템의 적용범위로 포함시키고 이들에 대한 관리와 책임이 규정되어야 한다.

상세한 설명

모든 규정과 지침 등 조직의 활동에 대한 문서에는 목적, 취지 등 포괄적인 선언조항과 적용범위가 있듯이 기업이 보안매뉴얼을 작성할 때에도 이와 유사한 내용을 일반요구사항으로 두는 것으로 이해하면 된다. 실제로 매뉴얼을 작성할 때에는 ISO28000 규격의 내용을 인용하여 "○○○(회사명)는 보안 위협을 식별하고, …개선하여야 한다"라고 기술할 수도 있다.

① 보안경영시스템의 체계적 특성

보안경영시스템을 도입하는 기업은 보안매뉴얼의 일반요구사항에 보안경영시스템의 기획, 실행, 유지 등이 유기적으로 작용하도록 하여 지속적으로 개선되도록 체계화해야 한다는 내용을 표명하여야 한다. 필요할 경우 최고경영자의 의지, 기업을 둘러싸고 있는 국내외적 환경 등을 포함시킬 수 있다.

② 보안경영시스템의 적용범위 설정

최고경영자는 기업의 사업범위 가운데 보안경영시스템이 적용될 범위를 명확하게 규정하고 이를 명문화하여야 한다. 일반적으로 보안경영시스템의 적용범위는 기업 전체로 하는 것이 바람직하나 사업규모가 큰 대기업의 경우 보안경영시스템의 적용범위를 일부 사업장 또는 보안관련 업무부문으로 설정할 수도 있다. 그러나 이것은 보안과 관계성이 적은 부분을 적용범위에 포함시키지 않는 것이지 의도적인 범위 축소 또는 제한을 의미하는 것은 아니다.

기업 내부 업무를 외부업체에게 외주처리 할 경우, 기업은 이러한 업무가 보안경영시스템의 요구사항에 적합하게 관리된다는 것을 보장하기 위해 외주업체를 보안경영시스템 적용범위에 포함시켜야 한다.

또한, 회사의 업무를 직접 처리하지는 않지만 회사와 관련된 공급사슬 내에 협력업체가 있고, 그 협력업체와의 거래활동 등에서 회사에 직·간접적인 영향을 줄 수 있는 보안영향이 발생하여 이를 기업이 협조요청 등의 방법으로 관리하고 있다고 하면 협력업체도 적용범위 내에 포함시켜야 한다. 이것은 협력업체의 보안경영활동을 기업이 직접 계획, 실행, 검토 및 보완하는 것은 아니다.

보안경영시스템 인증심사시에는 기업이 자율적으로 선정한 이 범위 내에 한해서 심사가 이루어지며, 외주업체 또는 협력업체가 적용범위에 포함될 경우 이들의 보안관련 활동까지 심사한다.

기 타

제시된 매뉴얼에서는 보안경영시스템의 적용범위를 4.1항이 아닌 별도의 장(개요)에 기재하였다. 만약 별도의 장에 기재하지 않는 경우에는 반드시 본 항에서 적용범위를 명시해야 한다. 매뉴얼의 일반요구사항은 보안경영시스템 운영에 대한 전반적인 취지와 적용범위를 명시한 것으로서 별도의 처리절차가 수반되는 업무가 아니므로 관련된 절차서를 만들 필요는 없다.

<table>
<tr><td rowspan="3">회사명</td><td>보안매뉴얼</td><td>제 정 일 자 :</td><td></td></tr>
<tr><td rowspan="3">4.2. 보안경영 방침(견본)</td><td>개 정 일 자 :</td><td></td></tr>
<tr><td>개 정 번 호 :</td><td></td></tr>
<tr><td>문서번호</td><td>페 이 지 :</td><td>1/1</td></tr>
</table>

1. 최고경영자는 다음 사항을 고려하여 전반적인 보안경영 방침을 승인한다

1) 조직의 다른 방침(예: 품질경영방침, 환경경영방침 등)과 일치하도록 한다.
2) 구체적인 보안경영 목표, 세부목표 및 추진프로그램을 도출할 수 있는 틀을 제공한다.
3) 조직의 전반적인 보안위협 및 리스크 관리 틀과 일치하도록 한다.
4) 조직에 대한 위협과 조직 운영의 특성 및 규모에 적합하도록 한다.
5) 전반적이며 포괄적인 보안경영 목표를 명확하게 기술한다.
6) 보안경영 프로세스의 지속적인 개선 의지를 포함한다.
7) 현재 적용되는 법규, 강제적 및 법적 요구사항과 조직이 동의한 그 밖의 요구사항을 준수하겠다는 의지를 포함한다.
8) 최고경영자의 승인은 보안경영 방침상에 명기한다.
9) 보안경영 방침은 매뉴얼에 포함되며, 문서화하여 실행 및 관리한다.
10) 모든 관련된 종업원 및 계약자와 방문자를 포함한 제 3 자가 각자의 보안경영 관련 의무사항을 인지할 수 있도록 의사소통 한다.
11) 필요한 경우 이해관계자들이 이용할 수 있도록 제공한다.
12) 보안경영 시스템의 연속성 및 관련성에 영향을 줄 수 있는 다른 조직과의 인수, 합병 또는 조직의 사업범위가 변경되는 경우 보안경영 방침을 검토한다.

2. 최고경영자는 위의 사항을 '보안경영 방침 관리 절차서'에 따라 수립, 개선 유지되도록 보장한다

관련문서: 보안경영 방침 관리절차서

회사명	A4(210×297mm)

[보안경영 방침 관리에 대한 설명]

ISO28000 관련부분

4.2. 보안경영 방침	4.2. Security management policy
조직의 최고경영자는 전반적인 보안경영 방침을 승인하여야 한다. 이 방침은 다음과 같아야 한다.	The organization''s top management shall authorize an overall security management policy. The policy shall:
a) 조직의 다른 방침과 일관성이 있을 것	a) be consistent with other organizational policies;
b) 구체적인 보안경영 목표, 세부목표 및 프로그램을 도출할 수 있는 틀을 제공할 것.	b) provide the framework which, enables the specific security management objectives, targets and programmes to be produced;
c) 조직의 전반적인 보안 위협 및 리스크 관리(management) 틀과 일관성이 있을 것.	c) be consistent with the organization's overall security threat and risk management framework;
d) 조직에 대한 위협과 조직 운영의 특성 및 규모에 적합할 것.	d) be appropriate to the threats to the organization and the nature and scale of its operations;
e) 전반적인/포괄적인 보안경영 목표를 명확하게 기술할 것.	e) clearly state the overall/broad security management objectives;
f) 보안 경영 프로세스의 지속적인 개선 의지를 포함할 것.	f) include a commitment to continual improvement of the security management process;
g) 현재 적용되는 법규, 강제적 및 법적 요구사항과 조직이 동의한 그 밖의 요구사항을 준수하겠다는 의지를 포함할 것	g) include a commitment to comply with current applicable legislation, regulatory and statutory requirements and with other requirements to which the organization subscribes;
h) 최고경영자의 승인이 명확할 것	h) be visibly endorsed by top management;
i) 문서화되어 실행되고 유지될 것	I) be documented, implemented and maintained;
j) 모든 관련된 종업원 및 계약자와 방문자를 포함한 제3자가 각자의 보안 경	j) be communicated to all relevant employees and third parties inclu-

영 관련 의무사항을 인지할 수 있도록 의사소통 될 것	ding contractors and visitors with the intent that these persons are made aware of their individual security management-related obligations;
k) 필요한 경우 이해관계자가 이용할 수 있도록 할 것	k) be available to stakeholders where appropriate;
l) 보안경영시스템의 연속성 및 관련성에 영향을 줄 수 있는 다른 조직과의 인수 또는 합병, 또는 조직의 사업범위가 변경되는 경우 보안경영 방침이 검토되도록 할 것.	l) provide for its review in case of the acquisition of, or merger with other organizations, or other change to the business scope of the organization which may affect the continuity or relevance of the security management system.
조직이 보안경영시스템을 운영하기 위하여 충분한 정보 및 지시를 제공하는 내부목적으로 상세한 보안경영 방침을 선택할 수 있고(일부는 사외비로 할 수 있음) 조직의 이해관계자와 기타 이해관계자에게 배포하기 위하여 개략적인 목표를 나타내는 요약본(공개용)을 선택할 수 있다.	NOTE Organizations may choose to have a detailed security management policy for internal use which would provide sufficient information and direction to drive the security management system (parts of which may be confidential) and have a summarized (non-confidential) version containing the broad objectives for dissemination to its stakeholders and other interested parties.

간략한 취지설명

보안경영 방침이란 기업의 보안경영시스템 전반에 대한 원칙으로 보안 관련 활동의 강령으로 최고경영자가 선언하는 보안경영에 대한 의지의 표명이다. 보안경영 방침은 기업의 내외부 환경을 고려하여 수립하며, 환경이 변화되었을 경우 신속하게 검토하고 개정하여야 한다.

자세한 설명

보안경영 방침은 보안경영시스템의 연속성 및 관련성에 영향을 줄 수 있는 내외부 환경변화가 발생할 경우 우선적으로 검토되고 개정되어야 한다. 이러한 예로는 다른 조직과의 인수 또는 합병, 또는 기업의 사업 범위 변경, 법규 및 강제요구사항 개정 등이 있다. 또한, 보안경영시스템의 운영성과와 효과성 등을 점검하는 경영검토 결과를 통해 보안경영 방침을 점검·개정하여 이를 통해 보안목표, 세부목표 및 프로그램을 재수립하여야 한다.

개정된 보안경영 방침은 최초 수립시와 같이 최고경영자의 승인 절차를 거쳐 가능한 한 신속하게 관련 임직원 및 이해관계자 등에서 의사소통되어야 한다.

기 타

보안경영 방침의 세부적인 관리 절차 예시로서 본 매뉴얼에 부속된 "보안경영 방침 관리 절차서"를 참조할 수 있다.

<table>
<tr><td rowspan="3">회사명</td><td>보안매뉴얼</td><td>제 정 일 자 :</td><td></td></tr>
<tr><td rowspan="4">4.3 보안리스크 평가 및 기획
4.3.1 보안리스크 평가(견본)</td><td>개 정 일 자 :</td><td></td></tr>
<tr><td>개 정 번 호 :</td><td></td></tr>
<tr><td>문서번호</td><td>페 이 지 :</td><td>1/2</td></tr>
</table>

1. 보안 리스크 평가

1.1 보안관리자는 보안 위협뿐만 아니라 보안경영 관련 위협 및 리스크를 지속적으로 식별 및 평가하고, 필요한 경영 관리 수단을 식별 및 실행하기 위한 절차를 '보안 리스크 평가 절차서'에 수립하고 유지한다.

1.2 보안 위협 및 리스크의 식별, 평가 및 관리 방법은 최소한 운영 특성 및 규모에 적합하도록 한다. 이러한 평가는 일(event)의 발생 가능성과 그것으로 인한 모든 결과를 반드시 고려하고 다음을 포함토록 한다.

1) 기능상의 실패, 우발적 손상, 의도적인 손상, 또는 테러리스트나 범죄 행위등과 같은 물리적인 실패 위협 및 리스크
2) 조직의 성과, 상황 또는 안전에 영향을 미치는 보안 관리, 인적요소 및 기타 활동을 포함하는 운영상의 위협 및 리스크
3) 보안 조치 및 장비를 무력하게 만들 수 있는 자연환경적 일(폭우, 홍수, 기타)
4) 외부에서 제공된 장비 및 서비스에서의 실패와 같은 조직의 관리를 벗어나는 요소
5) 법적 요구시항 불이행 및 조지이 명성 뚜는 브랜드의 손상과 같은 이해관계자의 위협 및 리스크
6) 대체, 정비 및 기타의 경우를 포함하여 보안 장비의 설계 및 설치
7) 정보 및 데이터 관리와 의사소통
8) 운영 지속성에 대한 위협

1.3 이러한 평가의 결과 및 관리의 효과를 고려하고 적절한 경우 다음 항목의 입력 자료로 활용할 수 있어야 하며 이러한 정보는 문서화되고 최신의 것으로 유지한다.

1) 보안경영 목표, 보안경영 세부목표
2) 보안경영 프로그램
3) 설계, 규격 및 설치의 요구사항에 대한 결정
4) 직원의 수준을 포함하는 적절한 자원의 식별
5) 훈련 필요성 및 숙련도의 식별
6) 운영 관리의 개발
7) 조직의 전반적인 위협 및 리스크 관리 틀

회사명	A4(210×297mm)

<table>
<tr><td rowspan="3">회사명</td><td>보안매뉴얼</td><td>제 정 일 자 :</td><td></td></tr>
<tr><td rowspan="4">4.3 보안리스크 평가 및 기획
4.3.1 보안리스크 평가(견본)</td><td>개 정 일 자 :</td><td></td></tr>
<tr><td>개 정 번 호 :</td><td></td></tr>
<tr><td>문서번호</td><td>페 이 지 :</td><td>2/2</td></tr>
</table>

1.4 위협 및 리스크를 식별하고 평가하기 위한 방법은 '보안리스크 평가 절차서'에 따르며 다음과 같은 조건을 만족토록 한다.

1) 사후적이지 않고 사전적일 수 있도록 적용범위, 특성 및 시점을 고려하여 규정할 것
2) 보안 위협 및 리스크와 관련된 정보의 수집을 포함할 것
3) 회피, 제거 또는 관리될 수 있도록 위협 및 리스크의 분류와 그것의 식별을 제공할 것
4) 실행의 효과성 및 시기 적절성 모두를 보장하기 위한 조치에 대해 모니터링 할 수 있도록 할 것

관련문서: 보안리스크 평가 절차서

회사명	A4(210×297mm)

[보안리스크 평가에 대한 설명]

ISO28000 관련부분

4.3.1. 보안리스크 평가	4.3.1. Security risk assessment
조직은 보안 위협뿐만 아니라 보안 경영 관련 위협 및 리스크를 지속적으로 식별 및 평가하고, 필요한 경영 관리 수단을 식별 및 실행하기 위한 절차를 수립하고 유지하여야 한다. 보안 위협 및 리스크의 식별, 평가 및 관리 방법은, 최소한, 운영 특성 및 규모에 적합하여야 한다. 이러한 평가는 일(event)의 발생 가능성과 그것으로 인한 모든 결과를 반드시 고려하여야 하며 다음을 포함하여야 한다.	The organization shall establish and maintain procedures for the ongoing identification and assessment of security threats and security management-related threats and risks, and the identification and implementation of necessary management control measures. Security threats and risk identification, assessment and control methods should, as a minimum, be appropriate to the nature and scale of the operations. This assessment shall consider the likelihood of an event and all of its consequences which shall include:
a) 기능상의 실패, 우발적 손상, 의도적인 손상, 또는 테러리스트나 범죄 행위등과 같은 물리적인 실패 위협 및 리스크	a) physical failure threats and risks, such as functional failure, incidental damage, malicious damage or terrorist or criminal action;
b) 조직의 성과, 상황 또는 안전에 영향을 미치는 보안 관리, 인적요소 및 기타 활동을 포함하는 운영상의 위협 및 리스크	b) operational threats and risks, including the control of the security, human factors and other activities which affect the organizations performance, condition or safety;
c) 보안 조치 및 장비를 무력하게 만들 수 있는 자연환경적 일(폭우, 홍수, 기타)	c) natural environmental events (storm, floods, etc.), which may render security measures and equipment ineffective;
d) 외부에서 제공된 장비 및 서비스에서의 실패와 같은 조직의 관리를 벗어나는 요소	d) factors outside of the organization''s control, such as failures in externally supplied equipment and services;
e) 법적 요구사항 불이행 및 조직의 명성	e) stakeholder threats and risks such as

또는 브랜드의 손상과 같은 이해관계자의 위협 및 리스크	failure to meet regulatory requirements or damage to reputation or brand;
f) 보안 장비의 설계 및 설치(대체, 정비 및 기타의 경우를 포함)	f) design and installation of security equipment including replacement, maintenance, etc.
g) 정보 및 데이터 관리와 의사소통	g) information and data management and communications;
h) 운영 지속성에 대한 위협	h) a threat to continuity of operations.
조직은 이러한 평가의 결과 및 관리의 효과를 고려하고 적절한 경우 다음 항목의 입력자료로 활용됨을 보장하여야 한다.	The organization shall ensure that the results of these assessments and the effects of these controls are considered and, where appropriate, provide input into:
a) 보안경영 목표 및 세부목표	a) security management objectives and targets;
b) 보안 경영 프로그램	b) security management programmes;
c) 설계, 규격 및 설치의 요구사항에 대한 결정	c) the determination of requirements for the design, specification and installation;
d) 직원의 수준을 포함하는 적절한 자원의 식별	d) identification of adequate resources including staffing levels;
e) 교육훈련 필요성 및 숙련도의 식별 (4.4.2 참조)	e) identification of training needs and skills (see 4.4.2);
f) 운영 관리의 개발 (4.4.6 참조)	f) development of operational controls (see 4.4.6);
g) 조직의 전반적인 위협 및 리스크 관리틀	g) the organization''s overall threat and risk management framework.
조직은 이러한 정보를 문서화하고 최신의 것으로 유지하여야 한다.	The organization shall document and keep the above information up to date.
위협 및 리스크를 식별하고 평가하기 위한 방법은 다음과 같은 조건을 만족해야 한다.	The organization's methodology for threat and risk identification and assessment shall:
a) 사후적이지 않고 사전적으로 되도록 적용범위, 특성 및 시점을 고려하여 규정될 것	a) be defined with respect to its scope, nature and timing to ensure it is proactive rather than reactive;
b) 보안 위협 및 리스크와 관련된 정보의	b) include the collection of information

수집을 포함할 것	related to security threats and risks;
c) 회피하고, 제거되거나 관리될 수 있도록 위협 및 리스크의 분류와 그것의 식별을 제공할 것	c) provide for the classification of threats and risks and identification of those that are to be avoided, eliminated or controlled;
d) 실행의 효과성 및 시의 적절성 모두를 보장하기 위한 조치에 대해 모니터링 할 수 있도록 할 것(4.5.1 참조)	d) provide for the monitoring of actions to ensure effectiveness and the timeliness of their implementation (see 4.5.1).

간략한 취지설명

보안경영시스템의 구축 및 운영을 위해서 기업은 보안위협 및 리스크를 지속적으로 식별하고 평가하기 위한 보안리스크 평가의 수행절차를 마련해야 한다. 이러한 보안리스크 평가의 결과는 리스크를 제거하거나 감소시키기 위한 보안조치계획 수립에 반영되어야 하며, 더불어 기업의 보안경영 방침, 목표, 세부목표 및 프로그램에도 반영되어야만 한다.

자세한 설명

보안리스크 평가는 보안경영시스템을 수립하는데 있어 가장 기본이 된다. 공급사슬 상에서 기업은 다양한 경로를 통해 공급사슬 보안경영시스템을 인식하게 될 것이며, 실제로 도입을 검토하는 단계에서 그 필요성을 확인하기 위해 기업 내 보안위협 및 리스크 평가가 이루어져야 한다. 하지만 ISO28000 도입 검토 단계에서 전사적인 차원에서의 보안리스크 평가를 수행하는 것은 금전적으로나 인력적으로 무리가 있으므로 기업의 선택에 따라 범위를 한정시켜 수행여부를 결정하게 된다. 하지만, 보안경영시스템을 도입하기로 결정하고 실제 구축하는 단계에 있어서 보안리스크 평가는 반드시 적용범위 전체에 대해 이루어져야만 한다.

보안리스크 평가를 수행하기 위한 선결과제로 다음 조건에 적합한 자로 평가팀을 구성한다.

① 보안에 관한 전문지식이 있는 자

② 시설 운영에 대한 경험을 가진 자

보안리스크 평가를 진행하는데 있어서는 ISO28000에서 요구하고 있는 필수 고려사항은 다음과 같다. 이는 보안대책이 필요한 대상의 선정이나 시나리오 작성시 반드시 고려되어야만 한다.

① 기능상의 실패, 우발적 손상, 의도적인 손상, 또는 테러리스트나 범죄 행위등과 같은 물리적인 실패 위협 및 리스크

② 조직의 성과, 상황 또는 안전에 영향을 미치는 보안 관리, 인적요소 및 기타 활동을 포함하는 운영상의 위협 및 리스크

③ 보안 조치 및 장비를 무력하게 만들 수 있는 자연환경적 일 (폭우, 홍수, 기타)

④ 외부에서 제공된 장비 및 서비스에서의 실패와 같은 조직의 관리를 벗어나는 요소

⑤ 법적 요구사항 불이행 및 조직의 명성 또는 브랜드의 손상과 같은 이해관계자의 위협 및 리스크

⑥ 보안 장비의 설계 및 설치 (대체, 정비 및 기타의 경우를 포함)

⑦ 정보 및 데이터 관리와 의사소통

⑧ 운영 지속성에 대한 위협

또한, 뒤에서 설명하는 바와 같이 다양한 리스크 평가방법이 존재하지만 각 기업이 채택한 리스크 평가방법은 다음과 같은 조건을 만족해야 한다.

① 사후적이지 않고 사전적으로 되도록 적용범위, 특성 및 시점을 고려하여 규정될 것

② 보안 위협 및 리스크와 관련된 정보의 수집을 포함할 것

③ 회피하고, 제거되거나 관리될 수 있도록 위협 및 리스크의 분류와 그것의 식별을 제공할 것

④ 실행의 효과성 및 시의 적절성 모두를 보장하기 위한 조치에 대해 모니터링 할 수 있도록 할 것

기업은 ISO28000에 따라 위와 같은 보안리스크 평가를 위한 문서화된 절차서를 만들어 수행해야 하는데 본 매뉴얼에서 견본으로 제시된 "보안리스크 평가 절차서"에서는 KS V ISO28001:2007("공급사슬 보안경영시스템－공급사슬의 보안, 평가 및 계획의 실행을 위한 모범관행－요구사항 및 지침", 이하 "ISO28001"이라 함)의 부속서A에 따른 보안평가 프로세스를 채택하였다.

ISO28001에서 제시하는 프로세스 이외에도 다음과 같은 보안리스크 평가 방법이 있으며, 기업의 선택에 따라 다양한 보안리스크 평가 방법이 활용될 수 있다.

① COSO 모델[2)]

② 유럽의 COMPACT 모델과 AEO 가이드라인[3)]

③ TAPA의 위험성 평가[4)]

④ OHSAS의 위험성 평가[5)] 등

ISO28001에서 제시하고 있는 보안리스크 평가방법은 크게 식별, 평가, 반영, 모니터링 및 지속적 개선의 프로세스로 구성되며, 여기서 평가는 시나리오의 선택, 보안조치의 평가 및 그에 따른 대책 개발로 이루어진다. 이런 일련의 프로세스는 유기적으로 연결되어 있으며, 이를 통해 보안경영시스템의 계획－실시－점검－조치(PDCA)가 이루어진다. 보안리스크 평가를 위한 프로세스는 다음과 같다.

이러한 프로세스에 따라 리스크평가는 다음과 같은 7단계로 이루어진다.

① 제 1 단계: 대상 식별 및 중요도 평가

② 제 2 단계: 보안상태 및 보안수준의 확인

③ 제 3 단계: 보안위협 시나리오 식별

④ 제 4 단계: 심각성 및 발생가능성 평가

⑤ 제 5 단계: 리스크의 위험성 등급 결정

⑥ 제 6 단계: 보안조치 대상 선정 및 방법 도출

⑦ 제 7 단계: 보안조치 재평가 및 보안조치 확정

제 1 단계(대상 식별 및 중요도 평가)에서는 리스크 평가를 수행하기 위한 대

2) Committee of Sponsoring Organizations의 약자로서, 미국 감사원(GAO)과 회계사협회에서 널리 적용

3) COMPACT모델은 Compliance Partnership Customs and Trade의 약자로서 유럽연합이 관세행정상 위험평가 방법론을 제시한 것이며, AEO 가이드 라인은 각 기준별 위험요인과 주의사항을 기술한 것임

4) 운송자산보호협회(Transported Asset Protection Association)의 TAPA 인증과 관련된 규격에서 제시하는 위험성 평가방법론

5) 안전보건경영시스템(Occupational Health & Safety Assessment Series) 인증과 관련된 규격에서 제시하는 위험성 평가방법론

상을 결정한다. 이를 위해서 우선적으로 기업의 사업범위, 업스트림 및 다운스트림을 통해 보안경영시스템 적용범위를 파악하고 사업장 내의 시설, 화물, 업무 프로세스에 대해 대상을 식별하여 이에 대한 손상이 발생하는 경우 미칠 수 있는 영향과 복구능력을 기준으로 중요도를 평가하여 대상을 결정하게 된다.

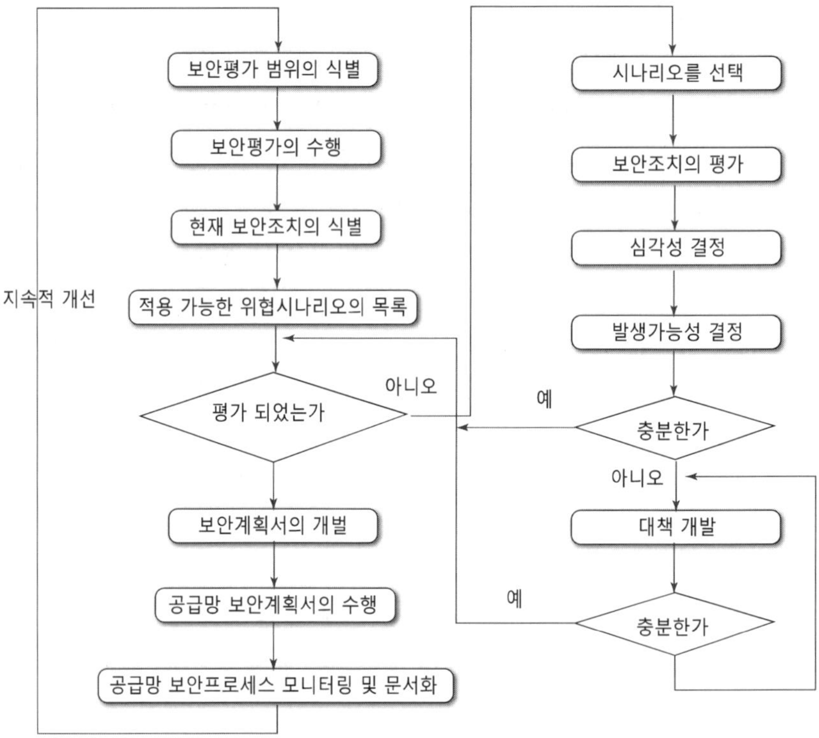

사업장 내에서 반드시 중요도 평가가 이루어져야 하는 대상은 다음과 같다.

① 화물이 보관되는 장소, 화물이 적재되거나 하역되는 장소, 화물의 보관책임이 바뀌는 장소, 화물과 관계된 정보 또는 문서의 취급, 발생 또는 그러한 정보 또는 문서에 접근하기 쉬운 장소

② 다양한 형태의 운송에 사용되는 운송로와 운송수단

③ 전기 배전시스템, 무선 및 원격통신시스템, 컴퓨터시스템 및 네트워크,

배차 관리시스템 및 운송 관련 표지, 시설 내 운송 관련 서비스 장비, 보안 및 감시 장비와 시스템

④ 수출/통관 프로세스, 화물 입출고 프로세스, 출입관리 프로세스 등 보안관련 주요업무

제 2 단계(보안상태 및 보안수준의 확인)에서는 제 1 단계에서 식별된 대상에 대한 현재의 보안대책 적용상태 및 수준을 파악한다. ISO28001, 국제해사기구(IMO)의 ISPS 코드(국제 선박 및 항만자산 보안규칙), 관세청 AEO(종합인증우수업체)제도 등 기업이 이행을 결정한 각종 인증규격 및 제도에서 요구하는 이행수준을 나열하고 이에 대한 이행여부를 확인한다.

제 3 단계(보안위협 시나리오 식별)에서는 제1단계에서 결정된 대상에 대해 발생가능성을 고려한 시나리오를 작성하게 된다. 시나리오를 작성하기 위해서는 기업은 보안위협을 사전적으로 식별해야만 한다. 보안위협은 기업의 실정에 따라 다양한 유형이 있겠으나 일반적으로 다음과 같은 6가지 보안위협으로 정리될 수 있다.

① 자산 보안: 시설에 대한 공격 및 파괴, 설비의 무기로의 사용 등
② 인원 보안: 타인 혹은 퇴사자의 출입증 사용, 밀입국 또는 밀항 등
③ 정보 보안: 내부의 서버 해킹 또는 회사 기밀 정보 유출 등
④ 절차 보안: 법규 및 요구사항 준수절차 미 이행
⑤ 제품 및 운송 보안: 무기·폭발물 등 위험물품의 밀반입, 화물 탈취 등
⑥ 물리적 보안: 부적격자의 보안구역 침범 등

보안위협 시나리오 식별시에는 다음 사항을 주의해야 한다.

① 시나리오는 다양한 경우를 가정하여 식별하여야 하나 너무 많은 종류로 식별하는 것은 지양
② 동일한 기능을 수행하고 있는 대상에는 별도로 구분하여 시나리오를 식별하지 않고 동일하게 적용

제 4 단계(심각성 및 발생가능성 평가)에서는 제 3 단계에서 식별된 시나리오가 발생할 경우 미치는 영향(심각성) 및 그 발생가능성을 평가하게 된다. 여기서 발생가능성은 제 2 단계의 보안상태 및 보안수준의 확인에서 식별된 사항이 누락되지 않도록 하여야 한다. 심각성 및 발생가능성을 각 기업이 결정하기 위

해서는 다음의 내용은 반드시 고려되어야만 한다.

① 과거 발생한 보안사건

② 보안관계기관과의 협의 또는 자문

③ 이미 제정된 보안관련 규정

④ 2 단계에서 평가한 보안상태 평가표

심각성 및 발생가능성을 결정할 때에는 너무 과장하거나 축소하여 부여하지 않도록 하여야 한다.

제 5 단계(리스크의 위험성 등급 결정)에서는 제4단계에서 평가한 심각성 및 발생가능성을 고려하여 위험성 등급을 결정하게 된다. 위험성 등급은 다음과 같이 구분된다.

① 높은 상태의 위험이 예상되며 허용할 수 없는 상태로 즉각적으로 위험을 감소시키기 위한 보안조치 또는 절차의 개발이 필요한 상태

② 추가적인 보안조치 또는 절차의 개발에 대한 적절한 고려가 필요한 상태

③ 현재의 보안조치를 유지하면 되는 상태로 조치 상황의 모니터링 필요한 상태

④ 현재의 보안조치를 유지하면 되는 상태로 평가결과를 자료로 정리하여 필요시 사용할 수 있도록 보관하면 되는 상태

제 6 단계(보안조치 대상 선정 및 방법 결정)에서는 제 5 단계에서의 위험성 등급에 따라 보안조치가 필요한 부분에 대한 적절한 보안조치를 식별하여야 한다. 보안조치가 필요한 시나리오(대상)의 식별은 기업별로 그 기준을 정할 수 있다. 보안조치 대상은 광범위하게 설정하면 좋지만 이를 실행하기 위한 여력이 충분하지 못한 경우 그 범위를 한정하는 것이 바람직하다. 또한, 보안조치 방법의 선택에 있어서 심각성을 줄이는 것보다 발생가능성의 등급을 낮추는 방안을 먼저 고려하는 것이 필요하다.

제 7 단계(보안조치 재평가 및 보안조치 확정)에서는 제 6 단계에서 결정된 보안조치가 실질적으로 리스크를 낮추는 것인지 확인하고 반영할 보안조치를 확정한다. 보안조치 재평가는 효과성과 실행 가능성으로 나누어 판단하게 되며, 구체적인 판단기준은 기업이 개별적으로 정한다. 하지만, 도입초기에는 효과성과 실행 가능성이 모두 있는 보안조치를 선택하고 이후 그 범위를 넓혀가는

것이 바람직하다.

위의 7단계에 걸친 보안리스크 평가를 통해 최종적으로 보안조치가 취해지게 된다. 보안평가의 결과는 다음과 같은 업무에 활용된다.

① 보안경영 방침, 목표, 세부목표 및 프로그램 수립

② 설계, 규격 및 설치의 요구사항에 대한 결정

③ 직원의 수준을 포함하는 적절한 자원의 식별

④ 교육훈련 필요성 및 숙련도의 식별

⑤ 운영 관리의 개발

⑥ 조직의 전반적인 위협 및 리스크 관리 틀 개발

기 타

위의 1~7단계의 보안리스크 평가에 대한 세부절차는 본 매뉴얼에서 제시한 "보안리스크 평가 절차서"를 참고하여 수행할 수 있다.

<table>
<tr><td rowspan="3">회사명</td><td>보안매뉴얼</td><td>제 정 일 자 :</td><td></td></tr>
<tr><td rowspan="3">4.3. 보안리스크 평가 및 기획
4.3.2. 법률, 강제 요구사항 및 그 밖의 보안 규정(견본)</td><td>개 정 일 자 :</td><td></td></tr>
<tr><td>개 정 번 호 :</td><td></td></tr>
<tr><td>문서번호</td><td>페 이 지 :</td><td>1/1</td></tr>
</table>

2. 법률, 강제 요구사항 및 그 밖의 보안 규정

2.1 회사는 '법규 및 보안규정 관리 절차서'에 따라 다음의 절차를 수립, 실행 및 유지한다.

1) 조직의 보안 위협 및 리스크와 관련하여 적용되는 법적 요구사항 및 조직이 준수하기로 한 기타 요구사항을 식별하고 입수하는 것

2) 이러한 요구사항이 보안 위협 및 리스크에 어떻게 적용되는지를 결정하는 것

2.2 보안관리자는 이러한 정보를 최신의 것으로 유지하기 위하여 분기별로 최신화 여부를 확인 한다.

2.3 보안관리자와 관련부서(장)는 법률 및 그 밖의 요구사항에 관한 정보는 조직의 종업원과 계약자를 포함한 그 밖의 관련된 제 3 자에게 공지한다.

2.4 법률, 강제 요구사항 및 그 밖의 보안 규정 요구사항에 관련된 모든 문서 및 기록은 '문서 및 기록관리 절차서'에 따라 관리, 유지된다.

관련문서: 법규 및 보안규정 관리 절차서
문서 및 기록관리 절차서

회사명	A4(210×297mm)

[법률, 강제 요구사항 및 그 밖의 보안규정 요구사항에 대한 설명]

ISO28000 관련부분

4.3.2. 법률, 강제 요구사항 및 그 밖의 보안규정 요구사항	4.3.2. Legal, statutory and other security regulatory requirements
조직은 다음의 절차를 수립, 실행 및 유지하여야 한다. a) 조직의 보안 위협 및 리스크와 관련하여 적용되는 법적 요구사항 및 조직이 준수하기로 한 기타 요구사항을 식별하고 입수하는 것 b) 이러한 요구사항이 보안 위협 및 리스크에 어떻게 적용되는지를 결정하는 것 조직은 이러한 정보를 최신의 것으로 유지하여야 한다. 법률 및 그 밖의 요구사항에 관한 정보는 조직의 종업원과 계약자를 포함하여 그 밖의 관련된 제3자와 의사소통하여야 한다.	The organization shall establish, implement and maintain a procedure a) to identify and have access to the applicable legal requirements and other requirements to which the organization subscribes related to its security threat and risks, and b) to determine how these requirements apply to its security threats and risks. The organization shall keep this information up-to-date. It shall communicate relevant information on legal and other requirements to its employees and other relevant third parties including contractors.

간략한 취지설명

이 조항에서는 보안경영시스템의 수립, 실행 및 유지에 있어서, 보안경영활동과 관련된 법규 요구사항과 기업이 준수하기로 결정한 법규 이외의 요구사항들을 면밀하게 파악하고, 이를 기업의 전반적인 보안경영활동에 반영하여 준수하기 위한 절차를 마련하고 실행하여야 한다는 것을 규정하고 있다.

보안경영시스템의 궁극적인 목적인 보안성과의 지속적 개선이란, 기업이 속한 사회에서 법규로 규제하고 있는 요구사항은 기본적으로 준수한다는 것을 전제로 한다. 법규로 규제하고 있는 사항들마저 준수하려는 노력을 하지 않는다는 것은 보안경영의 의지가 없다는 것으로 판단될 수 있으며, 이에 따라 ISO28000규격에서는 기업이 소속된 국가, 사회, 공동체 및 사업관계가 있는 상대국가의 기본적인 규약인 법규를 우선적으로 준수할 것을 강력하게 요구하고 있다.

또한, 기업은 고객 등 이해관계자의 요청이나 원활한 경영활동을 영위하기 위해 준수하기로 한 그 밖의 보안관련 요구사항이 있을 경우 이를 법규와 함께 관리하고 준수해야 한다. 최근 관세청의 AEO(종합인증우수업체) 제도와 국제해사기구(IMO)의 ISPS 코드(국제 선박 및 항만자산 보안규칙), 미국의 C-TPAT(대테러 세관 무역업자간 파트너십) 등 공급사슬 보안관련 국내외 제도들이 제정되어 기업의 보안경영활동에 직·간접적으로 영향을 주고 있다.

자세한 설명

기업이 검토해야 하는 법규와 요구사항의 범위에는 넓게는 최근 부각되고 있는 사회적 책임의 완수 측면에서 사업영역 전반에 관계된 모든 법규 및 관행과 좁게는 위법에 의한 리스크 방지, 물류보안 관련 인증취득을 위한 최소 이행요건 등이 포함될 수 있다.

특히 무역관련 업체 등 기업의 사업영역과 이에 따른 이해관계자가 외국과 연관될 경우에는 대상국가의 제도 및 정책동향과 관련 법규까지 파악해야 한다. 예를 들어, 미국의 경우 해외 기업이 미국산 전략물자(무기류와 이의 제조개발 등에 사용되는 일반적인 산업용 물품·기술 등)를 제3국에 수출할 경우 미국 정부로 허가신청 등 관련 제도를 지키지 않으면 제재를 가하고 있으며, EU는 최근 REACH(신 화학물질제도)를 통해 EU 역내로 화학제품을 수출하는 해외 기업으로 하여금 EU 기준의 유해성 평가 및 허가를 받도록 하고 이를 지키지 않는 경우 수입을 금지하는 등 각국은 자국안보와 환경보호를 위해 해외 기업에게 자국의 법을 지키도록 하고 있다. 그밖에 수입국의 원산지, 지적재산권 규정 등 다양한 무역관련 법규가 있어 기업은 국내법 뿐만 아니라 해외국의 법규에 적절하게 대응하지 않으면, 예기치 못한 사업상 큰 손실을 입을 수 있다.

이 규격에서 말하는 법규란 국가(정부) 및 지방자치단체에서 제정한 모든 보안관련 법규를 뜻한다. 법규는 대개 강제성을 띄고 있고, 준수하지 않을 경우에는 불이익을 받게 된다.

이러한 법규에는 다음과 같은 것들이 있다.

① 법률, 규정 등의 법규

② 인허가 및 자격증(면허) 발급 요건

③ 법률은 아니나 국가기관이 정한 규제 지침

④ 관례나 판례

⑤ 기타 강제성을 띈 조약이나 규약

이러한 법규 요구사항의 최신목록을 유지하는 것이 바람직하다.

"조직이 동의한 그 밖의 요구사항"이란, 위에서 언급한 보안관련 법규 외에, 기업이 자발적으로 혹은 타의에 의해 준수하겠다고 동의한 요구사항들을 말하며, 그 예로는 다음과 같은 것들이 있다.

① 고객과의 약속

② 공공기관과의 협약

③ 비규제적(자발적) 지침

④ 자발적 업무원칙 및 업무규약

⑤ 보안지침 선언을 통한 자발적인 보안에 대한 책임 의지

⑥ 무역단체의 요구사항

⑦ 지역단체나 민간단체(NGO)와의 협약

⑧ 기업 자체 또는 모기업의 일반 대중에 대한 공약

⑨ 모기업의 요구사항

이러한 그 밖의 요구사항들을 준수하기 위해서는 우선 보안방침을 수립할 때 이러한 요구사항들을 파악하여, 법규와 함께 목록의 형태로 최신 기록을 유지해야 하며, 목표 및 세부목표 수립에 이러한 요구사항들을 반영하여야 한다. 일반적으로 그 밖의 요구사항들은 자발적인 보안수준 개선의 의지가 강한 성격을 띠게 되므로, 법규 요구사항에 비해 요구하는 수준이 높은 경우가 많다. 따라서 이들을 목표 및 세부목표에 반영하고, 내부 성과기준으로 활용한다면 보다 높은 보안성과를 얻을 수 있을 것이다.

기업은 파악한 법규 및 기업이 동의한 그 밖의 요구사항들을 보안경영시스템에 적절하게 적용하고 준수하기 위한 절차를 마련해야 한다. 일반적으로 법규 등 요구사항은 법규등록부의 형태로 관리하는데, 법규등록부에는 법규 또는 요구사항의 명칭, 해당 조항, 적용일자, 담당부서 및 미준수시의 사회적 또는 자사의 피해를 기재한다. 또한, 이의 준수여부에 대한 모니터링 결과도 함

께 기재한다.

기업은 적용될 것으로 판단한 법규 및 그 밖의 요구사항들을 관련 업무를 수행하는 기업 내·외부 인력들이 잘 준수할 수 있도록 의사소통해야 하고, 필요한 경우 교육훈련 등을 통해 담당자들의 법규 준수 의지를 강화해야 한다. 특히, 계약자나 공급자 등 기업 외부인력에게도 그들로 인한 위반사항이 발생하지 않도록 적절하게 알려야 한다.

기업이 법규와 그 밖의 요구사항을 지속적으로 준수하기 위해서는, 법규 제·개정 동향 등을 파악하거나 예측하고, 보안경영시스템에 미칠 영향을 파악하여 보안방침, 목표 및 세부목표 등에 반영함으로써 사전에 대비하여야 한다.

최신 법규 및 그 밖의 요구사항에 대한 정보는 각 정부 부처(홈페이지 등), 산업별 단체, 무역단체, 각종 출판물, 전문가(컨설턴트 등) 등으로부터 얻을 수 있다.

기 타

법규 및 요구사항 등의 세부적인 관리 절차 예시로서 본 매뉴얼에 부속된 "법규 및 보안규정 관리 절차서"를 참조할 수 있다.

<table>
<tr><td rowspan="3">회사명</td><td>보안매뉴얼</td><td>제 정 일 자 :</td><td></td></tr>
<tr><td rowspan="3">4.3. 보안리스크 평가 및 기획
4.3.3. 보안경영 목표(견본)</td><td>개 정 일 자 :</td><td></td></tr>
<tr><td>개 정 번 호 :</td><td></td></tr>
<tr><td>문서번호</td><td>페 이 지 :</td><td>1/1</td></tr>
</table>

3. 보안경영 목표

3.1 최고경영자는 각 부서 및 계층별로 문서화된 보안경영 목표를 수립, 실행 및 유지토록 한다. 이 목표는 방침으로부터 나와야 되며 방침과 일관성이 있어야 한다.

3.2 보안경영 목표는 다음 사항을 고려하여 '목표관리 절차서'에 따라 수립하고 검토된다.

1) 법률, 강제 요구사항 및 그 밖의 요구사항
2) 보안과 관련된 위협 및 리스크
3) 과학 기술적 및 그 밖의 선택사항
4) 재정적, 운영적 및 사업상의 요구사항
5) 적절한 이해관계자의 견해

3.3 보안경영 목표는 조직의 지속적인 개선 의지와 일관성이 있어야 하고, 실행 가능한 경우 계량화해야 하며, 모든 관련 종업원 및 계약자를 포함한 제 3 자가 각 개인의 의무 사항을 인지할 수 있도록 의사소통 되어야 하며, 보안경영 방침과의 연관성 및 일관성을 유지하도록 보장하기 위하여 주기적으로 검토하고 필요한 경우 보안경영 목표를 수정해야 한다.

3.4 최고경영자는 보안경영 방침과의 연관성 및 일관성을 유지하기 위하여 매 반기 보안경영 목표를 검토하고 필요한 경우 수정한다.

관련문서: 목표관리 절차서

회사명	A4(210×297mm)

<table>
<tr><td rowspan="2">회사명</td><td>보안매뉴얼</td><td>제 정 일 자 :</td><td></td></tr>
<tr><td rowspan="3">4.3. 보안리스크 평가 및 기획
4.3.4. 보안경영 세부목표(견본)</td><td>개 정 일 자 :</td><td></td></tr>
<tr><td rowspan="2">문서번호</td><td>개 정 번 호 :</td><td></td></tr>
<tr><td>페 이 지 :</td><td>1/1</td></tr>
</table>

4. 보안경영 세부목표(Target)

4.1 보안관리자 및 관련부서(장)은 '목표관리 절차서'에 따라 회사의 요구에 적합한 문서화된 보안경영 세부목표를 수립, 실행 및 유지한다.

4.2 이 세부 목표는 보안경영 목표로부터 나와야 되며 보안경영 목표와 일관성이 있도록 한다.

4.3 보안경영 세부목표는 적절히 상세하고 구체적이고, 측정 가능하고, 달성 가능하고, 관련성 및 시간 기준이 있도록 수립한다.

4.4 보안관리자 및 관련부서(장)은 모든 관련 종업원 및 계약자를 포함한 제 3 자가 각 개인의 의무 사항을 인지할 수 있도록 세부목표를 공표해야 한다.

4.5 보안관리자 및 관련부서(장)은 보안경영 목표와의 연관성 및 일관성을 유지하기 위하여 매 반기 보안경영 세부목표를 검토하고 필요한 경우 수정한다.

관련문서: 목표관리 절차서

회사명	A4(210×297mm)

<table>
<tr><td rowspan="3">회사명</td><td>보안매뉴얼</td><td>제 정 일 자 :</td><td></td></tr>
<tr><td rowspan="4">4.3. 보안리스크 평가 및 기획
4.3.5. 보안경영 프로그램(견본)</td><td>개 정 일 자 :</td><td></td></tr>
<tr><td>개 정 번 호 :</td><td></td></tr>
<tr><td>문서번호</td><td>페 이 지 :</td><td>1/1</td></tr>
</table>

5. 보안경영 프로그램(Programmes)

5.1 보안관리자 및 관련부서(장)는 '목표관리 절차서'에 따라 회사의 보안경영 목표 및 보안경영 세부목표를 달성하기 위한 보안경영 프로그램을 수립, 실행 및 유지 한다.

5.2 프로그램은 최적화되고 우선순위가 결정되어야 하며, 보안관리자 및 관련부서(장)는 프로그램을 효율적이고 비용 효과적으로 실행되도록 한다.

5.3 프로그램은 다음 사항을 포함하여 문서화 한다.

1) 보안경영 목표 및 세부목표를 달성하기 위한 부여된 책임 및 권한
2) 보안경영 목표 및 세부목표를 달성하기 위한 수단 및 일정

5.4 보안관리자 및 관련부서(장)는 보안경영 목표 및 세부목표와의 효과성 및 일관성을 유지하기 위하여 매 반기 보안경영 프로그램을 검토하고 필요한 경우 수정한다.

관련문서: 목표관리 절차서

회사명	A4(210×297mm)

[보안경영 목표, 세부목표 및 프로그램에 대한 설명]

ISO28000 관련부분

4.3.3. 보안경영 목표	4.3.3. Security management objectives
조직은 내부의 관련 기능 및 계층별로 문서화된 보안경영 목표를 수립, 실행 및 유지하여야 한다. 이 목표는 방침으로부터 도출되어야 하며 방침과 일관성이 있어야 한다. 조직이 목표를 수립하고 검토할 때에는 다음 사항을 고려하여야 한다.	The organization shall establish, implement and maintain documented security management objectives at relevant functions and levels within the organization. The ojectives shall be derived from and consistent with the policy. When establishing and reviewing its objectives, an organization shall take into account:
a) 법률, 법적 및 그 밖의 보안에 관련된 강제적 요구사항	a) legal, statutory and other security regulatory requirements;
b) 보안과 관련된 위협 및 리스크	b) security related threats and risks;
c) 기술적 및 그 밖의 선택사항	c) technological and other options;
d) 재정적, 운영적 및 사업상의 요구사항	d) financial, operational and business requirements;
e) 적절한 이해관계자의 견해.	e) views of appropriate stakeholders.
보안경영 목표는 다음과 같아야 한다.	The security management objectives shall be:
a) 조직의 지속적인 개선 의지와 일관성이 있을 것	a) consistent with the organization's commitment to continual improvement;
b) 계량화 할 것(실행 가능한 경우)	b) quantified (where practicable);
c) 모든 관련된 종업원 및 계약자를 포함한 제3자가 각 개인의 의무사항을 인지할 수 있도록 의사소통 될 것	c) communicated to all relevant employees and third parties, including contractors, with the intent that these persons are made aware of their individual obligations;
d) 보안경영 방침과의 연관성 및 일관성을 유지하도록 보장하기 위하여 주기적으로 검토할 것. 그에 따라서 필요한 경우 보안경영 목표를 수정할 것.	d) reviewed periodically to ensure that they remain relevant and consistent with the security management policy. Where necessary the security management objectives shall be amended accordingly.

4.3.4. 보안경영 세부목표	4.3.4. Security management targets
조직은 조직의 요구에 적절하고 문서화된 보안경영 세부목표를 수립, 실행 및 유지하여야 한다. 이 세부목표는 보안경영 목표로부터 도출되어야 하며 보안경영 목표와 일관성이 있어야 한다.	The organization shall establish, implement and maintain documented security management targets appropriate to the needs of the organization. The targets shall be derived from and be consistent with the security management objectives.
이 세부목표는 다음과 같아야 한다.	These targets shall be:
a) 적절하게 상세할 것	a) to an appropriate level of detail;
b) 구체적이고, 측정가능하고, 달성가능하고, 관련성 및 시간 기준이 있을 것(실행 가능한 경우)	b) specific, measurable, achievable, relevant and time-based(where practicable);
c) 모든 관련된 종업원 및 계약자를 포함한 제3자가 각 개인의 의무사항을 인지할 수 있도록 의사소통 될 것	c) communicated to all relevant employees and third parties including contractors with the intent that these persons are made aware of their individual obligations;
d) 보안경영 목표와의 연관성 및 일관성을 유지하도록 보장하기 위하여 주기적으로 검토할 것. 그에 따라서 필요한 경우 보안경영 세부목표를 수정할 것	d) reviewed periodically to ensure that they remain relevant and consistent with the security management objectives. Where necessary the targets shall be amended accordingly.
4.3.5. 보안경영 프로그램	4.3.5. Security management programmes
조직은 조직의 목표 및 세부목표를 달성하기 위한 보안경영 프로그램을 수립, 실행 및 유지하여야 한다.	The organization shall establish, implement and maintain security management programmes for achieving its objectives and targets.
프로그램은 최적화되고 우선순위가 결정되어야 하며, 조직은 프로그램을 효율적이고 비용 효과적으로 실행하여야 한다.	The programmes shall be optimized and then prioritized, and the organization shall provide for the efficient and cost effective implementation of these programmes.
프로그램에는 다음 사항을 기술하여 문서화하여야 한다.	This shall include documentation which describes:
a) 보안경영 목표 및 세부목표를 달성하	a) the designated responsibility and

기 위하여 부여된 책임 및 권한	authority for achieving security management objectives and targets;
b) 보안경영 목표 및 세부목표를 달성하기 위한 수단 및 일정	b) the means and time-scale by which security management objectives and targets are to be achieved.
보안 경영 프로그램은 목표 및 세부목표와의 효과성 및 일관성을 유지하도록 보장하기 위하여 주기적으로 검토되어야 한다. 그에 따라서 필요한 경우 프로그램은 수정되어야 한다.	The security management programmes shall be reviewed periodically to ensure that they remain effective and consistent with the objectives and targets. Where necessary the programmes shall be amended accordingly.

간략한 취지설명

기업은 보안경영시스템을 도입하고 지속적인 개선을 하기 위한 기획단계에서 보안수준 개선과 관련된 목표, 세부목표, 프로그램을 구체적으로 수립해야 한다. 목표(objective)란 일정 기간동안 보안경영시스템을 운영함으로써 달성하고자 하는 조직 전체적인 보안성과를 의미한다. 세부목표(target)는 이러한 목표를 세분화하여 구체적으로 어떤 특정 사업부문 또는 기능단위에서 어떤 보안성과를 얼마나 달성할 것인지를 정한 것이다. 프로그램(program)은 목표 및 세부목표를 달성하기 위해 누가 무엇을 언제 어떻게 할 것인지 등 특정사업(예: 외부침입자 감시를 위한 CCTV 설치 등)과 이에 대한 구체적 행동지침, 임무부여 등이 포함된다.

자세한 설명

(1) 개　　요

보안목표와 세부목표는 보안방침을 기초로 보안관련 요구사항 준수 및 보안성과의 개선에 대한 사항을 가능한 달성여부를 측정할 수 있도록 계량화된 형태가 바람직하나 보안목표의 경우에는 곤란할 경우 정성적인 목표 설정도 가능하다.

목표 및 세부목표를 설정할 때에는 다음 사항들을 반영하여야 한다.

① 최고경영자의 의지가 반영된 보안방침에 명시된 대원칙

② 중대한 보안위협 및 리스크(보안위협 및 리스크를 결정하기 위해 사용한 정보 포함)
③ 기업에 적용되는 법적 요구사항 및 기업이 동의한 그 밖의 요구사항
④ 보안 부적합 사항, 사건·사고에 대한 과거의 기록
⑤ 기업의 이해관계자들의 관심사항
⑥ 기업의 사업·재정적 상황
⑦ 기업의 대외이미지에 끼칠 수 있는 영향
⑧ 보안경영시스템 운영에 대한 경영검토 결과
⑨ 경쟁기업의 보안경영시스템 분석 및 벤치마킹

기업의 사업성격, 규모, 공급사슬 상에서의 위치 등에 따라 위와 같은 보안리스크와 법규 및 요구사항 등을 만족시키기 위한 목표와 세부목표의 수와 종류는 매우 다양할 수 있으나, 이를 크게 다음의 6가지 분야로 압축시킬 수 있다.

① 자산 보안: 보안시설 출입문 통제, 보안장비(CCTV, DVR 등) 설치 등
② 인원 보안: 출입자 통제, 신규채용자 및 퇴직사 관리 등
③ 정보 보안: 일반문서 및 전자문서에 대한 접근 제한, 정보 암호화 등
④ 절차 보안: 보안 관련 법규 및 요구사항을 준수하기 위한 절차 수행 등
⑤ 제품 및 운송 보안: 화물의 도난 및 훼손 방지, 화물 이동경로 추적 등
⑥ 물리적 보안: 건물에 대한 원천적인 접근 통제 등

일반적으로 목표는 경영층을 포함한 기업 전체에 적용되도록 설정하고 세부목표는 각 계층별로 또는 부서(기능)별로 수립한다. 보안목표는 기업 내부 뿐 아니라 기업과 관련된 공급사슬의 전체적인 보안성과를 지속적으로 개선하는 내용이어야 한다. 그러나 기업의 통제범위를 벗어나는 내용의 목표를 수립할 필요는 없으며 기업의 현실에 부합하여 합리적이며 달성 가능한 수준이면 충분하다.

세부목표는 목표로부터 도출되는 구체적이고, 측정가능하며 시간 기준이 있는 상세한 목표여야 한다. 예를 들어 기업의 보안목표를 절차보안으로서 "보안 관련 법규 위반 발생률 10% 감소"라고 설정할 경우 세부목표는 이러한 목표를 달성하기 위해 필요한 "대외무역법에 따른 전략물자 수출통제규정 위반 건수 ○건 미만, 관세법에 따른 원산지규정 위반 건수 ○건 미만, 소방법에 따

른 소방시설 점검 지적건수 ○건 미만" 등으로 설정할 수 있을 것이다. 목표와 세부목표는 문서화되어 관련 임직원에게 인식되어야 하며, 달성과정 및 결과는 기록으로 관리되어야 한다.

보안경영 프로그램은 목표 및 세부목표를 달성하기 위해 필요한 구체적인 행동 계획으로서 역할, 책임, 권한, 프로세스, 자원, 일정, 우선순위 등의 사항이 포함되어야 한다. 프로그램은 비용대비 효과를 높일 수 있도록 수립하며, 목표 및 세부목표와 함께 주기적으로 검토하여 필요한 경우 수정하여야 한다.

기업은 목표 및 세부목표를 달성하기 위해 수립된 프로그램에 따라 기업의 활동이 제대로 진행되고 있는가를 주기적으로 측정해야 하는데, 이러한 측정에 사용하기 위한 기준으로 사용하는 지표를 보안성과지표라고 한다. 성과지표들에는 다음과 같은 것들이 있다.

① 보안관련 사건 발생 횟수(법규 위반 횟수 등)

② 보안관련 사고 발생 횟수(외부 침입·도난에 의한 인명, 재산상 피해 등)

③ 보안경영시스템 운영 결과에 대한 외부 평가

④ 보안경영시스템 운영과 관련하여 투입된 인력·자금·시설 등 자원

(2) 목표의 수립

가. 목표(안) 수립

목표는 일반적으로 보안총괄책임자 또는 보안관리자가 수립하여 최고경영자에게 승인을 받거나 최고경영자가 직접 수립하여 보안방침과 함께 공표하여야 한다. 보통 목표는 기업의 내외부 환경변화에 따라 매년 개정하는 것이 바람직하며 이때에는 연초에 수립하여 배포한다.

나. 세부목표 및 프로그램 수립 요청

보안관리자는 회사 전체적인 보안경영 목표(안)을 설정하고 전 부서에 목표를 달성할 수 있는 세부목표와 프로그램을 직접 수립하여 배정하거나 보다 구체적인 사항을 작성하도록 요청하여야 한다.

다. 세부목표 작성 및 프로그램 작성

보안경영시스템의 적용범위에 포함된 전 부서장은 기업의 보안목표에 대하여 해당 부서의 세부목표와 프로그램을 작성하여 보안관리자에게 송부한다.

라. 취합 및 검토

보안관리자는 부서별로 작성된 세부목표 및 프로그램을 취합하여 검토하여야 한다. 세부목표를 검토하여 만족스럽지 못한 경우(기업 전체의 보안방침과 목표와 부합하지 않는 경우, 달성가능하지 않거나 목표수준이 낮게 설정한 경우, 프로그램이 구체적이지 못하거나 성과측정방법이 모호한 경우, 보안평가결과를 반영하지 않은 경우 등) 재작성을 요구하거나 해당 부서와 협의를 통해 조정할 수 있다.

마. 프로그램 실행을 위한 지원방안 마련

보안관리자는 세부목표 및 프로그램의 실행을 위해 필요한 장비 및 시설의 도입·보완을 포함한 재정적 지원, 교육훈련기회 제공 등 지원방안을 마련하여 보안목표와 함께 최고경영자에게 보고하여야 한다.

바. 최고경영자 승인

최고경영자는 보안관리자의 검토를 거친 목표, 세부목표 및 프로그램이 보안방침과 일치하는가를 확인한 후, 경영의 다른 측면(조직, 예산, 당해연도 사업계획 등)을 검토한 후 승인한다.

사. 배 포

보안관리자는 승인된 목표, 세부목표 및 프로그램을 각 부서에 배포하여야 한다. 목표는 보안방침과 함께 기업 내부의 모든 인력들을 포함하여, 정부기관, 납품업체, 하청업체들을 비롯한 이해관계자들에게 알림은 물론, 일반 대중들도 손쉽게 찾아볼 수 있도록 공개되어야 한다.

(3) 세부목표 및 프로그램의 수립

가. 추진계획서 양식 마련

추진계획서는 본 매뉴얼의 '목표 관리 절차서'에서 제시한 양식 또는 회사 내에서 기존에 활용하고 있는 양식을 활용한다. 추진계획서에는 목표, 세부목표 및 이를 달성하기 위한 관련 담당부서(담당자), 필요자원, 추진방안, 일정 등 구체적 행동이 기재되어야 한다. 목표 달성여부를 확인할 수 있는 측정지표도 포함되어야 한다.

나. 세부목표 기입

세부목표란에는 회사 전체 목표 중에서 해당 부서에서 담당하는 업무에 관계된 목표를 달성하기 위한 부서차원의 세부적인 목표를 기입한다. 세부목표는 설정의 필요성, 계량화, 달성가능성, 명확한 책임자 및 달성기간 지정 등의 요소가 모두 충족되어야 한다.

다. 프로그램(추진계획)**란 작성**

단계별 세부목표를 달성할 수 있도록 하는 프로그램을 기록한다. 각 추진계획에는 중간검토일 및 완료예정일이 있어야 한다.

라. 보안성과 측정지표 기재

객관적이고 계량적인 방법 또는 수식 등을 기재한다.

마. 참고 문서 기재

목표달성계획과 관련된 규정이나 부서의 지침서 등을 기록한다.

바. 기 타

보안목표 달성에 따른 유무형적 효과를 기입할 수도 있다. 무형적 효과의 예로는 보안수준 및 보안인식의 향상 등이고, 유형적 효과는 금액절감, 매출향상 등의 경영상 이익이 되는 효과가 포함된다.

사. 작성부서의 승인 및 제출

추진계획서를 작성한 부서의 장은 최종적으로 작성내용을 검토하고 승인 후 보안관리자에게 제출한다.

(4) 목표변경

목표달성 기간 중 보안방침의 변경, 이해관계자의 요구 등 보안목표 변경이 필요한 경우에는 보안관리자는 목표의 변경을 검토하고 최고경영자의 승인을 득한 후 변경하고 변경된 보안목표를 전 부서로 배포한다. 변경된 보안목표를 접수한 각 부서장은 기 수립된 세부목표 및 프로그램을 검토하여 변경이 필요한 경우에는 개정 조치하여 보안관리자에게 통보하여야 한다. 각 부서에서도 업무 프로세스의 변경, 장비의 교체, 예산 및 담당 인력의 변경, 고객 및 이해관계자의 요구사항 변경 등에 의해 부서 내 세부목표 및 프로그램을 변경할 필요가 있을 경우에는 이를 보안관리자와 협의하여 최고경영자의 승인을 거쳐 변경할 수 있다.

(5) 성과의 측정

각 부서장은 주기별로 성과를 자가 측정하여 실행실적을 결과보고서에 기록한 후 관련된 증빙자료와 기록물을 첨부하여 보안관리자에게 제출한다. 이때 보안관리자는 계획 대비 실적이 정확히 계량되어 평가되었는지 관련 성과측정 기록물과 현장 확인 등을 통하여 평가해야 한다.

각 부서장은 세부목표가 목표대비 일정 수준 이하로 달성시에는 미달성 사유를 세밀하게 분석하고 향후 달성방안을 강구하고 기록하여야 하며, 보안관리자는 각 부서에서 설정한 세부목표가 기한 내에 수 회에 걸쳐 미달성되거나 미달성으로 인해 기업 전체의 목표달성에 영향을 미치는 경우에는 해당부서에 시정조치를 요구할 수 있다.

(6) 보고 및 조치

보안관리자는 사업장 전체의 보안목표 및 세부목표에 대한 달성도를 경영검토 보고서에 작성하여 최고경영자에게 보고한다. 최고경영자는 경영검토시 각 부서별 달성도를 평가하여 기업 전체적인 보안성과 개선에 기여한 부서에 대해서는 포상 등을 통해 타 부서에 목표달성 의지를 고취시킬 수도 있다. 보안관리자는 최고경영자의 경영검토를 거친 보고서를 각 부서로 배포하고, 최고경영자가 검토, 지시한 사항에 대하여 관련부서로 시정 및 보안조치를 요구하고 사후관리 하여야 한다.

기 타

보안목표, 세부목표 및 프로그램의 수립과 관리에 대한 세부적인 절차의 예로서 본 매뉴얼에 부속된 "목표관리 절차서"를 참조할 수 있다. 기업의 실정에 따라 목표, 세부목표 및 프로그램에 관한 절차서를 개별적으로 작성하여 관리하여도 무방하다.

<table>
<tr><td rowspan="3">회사명</td><td>보안매뉴얼</td><td>제 정 일 자 :</td><td></td></tr>
<tr><td rowspan="4">4.4. 실행 및 운영
4.4.1. 보안경영의 구조, 권한 및 책임(견본)</td><td>개 정 일 자 :</td><td></td></tr>
<tr><td>개 정 번 호 :</td><td></td></tr>
<tr><td>문서번호</td><td>페 이 지 :</td><td>1/2</td></tr>
</table>

1. 보안경영의 구조, 권한 및 책임

1.1 회사는 '업무분장 지침서'에 따라 보안경영 방침, 목표, 세부목표 및 프로그램의 달성과 일관성이 있게 역할, 책임 및 권한에 대한 조직 구조를 수립하고 유지한다(부록: 조직도).

1.2 최고경영자는 보안경영시스템의 개발, 실행 및 지속적인 효과성 개선에 대해 다음 사항을 보장한다.

1) 다른 책임과는 무관하게 조직의 보안경영시스템의 전반적인 설계, 유지, 문서화 및 개선에 대한 책임자로 보안총괄책임자를 지정한다.
2) 목표 및 세부목표가 실행되고 있음을 보장하기 위하여 필요한 권한을 가진 자로 보안관리자를 지정한다.
3) 조직의 이해관계자의 요구사항 및 기대를 점검하고 모니터링하며 이를 관리하기 위한 적절하고 시기적절한 조치를 시행한다.
4) 충분한 자원의 가용성을 보장한다.
5) 보안경영 방침, 목표, 세부목표, 프로그램 등이 조직의 다른 사항에 미칠 수 있는 부정적 영향도 고려한다.
6) 조직의 다른 부분에서 생성된 어떠한 보안 프로그램도 보안경영시스템을 보완하도록 보장한다.
7) 조직의 방침에 적합하기 위해서는 조직의 보안경영 요구사항을 충족시키는 것이 중요하다는 것에 대하여 조직과 의사소통한다.
8) 보안 위협 및 리스크가 평가되고 이것이 조직의 위협 및 리스크 평가에 적절히 포함되도록 보장한다.
9) 보안경영 목표, 세부목표 및 프로그램의 실행 가능성을 보장한다.

관련문서: 업무분장 지침서

회사명	A4(210×297mm)

<table>
<tr><td rowspan="3">회사명</td><td>보안매뉴얼</td><td>제 정 일 자 :</td><td></td></tr>
<tr><td rowspan="4">4.4. 실행 및 운영
4.4.1. 보안경영의 구조, 권한 및 책임(견본)</td><td>개 정 일 자 :</td><td></td></tr>
<tr><td>개 정 번 호 :</td><td></td></tr>
<tr><td>문서번호</td><td>페 이 지 :</td><td>2/2</td></tr>
</table>

〈부록〉 조직도

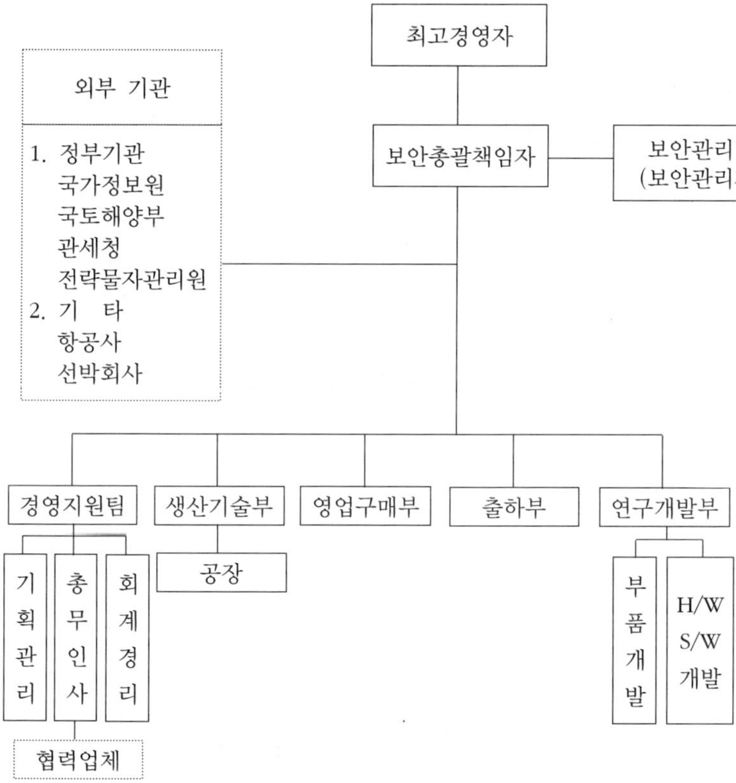

회사명	A4(210×297mm)

[보안경영의 구조, 권한 및 책임에 대한 설명]

ISO28000 관련부분

4.4.1. 보안경영의 구조, 권한 및 책임	4.4.1. Structure, authority and responsibilities for security management
조직은 보안경영 방침, 목표, 세부목표 및 프로그램의 달성과 일관성이 있게 역할, 책임 및 권한에 대한 조직 구조를 수립하고 유지하여야 한다.	The organization shall establish and maintain an organizational structure of roles, responsibilities and authorities, consistent with the achievement of its security management policy, objectives, targets and programmes.
이러한 역할, 책임 및 권한은 규정되고, 문서화되어 실행 및 유지에 책임이 있는 각 개인과 의사소통 되어야 한다.	These roles, responsibilities and authorities shall be defined, documented and communicated to the individuals responsible for implementation and maintenance.
최고경영자는 보안경영시스템(프로세스)의 개발 및 실행과 그것의 지속적인 효과성 개선에 대한 의지의 증거를 다음과 같이 나타내어야 한다.	Top management shall provide evidence of its commitment to the development and implementation of the security management system (processes) and continually improving its effectiveness by:
a) 다른 책임과는 무관하게 조직의 보안경영시스템의 전반적인 설계, 유지, 문서화 및 개선에 대한 책임이 있는 최고 경영자의 인력을 지정	a) appointing a member of top management who, irrespective of other responsibilities, shall be responsible for the overall design, maintenance, documentation and improvement of the organization's security management system;
b) 목표 및 세부목표가 실행되고 있음을 보장하기 위하여 필요한 권한을 가진 관리자(1인 또는 다수)를 지정	b) appointing (a) member(s) of management with the necessary authority to ensure that the objectives and targets are implemented;
c) 조직의 이해관계자의 요구사항 및 기대를 점검하고 모니터링하며 이 기대를 관리하기 위한 적절하고 시기 적절한 조치를 실행	c) identifying and monitoring the requirements and expectations of the organization's stakeholders and taking appropriate and timely action to ma-

	nage these expectations;
d) 충분한 자원의 가용성을 보장	d) ensuring the availability of adequate resources;
e) 보안경영 방침, 목표, 세부목표, 프로그램 등이 조직의 다른 사항에 미칠 수 있는 부정적 영향도 고려	e) considering the adverse impact that the security management policy; objectives, targets, programmes, etc. may have on other aspects of the organization;
f) 조직의 다른 부분에서 생성된 어떠한 보안 프로그램도 보안경영시스템을 보완하도록 보장할 것	f) ensuring any security programmes generated from other parts of the organization complement the security management system;
g) 조직의 방침에 적합하기 위해서는 조직의 보안경영 요구사항을 충족시키는 것이 중요하다는 것에 대하여 조직과 의사소통 할 것	g) communicating to the organization the importance of meeting its security management requirements in order to comply with its policy;
h) 보안 관련 위협 및 리스크가 평가되고 이것이 조직의 위협 및 리스크 평가에 적절히 포함됨을 보장	h) ensuring security-related threats and risks are evaluated and included in organizational threat and risk assessments, as appropriate;
i) 보안경영 목표, 세부목표 및 프로그램의 실행 가능성을 보장	i) ensuring the viability of the security management objectives, targets and programmes.

간략한 취지설명

보안경영을 비롯한 기업의 모든 활동에는 인적·물적자원이 투입되며, 이러한 자원의 투입 여부를 결정하는 것은 최고경영자를 비롯한 경영층이다. 특히 인적자원의 효과적인 사용은 보안경영시스템의 효과적 운영과 지속적인 효과성 개선과 직접적으로 연관이 되므로 최고경영자는 심사숙고하여 보안경영시스템의 운영을 위한 추진조직을 결정해야 한다.

ISO28000 규격에서도 기업은 보안방침, 목표 등의 달성을 위해 역할, 책임 및 권한이 부여된 조직을 구성하고 유지할 것을 요구하고 있다. 또한 이러한 조직 구성원들에게 부여된 역할, 책임 및 권한을 명확하게 규정하는 것은 그 내용을 반드시 문서화하고 의사소통할 것을 요구하고 있다.

보안경영시스템 운영조직에는 가급적 기업의 전 사업부문을 포함하는 것이 바람직하나 기업의 상황에 맞게 적절히 구성할 수 있다. 최고경영자는 조직구성이 완료되면 이의 운영에 필요한 자원을 충분하게 지원해야 한다.

자세한 설명

보안경영시스템을 구축하고 운영하기 위해서는 다음과 같은 자원들이 필요하다.

① 관련 업무를 수행하는 적합한 인원으로 구성된 조직체계

② 보안의 유지관리를 위한 보안장비(예; 카메라, 울타리, 경보기 등)

③ 보안경영시스템 조직 구성원에 대한 교육훈련

④ 확보할 수 있는 기술 및 노하우

투입된 자원을 적절하게 활용하여 보안경영시스템이 원활하게 운영되도록 하기 위해서는 적절한 인력이 배정되는 것이 특히 중요하다. 최고경영자는 보안경영성과의 달성을 위해서 보안경영시스템을 개발하고 운영하며, 지속적인 개선을 담당할 조직체를 구성하고 이들에게 적절한 책임과 권한을 지정하고 이들에게 충분한 자원을 지원해야 한다.

조직 구성의 바람직한 방향은 첫째, 보안관련 부서장을 중심으로 보안경영에 대한 책임을 부여하는 것과 둘째, 가급적 전 종업원에게 업무가 적절히 할당되어 모든 종업원이 참여할 수 있도록 하는 것이다.

최고경영자는 조직과 체제를 구성하였다고 해서 보안경영에 대한 노력을 게을리해서는 안되며, 보안방침이 제대로 실행되고 있는지를 정기적으로 검토하고, 보안성과를 주기적으로 점검하는 등 전 직원에게 모범을 보여 보안에 대한 최고경영자의 의지가 경영활동에 폭넓게 반영될 수 있도록 해야 한다. 그리고 전 직원은 보안관련 책임이 보안담당부서 뿐만 아니라 영업, 개발, 관리부서 등 기업의 다른 부분들에도 있다는 것을 인식하여 전사적인 보안성과개선을 위해 노력해야 한다.

효과적으로 보안경영시스템을 구축하고 이행하기 위해서는 일반적으로 다음과 같이 각 계층별로 역할을 분담하여 추진체제를 구축해야 한다.

① 최고경영자

기업경영에 최종적인 책임이 있는 최고경영자는 보안경영시스템과 관련된

기업 경영활동의 원칙이라고 할 수 있는 보안방침을 수립하여야 하며, 보안매뉴얼 및 보안목표를 승인하여야 한다. 또한 보안경영시스템 추진에 필요한 자원을 지원하고 운영결과에 대한 경영검토를 실시해야 한다.

② 보안총괄책임자(임원급)

최고경영자로부터 권한을 위임받아 보안경영시스템의 구축과 실행에 대한 총괄책임을 갖게 되며, 보안경영시스템의 추진성과를 최고경영자에게 보고하고 유지관리하여야 한다. 또한, 기업 내부 인력의 인식을 향상시키고 외부 이해관계자들과 의사소통하는 등의 사항(보안관련공문 발송 등)들도 책임질 수 있다.

③ 보안관리자(보안관련 부서장)

보안경영시스템 구축 및 실행에 관한 실무책임자로서 보안경영시스템에 관련되는 세부사항에 대한 실무를 총괄한다. 최고경영자는 회사의 전체 업무흐름을 파악하고 있어야 하며, 보안에 관한 전문지식을 보유하고 있는 보안업무 전담부서장을 보안관리자로 지정하는 것이 바람직하다.

④ 보안종사자

보안종사자는 보안담당 부서와 관련 부서의 담당자로 구성된다. 보안종사자는 보안경영시스템을 기업내 최초 구축할 때 참여하고 구축된 보안경영시스템을 효과적으로 운영하기 위한 인력으로서 해당부문의 업무에 정통한 직원으로 구성되어야 한다. 이들 보안종사자는 인증획득을 위한 인증심사 수검시에도 각 부문에서 중심적 역할을 하여야 하므로 중간관리자급 이상으로 구성하는 것이 바람직하다.

⑤ 각 부서 관리자

각 부서의 관리자는 보안경영시스템 추진과 실행에 대한 책임을 진다. 실무담당자를 지정하고 추진 팀과의 의사소통을 원활히 하여야 한다. 특히, 기업 규모가 큰 경우 부서 관리자의 관심에 따라 부서간 보안경영시스템의 구축과 이행 정도에 큰 차이가 발생할 수 있으므로 추진 팀은 부서간 교육 및 조율에 힘써야 한다.

일반적으로 보안경영시스템과 관련된 주요업무를 담당하는 인력의 책임과 권한은 다음과 같이 정리할 수 있으나 이는 기업 내부의 실정에 맞게 조정할 수 있다.

중소기업과 같은 소규모 기업의 경우에는 위의 몇 가지 책임을 한사람이

보안경영시스템 관련 업무	책 임 자
보안방침 수립	최고경영자 및 경영층
보안매뉴얼, 목표의 승인 및 필요한 자원배분	최고경영자
보안 인식 증진 및 의사소통	보안총괄책임자
보안매뉴얼, 절차서, 지침서의 수립	보안총괄책임자 및 보안관리자
보안목표, 세부목표 및 프로그램의 개발	보안관리자 및 관련 부서장
내부 심사 및 시정·예방조치 주관	보안관리자
보안경영시스템 성과 평가 및 모니터링	보안관리자
법규 및 그 밖의 요구사항 준수 보장	모든 부서(장)
보안경영시스템 실행 및 지속적인 개선 도모	모든 부서(장)
보안경영시스템 요구사항 준수	임직원 전체
보안경영시스템 운영성과 검토	최고경영자

담당하고 있을 수도 있다. 이런 경우에는 관련 책임을 모두 그 인력에게 부여하는 것도 가능하다.

중소기업 등의 소규모 기업에서는 조직 구조 및 자원이 한정되어 있어 보안경영시스템을 실행하는 데 어려움을 겪을 수도 있다. 이런 경우 그 기업은 다음과 같은 방법으로 극복해 나갈 수 있을 것이다.

① 보안경영시스템 운영 우수 기업의 사례 확보 및 참조
② 공급망(supply chain) 내에 있는 유사 업종의 기업과 경험, 기술 및 장비공유 등 협조 체계 구축
③ 교육훈련 프로그램을 제공할 수 있는 국가기관, 협회 등을 활용

기 타

보안경영시스템과 관련된 조직 구성과 이들에게 부여된 책임 및 권한에 대한 구체적인 예로서 본 매뉴얼에 부속된 "업무분장 지침서"를 참고한다. 제시된 조직도 및 업무분장은 연구개발, 제조, 영업, 출하, 경영관리 업무 등 기업 내부에서 제조부터 운송까지의 전체 사업부문을 갖고 있는 기업의 예로서 본 매뉴얼을 활용하는 기업은 내부 실정에 맞게 체계를 구성하여 이의 운영을 절차서로 관리해야 한다.

<table>
<tr><td rowspan="4">회사명</td><td>보안매뉴얼</td><td>제 정 일 자 :</td><td></td></tr>
<tr><td rowspan="3">4.4. 실행 및 운영
4.4.2. 적격성, 교육훈련 및 인식(견본)</td><td>개 정 일 자 :</td><td></td></tr>
<tr><td>개 정 번 호 :</td><td></td></tr>
<tr><td>페 이 지 :</td><td>1/1</td></tr>
<tr><td>문서번호</td><td></td><td></td><td></td></tr>
</table>

2. 적격성, 교육훈련 및 인식

2.1 최고경영자는 보안 장비 및 프로세스를 설계, 운영 및 관리할 책임이 있는 아래의 인원들이 교육, 훈련 및/또는 경험을 통해 적절한 자격이 있음을 보장한다.

1) 보안총괄책임자
2) 보안관리자
3) 보안담당자
4) 관련 부서장
5) 내부심사자

2.2 보안총괄책임자는 회사에 근무하는 종업원이나 조직을 대신하여 업무를 실행하는 인원에게 다음 사항에 대하여 인식시키기 위해 '교육훈련 및 자격부여 절차서'를 수립하고 유지한다.

1) 보안경영 방침 및 절차 그리고 보안경영시스템 요구사항과의 적합성에 대한 중요성
2) 비상시 대비 및 대응 요구사항을 포함하여 보안경영 방침 및 절차 그리고 보안경영 시스템 요구사항에 적합하기 위해 필요한 역할과 책임
3) 규정된 운영 절차로부터 벗어남으로 인해 조직의 보안에 미치는 잠재적 결과

2.3 적격성 및 교육훈련 기록은 '문서 및 기록관리 절차서'에 따라 유지한다.

관련문서: 교육훈련 및 자격부여 절차서
문서 및 기록관리 절차서

회사명	A4(210×297mm)

[적격성, 교육훈련 및 인식에 대한 설명]

ISO28000 관련부분

4.4.2. 적격성, 교육훈련 및 인식	4.4.2. Competence, training and awareness
조직은 보안 장비 및 프로세스를 설계, 운영 및 관리할 책임이 있는 인원이 학력, 훈련 및/또는 경험에 따라 적절한 자격이 있음을 보장하여야 한다. 조직은 조직에 근무하는 종업원이나 조직을 대신하여 업무를 실행하는 인원에게 다음 사항을 인식시키기 위한 절차를 수립하고 유지하여야 한다.	The organization shall ensure that personnel responsible for the design, operation and management of security equipment and processes are suitably qualified in terms of education, training and/or experience. The organization shall establish and maintain procedures to make persons working for it or on its behalf aware of:
a) 보안경영 방침 및 절차 그리고 보안경영시스템 요구사항과의 적합성에 대한 중요성,	a) the importance of compliance with the security management policy and procedures, and to the requirements of the security management system;
b) 비상시 대비 및 대응 요구사항을 포함하여 보안경영 방침 및 절차 그리고 보안경영시스템 요구사항에 적합하기 위하여 필요한 역할 및 책임	b) their roles and responsibilities in achieving compliance with the security management policy and procedures and with the requirements of the security management system, including emergency preparedness and response requirements;
c) 규정된 운영 절차로부터 벗어남으로 인해 조직의 보안에 미치는 잠재적 결과	c) the potential consequences to the organization''s security by departing from specified operating procedures.
적격성 및 교육훈련 기록은 유지되어야 한다.	Records of competence and training shall be kept.

간략한 취지설명

ISO28000에서 말하는 '적격성'이란 회사가 규정한 중대한 보안측면(자산, 인원, 정보, 절차, 제품 등)을 관리하는 인원들이 보안경영시스템에서 요구하는 방식으로 업무를 처리하기 위해 필요한 자질로서, 지식, 이해, 기술 및 능력을 포함한다. 기업은 이처럼 보안경영시스템의 구성원이 업무를 처리할 수 있는 적격성을 갖추고 있음을 보장하여야 하므로, 주기적으로 적격성 기준과 그 기준에 따른 인원들의 적합성을 파악하여야 하고, 필요하다면 교육과 훈련을 수행하거나 적격한 인원을 고용함으로써 적격성을 유지해 나가야 한다.

자세한 설명

기업이 파악한 중대한 위협 및 리스크와 연관되어 있어 사건 사고를 일으킬 수 있는 업무에 종사하는 인원들과 이에 대처해야 하는 인원들은 ISO28000 보안경영시스템에서 요구하는 절차와 수준에 따라 업무를 수행할 수 있어야 한다. 이렇게 관련 인원들이 해당 업무를 수행하는 데 적격하다는 것을 판단할 수 있는 기준에는 개인의 학력, 훈련 및 경험 등이 있다.

적격성의 기준을 만족시키기 위해서는 해당 업무를 수행하기에 충분한 교육이나 훈련을 통해 경험을 쌓게 해야 한다. 기업은 기업에서 일하거나(임직원) 조직을 내신해 일하는 인원들(하청/용역업체 직원 등)이 해당 업무를 수행하는 데 적격한지를 평가하여, 추가적인 교육이나 훈련이 필요한지를 판단하고, 교육 훈련을 실시하기 위한 절차를 마련해야 하는데, 이러한 절차에는 다음 사항이 포함되어야 힌디.

① 교육훈련 필요성 파악

② 파악한 필요성에 따라 교육훈련계획의 설계 및 개발

③ 개발한 교육훈련계획이 보안경영시스템의 요구사항에 적합한지 검증

④ 교육훈련계획에 따라 대상 임직원에 대한 교육훈련 실시

⑤ 실시한 교육과 관련된 기록을 문서화하고 그 성과를 모니터링

⑥ 필요한 경우 교육성과에 대한 평가를 수행

일반적으로 보안경영시스템을 수립, 문서화, 실행, 유지 및 지속적 개선을 하기 위해서 기업이 수행할 수 있는 교육훈련의 사례는 다음과 같다.

교육훈련을 마친 경우 결과에 대한 평가가 이루어져야 한다. 평가를 통해 교육대상인원이 해당업무에 대한 적격성을 확보하였는지를 파악할 수 있도록 한다.

교육훈련의 형태	교육훈련 대상	교육내용
보안관리자 등에 대한 교육	보안관리자 및 보안담당자	• ISO28000 이행요건 해설 교육, 내부심사자 교육 및 보수교육 • 보안리스크 평가 방법 교육 • AEO, C－TPAT 등 관련 공급사슬 보안에 대한 교육 • 공급사슬 보안과 관련된 법규정 등에 대한 교육 • 기타 공급사슬 보안과 관련된 교육
보안장비 및 프로세스를 설계, 운영 및 관리하는 인원에 대한 교육	보안장비 및 프로세스 설계, 운영 및 관리자	• 해당 보안장비 및 프로세스에 대한 보수교육 • 보안리스크 평가 방법 교육 • ISO28000 이행요건 해설 교육 및 보수교육 • 기타 공급사슬 보안과 관련된 교육
특정한 책임을 갖는 시설 근무자 교육	운영관리 절차서 및 비상사태 관리 절차서(비상배치표 포함) 상에 임무가 나타나는 시설 근무자(보안담당자, 경비인원 등)	• 해당 시설에 대한 특수성 • ISO28000 이행요건 해설 교육 및 보수교육 • 보안리스크 평가 방법 교육 • 현행의 보안위협과 유형에 대한 지식 • 무기, 위험물질과 위험장치 • 기타 공급사슬 보안과 관련된 교육
기타 시설 근무자 교육	시설에 종사하는 당사 근무자(하역인부, 차량기사, 크레인운전자, 자재 공급자 등)	• 해당 시설에 대한 특수성 • 보안수준의 의미 및 그에 따른 요구사항 • 무기, 위험물질 및 위험장치 • 기타 공급사슬 보안과 관련된 교육
상시출입자 교육	상시출입증을 발급받은 업체 대표 1인	• 기본 보안 교육

해당 인원에 대한 적격성 여부에 대한 평가와 교육 훈련 실시에 대한 내용은 기록으로 남겨 지속적으로 활용해야 한다. 이러한 기록에는 해당 인원의 학력, 훈련, 경험 등을 파악할 수 있는 자료들이 포함되는데 그 예로는 기술자격(자격증 등)을 포함한 외부 법정 이수교육 수료 기록, 조직에서 실시한 교육 및 훈련의 수료 및 평가 기록, 해당 업무에서 종사한 기간 등이 있다. 이러한 기록 외에 실제 해당 인원이 기업 내 어느 조직에 근무하고 있는지를 나타내는 자료(급여 관련 기록, 업무일지, 출퇴근기록부 등)도 관리되어야 한다.

기 타

적격성 평가 및 교육훈련 실시에 대한 세부적인 절차의 예로서 본 매뉴얼에 부속된 "교육훈련 및 자격부여 절차서"를 참조할 수 있다.

<table>
<tr><td rowspan="3">회사명</td><td>보안매뉴얼</td><td>제 정 일 자 :</td><td></td></tr>
<tr><td rowspan="3">4.4. 실행 및 운영
4.4.3. 의사 소통(견본)</td><td>개 정 일 자 :</td><td></td></tr>
<tr><td>개 정 번 호 :</td><td></td></tr>
<tr><td>문서번호</td><td>페 이 지 :</td><td>1/1</td></tr>
</table>

3. 의사 소통

3.1 보안총괄책임자는 보안경영 정보가 관련된 종업원, 계약자 및 그 밖의 이해관계자들에게 의사소통 되는 것을 보장하기 위한 '보안 의사소통 절차서'를 수립 및 유지한다.

3.2 특정한 보안 관련 정보는 민감한 특성이 있으므로 배포 전에 정보의 민감성을 고려하여 제공여부를 결정한다.

관련문서: 보안 의사소통 절차서

[의사소통에 대한 설명]

ISO28000 관련부분

4.3.2. 법률, 강제 요구사항 및 그 밖의 보안규정 요구사항	4.3.2. Legal, statutory and other security regulatory requirements
법률 및 그 밖의 요구사항에 관한 정보는 조직의 종업원과 계약자를 포함하여 그 밖의 관련된 제3자와 의사소통하여야 한다.	It shall communicate relevant information on legal and other requirements to its employees and other relevant third parties including contractors.
4.3.3. 보안경영 목표	4.3.3. Security management objectives
보안경영 목표는 다음과 같아야 한다. c) 모든 관련된 종업원 및 계약자를 포함한 제3자가 각 개인의 의무사항을 인지할 수 있도록 의사소통 될 것	The security management objectives shall be: c) communicated to all relevant employees and third parties, including contractors, with the intent that these persons are made aware of their individual obligations;
4.3.4. 보안경영 세부목표(target)	4.3.4. Security management targets
보안경영 세부목표는 다음과 같아야 한다. c) 모든 관련된 종업원 및 계약자를 포함한 제3자가 각 개인의 의무사항을 인지할 수 있도록 의사소통 될 것	These targets shall be: c) communicated to all relevant employees and third parties including contractors with the intent that these persons are made aware of their individual obligations;
4.4.1. 보안 경영의 구조, 권한 및 책임	4.4.1. Structure, authority and responsibilities for security management
이러한 역할, 책임 및 권한은 규정되고, 문서화되어 실행 및 유지에 책임이 있는 각 개인과 의사소통되어야 한다.	These roles, responsibilities and authorities shall be defined, documented and communicated to the individuals responsible for implementation and mainten-

ance.

최고경영자는 보안경영시스템(프로세스)의 개발 및 실행과 그것의 지속적인 효과성 개선에 대한 의지의 증거를 다음과 같이 나타내어야 한다.

Top management shall provide evidence of its commitment to the development and implementation of the security management system(processes) and continually improving its effectiveness by:

g) 조직의 방침에 적합하기 위해서는 조직의 보안경영 요구사항을 충족시키는 것이 중요하다는 것에 대하여 조직과 의사소통 할 것

g) communicating to the organization the importance of meeting its security management requirements in order to comply with its policy;

4.4.3. 의사소통(Communication)

4.4.3. Communication

조직은 관련 보안경영 정보가 관련된 종업원, 계약자 및 그 밖의 이해관계자와 의사소통 되는 것을 보장하기 위한 절차를 가지고 있어야 한다.
특정한 보안 관련 정보는 민감한 특성이 있으므로 배포 전에 정보의 민감성을 고려하여야 한다.

The organization shall have procedures for ensuring that pertinent security management information is communicated to and from relevant employees, contractors and other stakeholders.
Because of the sensitive nature of certain security related information, due consideration should be given to the sensitivity of information prior to dissemination.

4.4.6. 운영관리

4.4.6. Operational control

조직은 다음 사항에 따라 규정된 조건 하에 이러한 운영 및 활동이 수행되고 있음을 보장하여야 한다.

c) 보안에 영향을 주는 상품 및 서비스에 대한 요구사항을 수립 및 유지하고, 이를 공급자 및 계약자와 의사소통 함

The organization shall identify those operations and activities that are necessary for achieving:

c) compliance with legal, statutory and other regulatory security requirements;

4.6. 경영검토 및 지속적 개전

4.6. Management review and continual improvement

경영검토의 입력사항에는 다음을 포함하여야 한다.

Input to management reviews shall include

b) 불만사항을 포함하여 외부 이해관계자와의 의사소통	b) communication(s) from external interested parties, including complaints,

간략한 취지설명

보안경영시스템은 최고경영자의 적극적인 의지와 함께, 조직의 모든 임직원을 포함한 외부 이해관계자들의 적극적인 참여를 통해 최고의 성과를 얻을 수 있다. 조직내 임직원 및 이해관계자들의 참여를 적극 권장하여 최대의 효과를 달성하기 위해서는 이들에게 보안경영시스템과 관련된 정보를 정확하고 효과적으로 전달하는 것이 중요하다. 하지만, 보안 관련 정보는 민감한 특성이 있으므로 배포 전에 정보의 민감성은 반드시 고려되어야 한다.

자세한 설명

일반적으로 의사소통 절차는 문서화되어야 한다. 의사소통 절차가 문서화되어있지 않는 경우 보안경영 활동에 참여하고 있는 내부 인력에게 해당 업무 처리에 필요한 최신의 필요한 정보의 전달이 누락되는 상황이 발생할 수 있어, 기업의 목표 혹은 세부목표의 달성이 어렵게 되고 더 나아가 보안경영시스템이 효과적으로 운영되지 못하게 된다. 또한, 내부적인 의사소통뿐만 아니라 외부 이해관계자들로부터 접수된 불만사항이나 민원, 요구사항 등을 접수하여 처리하고 이를 알리며, 그 밖의 기업의 보안경영시스템 관련 정보를 외부 이해관계자에게 알리는 경우에도 명문화된 의사소통 절차가 필요하다.

의사소통 절차를 수립할 때에는 다음 사항을 어떻게 처리할 것인지를 고려해야 한다.

① 의사소통 대상자 파악

② 의사소통 대상자에게 전달할 정보 결정

③ 적절한 의사소통 방법 결정

의사소통할 정보는 보안경영에 미치는 영향과 취급 또는 제공가능 대상에 따라 아래와 같이 분류될 수 있다.

① 보안경영에 미치는 영향

- 치명적인 경우

- 치명적이지는 아니하나 영향을 미치는 경우
- 영향을 미치지 아니하는 일반적인 경우(치명적이기는 하지만 다른 경로를 통해 이미 공개된 경우도 포함)

② 정보제공 대상

- 최고 경영자(경영층)
- 인가받은 직원
- 모든 직원 및 인가받은 이해관계자
- 모든 이해관계자

의사소통할 수 있는 정보에는 다음과 같은 것들이 있다.

① 기업의 일반 정보

② 보안경영 방침, 목표 및 세부목표

③ 보안경영 프로그램

④ 보안매뉴얼, 절차서, 지침서

⑤ 조직의 보안성과와 관련된 정보

⑥ 법규 및 기업이 동의한 그 밖의 요구사항 준수 정보

이들 정보는 작성되는 시점에서 의사소통 상대방에 따른 제공가능 여부가 결정되어야만 한다.

의사소통은 상대방에 따라 방법을 달리하게 되며, 그 방법에는 다음과 같은 것들이 있다.

① 내부의사소통 방법

- 회의록, 게시판, 사내 간행물, 사내 방송, 건의함, 소식지, 보안조회, 보안회의, 전자메일, 보안면담, 업무협조 등

② 외부의사소통 방법

- 토론회, 조직 개방 행사, 홈페이지, 전자메일, 광고, 간행물, 보고서, 보안상담 창구, 방송 등

여기서 내부의사소통은 의사소통 주체간의 관계에 따라 경영층과 직원들의 의사소통(하향 의사소통), 직원으로부터 경영층에게로의 의사소통(상향 의사소통) 및 부서간의 의사소통(수평 의사소통)이 있다.

의사소통 내용은 누가 어떤 사항을 어떻게 대응했는지를 알 수 있도록 기록으로 남겨야 한다. 이 기록에는 의사소통 주체 및 대상, 내용, 접수 및 회신

일, 결정사항 및 결정권자 등이 포함되어야 한다.

기 타

의사소통에 대한 세부적인 절차의 예로서 본 매뉴얼의 “보안 의사소통 절차서”를 참조할 수 있다.

<table>
<tr><td rowspan="3">회사명</td><td>보안매뉴얼</td><td>제 정 일 자 :</td><td></td></tr>
<tr><td rowspan="3">4.4. 실행 및 운영
4.4.4. 문서화(견본)</td><td>개 정 일 자 :</td><td></td></tr>
<tr><td>개 정 번 호 :</td><td></td></tr>
<tr><td>문서번호</td><td>페 이 지 :</td><td>1/1</td></tr>
</table>

4. 문 서 화

4.1 회사는 다음 사항을 포함하는 보안경영시스템의 문서화 체계를 수립하고 유지한다.

1) 보안 방침, 목표 및 세부목표
2) 보안경영시스템 범위에 대한 기술
3) 보안경영시스템의 주요 요소 및 그의 상호작용과 관련 문서와의 관계에 대한 기술
4) 기록을 포함하여 ISO28000에서 요구하는 문서
5) 기록을 포함하여, 중요한 보안 위협 및 리스크와 관련된 프로세스를 효과적으로 계획, 운영 및 관리하는 것을 보장하기 위하여 필요하다고 회사가 결정한 문서

4.2 문서화 수립, 개정 및 유지관리는 '문서 및 기록관리 절차서'에 따른다.

관련문서: 문서 및 기록관리 절차서

회사명	A4(210×297mm)

[문서화에 대한 설명]

ISO28000 관련부분

4.4.4. 문서화	4.4.4. Documentation
조직은 다음 사항을 포함하는 보안 경영 문서화 시스템을 수립하고 유지해야 한다. 그러나 반드시 다음 사항에 국한되지는 않는다.	The organization shall establish and maintain a security management documentation system that includes, but is not limited to the following:
a) 보안 방침, 목표 및 세부목표	a) the security policy, objectives and targets,
b) 보안경영시스템 범위에 대한 기술	b) description of the scope of the security management system,
c) 보안경영시스템의 주요 요소 및 그의 상호작용과 관련 문서와의 관계에 대한 기술	c) description of the main elements of the security management system and their interaction, and reference to related documents,
d) 기록을 포함하여 이 규격에서 요구하는 문서	d) documents, including records, required by this International Standard, and
e) 기록을 포함하여, 중요한 보안 위협 및 리스크와 관련된 프로세스를 효과적으로 계획, 운영 및 관리하는 것을 보장하기 위하여 필요하다고 조직이 결정한 문서	e) documents, including records determined by the organization to be necessary to ensure the effective planning, operation and control of processes that relate to its significant security threats and risks.
조직은 정보의 보안 민감도를 결정하고 비인가자의 접근을 방지할 수 있는 조치를 취해야 한다.	The organization shall determine the security sensitivity of information and shall take steps to prevent unauthorized access.

간략한 취지설명

문서화란 특정 정보를 문서로 기록하고 활용하는 것으로서 문서화하지 않았을 경우에 발생할 수 있는 혼란 등에 의한 악영향(보안에 대한 영향 포함)을 미연에 방지하여 보안경영시스템 내의 모든 활동이 일관성 있게 수행되도록 하는 한편, 법규나 이해관계자 요구사항의 이행에 대한 증거가 되는 효과가 있다. 기업이 사람, 장소, 시간 등의 차이와 관계없이 동일한 요건 또는 기준에 맞게 보안경영시스템을 수립, 운영 및 유지하기 위해 필요한 사항들을 문서의 형태로 작성하는 것으로서 보안매뉴얼, 절차서, 지침서 및 기록 등이 문서화의 대상이다.

자세한 설명

(1) 문서화 대상 및 수립

이 규격에서 문서화할 것을 요구하고 있는 문서들을 포함하여, 기업에서 반드시 문서로 작성하여야 할 것들은 다음과 같다.

① 보안경영 방침, 목표 및 세부목표

② 보안경영시스템의 범위

③ 보안경영시스템 추진조직(조직도)과 이들의 권한 및 책임

④ 보안경영시스템의 구성요소(규격에서 제시하는 요구사항)

⑤ 보안 위협 식별, 리스크 평가 및 리스크 관리 프로세스

⑥ 보안경영시스템 운영 및 활동에 수반되는 각종 절차

⑦ 교육·훈련, 보안 성과측정 및 모니터링, 경영검토 등과 관련된 기록

이 내용들 중 세부 업무절차, 기록 등을 제외한 대부분은 일반적으로 보안경영시스템 매뉴얼이라는 형태로 통합하여 관리할 수 있다.

기업의 보안경영시스템 운영과 관련된 각종 세부 업무절차는 절차서라는 형태로 문서화하는데 절차서에는 해당 업무를 담당하는 인력의 책임과 권한, 업무처리과정 및 결과의 증거 형태까지도 명시되어야 한다. 보안경영시스템의 적용범위에 포함되지 않은 업무나 처리절차가 매우 단순한 업무의 경우에는 절차서를 작성하지 않아도 무방하나 그 절차를 관련된 인력들이 잘 이해하고 실행할 수 있도록 의사소통하거나 교육훈련을 통해 이행을 보장하여야 한다.

문서는 기업이 효율적이라고 판단하는 형태로 작성하면 된다. 사용자가 접근하기 쉽고, 보기 쉬우며, 이해하기 쉬운 형태(인쇄물, 전자문서, 포스터 등)로 작성하는 것이 중요하다. 문서를 전자문서로 관리하면 개정이 쉽고 사용자가 접근하기 쉬우며 최신문서의 관리가 쉽다는 장점이 있다.

기업이 보안경영시스템 외에 다른 경영시스템을 도입하고 있고, 이들의 요구사항 내용이 동일한 부분이 있다면 이와 관련된 문서는 중복하여 발행할 필요 없이 통합하여 관리할 수도 있다.

일반적인 문서화 수립절차는 다음과 같다.

㉠ 문서의 제·개정 필요성 파악

보안관리자 및 관련부서는 다음과 같은 사유 발생시 문서의 제·개정의 필요성을 파악한다.

－보안경영시스템의 신규 구축

－조직 또는 기능의 변경

－각종 법규나 고객 요구사항의 변경

－특정 업무의 수행절차에 대한 개선 및 변경

－방침 또는 목표의 변경

㉡ 문서의 제·개정

해당부서장은 해당업무를 충분히 파악하고 있는 자에게 문서를 작성토록 한다.

㉢ 문서 검토 및 승인

보안경영시스템의 구조, 책임과 권한에서 지정된 문서의 검토·승인권자가 작성된 문서에 대해 보안방침과 목표, 규격의 요구사항과의 적합성 및 유효성에 부합되는지를 검토하고 최종 승인한다.

문서개정시 개정된 문서의 검토 및 승인은 특별한 지정이 없는 한 처음 검토·승인을 수행한 동일한 조직에서 실시하는 것을 원칙으로 한다.

일반적으로 문서의 검토·승인권자는 다음과 같이 지정할 수 있다.

문 서 명	작 성	검 토	승 인
매뉴얼	보안관리자	보안총괄책임자	최고경영자
절차서	관련 업무 담당부서장	보안총괄책임자 또는 보안관리자	최고경영자
지침서	관련 업무 담당부서장	보안총괄책임자 또는 보안관리자	최고경영자

㉣ 문서의 등록 및 배포

보안관리자는 제·개정이 승인된 문서를 문서관리대장에 등록하고 문서와 문서관리대장을 사용이 필요한 부서에 배포하고, 문서관리대장에 배포처를 기록한다. 제 · 개정된 문서를 배포하기 전에 문서의 표지에 "관리본" 식별표시를 하며, 개정전의 구본은 "비관리본(구본)"이라 식별하여 별도로 보관하여 관리한다.

㉤ 교육 또는 회람

해당부서장은 제 · 개정된 문서의 내용을 담당자가 이해할 수 있도록 교육을 실시하고 그 결과를 기록하여 보관한다.

(2) 보안매뉴얼

보안매뉴얼은 기업의 보안경영시스템 기본방향과 개요, 이행 요구사항 등 중요하고 비교적 변경되지 않는 부분만을 모아 한 권의 문서로 작성한 문서이다. 기업의 보안경영활동 모두를 체계적으로 문서화한 것으로서 기업은 이 보안매뉴얼을 근간으로 보안경영활동을 유지 개선한다. 일반적으로 각종 세부적인 업무처리에 대한 사항을 작성하는 절차서 및 지침서는 매뉴얼의 부속문서로 분리하여 관리한다.

보안매뉴얼을 최초 작성할 경우에는 기업내 보안경영시스템 구축 추진팀이 담당하고 수립 후 적당한 기간이 경과하여 개정할 때에는 책임있는 인력(매뉴얼 관리부서)이 작성하는 것이 좋다. 매뉴얼을 작성할 때에는 관련부문과 협조하여 작성토록 한다. 작성시 준비할 자료로는 절차서, 조직도, 법적요건, 이해관계자 요구사항 등이 있다.

보안매뉴얼은 일반적으로 다음과 같은 구조로 작성한다.

① 표 지

매뉴얼 제목, 관리/비관리본 식별, 관리번호, 회사/사업장 식별, 주소

② 목차 및 개정현황

목차 및 각 장별 개정현황표(개정번호, 제 · 개정 일자)

③ 보안방침

보안경영을 위한 기업 내 기본방침

④ 보안경영시스템 적용범위 및 운영조직

⑤ 용어 및 정의

⑥ 보안리스크 평가 및 기획, 실행 및 운영, 점검 및 시정조치, 경영검토 및 지속적 개선 등 보안경영시스템의 이행요건
  – 보안경영시스템 표준규격(KS V ISO28000) 요건 순서대로 기술
  – 표준규격과 매뉴얼과의 연관성을 나타내는 대비표

보안매뉴얼 작성시 유의사항은 다음과 같다.

① 표현은 명확하고 구체적이어야 하며 추상적인 표현은 배제
② 각 관련업무에 대한 책임과 권한을 명확히 설명
③ 책임과 권한이 매뉴얼의 해당 장과 각 장별 책임, 권한 및 내용에 있어서 일치되어야 하고, 중복되거나 누락 또는 모순되어서는 안됨
④ 매뉴얼과 절차서의 책임과 권한 내용이 일치
  – 매뉴얼: 부서 단위 책임과 권한
  – 절차서: 부서이하(과, 팀 등) 단위의 책임과 권한
⑤ 매뉴얼에서는 요건내용이 포함된 개략적인 기술을 하고 필요시 관련 절차서를 인용
⑥ 용어를 일관되게 사용

(3) 보안절차서

절차서는 매뉴얼에서 규정된 보안경영 활동을 수행하는 상세한 방법을 명시한 문서로서 소규모 기업의 경우 매뉴얼 내에 문서화된 절차까지 포함시켜도 무방하다.

절차서가 필요한 업무는 일반적으로 다음과 같다(첨부된 절차서 견본 참조).

– 보안 위협 · 리스크 식별, 평가
– 법규 및 기타 요구사항 식별 관리
– 보안방침, 목표 및 세부목표, 프로그램의 관리
– 교육, 훈련 및 자격부여
– 의사소통
– 문서화 및 문서, 기록관리
– 보안관련 설비 등 자원 · 관리
– 비상사태 관리
– 측정 및 모니터링
– 내부 심사

－시정 및 예방조치

－경영검토

절차서는 다음과 같은 순서로 수립되고 이행된다.

㉠ 절차서의 형식과 양식 결정

㉡ 업무 흐름에 따른 절차서 작성

㉢ 관련부서의 의견을 반영하고 검토 및 승인

㉣ 지정된 절차에 따라 배포

㉤ 절차서 이행 및 필요시 개정

절차서에 포함되는 항목은 다음과 같다.

① 작성 및 개정이력

절차서의 식별과 최신본 활용을 위한 이력 정보

② 목적 및 적용범위

절차서 작성 목적과 그 적용대상 범위 및 예외 사항을 명확히 기술

③ 용어의 정의(필요시)

매뉴얼에서 정의되지 않고 해당 절차서 내에서만 사용되는 용어에 대한 의미를 규정

④ 책임과 권한

해당 절차서의 목적을 달성하기 위한 절차의 수행 책임을 누가 가지는가를 명확히 기술

⑤ 업무절차

보안경영시스템에 대한 요건의 요구사항을 달성하기 위한 절차를 기술

즉, 수행되어야 하는 업무의 상세 사항을 단계적이고 체계적으로 서술

⑥ 관련 문서

해당 절차서와 관련된 다른 절차서 또는 문서

⑦ 기록 유지

해당 절차서의 이행에 대한 증거가 되는 "○○ 관리대장" 등 문서와 CCTV 녹화기록 등 데이터의 종류, 보관방법, 보관기간 등의 요건

⑧ 첨부(필요시)

업무 흐름도, 기록물 양식 등

절차서의 양식은 보안경영시스템 문서의 통일성을 기하기 위해 되도록 매

뉴얼의 양식을 따르며, 절차서의 관리 및 구별을 위해 표지에는 다음과 같은 항목을 기재한다.

① 제　　목

제목만으로도 내용을 알 수 있도록 서술·축약식으로 작성(예: 보안경영 방침 관리절차서)

② 절차서 번호

절차서별로 고유번호를 부여하고 절차서가 폐기되면 번호도 폐기되는 체제를 유지(예; SCSS-P02: SCSS(물류보안경영시스템), P(절차서), 02(식별번호))

③ 개정상태 및 날짜

절차서를 승인하고 개정하고 배포한 상태에 대해 기재(예: 개정일자, 개정번호, 개정내용)

④ 작성, 검토 및 승인과 관련된 인력

절차서를 최초 작성하거나 개정에 참여한 인력의 정보를 기재

(4) 보안지침서

보안지침서는 절차서의 하위문서로서 특정 개인·부서의 구체적 업무 수행방법을 제공하기 위한 문서이다. 단위 활동별로 작성하는데 모든 활동에 대해 작성할 필요는 없으며, 지침서가 없을 경우 표준화되지 않아 업무성과가 떨어지는 경우 등 필요할 때만 작성한다.

일반적으로 기업 내에서 활용되는 요령, 업무편람, 작업기준 등 각종 세부지침이 이에 해당되며, 형식 및 구성은 자유로우나 활동의 순서에 따라 기술해야 한다.

기　타

문서화 절차에 대한 구체적인 예로서 본 매뉴얼에 부속된 "문서 및 기록관리 절차서"를 참고한다. 본 매뉴얼에서는 문서화, 문서관리, 기록관리 절차를 "문서 및 기록관리 절차서"로 통합하였으나, 기업은 내부 실정에 맞게 이를 별도의 절차서 또는 지침서로 관리해도 무방하다.

ISO에서는 보안매뉴얼, 절차서, 지침서 등 문서화에 대한 이해를 돕고자 TR 10013(품질경영시스템 문서화에 대한 가이드라인)을 참조규격으로 제정하였다.

<table>
<tr><td rowspan="3">회사명</td><td>보안매뉴얼</td><td>제 정 일 자 :</td><td></td></tr>
<tr><td rowspan="3">4.4. 실행 및 운영
4.4.5. 문서 및 데이터 관리(견본)</td><td>개 정 일 자 :</td><td></td></tr>
<tr><td>개 정 번 호 :</td><td></td></tr>
<tr><td>문서번호</td><td>페 이 지 :</td><td>1/1</td></tr>
</table>

5. 문서 및 데이터 관리

5.1 회사는 다음 사항을 보장하기 위하여 '문서 및 기록관리 절차서'에 따라 보안경영 시스템에서 요구되는 모든 문서, 데이터 및 정보를 관리한다.

1) 문서, 데이터 및 정보는 적절한 장소에 비치되고 권한을 가진 자 만이 접근
2) 문서, 데이터 및 정보는 주기적으로 검토하며 필요에 따라 개정하며 권한을 가진 자가 그 적절성을 승인
3) 보안경영시스템의 효과적인 기능 발휘에 필수적인 업무를 수행하는 모든 장소에서 관련 문서, 기록 및 정보의 최신판 이용 가능
4) 효력이 상실된 문서, 데이터 및 정보는 모든 발행 장소 및 사용 장소에서 신속히 제거되거나 달리 사용되지 않음을 보장
5) 법률 및 규정에 의하여 또는 지식 보전의 목적으로 보유하고 있는 문서, 데이터 및 정보는 적절히 식별 가능
6) 문서, 데이터 및 정보는 안전하게 보관하고 전자화된 형태인 경우 적절하게 백업 및 복구 가능

관련문서: 문서 및 기록관리 절차서

회사명	A4(210×297mm)

[문서 및 데이터 관리에 대한 설명]

ISO28000 관련부분

4.4.5. 문서 및 데이터 관리	4.4.5. Document and data control
조직은 다음 사항을 보장하기 위하여 이 규격의 4항에서 요구하는 모든 문서, 데이터 및 정보를 관리하기 위한 절차를 수립하고 유지하여야 한다.	The organization shall establish and maintain procedures for controlling all documents, data and information required by Clause 4 of this International Standard to ensure that:
a) 이러한 문서, 데이터 및 정보는 적절한 장소에 비치되고 권한을 가진 자 만이 접근	a) these documents, data and information can be located and accessed only by authorized individuals;
b) 이러한 문서, 데이터 및 정보는 주기적으로 검토하고, 필요에 따라 개정하며, 권한을 가진 자가 그 적절성을 승인	b) these documents, data and information are periodically reviewed, revised as necessary, and approved for adequacy by authorized personnel;
c) 보안경영시스템의 효과적인 기능 발휘에 필수적인 업무를 실행하는 모든 장소에서 관련 문서, 데이터 및 정보의 최신판을 이용할 수 있어야 함.	c) current versions of relevant documents, data and information are available at all locations where operations essential to the effective functioning of the security management system are performed;
d) 효력이 상실된 문서, 데이터 및 정보는 모든 발행 장소 및 사용 장소에서 신속히 제거되거나, 달리 사용되지 않음을 보장하여야 함.	d) obsolete documents, data and information are promptly removed from all points of issue and points of use, or otherwise assured against unintended use;
e) 법률에 의하여 또는 지식 보전의 목적으로 보유하고 있는 문서, 데이터 및 정보는 적절하게 식별되어야 함.	e) archival documents, data and information retained for legal or knowledge preservation purposes or both are suitably identified;
f) 이러한 문서, 데이터 및 정보는 안전하게 보관하여야 하며, 전자화된 형태인 경우 적절하게 백업하고 복구할 수 있어야 함.	f) these documents, data and information are secure, and if in electronic form are adequately backed up and can be recovered.

간략한 취지설명

문서 및 데이터 관리는 필요한 문서 및 데이터를 적절한 장소에서 쉽게 열람하여 활용할 수 있도록 하는 것이다. '필요한 문서 및 데이터'란 보안경영시스템의 운영에 필요한 문서 및 데이터의 최신판을 의미하며, '적절한 장소'란 해당 문서 및 데이터가 활용되어야 업무를 수행하는 장소와 인력을 뜻하고, '쉽게 열람할 수 있다'라는 것은 필요한 문서 및 데이터를 식별하기 쉽게 비치하여서 사용자에게 혼란을 주지 않는 것이라 할 수 있다. 이를 위해 모든 문서 및 데이터는 권한 있는 자의 검토와 승인을 거친 후 배포되어야 하며, 주기적으로 개정 필요성을 검토하여 개정되었을 경우 효력이 상실된 문서 및 데이터는 해당 장소에서 즉시 제거되고 필요한 경우 폐기되어야 한다.

자세한 설명

문서 및 데이터의 적절한 활용과 관리는 전체적인 보안경영시스템의 효과적인 운영 및 지속적인 보안성과 개선을 위한 매우 중요한 요건으로서, 인증시 중요한 심사대상이다.

문서는 보안매뉴얼, 절차서, 지침서 등 보안경영시스템과 관련된 문서 뿐만 아니라 조직 내에서 활용되는 규정이나 양식, 사업장 및 보안장비 도면 등 보안과 관련된 문서로서 서류 또는 전자화된 형태가 모두 포함되는 개념이다. 데이터는 보안 관련 행위의 요건과 사항을 정의하는데 기준이 되거나 지침이 되는 표준규격, 관련법령, 고객 시방서, 계약서 등 조직이 관리(제·개정)할 수 있는 범위에 있지 않는 자료를 의미한다. 문서와 데이터 이외에 보안경영시스템과 관련하여 의미있는 모든 종류의 유·무형의 것을 정보라 한다.

기업 내 문서 및 데이터 관리는 일반적으로 다음과 같은 절차로 이루어진다.

㉠ 관리대상 문서 및 데이터를 결정

㉡ 이들에 대한 관리 절차서를 수립(기업 내에 문서관리에 대한 내부 규정을 보유하고 있는 경우에는 별도로 문서관리 절차서를 수립할 필요는 없으나 보안매뉴얼 상에서 관련문서로 이를 언급해 주어야 함)

㉢ 필요한 문서와 데이터를 적절한 부서·장소에 비치

㉣ 정기적인 검토를 하고 필요시 개정 또는 갱신

ⓜ 제·개정(변경)시 승인권자의 승인(서명) 후 배포
ⓑ 관리대장에 개정(갱신) 이력 및 현황을 표시함으로써 최신판을 유지
ⓢ 구문서 및 데이터는 적절한 절차에 의해 폐기
- 폐기방법은 일반적으로 구본의 사본을 배포부서로 회송시켜 폐기하거나 구본의 사본을 사용부서에서 폐기
- 폐기이력을 폐기부서에서 기록 유지하여야 하며 원본은 배포부서에서 보존 또는 폐기

ⓞ 구문서를 의무사항이나 지식보존 목적으로 보존할 경우에 문서관리방법과 동일한 방법으로 책임부서와 보존연한을 명확히 설정
ⓙ 날짜 기입하여 식별하되 승인일, 제·개정일, 시행일을 명확히 구분하여 식별하고 시행일 전에 배포 완료
ⓒ 문서는 식별이 용이하게 하고 순차적으로 유지하며 일정기간 보존

문서 및 데이터 관리절차는 다음 사항들을 만족해야 한다.

① 해당 조직, 부서, 기능, 활동 및 담당자가 문서에 나타나 있어야함
② 문서 및 데이터를 정기적으로 검토하고 필요한 경우 개정해야함
③ 문서를 배포하기 이전에 적절한 권한이 있는 자가 검토하고 승인해야함
④ 보안경영시스템의 특정 활동이 수행되는 곳에서 관련된 문서의 최신판을 활용할 수 있어야함
⑤ 최신판이 아닌 과거 문서는 혼란을 피하기 위해 사용처에서 즉시 제거되어야 함(단, 법규 문서나 지식의 보존을 위해 필요한 문서는 혼란을 방지하기 위해 적절하게 표시한 후 보관할 수 있음)

기 타

문서관리 절차에 대한 구체적인 예로서 본 매뉴얼에 부속된 “문서 및 기록관리 절차서”를 참고한다. 본 매뉴얼에서는 문서화, 문서관리, 기록관리 절차를 “문서 및 기록관리 절차서”로 통합하였으나, 기업은 내부 실정에 맞게 이를 별도의 절차서 또는 지침서로 관리해도 무방하다.

<table>
<tr><td rowspan="3">**회사명**</td><td>**보안매뉴얼**</td><td>제 정 일 자 :</td><td></td></tr>
<tr><td rowspan="3">4.4. 실행 및 운영
4.4.6. 운영 관리(견본)</td><td>개 정 일 자 :</td><td></td></tr>
<tr><td>개 정 번 호 :</td><td></td></tr>
<tr><td>문서번호</td><td>페 이 지 :</td><td>1/2</td></tr>
</table>

6. 운영 관리

6.1 운영관리 절차의 수립

6.1.1 보안관리자는 다음을 달성하는데 필요한 운영 및 활동을 파악한다.

1) 조직의 보안경영 방침
2) 식별된 보안위협의 감소 및 활동의 관리
3) 법률, 법적 및 그 밖의 강제적 요구사항에 대한 적합성
4) 회사의 보안경영 목표
5) 회사의 보안경영 프로그램의 실행
6) 공급사슬 보안에서 요구되는 보안수준

6.1.2 회사는 파악된 운영 및 활동을 '운영관리 절차서'에 따라 관리하며 이를 통해 운영 및 활동이 수행되고 있음을 보장한다.

6.2 운영관리

6.2.1 회사는 보안경영시스템의 적합성 달성을 위해 필요한 물적 자원 및 기반구조를 아래와 같이 식별하고 관리한다.

1) 보안 건축물 및 설비
2) 보안 장비
3) 보안 통신 시스템, 네트워크
4) 보안 관련 전산 시스템 및 프로그램, 소프트웨어
5) 기타 보안경영시스템 실행에 필요한 자재

6.2.2 회사는 아래 사항에 대한 절차를 수립하고 실행한다.

1) 계약자 및 공급자의 보안 적격성에 대한 평가 및 재평가
2) 보안과 관련된 시설 및 장비에 대한 보안상 요구 사항 및 사전 검사

6.2.3 위의 내용에 더하여 다음 사항에 따라 규정된 조건 하에 이러한 운영 및 활동이 수행되고 있음을 보장한다.

1) 문서화된 절차가 없음으로 인하여 6.1.1의 1)에서 6)까지 나열된 운영 및 활동을 달성하지 못하는 사례가 발생하지 않도록 절차를 '운영관리 절차서'에 수립, 실행 및 유지

회사명	A4(210×297mm)

<table>
<tr><td rowspan="3">회사명</td><td>보안매뉴얼</td><td>제 정 일 자 :</td><td></td></tr>
<tr><td rowspan="3">4.4. 실행 및 운영
4.4.6. 운영 관리(견본)</td><td>개 정 일 자 :</td><td></td></tr>
<tr><td>개 정 번 호 :</td><td></td></tr>
<tr><td>문서번호</td><td>페 이 지 :</td><td>2/2</td></tr>
</table>

2) 업스트림 공급사슬 활동으로 야기되는 위협을 평가하고 조직 및 그 밖의 다운스트림 공급사슬 운영자에 대한 영향을 경감시키기 위한 관리를 적용
3) 보안에 영향을 주는 상품 및 서비스에 대한 요구사항을 수립 및 유지하고, 이를 공급자 및 계약자와 의사소통

6.3 절차의 변경

6.3.1 '운영관리 절차서'는 적용 가능한 경우 장비, 도구 등에 대한 보안 관련 항목의 설계, 설치, 운영, 개조 및 변경에 대한 관리를 포함한다.

6.3.2 현재의 제도가 개정되거나 새로운 제도가 도입되어 보안경영 운영 및 활동에 영향을 줄 수 있는 경우 회사는 해당 제도의 실행 이전에 관련된 보안위협 및 리스크를 고려토록 한다. 제정 또는 개정되는 제도의 도입을 검토하는 경우 다음 사항을 반드시 고려한다.

1) 개정되는 조직의 구성, 역할 또는 책임
2) 개정되는 보안경영 방침, 목표, 세부목표 또는 프로그램
3) 개정되는 프로세스 및 절차
4) 하드웨어 및/또는 소프트웨어를 포함하여 새로운 기반구조, 보안 장비 또는 기술의 소개
5) 해당되는 경우, 신규 계약자, 공급자 또는 인원의 소개

관련문서: 운영관리 절차서

회사명	A4(210×297mm)

[운영관리에 대한 설명]

ISO28000 관련부분

4.4.6. 운영관리	4.4.6. Operational control
조직은 다음을 달성하는데 필요한 운영 및 활동을 파악하여야 한다.	The organization shall identify those operations and activities that are necessary for achieving:
a) 조직의 보안경영 방침	a) its security management policy;
b) 중대한 리스크를 가지고 있다고 식별된 위협의 감소 및 활동의 관리	b) the control of activities and mitigation of threats identified as having significant risk;
c) 법률, 법적 및 그 밖의 강제적 요구사항에 대한 적합성	c) compliance with legal, statutory and other regulatory security requirements;
d) 조직의 보안경영 목표	d) its security management objectives;
e) 조직의 보안경영 프로그램의 실행	e) the delivery of its security management programmes;
f) 공급사슬 보안에서 요구되는 수준	f) the required level of supply chain security.
조직은 다음 사항에 따라 규정된 조건 하에 이러한 운영 및 활동이 수행되고 있음을 보장하여야 한다.	The organization shall ensure these operations and activities are carried out under specified conditions by:
a) 문서화된 절차가 없음으로 인하여 4.4.6 a)에서 f)까지 나열된 운영 및 활동을 달성하지 못하는 상황이 발생하는 것을 관리하기 위해 문서화된 절차를 수립, 실행 및 유지	a) establishing, implementing and maintaining documented procedures to control situations where their absence could lead to failure to achieve the operations and activities listed in 4.4.6 a) to f) above;
b) 업스트림 공급사슬 활동으로 야기되는 위협을 평가하고 조직 및 그 밖의 다운스트림 공급사슬 운영자에 대한 이 영향을 경감시키기 위한 관리를 적용	b) evaluating any threats posed from upstream supply chain activities and applying controls to mitigate theses impacts to the organization and other downstream supply chain operators;
c) 보안에 영향을 주는 상품 및 서비스에 대한 요구사항을 수립 및 유지하고, 이	c) establishing and maintaining the requirements for goods or services

를 공급자 및 계약자와 의사소통 함	which impact on security and communicating these to suppliers and contractors.
이러한 절차는 적용 가능한 경우 장비, 도구 등에 대한 보안 관련 항목의 설계, 설치, 운영, 개조 및 변경에 대한 관리를 포함하여야 한다. 현재의 제도가 개정되거나 새로운 제도가 도입되어 보안 경영 운영 및 활동에 영향을 줄 수 있는 경우 조직은 그 제도의 실행 이전에 관련된 보안 위협 및 리스크를 고려하여야 한다. 제정 또는 개정되는 제도는 다음 사항을 반드시 고려하여야 한다.	These procedures shall include controls for the design, installation, operation, refurbishment, and modification of security related items of equipment, instrumentation, etc., as appropriate. Where existing arrangements are revised or new arrangements introduced, that could impact on security management operations and activities, the organization shall consider the associated security threats and risks before their implementation. The new or revised arrangements to be considered shall include:
a) 개정되는 조직의 구성, 역할 또는 책임	a) revised organizational structure, roles or responsibilities;
b) 개정되는 보안경영 방침, 목표, 세부목표 또는 프로그램	b) revised security management policy, objectives, targets or programmes;
c) 개정되는 프로세스 및 절차	c) revised processes and procedures;
d) 하드웨어 및/또는 소프트웨어를 포함하여 새로운 기반구조, 보안 장비 또는 기술의 소개	d) the introduction of new infrastructure, security equipment or technology, which may include hardware and/or software;
e) 해당되는 경우, 신규 계약자, 공급자 또는 인원의 소개	e) the introduction of new contractors, suppliers or personnel, as appropriate.

간략한 취지설명

기업이 보안경영 방침에 따라 보안목표를 세우고, 그 목표를 달성하기 위한 세부목표 및 프로그램을 수립하였다면, 이 프로그램에 따라 보안경영시스템을 운영해야 한다. 이러한 보안경영시스템 운영활동을 관리하는 것을 운영관리라 한다.

운영관리는 기업 내에서 일어나는 활동들이 체계적으로 운영될 수 있도록 기준과 절차를 마련하고, 이에 따라 운영되도록 관리하는 것이다. 우선적으로 관리가 필요한 활동을 파악하고, 적절한 기준과 절차를 수립한 후에 기준과 절차에 맞도록 관리한다.

자세한 설명

기업이 보안경영시스템을 적용하기로 결정한 사업영역과 관련된 모든 활동들을 대상으로 운영관리의 필요성을 파악해야 하는데, 이러한 기업의 운영활동은 다음과 같다.

① 내부적인 사업영역(제조업의 경우 영업, 구매, 연구, 제조, 출하활동)에서의 물건(이는 원재료, 부품, 최종 제품 등 내부적인 사업영역에서의 유형물을 나타냄)의 이동이나 서비스의 제공

② 제품의 이동이나 서비스와 관련된 정보

③ 제품의 이동이나 서비스와 관련된 프로세스

④ 장비, 도구 등에 대한 보안 관련 항목의 설계, 설치, 운영, 개조 및 변경에 대한 관리 활동

운영관리가 필요한 활동을 파악할 때에는 다음 사항들을 면밀히 검토하여야 한다.

① 기업이 파악한 중대한 보안측면(자산, 인원, 정보, 제품, 절차 등)을 효과적으로 관리

② 법규 요구사항 및 회사가 동의한 그 밖의 요구사항을 준수할 수 있도록 보장

③ 보안경영 방침에 따라 설정한 목표 및 세부목표의 달성

④ 보안위협 및 리스크를 방지하거나 최소화

위와 같은 기업의 운영활동에 대해 관리가 필요하다고 판단한 경우, 문서화된 절차의 도입, 교육훈련, 직접적인 관리, 잘 훈련된 인원의 배치 등의 다양한 관리방법을 사용해야 한다. 특히, 기업의 보안경영시스템의 적용범위와 관련된 업스트림(Upstream)이나 다운스트림(Downstream)의 운영관리에서 이들이 기업의 보안경영 방침이나 목표, 세부목표를 달성하는 데 어떤 영향을 줄 것인지를 고려하여 적절하게 관리하는 것도 중요하다. 외부업체의 관리방법에

는 문서화된 절차의 준수, 계약서의 계약조건, 협조요청 등이 있을 수 있다.

운영관리는 일반적으로 다음과 같은 순서로 실행한다.

㉠ 관리방법의 선택

위에서 언급한 것처럼 다양한 운영관리방법(문서화된 절차의 도입, 교육훈련, 직접적인 관리, 훈련된 인원의 배치 등)이 있는데, 특정 운영활동에는 이러한 방법들 중 어떤 방법들을 도입할 것인지를 선택해야 한다.

㉡ 운영기준의 선택

운영기준은 대상 활동이 목표 및 세부목표에 미치는 영향 등을 고려하여 선택한다. 예를 들어, 전략물자수출입 관련 운영기준은 대외무역법과 같은 외부 기준이 될 수도 있고, 전략물자 수출입통제가 기업의 중대한 보안측면으로 파악되어 특별히 관리할 필요가 있다면 내부에서 규정한 보다 강화된 기준을 사용할 수도 있다.

㉢ 운영절차의 수립

운영기준을 만족하기 위해서는 어떤 절차를 따라야 하는지를 검토하고, 적절한 운영절차를 수립해야 한다. 예를 들어, CCTV를 기록하기 위한 DVR은 1년간 보관한다든지, 외곽 울타리에 대한 점검은 어떤 절차에 따라 하는지 등을 결정한다. 운영절차에는 적격한 인원이 운영관리를 할 수 있도록, 교육훈련 관련 사항도 포함하여야 한다.

㉣ 운영절차의 문서화

운영절차를 실행할 때 문서화된 절차가 없어서 혼란이나 실수가 발생할 가능성이 있는 경우를 방지하기 위하여, 필요한 경우 절차를 문서화하여야 한다. 절차는 지침서 등의 문서로 작성할 수도 있고, 비디오나 사진, 포스터 등의 형태로 작성하여 비치할 수도 있다. 문서화된 절차는 관련 업무를 수행하는 곳에서 담당자가 쉽게 찾고 구별하여 사용할 수 있도록 관리해야 한다.

이렇게 수립된 운영절차에 따라 운영관리를 수행하면서, 운영관리가 제대로 이루어지고 있는지, 그리고 운영관리의 효과는 어떤지를 모니터링해야 하며, 필요한 경우 시정조치 등을 통해 개정해야 한다.

운영관리의 대상과 관련하여 기업이 중대한 리스크가 있다고 식별한다는 것의 의미는, 가장 심각하고 중대한 부분들을 우선적으로 개선하는 데에 기업의 자원이나 역량을 집중하여야 한다는 의미이다. 따라서 기업에서 객관적이고 논리적인 근거 하에 중대하지 않다고 판단하였다면, 관련 운영관리 활동을 지금 당장 하고 있지 않다고 해서 잘못된 것은 아니지만, 아예 보안관련 관리되어야 할 대상 활동으로조차 파악하고 있지 않다거나, 많은 자원이나 노력이 없어도 즉시 실행할 수 있는 사항인데도 수행하지 않고 있다면 문제가 될 수 있다.

기 타

운영관리는 자산, 인원, 정보, 제품, 절차 등 기업의 보안경영과 관련된 모든 활동을 대상으로 하므로, 각 활동을 관리하기 위한 기준과 절차를 문서화한 절차서 및 지침서가 개별적으로 마련되어야 한다. 본 매뉴얼에서는 "운영관리 절차서"외에 다음과 같은 활동에 대한 절차서 및 지침서를 기업이 참고할 수 있도록 제시하였다. 각 기업은 자사의 실정에 따라 절차서 및 지침서를 수립하여 운영하여야 한다.

- 보안설비 및 장비관리 절차서
- 전산관리 절차서
- 구매 관리 절차서
- 전략물자수출입관리 지침서
- 창고 운영 지침서
- 제품 입고관리 지침서
- 제품 보관관리 지침서
- 제품 출하관리 지침서
- 제품 반품관리 지침서
- 직원 출입접근통제 지침서
- 방문자 출입접근 통제 지침서
- 차량방문자 접근통제 지침서
- 창고 접근통제 지침서
- 화물 손실/도난 관리 지침서
- 경비 운영관리 지침서
- 열쇠관리 지침서
- 경보작동 취급 지침서

-화재예방 관리 지침서
-운송관리 지침서
-차량 운영관리 지침서
-주변장치 유지관리 지침서
-사고 보고관리 체계 지침서

<table>
<tr><td rowspan="3">회사명</td><td>보안매뉴얼</td><td>제 정 일 자 :</td><td></td></tr>
<tr><td rowspan="4">4.4. 실행 및 운영
4.4.7. 비상시대비, 대응 및
보안복구(견본)</td><td>개 정 일 자 :</td><td></td></tr>
<tr><td>개 정 번 호 :</td><td></td></tr>
<tr><td>문서번호</td><td>페 이 지 :</td><td>1/1</td></tr>
</table>

7. 비상시 대비, 대응 및 보안 복구

7.1 보안관리자는 보안사건 및 비상사태의 잠재적 발생 가능성을 파악하고 이에 대한 대응, 그리고 이러한 상황과 관련하여 일어날 수 있는 심각성을 방지하고 완화시키기 위한 적절한 계획 및 절차를 '비상사태 관리 절차서'에 수립, 이행 및 유지한다.

7.2 이 계획 및 절차는 사건 또는 비상사태 중에 또는 이후에 요구될 수 있는 모든 식별된 장비, 시설 또는 서비스의 공급 및 정비에 관한 정보를 포함한다.

7.3 보안관리자는 비상시 대비, 대응 및 보안 복구 계획과 절차의 효과성을 매 반기 검토하여야 하며 특히 보안 위반 및 위협으로 인해 야기된 사건 또는 비상사태가 발생한 이후에는 반드시 계획 및 절차의 효과성을 재검토 한다.

관련문서: 비상사태 관리 절차서

회사명	A4(210×297mm)

[비상시 대비, 대응 및 보안 복구에 대한 설명]

ISO28000 관련부분

4.4.7. 비상시 대비, 대응 및 보안 복구	4.4.7. Emergency preparedness, response and security recovery
조직은 보안사건 및 비상사태의 잠재적 발생 가능성을 파악하고 이에 대한 대응, 그리고 이러한 상황과 관련하여 일어날 수 있는 심각성을 방지하고 완화시키기 위한 적절한 계획 및 절차를 수립, 이행 및 유지하여야 한다. 이 계획 및 절차는 사건 또는 비상사태 중에 또는 이후에 요구될 수 있는 모든 식별된 장비, 시설 또는 서비스의 공급 및 정비에 관한 정보를 포함하여야 한다.	The organization shall establish, implement and maintain appropriate plans and procedures to identify the potential for, and responses to, security incidents and emergency situations, and for preventing and mitigating the likely consequences that can be associated with them. The plans and procedures shall include information on the provision and maintenance of any identified equipment, facilities or services that can be required during or after incidents or emergency situations.
조직은 비상시 대비, 대응 및 보안 복구 계획과 절차의 효과성을 주기적으로 검토하여야 하며 특히 보안 위반 및 위협으로 인해 야기된 사건 또는 비상사태가 발생한 이후에는 반드시 그러하여야 한다. 조직은 이러한 절차를 실행 가능한 방법으로 주기적으로 시험하여야 한다.	The organization shall periodically review the effectiveness of its emergency preparedness, response and security recovery plans and procedures, in particular after the occurrence of incidents or emergency situations caused by security breaches and threats. The organization shall periodically test these procedures where practicable.

간략한 취지설명

보안경영시스템에서 말하는 비상사건 또는 비상사태란, 보안경영시스템의 절차대로 운영이 되지 않는 등의 내부 요인이나 고의적인 침입, 강탈, 천재지변 등 외부 요인으로 인해, 규정된 것 이상으로 보안에 악영향을 미치는 상황을 말한다.

비상사태 대비란 발생할 가능성이 있는 비상사태를 파악하여 관련 인원에게 교육 및 훈련을 실시하며, 비상연락망 구축, 장비(소화기 등) 비치 등의 사전 대비활동을 하는 것을 말한다. 또한, 비상사태 대응이란 실제 비상사태가 발생하였을 경우 미리 마련된 대비절차에 따라 발생한 사건 사고를 완화하거나 제거하는 활동을 수행하는 것을 말한다.

자세한 설명

보안과 관련된 비상사태가 발생하면 대부분 위협 또는 리스크가 공급사슬에 영향을 끼칠 수 있으므로, 이러한 위협 및 리스크와 연계하여 발생 가능성이 있는 잠재적인 비상사태의 파악을 위해서는 다음 사항들을 고려해야 한다.

① 기업의 과거 비상사태 발생 기록

② 기업의 경영 관련 활동에 위협으로 작용할 가능성이 있는 것(예: 외부의 침입, 화물의 강탈, 기물의 파손 등)

③ 발생할 경우 큰 영향을 줄 수 있는 천재지변(예: 태풍, 지진, 폭우, 폭설, 산사태 등)

④ 공급사슬 상에서 발생하여 기업에 영향을 미칠 수 있는 비상사태(예: 보안에 문제를 야기할 수 있는 품목이 혼입된 원재료, 운송 중 강탈 등)

이러한 잠재적 비상사태의 범주는 기업의 업무범위에 따라 다양할 수 있으나, 본 매뉴얼에서는 그 범주를 크게 다음과 6가지로 구분한다.

① 자산: 시설, 설비 등과 관련된 비상사태

② 인원: 내외부 인력과 관련된 비상사태

③ 정보: 유무형의 정보와 관련된 비상사태

④ 절차: 절차상 불이행 및 하자와 관련된 비상사태

⑤ 제품 및 운송: 제품 및 운송과정과 관련된 비상사태

⑥ 물리적: 위 사항을 제외한 부분과 관련된 비상사태

이러한 기준을 참고로 하여 분류된 잠재적 비상사태들은 다음을 참고로 하여 그 중요도를 파악한다.

① 과거의 비상사태 기록에 근거하여 발생할 가능성이 높은 것

② 발생할 경우 그 피해가 크거나 복구가 어려운 것

③ 발생할 경우 복구에 드는 비용 및 자원이 큰 것

④ 법규상 또는 이해관계자들이 대비할 것을 요청한 것

중요도를 파악하여 발생 가능성이 낮거나 영향이 적은 것을 제외한 비상사태에 대해서는 다음 사항들을 고려하여 대비 및 대응절차를 마련하여야 한다.

① 발생 가능한 비상사태별로 가장 적절한(리스크를 최소한으로 줄이기 위한) 대응 방법 파악

② 비상사태 발생시 의사소통 방법 및 절차

- 비상사태와 관련된 내부 핵심 인원 및 연락 방법(비상연락망 등)
- 인근 관공서 및 긴급지원기관(해당 관청, 소방서, 경찰서 등)의 목록 및 연락 방법

③ 주변 조직들과의 상호 협조 가능성 파악

④ 위 사항들과 관련된 인원들에 대한 교육훈련

이렇게 마련한 절차에 대해서는 주기적인 훈련을 통해 그 효율성을 검토하고, 필요할 경우에 개정이 이루어져야 한다. 또한, 실제로 비상사태가 발생하였고 그에 대한 대응절차를 수행한 경우에는 반드시 그 효율성을 검토하여 개선에 반영하여야 한다.

기 타

비상사태 관리 절차에 대한 구체적인 예로서 본 매뉴얼에 부속된 "비상사태 관리 절차서"를 참고한다.

<table>
<tr><td rowspan="3">회사명</td><td>보안매뉴얼</td><td>제 정 일 자 :</td><td></td></tr>
<tr><td rowspan="3">4.5. 점검 및 시정조치
4.5.1. 보안성과 측정 및 모니터링
(견본)</td><td>개 정 일 자 :</td><td></td></tr>
<tr><td>개 정 번 호 :</td><td></td></tr>
<tr><td>문서번호</td><td>페 이 지 :</td><td>1/1</td></tr>
</table>

1. 보안성과 측정 및 모니터링

1.1 보안관리자는 보안경영시스템의 성과를 모니터링하고 측정할 수 있는 절차를 '보안측정 및 모니터링 절차서'에 수립 및 유지한다. 또한 보안성과를 모니터링하고 측정할 수 있는 절차도 수립한다.

1.2 보안관리자는 주요 성과요소에 대해 잠재적인 악화 작용(deterioration mechanism) 및 그 심각성을 포함하여 관련된 보안 위협 및 위험을 고려한 측정 및 모니터링 주기를 '보안측정 및 모니터링 절차서'에 설정한다.

1.3 '보안측정 및 모니터링 절차서'에는 다음 사항을 포함한다.

1) 조직의 요구에 알맞은 정성적 및 정량적 측정
2) 조직의 보안경영 방침, 목표 및 세부목표의 충족도에 대한 모니터링
3) 보안경영 프로그램, 운영 관리 기준 및 적용 가능한 법률, 법적 요구사항 및 그 밖의 보안 강제적 요구사항의 적합성을 모니터링하기 위한 능동적인 성과 측정
4) 보안 관련 악화, 실패, 사건, 부적합사항(준사고(near miss) 및 오경보를 포함) 및 기타 보안경영시스템의 성과 저하 이력을 모니터링하기 위한 반응적 성과 측정
5) 사후의 시정 및 예방 조치의 분석을 용이하게 하기 위해 충분한 모니터링 및 측정 데이터와 결과를 기록
6) 성과 및/또는 측정과 모니터링에 필요한 모니터링 장치의 교정 및 정비 활동

1.4 교정 및 정비 활동과 결과의 기록은 법규 및 조직의 방침을 준수하기 위해 '문서 및 기록관리 절차서'에 따라 보존한다.

관련문서: 보안측정 및 모니터링 절차서
문서 및 기록관리 절차서

회사명	A4(210×297mm)

[보안성과 측정 및 모니터링에 대한 설명]

ISO28000 관련부분

4.5.1 보안성과 측정 및 모니터링	4.5.1 Security performance measurement and monitoring
조직은 보안 경영 시스템의 성과를 모니터링하고 측정할 수 있는 절차를 수립 및 유지하여야 한다. 또한 보안성과를 모니터링하고 측정할 수 있는 절차도 수립하여야 한다. 조직은 주요 성과 요소를 측정하고 모니터링하기 위한 주기를 정할 때 잠재적인 악화 구조(deterioration mechanism) 및 그 심각성을 포함하여 관련된 보안 위협 및 리스크를 고려하여야 한다. 이 절차는 다음 사항을 제공하여야 한다.	The organization shall establish and maintain procedures to monitor and measure the performance of its security management system. It shall also establish and maintain procedures to monitor and measure the security performance. The organization shall consider the associated security threats and risks, including potential deterioration mechanisms and their consequences, when setting the frequency for measuring and monitoring the key performance parameters. These procedures shall provide for:
a) 조직의 필요성에 적절한 정성적 및 정량적 측정	a) both qualitative and quantitative measurements, appropriate to the needs of the organization;
b) 조직의 보안경영 방침, 목표 및 세부목표를 어느 정도까지 충족시켰는지를 모니터링	b) monitoring the extent to which the organization's security management policy, objectives and targets are met;
c) 보안경영 프로그램, 운영 관리 기준 및 적용 가능한 법률, 법적 요구사항 및 그 밖의 보안관련 강제적 요구사항의 적합성을 모니터링하기 위한 능동적인 성과 측정	c) proactive measures of performance that monitor compliance with the security management programs, operational control criteria and applicable legislation, statutory, and other security regulatory requirements;
d) 보안 관련 악화, 실패, 사건, 부적합사항 (준사고(near miss) 및 오경보 를 포함한) 및 기타 보안경영시스템의 성과 저하 이력을 모니터링하기 위한 반응적 성과 측정	d) reactive measures of performance to monitor security-related deteriorations, failures, incidents, nonconformances (including near misses and false alarms) and other historical evidence of deficient security mana-

	gement system performance;
e) 사후의 시정조치 및 예방조치의 분석을 용이하게 하기 위해 충분한 모니터링 및 측정의 데이터와 결과를 기록. 성과 및/또는 측정과 모니터링에 모니터링 장치가 필요하다면, 조직은 이러한 장치의 교정 및 정비 활동을 위한 절차를 수립하고 유지하여야 한다. 교정 및 정비 활동과 결과의 기록은 법규 및 조직의 방침을 준수하기 위해 충분한 기간 동안 보존되어야 한다.	e) recording data and results of monitoring and measurement sufficient to facilitate subsequent corrective and preventive action analysis. If monitoring equipment is required for performance and/or measurement and monitoring, the organization shall require the establishment and maintenance of procedures for the calibration and maintenance of such equipment. Records of calibration and maintenance activities and results shall be retained for sufficient time to comply with legislation and the organization's policy.

간략한 취지설명

기업은 보안경영시스템이 정해진 절차에 따라 원활하게 운영되고 있고, 그에 따라 목표로 설정한 보안성과를 달성할 수 있는지를 파악해야 한다. 이러한 파악은 기업의 보안측면 중 목표, 세부목표 및 프로그램에 반영된 활동 결과를 주기적으로 측정하거나 모니터링함으로써 가능하다.

측정이란 기업이 정한 보안측면과 관련하여, 보안장비를 이용하여 CCTV 기록, 출입기록, 입출고기록 등 양적인 데이터를 수집하거나, 구성원들의 업무와 관련된 교육성과 측정 등 질적인 데이터를 수집하는 활동을 말하며, 모니터링이란 이러한 측정을 일정 기간에 걸쳐 주기적으로 수행하는 것을 말한다.

자세한 설명

보안성과 측정 및 모니터링은 다음과 같은 목적을 위해 활용할 수 있다.

① 보안경영 방침에 명시한 의지를 만족하는지와 보안경영 프로그램에 따라 목표 및 세부목표 또는 지속적 개선을 달성해 가고 있는지의 여부를 추적

② 중대한 보안측면을 파악하기 위한 정보를 수집

③ 법적 요구사항이나 기업이 동의한 그 밖의 요구사항에서 규정하고 있는 요구사항을 만족하고 있는지를 파악

④ 기업이 설정한 목표 및 세부목표를 만족하는지를 파악

⑤ 운영관리에 필요하거나, 운영관리를 평가하기 위한 데이터 수집

⑥ 기업의 보안성과 및 보안경영시스템의 성과를 평가하기 위한 데이터 수집

보안성과 측정 및 모니터링은 기업이 정한 절차에 따라 체계적으로 수행되어야 하며, 이를 위해 기업이 마련해야 할 절차에는 다음 사항들을 포함하여야 한다.

① 무엇을 어디서 언제 측정할 것인가?(예, 정문에서 출입인원 및 화물을 상시 측정)

② 어떤 측정방법을 도입할 것인가?(예, CCTV 녹화 및 ID 카드 체크)

③ 기업의 중대한 보안측면과 관련하여 어떤 측정이 가장 중요하며, 가장 유용한 정보를 줄 수 있는 측정대상은 무엇인가? 이러한 측정에 기업의 자원을 어떻게 투입해야 하는가?(예, 보안 등급에 적정한 인원 출입 여부, ID 카드 체크 시스템 도입(시설))

④ 측정 결과는 얼마동안 보관할 것인가?(예, 3년간 보관)

보안성과 측정 및 모니터링의 결과가 유효함을 보증하기 위해서 기업은 측정 및 모니터링 장비가 적절한 주기로 검증·교정되고 있는지, 자격을 갖춘 인원이 모니터링 및 측정에 투입되고 있는지를 검토하여야 한다.

특히, 모니터링 및 측정의 결과가 유효하다는 것을 기업 대내외 이해관계자에게 보장할 필요가 있을 경우(외부심사, 실사 등의 대상이 되는 데이터일 경우), 측정 및 모니터링 장비를 국제 표준 또는 국가 표준에 의해 규정된 바대로 교정하거나 검증하여야 한다. 이러한 표준이 없을 경우에는 장비제조업체가 권장하거나 기업이 적합하다고 판단한 기준에 따라 교정 또는 검증을 해야 한다. 모니터링 및 측정 결과의 객관성을 보장하기 위해, 사용한 교정기준 및 검증기준은 기록으로 남겨야 한다.

모니터링 및 측정의 결과는 그대로 기록으로 남겨야 하며, 정확성을 유지하는 한도 내에서 목표 및 세부목표에 맞도록 가공하였을 경우 가공한 방법

또한 기록으로 남겨야 한다.

기 타

보안측정 및 모니터링 절차에 대한 구체적인 예로서 본 매뉴얼에 부속된 "보안측정 및 모니터링 절차서"를 참조한다.

<table>
<tr><td rowspan="3">회사명</td><td>보안매뉴얼</td><td>제 정 일 자 :</td><td></td></tr>
<tr><td rowspan="4">4.5. 점검 및 시정조치
4.5.2. 시스템 평가(견본)</td><td>개 정 일 자 :</td><td></td></tr>
<tr><td>개 정 번 호 :</td><td></td></tr>
<tr><td>문서번호</td><td>페 이 지 :</td><td>1/1</td></tr>
</table>

2. 시스템 평가

2.1 보안총괄책임자는 '보안측정 및 모니터링 절차서'에 따라 각종 주기적인 검토, 시험, 사건 후 보고서, 교훈, 성과 평가 및 연습을 통해 보안경영 계획, 절차 및 능력을 평가한다. 이러한 요소의 주요 변경 사항은 즉시 절차에 반영한다.

2.2 보안총괄책임자는 관련 법규 및 강제 요구사항, 산업계 최상 관행에 대한 적합성 여부, 그리고 조직의 방침 및 목표에 대한 적합성을 매 반기 평가한다.

2.3 주기적 평가의 결과에 대한 기록은 '문서 및 기록관리 절차서'에 따라 유지한다.

관련문서: 보안측정 및 모니터링 절차서
문서 및 기록관리 절차서

회사명	A4(210×297mm)

[시스템 평가에 대한 설명]

ISO28000 관련부분

4.5.2. 시스템 평가	4.5.2. System evaluation
조직은 주기적인 검토, 시험, 사건 후 보고서, 교훈, 성과 평가 및 연습을 통해 보안경영 계획, 절차 및 능력을 평가하여야 한다. 이러한 요소의 주요 변경 사항은 즉시 절차에 반영되어야 한다.	The organization shall evaluate security management plans, procedures, and capabilities through periodic reviews, testing, post-incident reports, lessons learned, performance evaluations, and exercises. Significant changes in these factors must be reflected immediately in the procedure(s).
조직은 관련 법규 및 강제 요구사항, 산업계 우수 관행에 대한 적합성 여부, 그리고 조직의 방침 및 목표에 대한 적합성을 주기적으로 평가하여야 한다. 조직은 주기적 평가의 결과에 대한 기록을 유지하여야 한다.	The organization shall periodically evaluate compliance with relevant legislation and regulations, industry best practices, and conformance with its own policy and objectives. The organization shall keep records of the results of the periodic evaluations.

간략한 취지설명

기업은 보안경영시스템의 지속적인 적절성과 효과성을 보장하기 위해 주기적으로 보안경영시스템을 검토, 시험, 사건 후 보고, 교훈, 성과 요소 평가 및 훈련, 연습 등을 통해 보안경영 프로그램, 보안절차서 및 보안지침서의 이행과 그 능력을 평가하며, 변경이 필요한 경우 즉시 절차에 반영하도록 한다.

자세한 설명

기업은 주기적으로 실행 및 점검과정에서 식별된 부적합 사항 등을 검토하고, 기업이 따라야 할 법규나 강제 요구사항, 산업계에서 준수하고 채택하고 있는 최신동향을 주기적으로 검토하여 이를 시스템에 반영해야 한다.

이러한 시스템 평가를 위한 참고자료에는 다음과 같은 것들이 있다.

① 보안사고 및 유해환경(hazard) 보고서
② 사건 기도로 발생할 수 있는 결과와 대비 훈련
③ 위협 식별, 리스크 평가 및 리스크 통제 보고서
④ 내부심사 보고서와 부적합사항 보고서
⑤ 경영검토 보고서 및 조치사항
⑥ 정상적으로 달성되고 있는 목표(objectives)의 진행상태
⑦ 규정된 요구사항의 변화
⑧ 공급사슬의 이해관계자, 거래상대방 및 주주, 회사에 영향을 미치는 자의 기대변화
⑨ 기업의 업무, 활동 및 고객기반(client base), 사회 환경전반의 변화

시스템을 평가한 결과는 즉시 개선에 활용해야 한다. 보안경영 계획 및 절차와 이를 실행할 역량, 각 요소들의 효과성, 자원의 공급, 관련 법규 및 강제 요구사항의 충족, 법규 등 개정 사실뿐만 아니라 선진국 동종업계가 준수하는 규범이나 관행 동향(미국 C-TPAT(대테러 세관 무역업자간 파트너십) 확산, 세계관세기구(WCO)와 EU의 AEO(공인경제운영자) 제도 등)까지도 기업에 시스템 개선 요구사항으로 작용한다.

시스템 평가의 시행 주기는 조직의 규모나 특징에 맞도록 정해야 한다. 주기를 결정할 때에는 보안사고 기록과 함께, 특정 법규에서 요구하는 시스템 평가 시행 빈도 등이 중요한 판단근거가 될 수 있다.

기 타

보안측정 및 모니터링 절차에 대한 구체적인 예로서 본 매뉴얼에 부속된 "보안측정 및 모니터링 절차서"를 참조한다.

<table>
<tr><td rowspan="2">회사명</td><td>보안매뉴얼</td><td>제 정 일 자 :</td><td></td></tr>
<tr><td rowspan="4">4.5. 점검 및 시정조치
4.5.3. 보안성과 실패, 사건, 부적합 사항 그리고 시정조치 및 예방조치
(견본)</td><td>개 정 일 자 :</td><td></td></tr>
<tr><td rowspan="2">문서번호</td><td>개 정 번 호 :</td><td></td></tr>
<tr><td>페 이 지 :</td><td>1/1</td></tr>
</table>

3. 보안관련 실패, 사건, 부적합 사항 그리고 시정조치 및 예방조치

3.1 보안관리자는 다음과 같은 사항에 대한 책임 및 권한을 규정하는 절차를 '시정조치 및 예방조치 절차서'에 수립, 실행 및 유지한다.

1) 발생을 방지할 수 있도록 보안의 잠재 실패를 식별하기 위한 예방 조치의 평가 및 착수
2) 모든 종업원은 다음과 같은 보안 관련 사항을 발견 시 즉시 보고하여야 하고 이를 보안담당자가 조사한다.
   - 준사고 및 오경보를 포함하는 실패
   - 사건 및 비상 사태
   - 부적합사항
3) 보안관리자 및 관련부서(장)는 이러한 실패, 사건 또는 부적합 사항으로 인해 발생되는 모든 심각성을 경감시키기 위한 조치를 수행한다.
4) 보안관리자 및 관련부서(장)는 시정조치를 착수 및 완료한다.
5) 보안총괄책임자는 취해진 시정조치의 효과성을 확인한다.

3.2 즉각적인 실행이 생명 또는 공공 안전에 대한 절박한 노출을 사전에 막는 것이 아니라면 제안된 모든 시정 및 예방 조치는 실행 전에 보안위협 및 리스크 평가 프로세스를 통하여 검토한다.

3.3 실제적 및 잠재적 부적합 사항의 원인을 제거하기 위한 모든 시정조치 또는 예방조치는 문제의 크기에 적절해야 하고 발생 가능한 보안경영 관련 위협 및 리스크에 적절해야 한다.

3.4 보안관리자는 시정 및 예방 조치의 결과로 인한 문서화된 절차의 모든 변경을 실행하고 기록하여야 하며, 필요한 경우 관련 사항을 교육 훈련에 포함시켜야 한다.

관련문서: 시정조치 및 예방조치 절차서

회사명	A4(210×297mm)

[보안관련 실패, 사건, 부적합 사항 그리고 시정조치 및 예방조치에 대한 설명]

ISO28000 관련부분

4.5.3. 보안 관련 실패, 사건, 부적합사항 그리고 시정조치 및 예방조치	4.5.3. Security-related failures, incidents, non-conformances and corrective and preventive action
조직은 다음과 같은 사항에 대한 책임 및 권한을 규정하는 절차를 수립, 실행 및 유지해야 한다.	The organization shall establish, implement and maintain procedures for defining responsibility and authority for:
a) 발생을 방지할 수 있도록 보안의 잠재 실패를 식별하기 위한 예방 조치의 평가 및 착수	a) evaluating and initiating preventive actions to identify potential failures of security in order that that may be prevented from occurring;
b) 다음과 같은 보안 관련 사항의 조사 1) 준사고 및 오경보를 포함하는 실패 2) 사건 및 비상 사태 3) 부적합사항	b) the investigation of security-related: 1) failures including near misses and false alarms; 2) incidents and emergency situations; 3) non-conformances;
c) 이러한 실패, 사건 또는 부적합사항으로 인해 발생되는 모든 심각성을 경감시키기 위한 조치의 수행	c) taking action to mitigate any consequences arising from such failures, incidents or non-conformances;
d) 시정 조치의 착수 및 완료	d) the initiation and completion of corrective actions;
e) 취해진 시정 조치의 효과성 확인	e) the confirmation of the effectiveness of corrective actions taken.
이러한 절차는 즉각적인 실행이 생명 또는 공공 안전에 대한 절박한 노출을 사전에 막는 것이 아니라면 모든 제안된 시정조치 및 예방조치가 실행 전에 보안 위협 및 리스크 평가 프로세스를 통하여 검토되도록 요구해야 한다.	These procedures shall require that all proposed corrective and preventive actions are reviewed through the security threat and risk assessment process prior to implementation unless immediate implementation forestalls imminent exposures to life or public safety.
실제적 및 잠재적 부적합사항의 원인을 제거하기 위한 모든 시정조치 또는 예방조치는 문제점의 크기에 적절하여야 하고 직면	Any corrective or preventive action taken to eliminate the causes of actual and potential non-conformances shall be appro-

할 수 있는 보안 경영 관련 위협 및 리스크에 적절한 것이어야 한다. 조직은 시정조치 및 예방조치의 결과로 인한 문서화된 절차의 모든 변경을 실행하고 기록하여야 하며, 필요한 경우 요구된 교육훈련을 포함시켜야 한다.	priate to the magnitude of the problems and commensurate with the security managementrelated threats and risks likely to be encountered. The organization shall implement and record any changes in the documented pro-cedures resulting from corrective and preventive action and shall include the required training where necessary.

간략한 취지설명

보안경영시스템이 효과적으로 운영되어 목표로 하는 성과를 달성하기 위해서는, 보안경영시스템이 갖고 있는 실제 또는 잠재적인 부적합에 대해서 시정조치나 예방조치를 실행할 수 있어야 한다.

부적합은 보안경영시스템의 어떤 부분이 의도대로 운영되지 않거나, 보안성과가 조직이 수립한 목표를 달성하지 못할 경우에 발생할 수 있다. 즉, 이런 부적합사항이 현재 존재하거나 앞으로 발생할 가능성이 높은 경우에는 적절한 시정조치나 예방조치를 체계적으로 실시해야 한다.

실재적 또는 잠재적 부적합을 발견하고, 시정조치 및 예방조치를 취하는 일련의 절차와 그 결과는 보안경영시스템의 지속적인 발전을 위해 관련 문서와 기록을 작성하여 관리해야 한다.

자세한 설명

기업은 보안 관련 실패, 사건, 부적합사항을 식별하고 이에 대한 시정조치(Corrective Action) 또는 예방조치(Preventive Action)를 취해야 한다. 이러한 조치를 위한 절차는 직원들의 책임 및 권한을 규정하고, 이에 대한 보고체계를 갖추어야 하며, 기업이 적용범위로 선언한 모든 사람을 포함하고, 해당 조치가 이해관계자에게 주는 영향을 고려해야만 한다.

여기서 부적합은 크게 보안경영시스템에 대한 부적합과 보안성과에 대한 부적합으로 구분할 수 있으며, 각각의 예는 다음과 같다.

① 보안경영시스템에 대한 부적합
- 관리되어야 하는 리스크가 리스크 평가를 통해 식별되지 않음
- 리스크 및 법규 요구사항이 목표, 세부목표에 반영되지 않음
- 보안경영시스템에서 요구하는 책임, 즉, 목표 및 세부목표의 달성이나 비상사태 대비 및 대응에 대한 책임 등을 규정하지 않음
- 준수평가를 주기적으로 수행하지 않음

② 보안성과의 부적합
- 보안 목표 및 세부목표가 달성되지 않음
- 프로그램이 예정대로 실행되지 않음

현재 존재하는 부적합을 시정하고 잠재적인 부적합을 예방하기 위한 절차에는 다음 사항들이 포함되어야 한다.

① 현재 존재하는 부적합을 식별하고, 부적합으로 인한 심각성을 완화하거나 제거하는 절차
부적합 식별을 위해서는 일반적인 업무절차, 비상계획, 보안위협 식별, 리스크 평가 및 리스크 관리, 부적합사항 보고서를 포함한 보안경영시스템 심사보고서, 보안사건 및 보안위협 발생 및 대응보고서, 보안 장비의 정비 및 활용 서비스 보고서 등이 검토되어야만 함

② 부적합의 원인을 조사하고, 재발을 방지하기 위한 조치를 취하는 절차
부적합사항 및 보안 사건의 재발 방지를 위해 시정조치를 수행하며, 그 시정조치 수행 후 보안위협 및 보안 리스크 관련 영향을 고려하여, 보안리스크 통제 대책(유지, 전환, 제거, 개선, 치유)이 효과적인지를 확인함

③ 부적합의 잠재적인 부적합의 발생을 예방하기 위한 조치를 취하는 절차
- 잠재적인 보안 부적합사항 및 보안 사건의 발생 원인을 제거 및 방지를 위해 예방조치를 수행하며, 그 예방조치 수행 후 보안위협 및 보안리스크 관련 영향을 고려하여, 보안리스크 통제 대책(유지, 전환, 제거, 개선, 치유) 이 효과적인지를 확인함
- 잠재적 원인을 식별하기 위한 조사는 경보장치의 오경보를 포함한 준사고, 보안사건 및 비상사태, 부적합사항을 포함해야함
- 예방조치 절차 수립을 위해서는 시정조치의 결과, 보안 사건의 경향,

보안경영시스템 심사 보고서, 최신화된 리스크 평가, 보안관련 최신 정보, 보안 전문 지식이 있는 직원 외부 전문가로부터 얻은 조언 등을 고려해야 함

④ 시행한 시정조치 및 예방조치의 기록

부적합의 시정조치 및 잠재적 부적합의 예방조치를 취했다면, 관련 조치를 상세하게 기록해야 함. 이 기록은 내부심사 및 경영검토의 자료로 쓰일 뿐만 아니라, 추후 보안경영시스템의 지속적인 발전을 위해 유용한 자료가 되므로, 반드시 기록으로 남기고 활용해야 함

⑤ 시행한 시정조치 및 예방조치의 효과성 검토

- 시정조치와 예방조치가 효과적으로 이루어졌는지를 검토하고, 개선할 사항이 있다면 기록으로 남겨 차후 보다 효과적인 조치가 취해질 수 있도록 해야 함
- 부적합의 시정조치 및 예방조치의 결과에 따라 보안경영시스템 문서(매뉴얼, 절차서 등)에 변경이 필요한 경우에는, 변경사항을 반영하여 개정하여야 함

내부심사 또는 인증심사는 부적합을 찾아낼 수 있는 좋은 기회이다. 부적합을 파악한다는 것을 단지 보안경영시스템의 잘못된 부분을 지적한다는 의미로 받아들이는 것은 잘못된 판단으로 회사에서는 내부심사 혹은 인증심사를 통해 발견된 부적합이 시스템을 개선할 수 있는 기회를 갖는 것으로 받아들이고, 이에 대한 시정조치 및 예방조치를 취해야만 보안경영시스템의 궁극적인 목적인 성과의 지속적인 개선을 달성할 수 있음을 인식해야 한다.

따라서, 객관적인 증거로 볼 때 향후에 부적합이 될 가능성이 높은 경우에는 잠재적 부적합으로 파악하여 조직의 보안경영시스템이 더욱 발전할 수 있는 기회를 제공하는 것이 내부 심사원 혹은 인증 심사원의 역할 중 중요한 부분이라고 할 수 있다.

기 타

보안관련 실패, 사건, 부적합 사항 그리고 시정조치 및 예방조치에 대한 구체적인 예로서 본 매뉴얼에 부속된 “시정조치 및 예방조치 절차서”를 참조한다.

<table>
<tr><td rowspan="2">회사명</td><td>보안매뉴얼</td><td>제 정 일 자 :</td><td></td></tr>
<tr><td rowspan="4">4.5. 점검 및 시정조치
4.5.4. 기록관리(견본)</td><td>개 정 일 자 :</td><td></td></tr>
<tr><td rowspan="2"></td><td>개 정 번 호 :</td><td></td></tr>
<tr><td>페 이 지 :</td><td>1/1</td></tr>
<tr><td>문서번호</td><td></td><td></td></tr>
</table>

4. 기록관리

4.1 '문서 및 기록관리 절차서'에 따라 보안경영시스템에 대한 적합성과 달성된 결과를 실증하기 위해 필요한 기록을 작성하고 유지한다. 이 절차서는 기록의 식별, 보관, 보호, 검색, 보유 및 폐기에 대한 절차를 포함한다.

4.2 기록은 읽기 쉽고, 식별 및 추적이 가능토록 작성하고 유지한다. 전자화된 문서는 기록 조작을 방지할 수 있고 안전하게 백업되고 인가자만이 접근할 수 있도록 관리한다.

관련문서: 문서 및 기록관리 절차서

회사명	A4(210×297mm)

[기록관리에 대한 설명]

ISO28000 관련부분

4.5.4. 기록관리	4.5.4. Control of records
조직은 보안경영 시스템 및 이 규격의 요구사항에 대한 적합성과 달성된 결과를 실증하기 위해 필요한 기록을 작성하고 유지하여야 한다.	The organization shall establish and maintain records as necessary to demonstrate conformity to the requirements of its security management system and of this standard, and the results achieved.
조직은 기록의 식별, 보관, 보호, 검색, 보유 및 폐기에 대한 절차를 수립, 실행 및 유지하여야 한다.	The organization shall establish, implement and maintain a procedure(s) for the identification, storage, protection, retrieval, retention and disposal of records.
기록은 읽기 쉽고, 식별 및 추적이 가능해야 한다.	Records shall be and remain legible, identifiable and traceable.
전자 및 디지털 문서는 기록 조작을 방지할 수 있고 안전하게 백업되고 인가자 만이 접근할 수 있어야 한다.	Electronic and digital documentation should be rendered tamper proof, securely backed-up and accessible only to authorized personal.

간략한 취지설명

기록이란 보안경영시스템을 운영한 결과의 증거가 될 수 있는 정보이다. 기업은 기록을 통해 보안경영시스템의 운영결과가 만족스럽다는 것과 보안경영 활동이 기업이 도입한 규격과 법규, 요구사항을 만족시키는지 여부를 직·간접적으로 입증할 수 있다.

기록은 매뉴얼, 절차서, 지침서 등 문서와는 달리 영구적이며 변하지 않는 정보로서 일단 발생한 기록은 수정될 수 없다. 기록의 예로는 입출입 차량·인원 통행기록부, 방범카메라에 의해 녹화된 화상정보 등 서류뿐만 아니라 보안과 관련된 모든 종류의 데이터가 있다.

자세한 설명

기업은 어떤 기록들이 기업의 보안경영시스템 운영에 필요한지를 판단하고, 그 기록들을 적절하게 관리하기 위한 절차를 마련해야 한다. 이 절차에는 필요한 기록의 목록 및 식별방법, 관리담당자, 보존연한 등이 포함될 수 있다.

보안경영시스템에서 필요로 하는 기록의 종류는 다음과 같다.

① 법규 요구사항 및 기업이 동의한 그 밖의 요구사항들, 이를 준수하고 있음을 증명하는 기록

② 보안사건, 부적합 관련 기록과 이에 대한 시정조치 및 예방조치의 기록

③ 내부심사 결과 및 경영검토 결과

④ 목표 및 세부목표의 달성도에 관한 자료

⑤ 교육훈련 수행 자료(참석자 명단 등)

⑥ 측정 및 모니터링 장비의 검사, 유지 및 교정 기록

⑦ 운영관리 결과 기록

⑧ 관련 회의 기록

⑨ 외부 의사소통에 대한 기록

기업 내에서 보안경영시스템 도입 전에 이미 관리하고 있던 보안 관련 기록이 있을 때에는 이 기록들은 반드시 식별되어 관리대상에 포함되어야 한다.

기록관리는 다음의 절차로 이루어진다.

㉠ 문서화된 기록관리 절차를 수립, 유지한다.

- 적용대상 기록 결정
- 보안기록의 보관, 분류방법 결정
- 적용 부서 및 업무결정, 책임과 권한표시

㉡ 기록은 식별, 유지, 폐기되어야 한다.

- 기록은 서류 혹은 전자매체 등 적절한 형태로 저장 가능
- 문서철 분류기호, 분류명, 보존연한, 사용부서, 작성년도 표시
- 문서철 표시 양식 결정
- 보관은 사용부서에서 기록하고 목록표 및 보관장소를 명시
- 검색이 용이할 것

- 보관이 끝난 기록의 정기적 이관
- 기록의 수정은 승인권자의 승인이 필요
- 폐기 이력은 기록으로 보존
- 계속 보존이 필요한 기록은 보존년한 연장 보존

㉢ 기록은 추적 가능하여야 한다.

- 문서철별 목록을 작성하여 보관되는 기록과 일치시킨다.
- 보관, 보존장소별 목록 및 장소표시를 한다.
- 발생 일자별로 분류·보관한다.

㉣ 보존기간을 설정한다.

- 승인권자에 의한 기록 종류별 보존기간을 설정
- 보존기간 변경시 최초 승인권자의 승인에 의해 변경
- 문서철 보존기간이 명시
- 폐기대상 문서도 필요시 보존기간을 연장

㉤ 기록체계의 적절성과 규격 요건에 부합함을 증명한다.

- 기록분류기호, 작성, 수정, 배포, 보관, 보존, 폐기, 식별 방법이 기업의 특성과 규모와 부합
- 보안기록을 통하여 기업이 보안경영시스템을 이행하고 있음을 증명
- 실행하고 있는 사실 그대로를 기록

기 타

기록관리 절차에 대한 구체적인 예로서 본 매뉴얼에 부속된 "문서 및 기록관리 절차서"를 참고한다. 본 매뉴얼에서는 문서화, 문서관리, 기록관리 절차를 "문서 및 기록관리 절차서"로 통합하였으나, 기업은 내부 실정에 맞게 이를 별도의 절차서 또는 지침서로 관리해도 무방하다. 또한, 기업 내에 일반 문서 및 기록관리 절차가 규정되어 있는 경우에는 보안 매뉴얼상 문서 및 기록관리 절차서와 통합하는 것을 검토해야 한다.

<table>
<tr><td rowspan="3">회사명</td><td>보안매뉴얼</td><td>제 정 일 자 :</td><td></td></tr>
<tr><td rowspan="3">4.5. 점검 및 시정조치
4.5.5. 심사(견본)</td><td>개 정 일 자 :</td><td></td></tr>
<tr><td>개 정 번 호 :</td><td></td></tr>
<tr><td>문서번호</td><td>페 이 지 :</td><td>1/1</td></tr>
</table>

5. 심 사

5.1 보안관리자는 보안경영 심사 프로그램을 수립, 실행 및 유지한다. 매 년 1회 이상 다음을 위한 보안경영시스템에 대한 내부 심사를 수행

1) 보안경영 시스템이 다음 사항을 만족하는지 여부 확인
   - 본 매뉴얼 을 포함한 보안경영을 위해 계획된 결정 사항에 대한 적합성
   - 적절한 실행 및 유지
   - 조직의 보안경영 방침 및 목표를 효과적으로 충족시키고 있는지 여부
2) 이전의 심사 결과 및 부적합사항을 시정하기 위한 조치 검토,
3) 경영자에게 심사 결과에 대한 정보를 제공
4) 보안 장비 및 인원이 적절하게 배치되었는지에 대한 검증

5.2 모든 일정을 포함하여 심사 프로그램은 조직 활동에 대한 위협 및 리스크 평가 결과와 이전의 심사 결과에 근거하여야 한다.

5.3 '내부심사 절차서'에 심사 수행 및 결과 보고에 대한 책임 및 요구사항뿐만 아니라, 적용 범위, 주기, 방법 및 적격성을 명시한다.

관련문서: 내부심사 절차서

[내부심사에 대한 설명]

ISO28000 관련부분

4.5.5. 심사	4.5.5. Audit
조직은 보안경영 심사 프로그램(program)을 수립, 실행 및 유지하여야 하고, 다음을 위한 보안경영 시스템에 대한 심사가 계획된 주기에 따라 수행됨을 보장하여야 한다.	The organization shall establish, implement and maintain a security management audit program and shall insure that audits of the security management system are carried out at planned intervals, in order to:
a) 보안 경영 시스템이 다음 사항을 만족하는지의 결정	a) determine whether or not the security management system:
1) 이 규격 4항의 전체 요구사항을 포함하여 보안 경영을 위해 계획된 결정 사항에 적합함	1) conforms to planned arrangements for security management including the requirements of the whole of Clause 4 of this specification;
2) 적절하게 실행되고 유지됨	2) has been properly implemented and maintained;
3) 조직의 보안경영 방침 및 목표를 효과적으로 충족시키고 있음	3) is(are) effective in meeting the organization's security management policy and objectives;
b) 이전의 심사 결과 및 부적합사항을 시정하기 위한 조치를 검토	b) review the results of previous audits and the actions taken to rectify non-conformances;
c) 경영자에게 심사 결과에 대한 정보를 제공	c) provide information on the results of audits to management;
d) 보안 장비 및 인원이 적절하게 배치되었는지를 검증	d) verify that the security equipment and personnel are appropriately deployed.
모든 일정을 포함하여, 심사 프로그램은 조직 활동에 대한 위협 및 리스크 평가 결과와 이전의 심사 결과에 근거하여야 한다. 심사 절차에는 심사의 수행 및 결과 보고에 대한 책임 및 요구사항 뿐만 아니라, 적용범위, 주기, 방법 및 적격성이 포함되어야	The audit program, including any schedule, shall be based on the results of threat and risk assessments of the organization's activities, and the results of previous audits. The audit procedures shall cover the scope, frequency, metho-

한다. 가능한 한 심사는 점검이 이루어지는 활동에 직접적인 책임이 없는 사람에 의해 수행되어야 한다.	dologies and competencies, as well as the responsibilities and requirements for conducting audits and reporting results. Where possible, audits shall be conducted by personnel independent of those having direct responsibility for the activity being examined.
비고 "책임이 없는 사람"이라고 해서 반드시 조직의 외부 인원을 의미하는 것은 아니다.	NOTE The phrase "personnel independent" does not necessarily mean personnel external to the organization.

간략한 취지설명

내부심사는 조직 스스로 경영시스템의 운영 실태 및 운영 성과를 평가해봄으로써, 경영시스템의 전반적인 효과성과 장·단점을 파악하여 지속적인 개선을 달성하기 위한 절차이다.

내부심사는 조직이 자율적으로 수행하는 것이니만큼, 조직 스스로 적격한 인원을 심사원으로 선정하여 실시해야 하며, 조직 구성원들은 내부 심사에서 좋은 평가를 받기 위해 심사기간 동안만 임시방편으로 하는 활동들이 결국 보안경영시스템에 치명적인 결함이 된다는 것을 인식하고, 평상시의 운영 상태 그대로를 심사하여 개선방향을 찾아내는 것이 매우 중요하다.

자세한 설명

내부심사는 보안경영시스템이 이 규격의 요구사항을 만족하며, 적절하게 운영되고 있는지를 평가하여, 평가한 결과를 경영자에게 제공하기 위한 목적으로 수행한다. 또한 이러한 평가 결과는 기록으로 남겨야 한다.

내부심사는 조직이 마련한 내부 심사 프로그램에 따라 진행해야 한다. 내부심사 프로그램은 기업의 경영시스템을 효과적으로 진단할 수 있도록 작성하고, 수행해야 한다. 내부심사는 시스템평가(4.5.2)와 통합하여 수행할 수 있다.

내부심사 절차를 마련할 때에는 다음 사항들을 고려한다.

① 내부심사의 목적

내부심사의 주된 목적은 우선 보안경영시스템이 기준에 맞게 운영되고 있는지를 검토하는 것이고, 또한 보안경영시스템의 개선사항을 파악하고자 하는 목적도 있다.

② 내부심사의 범위

기본적으로 내부심사는 조직이 설정한 보안경영시스템 범위 내의 모든 제품, 활동 및 서비스에 대해 수행되어야 하며, 계획－실행－점검－조치(PDCA)의 모든 절차에 대해 수행해야 한다.

③ 내부심사의 주기

기업은 경영시스템의 운영상태와 변동사항 등을 감안하여 적절한 내부심사 주기를 결정해야 한다.

④ 내부심사의 기준

내부심사의 기준이 되는 것은 보안경영 방침, 목표 및 세부목표, 환경경영시스템 매뉴얼, 각종 절차서 등의 내부 기준들과, ISO28000 규격 요구사항, 법규 및 기타 요구사항 등의 외부 기준들이 있다.

내부심사의 절차는 다음과 같다.

㉠ 내부심사 수행인원 선정

내부심사는 조직 내부 또는 외부 인원이 수행할 수 있다. 내부 인원이 수행할 경우에는 심사 대상이 되는 업무와 관련이 없는 인원을 확보하여, 내부심사의 객관성과 공정성을 확보해야 한다. 또한 심사를 수행하는 인원이 해당 심사를 수행할 수 있는 능력을 갖추었는지에 대한 적격성을 평가해야 한다. 단, 내부 심사를 수행할 수 있을 만큼의 전문성 및 공정성을 지닌 내부 인원이 없다고 조직이 스스로 판단하였다면 외부 인원을 활용해서 내부 심사를 수행해야 하므로 이 경우는 적절하다고 볼 수 있다. 다만, 중장기적인 측면에서 볼 때에는 적절한 훈련과 교육을 통해 내부 인원의 전문성을 증진시킴으로써, 내부심사에는 조직의 시스템을 잘 알고 있는 내부 인원을 활용하는 것이 바람직하다.

㉡ 내부심사 수행

심사 절차는 기획, 심사수행, 결과보고, 기록유지의 순으로 구성되며, 각 절차에 대한 책임을 갖는 담당자와 각 절차의 요구사항을 규정해야 한다.

㉢ 내부심사 결과보고

내부심사를 수행한 인원은 심사 결과를 최고경영자에게 보고해야 하며,

일반적으로 이러한 결과는 보고서 형식으로 제출하게 된다. 내부심사의 수행 결과는 부적합사항을 파악하고 시정하기 위한 자료로 사용하는 동시에 경영검토의 자료로도 활용할 수 있다.

기 타

내부심사 절차에 대한 구체적인 예로서 본 매뉴얼에 부속된 “내부심사 절차서”를 참고한다.

<table>
<tr><td rowspan="3">회사명</td><td>보안매뉴얼</td><td>제 정 일 자 :</td><td></td></tr>
<tr><td rowspan="3">4.6. 경영검토 및 지속적 개선(견본)</td><td>개 정 일 자 :</td><td></td></tr>
<tr><td>개 정 번 호 :</td><td></td></tr>
<tr><td>문서번호</td><td>페 이 지 :</td><td>1/1</td></tr>
</table>

1. 경영검토 및 지속적 개선

1.1 최고경영자는 지속적인 적절성, 충족성 및 효과성을 보장하기 위하여 '경영검토 절차서'에 따라 연 1회 이상 보안경영시스템을 검토 한다. 이때에는 개선을 위한 기회 평가, 보안방침, 보안목표 그리고 위협 및 리스크를 포함한 보안경영시스템에 대한 변경 필요성을 검토한다.

1.2 경영검토의 기록은 '문서 및 기록관리 절차서'에 따라 보유한다.

1.3 경영검토의 입력사항에는 다음을 포함토록 한다.

1) 법규 요구사항과 조직이 동의한 그 밖의 요구사항에 대한 적합성 심사 및 평가의 결과
2) 불만사항을 포함하여 외부 이해관계자와의 의사소통 사항
3) 조직의 보안성과
4) 목표 및 세부목표 달성 정도
5) 시정조치 및 예방조치의 상태
6) 이전 경영검토의 후속 조치
7) 조직의 보안과 관련된 법규 및 그 밖의 요구사항의 개발을 포함하여 변화하는 주변여건
8) 개선을 위한 제언

1.4 경영검토의 출력에는 지속적 개선에 대한 의지와 일관성이 있도록 보안경영 방침, 목표 및 보안경영시스템의 기타 요소의 가능한 변경에 관련된 결정과 조치를 포함한다.

관련문서: 경영검토 절차서, 문서 및 기록관리 절차서

[경영검토 및 지속적 개선에 대한 설명]

ISO28000 관련부분

4.6. 경영검토 및 지속적 개선	4.6. Management review and continual improvement
최고경영자는 지속적인 적절성, 충족성 및 효과성을 보장하기 위하여 계획된 주기로 보안경영시스템을 검토하여야 한다. 이 검토에는 개선을 위한 기회평가 그리고 보안 방침, 보안목표 그리고 위협 및 리스크를 포함한 보안경영시스템에 대한 변경 필요성을 포함하여야 한다. 경영검토의 기록은 보유되어야 한다.	Top management shall review the organization's security management system, at planned intervals, to ensure its continuing suitability, adequacy and effectiveness. Reviews shall include assessing opportunities for improvement and the need for changes to the security management system, including the security policy and security objectives and threats and risks. Records of the management reviews shall be retained.
경영검토의 입력사항에는 다음을 포함하여야 한다.	Input to management reviews shall include
a) 법규 요구사항과 조직이 동의한 그 밖의 요구사항에 대한 적합성 심사 및 평가의 결과	a) results of audits and evaluations of compliance with legal requirements and with other requirements to which the organization subscribes,
b) 불만사항을 포함하여 외부 이해관계자와의 의사소통	b) communication(s) from external interested parties, including complaints,
c) 조직의 보안성과	c) the security performance of the organization,
d) 목표 및 세부목표 달성정도	d) the extent to which objectives and targets have been met,
e) 시정조치 및 예방조치의 상태	e) status of corrective and preventive actions,
f) 이전 경영검토의 후속 조치	f) follow-up actions from previous management reviews,
g) 조직의 보안사항과 관련된 법규 및 기타 요구사항의 개발을 포함하여 변화하는 주변여건	g) changing circumstances, including developments in legal and other requirements related to its security aspects, and

h) 개선을 위한 제안 경영검토의 출력에는 지속적 개선에 대한 의지와 일관성이 있도록 보안방침, 목표 및 보안경영시스템의 기타 요소의 가능한 변경에 관련된 결정과 조치를 포함하여야 한다.	h) recommendations for improvement. The outputs from management reviews shall include any decisions and actions related to possible changes to security policy, objectives, targets and other elements of the security management system, consistent with the commitment to continual improvement.

간략한 취지설명

경영검토는 최고경영자가 경영시스템을 수립하고 운영한 성과를 판단하고, 개선점을 찾아내기 위해 최종적으로 점검하는 중요한 절차이다. 경영검토에는 기업의 보안경영시스템을 변경하거나 개선하고 필요한 자원을 제공할 수 있도록 의사 결정할 수 있는 인원들이 참여하여야 한다. 기업은 정해진 주기에 따라 정기적으로 경영검토를 실시하고 관련 기록을 남겨야 한다.

자세한 설명

기업은 경영검토를 통해 보안경영시스템이 ISO28000의 요구사항 및 보안경영 방침에 부합하면서 정해진 절차대로 정확하고 효과적으로 운영되는지를 판단하여 지속적인 개선을 위해 기존 보안경영시스템의 변경이 필요한 사항을 검토하여 이 결과를 보안경영 방침(4.2)의 재수립부터 보안목표, 세부목표, 프로그램 등 보안기획 변경 시에 활용하여 기업의 보안경영시스템의 효과성을 개선한다.

경영검토에서는 보안경영시스템의 범위 내에 속한 계획－실행－검토－조치(PDCA)의 모든 단계, 모든 부분을 검토해야 한다. 다만, 보안경영시스템의 모든 부분을 단 한 번의 경영검토를 통해 검토할 필요는 없으며, 이럴 경우 경영검토를 일정 기간 내에 수행하여 모든 범위를 다루어야 한다. 경영검토는 단순히 보고서의 결재 등을 통한 서면 검토보다는 경영진과 보안관리자 등 보안관련 담당자들이 참여하는 회의를 통해 검토하는 것이 바람직하다. 경영검토에 누가 참석할 것인지는 기업이 스스로 결정해야 하는데 일반적으로 경영검토에는 다음 인원들이 참석할 수 있다.

① 최고경영자를 포함한 경영진

보안경영시스템의 운영성과를 평가하고, 개선 우선순위를 파악하며, 자원을 제공하고, 효과적인 사후관리를 보장할 수 있는 인원

② 주요 단위부서의 책임자

중대한 보안측면이 관련된 업무를 관리하는 인원, 교육 및 기록을 담당하는 부서 등, 경영시스템에서 핵심적인 분야를 책임지는 부서의 책임자

경영검토에서의 최고경영자의 역할은 매우 중요하며, 다음 사항들을 수행하여야 한다.

① 경영검토 주기 결정

② 경영검토회의 개최 및 참여

③ 변경 및 개선이 필요한 보안경영시스템 요소와 이를 어떻게 도입할 것인지를 결정

④ 결정사항을 보안경영시스템에 반영(보안경영 방침, 목표, 세부목표 및 프로그램, 각종 절차 등의 변경 포함)

⑤ 결정사항이 보안경영시스템에 적절하게 반영되었는가를 검토

경영검토에서 다루어야 할 사항들은 다음과 같다.

① 내부심사(4.5.5) 및 시스템평가(4.5.2)의 결과

② 외부 이해관계자들과의 의사소통 내용(요구사항, 민원 및 불만사항 등)

③ 목표 및 세부목표의 달성도

④ 보안경영시스템을 운영하여 달성한 기타 보안성과

⑤ 시정조치 및 예방조치 실태

⑥ 이전에 했던 경영검토의 사후조치 결과

⑦ 주변 여건의 변화에 대한 대응

- 법규 요구사항 및 회사가 동의한 그 밖의 요구사항의 변화
- 이해관계자들의 관심사항 변화
- 보안관련 기술의 발전
- 비상사태 및 사고로부터의 교훈

⑧ 개선을 위한 제안

이러한 경영검토를 통해 도입할 수 있는 지속적인 개선의 사례에는 다음과 같은 것들이 있다.

① 법규 및 요구사항 파악 프로세스를 개선하여 새로운 법규 및 요구사항을 시기적절하게 도입
② 보안관련 교육훈련 개선
③ 보안 관련 장비의 개선 등

문서로 남겨야 하는 경영검토 기록에는 회의 자료, 참석자 명단, 발표 자료 및 배포물, 결정사항의 기록 등이 있으며, 경영검토 기록은 보고서, 회의록, 컴퓨터 파일 등의 형태로 작성할 수 있다.

기 타

경영검토 절차에 대한 구체적인 예로서 본 매뉴얼에 부속된 "경영검토 절차서"를 참고한다.

[예시 : 상위 사항 분석 체크리스트]

피진단 부서명	부(팀)	KS V ISO 28000:2007 공급사슬 보안경영시스템 상위 사항 분석 체크리스트	진단자
피진단자	(서명)		(서명)
일자	200 . .		

○평가범례 :

- NA : Not Applicable(적용불가)
- Evaluation(평가): 1. Conformed(적합)
  2. Improvement Possible Acceptable(개선/적용 가능)
  3. Not Conformed(부적합)

Req. No.	KS V ISO 28000:2007 요구사항	실행지침 (Guideline)	문서화 수준	평가	적용 수준	평가
	*ISO28000의 요구사항을 순번대로 기입	※ 시스템 수립과 관련한 평가자의 의견 및 개선 사항을 중심으로 기록	※ 사내에 보유하고 있는 유사 문서번호를 기록		※ 사업현장 이행 실태를 기록	
4.1.	l 조직은 보안 위협을 식별하고, 리스크를 평가하여 관리하며 심각성을 경감시키기 위한 효과적인 보안경영시스템을 수립, 문서화, 실행, 유지 및 지속적으로 개선하여야 한다.					
	l 조직은 4항 전체에 설정되어 있는 요구사항에 따라 그 효과성을 지속적으로 개선하여야 한다.					

	l 조직은 조직의 보안경영시스템의 적용범위를 규정하여야 한다.					
	l 조직이 이 요구사항에 대한 적합성에 영향을 미치는 어떤 프로세스를 외주처리 할 경우, 조직은 이러한 프로세스가 관리된다는 것을 보장해야 한다. 이러한 외주 프로세스에 대하여 필요한 관리와 책임은 보안경영시스템 내에서 파악되어야 한다.					
4.2.	4.2. 보안경영 방침					
	l 조직의 최고경영자는 전반적인 보안경영 방침을 승인하여야 한다. 이 방침은 다음과 같아야 한다.					
	a) 조직의 다른 방침과 일관성이 있을 것.					
	b) 구체적인 보안경영 목표, 세부목표 및 프로그램을 도출할 수 있는 틀을 제공할 것.					
	c) 조직의 전반적인 보안 위협 및 리스크 관리(management) 틀과 일관성이 있을 것.					
	d) 조직에 대한 위협과 조직 운영의 특성 및 규모에 적합할 것.					
	e) 전반적인/포괄적인 보안경영 목표를 명확하게 기술할 것.					
	f) 보안경영 프로세스의 지속적인 개선 의지를 포함할 것.					

	g) 현재 적용되는 법규, 강제적 및 법적 요구사항과 조직이 동의한 그 밖의 요구사항을 준수하겠다는 의지를 포함할 것.					
	h) 최고경영자의 승인이 명확할 것.					
	i) 문서화되어 실행되고 유지될 것.					
	j) 모든 관련된 종업원 및 계약자와 방문자를 포함한 제 3 자가 각자의 보안경영 관련 의무사항을 인지할 수 있도록 의사소통 될 것.					
	k) 필요한 경우 이해관계자가 이용할 수 있도록 할 것.					
	l) 보안경영시스템의 연속성 및 관련성에 영향을 줄 수 있는 다른 조직과의 인수 또는 합병, 또는 조직의 사업범위가 변경되는 경우 보안경영 방침이 검토되도록 할 것.					
	비고: 1 조직이 보안경영시스템을 운영하기 위하여 충분한 정보 및 지시를 제공하는 내부목적으로 상세한 보안경영 방침을 선택할 수 있고(일부는 사외비로 할 수 있음)					
	1 조직의 이해관계자와 기타 이해 관계자에게 배포하기 위하여 개략적인 목표를 나타내는 요약본(공개용)을 선택할 수 있다.					

4.3. 4.3.1.	4.3. 보안리스크 평가 및 기획					
	4.3.1. 보안리스크 평가					
	l 조직은 보안 위협뿐만 아니라 보안경영 관련 위협 및 리스크를 지속적으로 식별 및 평가하고, 필요한 경영 관리 수단을 식별 및 실행하기 위한 절차를 수립하고 유지하여야 한다.					
	l 보안 위협 및 리스크의 식별, 평가 및 관리 방법은, 최소한, 운영 특성 및 규모에 적합하여야 한다.					
	l 이러한 평가는 일(event)의 발생 가능성과 그것으로 인한 모든 결과를 반드시 고려하여야 하며 다음을 포함하여야 한다.					
	a) 기능상의 실패, 우발적 손상, 의도적인 손상, 또는 테러리스트나 범죄 행위 등과 같은 물리적인 실패 위협 및 리스크					
	b) 조직의 성과, 상황 또는 안전에 영향을 미치는 보안 관리, 인적요소 및 기타 활동을 포함하는 운영상의 위협 및 리스크					
	c) 보안 조치 및 장비를 무력하게 만들 수 있는 자연환경적 일(폭우, 홍수, 기타)					
	d) 외부에서 제공된 장비 및 서비스에서의 실패와 같은 조직의 관리를 벗어나는 요소					

	e) 법적 요구사항 불이행 및 조직의 명성 또는 브랜드의 손상과 같은 이해관계자의 위협 및 리스크					
	f) 보안 장비의 설계 및 설치(대체, 정비 및 기타의 경우를 포함)					
	g) 정보 및 데이터 관리와 의사소통					
	h) 지속 운영에 대한 위협					
	l 조직은 이러한 평가의 결과 및 관리의 효과를 고려하고 적절한 경우 다음 항목의 입력 자료로 활동됨을 보장하여야 한다.					
	a) 보안경영 목표 및 세부목표					
	b) 보안경영 프로그램					
	c) 설계, 규격 및 설치의 요구사항에 대한 결정					
	d) 직원의 수준을 포함하는 적절한 자원의 식별					
	e) 교육훈련 필요성 및 숙련도의 식별 (4.4.2. 참조)					
	f) 운영 관리의 개발(4.4.6. 참조)					
	g) 조직의 전반적인 위협 및 리스크 관리 틀 조직은 이러한 정보를 문서화하고 최신의 것으로 유지하여야 한다.					

	1 위협 및 리스크를 식별하고 평가하기 위한 방법은 다음과 같은 조건을 만족해야 한다.					
	a) 사후적이지 않고 사전적으로 되도록 적용범위, 특성 및 시점을 고려하여 규정될 것.					
	b) 보안위협 및 리스크와 관련된 정보의 수집을 포함할 것.					
	c) 회피하고, 제거되거나 관리될 수 있도록 위협 및 리스크의 분류와 그것의 식별을 제공할 것.					
	d) 실행의 효과성 및 시의적절성 모두를 보장하기 위한 조치에 대해 모니터링 할 수 있도록 할 것. (4.5.1 참조)					
4.3.2.	**4.3.2. 법률, 강제 요구사항 및 그 밖의 보안 규정 요구사항**					
	1 조직은 다음의 절차를 수립, 실행 및 유지하여야 한다.					
	a) 조직의 보안 위협 및 리스크와 관련하여 적용되는 법적 요구사항 및 조직이 준수하기로 한 기타 요구사항을 식별하고 입수하는 것.					
	b) 이러한 요구사항이 보안 위협 및 리스크에 어떻게 적용되는지를 결정하는 것.					

	l 조직은 이러한 정보를 최신의 것으로 유지하여야 한다.					
	l 법률 및 그 밖의 요구사항에 관한 정보는 조직의 종업원과 계약자를 포함하여 그 밖의 관련된 제3자와 의사소통 하여야 한다.					
4.3.3.	4.3.3. 보안경영 목표					
	l 조직은 내부의 관련 기능 및 계층별로 문서화된 보안경영 목표를 수립, 실행 및 유지하여야 한다.					
	l 이 목표는 방침으로부터 나와야 되며 방침과 일관성이 있어야 한다. 조직이 목표를 수립하고 검토할 때에는 다음 사항을 고려하여야 한다.					
	a) 법률, 법적 및 그 밖의 보안에 관련된 강제적 요구사항					
	b) 보안과 관련된 위협 및 리스크					
	c) 기술적 및 그 밖의 선택사항					
	d) 재정적, 운영적 및 사업상의 요구사항					
	e) 적절한 이해관계자의 견해.					
	l 보안경영 목표는 다음과 같아야 한다.					
	a) 조직의 지속적인 개선 의지와 일관성이 있을 것.					
	b) 계량화할 것(실행 가능한 경우).					

	c) 모든 관련된 종업원 및 계약자를 포함한 제3자가 각 개인의 의무사항을 인지할 수 있도록 의사소통 될 것.				
	d) 보안경영 방침과 연관성 및 일관성을 유지할 수 있도록 보장하기 위하여 주기적으로 검토할 것. 그에 따라서 필요한 경우 보안경영 목표를 수정할 것.				
4.3.4.	4.3.4. 보안경영 세부목표(target)				
	l 조직은 조직의 요구에 적절하고 문서화된 보안경영 세부목표를 수립, 실행 및 유지하여야 한다.				
	l 이 세부목표는 보안경영 목표로부터 도출되어야 하며 보안경영 목표와 일관성이 있어야 한다.				
	l 이 세부목표는 다음과 같아야 한다.				
	a) 적절하게 상세할 것.				
	b) 구체적이고, 측정가능하고, 달성가능하고, 관련성 및 시간 기준이 있을 것. (실행 가능한 경우)				
	c) 모든 관련된 종업원 및 계약자를 포함한 제3자가 개인의 의무사항을 인지할 수 있도록 의사소통 될 것.				
	d) 보안경영 목표와의 연관성 및 일관성을				

	유지하도록 보장하기 위하여 주기적으로 검토할 것. 그에 따라서 필요한 경우 보안경영 세부목표를 수정할 것.					
4.3.5.	4.3.5. 보안경영 프로그램(programmes)					
	l 조직은 조직의 목표 및 세부목표를 달성하기 위한 보안경영 프로그램을 수립, 실행 및 유지하여야 한다.					
	l 프로그램은 최적화되고 우선순위가 결정되어야 하며, 조직은 프로그램을 효율적이고 비용효과적으로 실행하여야 한다.					
	l 프로그램에는 다음 사항을 기술하여 문서화하여야 한다.					
	a) 보안경영 목표 및 세부목표를 달성하기 위하여 부여된 책임과 권한					
	b) 보안경영 목표 및 세부목표를 달성하기 위한 수단 및 일정					
	l 보안경영 프로그램은 목표 및 세부목표와 효과성 및 일관성을 유지하도록 보장하기 위하여 주기적으로 검토되어야 한다.					
	l 그에 따라서 필요한 경우 프로그램은 수정되어야 한다.					
4.4.	4.4. 실행 및 운영					
4.4.1.	4.4.1. 보안 경영의 구조, 권한 및 책임					

	l 조직은 보안경영 방침, 목표, 세부목표 및 프로그램의 달성과 일관성이 있게 역할, 책임 및 권한에 대한 조직 구조를 수립하고 유지하여야 한다.					
	l 이러한 역할, 책임 및 권한은 규정되고, 문서화되어 실행 및 유지에 책임이 있는 각 개인과 의사소통 되어야 한다.					
	l 최고경영자는 보안경영시스템(프로세스)의 개발 및 실행과 그것의 지속적인 효과성 개선에 대한 의지의 증거를 다음과 같이 나타내어야 한다.					
	a) 다른 책임과는 무관하게 조직의 보안경영 시스템의 전반적인 설계, 유지, 문서화 및 개선에 대한 책임이 있는 최고경영자의 인원을 지정					
	b) 목표 및 세부목표가 실행되고 있음을 보장하기 위하여 필요한 권한을 가진 관리자(1인 또는 다수)를 지정					
	c) 조직의 이해관계자의 요구사항 및 기대를 점검하고 모니터링하며 이 기대를 관리하기 위한 적절하고 시기적절한 조치를 시행					
	d) 충분한 자원의 가용성을 보장					

	e) 보안경영 방침, 목표, 세부목표, 프로그램 등이 조직의 다른 사항에 미칠 수 있는 부정적 영향도 고려					
	f) 조직의 다른 부분에서 생성된 어떠한 보안 프로그램도 보안경영시스템을 보완하도록 보장할 것.					
	g) 조직의 방침에 적합하기 위해서는 조직의 보안경영 요구사항을 충족시키는 것이 중요하다는 것에 대하여 조직과 의사소통할 것.					
	h) 보안관련 위협 및 리스크가 평가되고 이것이 조직의 위협 및 리스크 평가에 적절히 포함됨을 보장					
	i) 보안경영 목표, 세부목표 및 프로그램의 실행 가능성을 보장					
4.4.2.	4.4.2. 적격성, 교육훈련 및 인식					
	l 조직은 보안 장비 및 프로세스를 설계, 운영 및 관리할 책임이 있는 인원이 학력, 훈련 및/또는 경험에 따라 적절한 자격이 있음을 보장하여야 한다.					
	l 조직은 조직에 근무하는 종업원이나 조직을 대신하여 업무를 실행하는 인원에게 다음 사항을 인식시키기 위한 절차를 수립하고 유지하여야 한다.					

	a) 보안경영 방침 및 절차 그리고 보안경영 시스템 요구사항과의 적합성에 대한 중요성					
	b) 비상시 대비 및 대응 요구사항을 포함하여 보안경영 방침 및 절차 그리고 보안경영시스템 요구사항에 적합하기 위하여 필요한 역할 및 책임					
	c) 규정된 운영 절차로부터 벗어남으로 인해 조직의 보안에 미치는 잠재적 결과					
	l 적격성 및 교육훈련 기록은 유지되어야 한다.					
4.4.3.	4.4.3. 의사소통					
	l 조직은 관련 보안경영 정보가 관련된 종업원, 계약자 및 그 밖의 이해관계자와 의사소통 되는 것을 보장하기 위한 절차를 가지고 있어야 한다.					
	l 특정한 보안 관련 정보는 민감한 특성이 있으므로 배포 전에 정보의 민감성을 고려하여야 한다.					
4.4.4.	4.4.4. 문서화					
	l 조직은 다음 사항을 포함하는 보안경영 문서화 시스템을 수립하고 유지해야 한다. 그러나 반드시 다음 사항에 국한되지는 않는다.					

	a) 보안 방침, 목표 및 세부목표					
	b) 보안경영시스템 범위에 대한 기술					
	c) 보안경영시스템의 주요 요소 및 그의 상호 작용과 관련 문서와의 관계에 대한 기술					
	d) 기록을 포함하여 이 규격에서 요구하는 문서					
	e) 기록을 포함하여, 중요한 보안위협 및 리스크와 관련된 프로세스를 효과적으로 계획, 운영 및 관리하는 것을 보장하기 위하여 필요하다고 조직이 결정한 문서					
	l 조직은 정보의 보안 민감도를 결정하고 비인가자의 접근을 방지할 수 있는 조치를 위해야 한다.					
4.4.5.	4.4.5. 문서 및 데이터 관리					
	l 조직은 다음 사항을 보장하기 위하여 이 규격의 4항에서 요구하는 모든 문서, 데이터 및 정보를 관리하기 위한 절차를 수립하고 유지하여야 한다.					
	a) 이러한 문서, 데이터 및 정보는 적절한 장소에 비치되고 권한을 가진 자만이 접근					
	b) 이러한 문서, 데이터 및 정보는 주기적으로 검토하고, 필요에 따라 개정하며, 권한을 가진 자가 그 적절성을 승인					

	c) 보안경영시스템의 효과적인 기능 발휘에 필수적인 업무를 수행하는 모든 장소에서 관련 문서, 데이터 및 정보의 최신판을 이용할 수 있어야 함.					
	d) 효력이 상실된 문서, 데이터 및 정보는 모든 발행 장소 및 사용 장소에서 신속히 제거되거나, 달리 사용되지 않음을 보장하여야 함.					
	e) 법률에 의하여 또는 지식 보전의 목적으로 보유하고 있는 문서, 데이터 및 정보는 적절하게 식별되어야 함.					
	f) 이러한 문서, 데이터 및 정보는 안전하게 보관하여야 하며, 전자화된 형태인 경우 적절하게 백업하고 복구할 수 있어야 함.					
4.4.6.	4.4.6. 운영 관리					
	1 조직은 다음을 달성하는데 필요한 운영 및 활동을 파악하여야 한다.					
	a) 조직의 보안경영 방침					
	b) 중대한 리스크를 가지고 있다고 식별된 위협의 감소 및 활동의 관리					
	c) 법률, 법적 및 그 밖의 강제적 요구 사항에 대한 적합성					
	d) 조직의 보안경영 목표					

	e) 조직의 보안경영 프로그램의 실행					
	f) 공급사슬보안에서 요구되는 수준					
	l 조직은 다음 사항에 따라서 규정된 조건하에 이러한 운영 및 활동이 수행되고 있음을 보장하여야 한다.					
	a) 문서화된 절차가 없음으로 인하여 4.4.6 a)에서 f)까지 나열된 운영 및 활동을 달성하지 못하는 상황이 발생하는 것을 관리하기 위해 문서화된 절차를 수립, 실행 및 유지					
	b) 업스트림 공급사슬 활동으로 야기되는 위협을 평가하고 조직 및 그 밖의 다운스트림 공급사슬 운영자에 대한 이 영향을 경감시키기 위한 관리를 적용					
	c) 보안에 영향을 주는 상품 및 서비스에 대한 요구사항을 수립 및 유지하고, 이를 공급자 및 계약자와 의사소통 함					
	l 이러한 절차는 적용 가능한 경우 장비, 도구 등에 대한 보안 관련 항목의 설계, 설치, 운영, 개조 및 변경에 대한 관리를 포함하여야 한다.					
	l 현재의 제도가 개정되거나 새로운 제도가 도입되어 보안경영 운영 및 활동에 영향을					

	줄 수 있는 경우 조직은 즉 제도의 실행 이전에 관련된 보안 위협 및 리스크를 고려하여야 한다.					
	l 제정 또는 개정되는 제도는 다음 사항을 반드시 고려하여야 한다.					
	a) 개정되는 조직의 구성, 역할 또는 책임					
	b) 개정되는 보안경영 방침, 목표, 세부목표 또는 프로그램					
	c) 개정되는 프로세스 및 절차					
	d) 하드웨어 및/또는 소프트웨어를 포함하여 새로운 기반구조, 보안 장비 또는 기술의 소개					
	e) 해당되는 경우, 신규 계약자, 공급자 또는 인원의 소개					
4.4.7.	4.4.7. 비상시 대비, 대응 및 보안 복구					
	l 조직은 보안사건 및 비상사태의 잠재적 발생 가능성을 파악하고 이에 대한 대응, 그리고 이러한 상황과 관련하여 일어날 수 있는 심각성을 방지하고 완화시키기 위한 적절한 계획 및 절차를 수립, 이행 및 유지하여야 한다.					
	l 이 계획 및 절차는 사건 또는 비상사태 중에 또는 이후에 요구될 수 있는 모든 식별					

	된 장비, 시설 또는 서비스의 공급 및 정비에 관한 정보를 포함하여야 한다.					
	l 조직은 비상시 대비, 대응 및 보안 복구 계획과 절차의 효과성을 주기적으로 검토하여야 하며 특히 보안 위반 및 위협으로 인해 야기된 사건 또는 비상사태가 발생한 이후에는 반드시 그러하여야 한다.					
	l 조직은 이러한 절차를 실행 가능한 방법으로 주기적으로 시험하여야 한다.					
4.5. 4.5.1.	4.5. 점검 및 시정조치					
	4.5.1. 보안성과 측정 및 모니터링					
	l 조직은 보안경영시스템의 성과를 모니터링하고 측정할 수 있는 절차를 수립 및 유지하여야 한다.					
	l 또한 보안성과를 모니터링하고 측정할 수 있는 절차도 수립하여야 한다.					
	l 조직은 주요 성과 요소를 측정하고 모니터링하기 위한 주기를 정할 때 잠재적인 악화 구조(deterioration mechanism) 및 그 심각성을 포함하여 관련된 보안 위협 및 리스크를 고려하여야 한다.					
	l 이 절차는 다음 사항을 제공하여야 한다.					
	a) 조직의 필요성에 적절한 정성적 및 정량					

	적 측정					
	b) 조직의 보안경영 방침, 목표 및 세부목표를 어느 정도까지 충족시켰는지를 모니터링					
	c) 보안경영 프로그램, 운영관리 기준 및 적용 가능한 법률, 법적 요구사항 및 그 밖의 보안관련 강제적 요구사항의 적합성을 모니터링하기 위한 능동적인 성과 측정					
	d) 보안관련 악화, 실패, 사건, 부적합 사항 (준사고(near miss) 및 오경보를 포함한) 및 기타 보안경영시스템의 성과 저하 이력을 모니터링하기 위한 반응적 성과 측정					
	e) 사후의 시정조치 및 예방조치의 분석을 용이하게 하기 충분한 모니터링 및 측정의 데이터와 결과를 기록, 성과 및/또는 측정과 모니터링에 모니터링 장치가 필요하다면, 조직은 이러한 장치의 교정 및 정비 활동을 위한 절차를 수립하고 유지하여야 한다.					
	l 교정 및 정비 활동과 결과의 기록은 법규 및 조직의 방침을 준수하기 위해 충분한 기간 동안 보존되어야 한다.					

4.5.2.	4.5.2. 시스템 평가					
	l 조직은 주기적인 검토, 시험, 사건 후 보고서, 교훈, 성과 평가 및 연습을 통해 보안경영 계획, 절차 및 능력을 평가하여야 한다. 이러한 요소의 주요 변경 사항은 즉시 절차에 반영되어야 한다.					
	l 조직은 관련 법규 및 강제 요구사항, 산업계의 우수 관행에 대한 적합성 여부, 그리고 조직의 방침 및 목표에 대한 적합성을 주기적으로 평가하여야 한다.					
	l 조직은 주기적 평가의 결과에 대한 기록을 유지하여야 한다.					
4.5.3.	4.5.3. 보안 관련 실패, 사건, 부적합사항 그리고 시정조치 및 예방조치					
	l 조직은 다음과 같은 사항에 대한 책임 및 권한을 규정하는 절차를 수립, 실행 및 유지해야 한다.					
	a) 발생을 방지할 수 있도록 보안의 잠재 실패를 식별하기 위한 예방 조치의 평가 및 착수					
	b) 다음과 같은 보안 관련 사항의 조사					
	1) 준사고 및 오경보를 포함하는 실패					
	2) 사건 및 비상 사태					

	3) 부적합사항					
	c) 이러한 실패, 사건 또는 부적합사항으로 인해 발생되는 모든 심각성을 경감시키기 위한 조치의 수행					
	d) 시정 조치의 착수 및 완료					
	e) 취해진 시정 조치의 효과성 확인					
	l 이러한 절차는 즉각적인 실행이 생명 또는 공공 안전에 대한 절박한 노출을 사전에 막는 것이 아니라면 모든 제안된 시정조치 및 예방조치가 실행 전에 보안 위협 및 리스크 평가 프로세스를 통하여 검토되도록 요구해야 한다.					
	l 실제적 및 잠재적 부적합사항의 원인을 제고하기 위한 모든 시정조치 또는 예방조치는 문제점의 크기에 적절하여야 하고 직면할 수 있는 보안 경영 관련 위협 및 리스크에 적절한 것이어야 한다.					
	l 조직은 시정조치 및 예방조치의 결과로 인해 문서화된 절차의 모든 변경을 실행하고 기록하여야 하며, 필요한 경우 요구된 교육훈련을 포함시켜야 한다.					
4.5.4.	4.5.4. 기록관리					
	l 조직은 보안경영시스템 및 이 규격의 요구					

	사항에 대한 적합성과 달성된 결과를 실증하기 위해 필요한 기록을 작성하고 유지하여야 한다.					
	l 조직은 기록의 식별, 보관, 보호, 검색, 보유 및 폐기에 대한 절차를 수립, 실행 및 유지하여야 한다.					
	l 기록은 읽기 쉽고, 식별 및 추적이 가능해야 한다.					
	l 전자 및 디지털 문서는 기록 조작을 방지할 수 있고 안전하게 백업되고 인가자 만이 접근할 수 있어야 한다.					
4.5.5.	4.5.5. 심사					
	l 조직은 보안경영 심사 프로그램(program)을 수립, 실행 및 유지 하여야 하고, 다음을 위한 보안경영 시스템에 대한 심사가 계획된 주기에 따라 수행됨을 보장하여야 한다.					
	a) 보안경영시스템이 다음 사항을 만족하는지의 결정					
	1) 이 규격 4항의 전체 요구사항을 포함하여 보안 경영을 위해 계획된 결정사항에 적합함					
	2) 적절하게 실행되고 유지됨					

	3) 조직의 보안경영 방침 및 목표를 효과적으로 충족시키고 있음					
	b) 이전의 심사 결과 및 부적합사항을 시정하기 위한 조치를 검토					
	c) 경영자에게 심사 결과에 대한 정보를 제공					
	d) 보안 장비 및 인원이 적절하게 배치되었는지를 검증					
	l 모든 일정을 포함하여, 심사 프로그램은 조직 활동에 대한 위협 및 리스크 평가 결과와 이전의 심사 결과에 근거하여야 한다.					
	l 심사 절차에는 심사의 수행 및 결과 보고에 대한 책임과 요구사항 뿐만 아니라, 적용 범위, 주기, 방법 및 적격성이 포함되어야 한다.					
	l 가능한 한 심사는 점검이 이루어지는 활동에 직접적인 책임이 없는 사람에 의해 수행되어야 한다.					
	비고 "책임이 없는 사람"이라고 해서 반드시 조직의 외부 인원을 의미하는 것이 아니다.					
4.6.	4.6. 경영검토 및 지속적 개선					
	l 최고경영자는 지속적인 적절성, 충족성 및 효과성을 보장하기 위해여 계획된 주기로 보안경영시스템을 검토하여야 한다.					

	l 이 검토에는 개선을 위한 기회 평가 그리고 보안방침, 보안목표 그리고 위협 및 리스크를 포함한 보안경영시스템에 대한 변경 필요성을 포함하여야 한다.					
	l 경영검토의 기록은 보유되어야 한다.					
	l 경영검토 입력사항에는 다음을 포함하여야 한다.					
	a) 법규 요구사항과 조직이 동의한 그 밖의 요구사항에 대한 적합성 심사 및 평가의 결과					
	b) 불만사항을 포함하여 외부 이해관계자의 의사소통					
	c) 조직의 보안성과					
	d) 목표 및 세부목표 달성정도					
	e) 시정조치 및 예방조치의 상태					
	f) 이전 경영검토의 후속 조치					
	g) 조직의 보안사항과 관련된 법규 및 기타 요구사항의 개발을 포함하여 변화하는 주변 여건					
	h) 개선을 위한 제안					
	l 경영검토의 출력에는 지속적 개선에 대한 의지와 일관성이 있도록 보안방침, 목표 및 보안경영시스템의 기타 요소의 가능한 변경에 관련된 결정과 조치를 포함하여야 한다					

편자 : 전략물자관리원 심성근 전임원장
전략물자관리원 지건중 기획정보본부장
전략물자관리원 방규철 선임연구원
전략물자관리원 김형태 선임연구원
전략물자관리원 이희진 연구원
전략물자관리원 정하정 연구원
문의 : (T)02 – 6000 – 6400
홈페이지 : http://www.kosti.or.kr

공급사슬 보안경영시스템

2010년 9월 6일 초판인쇄
2010년 9월 15일 초판발행

편 자 전략물자관리원
발행인 안 종 만
발행처 (株) 博 英 社
서울특별시 종로구 평동 13-31 번지
전화 (733) 6771 FAX (736) 4818
등록 1959. 3. 11. 제300-1959-1호(倫)

www.pakyoungsa.co.kr e-mail: pys@pakyoungsa.co.kr

편자와 협의하여 인지첩부를 생략함

정 가 22,000원 ISBN 978-89-6454-070-1